岳麓書社

读名著　选岳麓

轻松阅读无障碍

史记

杨燕起 导读 注译

岳麓書社·长沙

图书在版编目(CIP)数据

史记/杨燕起导读注译．—长沙：岳麓书社，2021. 3
ISBN 978-7-5538-1421-6

Ⅰ．①史… Ⅱ．①杨… Ⅲ．①中国历史—古代史—纪传体②《史记》—注释③《史记》—译文 Ⅳ．①K204. 2

中国版本图书馆 CIP 数据核字(2020)第 209096 号

SHIJI

史记

导读注译：杨燕起
责任编辑：张丽琴
责任校对：舒 舍
封面设计：罗志义

岳麓书社出版发行
地址：湖南省长沙市爱民路 47 号
直销电话：0731-88804152 0731-88885616
邮编：410006

版次：2021 年 3 月第 1 版
印次：2021 年 3 月第 1 次印刷
开本：700mm×1000mm 1/16
印张：22. 75
字数：328 千字
ISBN 978-7-5538-1421-6
定价：36. 00 元

承印：长沙鸿发印务实业有限公司

如有印装质量问题，请与本社印务部联系
电话：0731-88884129

前 言

《史记》的作者是西汉人司马迁。司马迁，字子长，今陕西韩城市人，生于公元前 145 年，卒于公元前 90 年左右。他的生卒年大体和汉武帝相始终。

到司马迁生活的时代，中国已经有了三千多年的历史发展。这个历史发展，先是经历了传说中黄帝、颛顼、帝喾、尧、舜远古五帝的阶段。在这个阶段的开始，黄帝先后战胜了炎帝、蚩尤，被诸侯们拥立为天子，并逐步建立起具有原始国家性质的政权机构与社会职能，从而开启了中华大地上天下和合的文化传承，黄帝因此也就成了中华民族的人文始祖。此后，夏、商、周一统王朝的相继出现，延续着中华后代子孙均从黄帝所出的总体趋势，和合一体的文化传承在巩固和发展。特别是周王朝的制礼作乐，分封诸侯，有力地加强了中央施政的威权，整个社会也进入了繁荣祥和而为后来孔子所向往赞叹的新境界。然而分封的出现，正好形成历史进程中的第一大变局，使西周之后紧接着出现的春秋、战国阶段，爆发出诸侯割据、群雄混战的乱象，其结果却正为中原文化向南传播，从而促使地方经济发展、区域文化繁荣提供了极好际遇。政权下移，竞争激烈，士林阶层的热情涌现，学术思想的相互碰撞，分裂危难中蕴藏着无穷生机。也正是在这个阶段，一个强悍坚定、充满自信的游牧民族从西方兴起，在与东方六国的争斗中逐步获得胜利，最终以其深刻的社会变革所获取的强大经济力量，支撑着强暴的战争手段，在数百年后又一次使分裂了的中国重归统一。崭新的专制主义中央集权王朝的出现，形成了社会前进的新波峰。但是好景不长，秦王朝穷奢极欲，劳役繁重，不关心社会经济发展以安抚民众，结果付出了沉重代价，仅仅十五年，它就被波澜壮阔的农民起义推翻，中国历史由此进入短暂的秦楚之际的阶段。秦楚之际，风云变幻，经过八年，形成历史进程中统一后出现强烈社会动荡的第二大变局。然后是无土而王的刘邦建汉，经吕后、文、景采取道家无为措施，至武帝之初，已有七十余年，社会财富大量增加，国力充实，中国社会以此进入强盛阶段。汉武帝乘这个趋势内兴制度，外攘四夷，独尊儒术，远通西域，专制主义中央集权达到了历史上空前强大的规模。司马迁亲历了当时的灿烂与辉煌，感到非常兴奋。他决心以自己深邃的历史观察力，将这三千年的史事变化记录下来，并借以歌颂当下的伟大成就，他写的《史记》达到了这一要求。时代造就了司马迁，而《史记》就是历史发展到汉武帝时期所呈现的巨大文化成就。

司马迁对自己出身于史官世家感到非常自豪，《自序》中将家庭宗系的远祖追溯到了唐虞之际的重黎氏，就是强调家学传统的厚重。从小开始，司马迁在他父亲司马谈的教导和培育下，为将来能从事历史著述进行了各方面的准备。他十岁就读了古文，长大后还在京城听了董仲舒讲《公羊春秋》，听孔安国讲古文《尚书》。他父亲崇尚黄老，所著《论六家之要指》亦对他的学术理念产生了很深的影响。加上小时候先在家中“耕牧河山之阳”，二十岁后就开始壮游全国，了解各地的民情风俗并考察文物遗迹、访古问故，后来在汉武帝身边任职时又有仕宦之旅，司马迁一生的行踪遍及全国各地，这些都为他后来的写作创造了非常有利的条件。司马迁接续他父亲司马谈的职务担任太史令之后，在朝廷的工作还比较顺利，他思想上也是诚恳尽心的。殊不知遭受到李陵案的株连竟被下狱受腐刑，一场横祸给了他致命的打击。但他终于从这场灾难中走了出来，坚定了自己写史的信念。人生的转折使他的思想更加现实，更加深沉了。在这些条件的影响下，他终于完成了卓绝千古而不朽的《史记》的写作。

秉承时代的造就，司马迁写《史记》发挥了极大的创造功能。从全书体例、涉篇立意、多方取材、文章结构、叙事手法、评论艺术，直至书中每一个历史人物的处理，无一不贯穿着独具匠心的设计。《史记》主要的学术成就有如下几方面。

第一，创造了纪传体史书体例。《史记》有五体，本纪以事势主宰者的在位为线索，统览其事迹为全书的纲纪。表以世、年、月为体，记述形式简明扼要，纵横经纬以观天下的发展大势；诸序则撮其大义，辅本纪以明全书之纲。书以记国之大事，重经国要务而轻典制记载，亦有辅纲的意义，亦为后世史书典制体之滥觞。世家以“拱辰共毂”为要义，录分封而极重天下一统，于诸侯、世尊、重臣、国戚内容有别，然强本弱末之势显见。列传以“立功名”为人生价值，强调其人行事的原则风范、主观能动性及对国家民族进步所能做出的诸多贡献。本纪、表、书、世家、列传五体主要以人物活动为社会历史的主体，互相呼应，紧密连接，形成巨大的运载能量，支撑成一座具有辉煌文化价值的著述大厦，当是可堪赞叹的奇迹。

第二，撰述成一部百科全书式的通史。在《史记》以前，中国有《尚书》《诗经》《春秋》《左传》《国语》《战国策》《世本》《楚汉春秋》等涉及史事的书，但它们有的甚至都不能称为完整意义上的历史记载。只有《史记》能将自上古传说时代的黄帝，直至汉武帝太初前后的史事，分别出阶段而又延续不断地记载下来，中国才出现了第一部通史。这件事本身的意义极为重大，它奠定了中国之通史传统的基础，而其后来的发展，使中国成为世界文明古国中唯一具有保持长久历史记载的国家，司马迁《史记》开创之功极巨。《史记》全书记载的内容非常广泛全面，它涉及政治、经济、军事、文化、天文、地理、水利、交通、民情、风俗等纷繁复杂的社会事务，它及于社会各阶层如天子、国君、重臣、士大夫，直至农、工、商、虞，还包括各类社会职业如日者、龟策、游侠、刺客，乃或守门屠夫、鸡鸣狗盗之徒等等。总之，社会生活的方方面面，无一不在它记载的视野之中。《史记》的记载着重于人，通过记人来表述国家世事的发展变化，并宣扬在其中所表现的优秀的民族精神及文化品格，还以其包罗万象的记载，阐发出关于国家治理及社会变化的诸多经验、活动法则，亦是人类智慧发展的全面展现。

第三，表现出著史的“实录”原则。这首先说明，作为史书，《史记》的记事总体是准确的。司马迁写史，他自己提出“考信于六蓺”“折中于夫子”“总之不离古文者近是”等的要求，就是要掌握取材的可靠性。司马迁写史，依靠着典籍、文书、档案、访古问故以及亲身闻见的资料，加以比较研究以判定事实真伪后，才据以下笔记事的，所以《史记》才获得了“信史”的称誉。遇到材料矛盾说法不一时，司马迁采取“疑则传疑”“疑者阙焉”的态度，不武断做结论，以避免记载论事的失误。司马迁写史，被后世论定为“良史之才”，就是因为他能“善序事理，辩而不华，质而不俚，其文直，其事核，不虚美，不隐恶”。这当中不仅要具备准确记载史事的品质，还要做到对诸端事务的论判，一定要以客观标准为基础，以当时公认的政治道德原则为准绳，仔细衡量后做出结论，而不能因为个人的情感爱好而违反历史发展的人类正义良知，歪曲编造，护恶献媚。这同时表明，作为史家，是肩负着极其重大的社会责任的。以此，《史记》作为一面旗帜，在历史上树立起了中国史家著史的“实录”家风。

第四，提出了撰史的著述宗旨，规定为“究天人之际，通古今之变，成一家之言”“稽其成败兴坏之理”。

究天人之际，是说要考究“天”与社会人事的关系。《史记》中的“天”，包含有三方面的意思。一是自然的“天”，指日月星辰、雷电风雨之类，《天官书》是专门讲这方面的科学内容的。司马迁是当时有名的天文学家，他还亲身参与了太初历的制定。一是具有人格神的“天”，汉武帝时代采取董仲舒的《公羊春秋》和阴阳五行学说相结合的指导思想，宣传君权神授的说法来强化皇权，但《史记》的记述对这方面的某些说法表示怀疑，《伯夷列传》就直接提出：“傥所谓天道，是邪非邪！”一是在人们的主观意识之外但实际对社会客观事物的发展无形中起着推动作用的事势，大的方面说是“理”、规律一类。《史记》中这方面的表述是很多的，如《魏世家》的论赞语说：“天方令秦平海内，其业未成，魏虽得阿衡之佐，曷益乎？”这个“天”，就是指天下事势，可见司马迁的见解是很高明的。

通古今之变，是说要考察古今历史及事件的变化。考察的方法首先是“原始察终”：凡事要搞清它的原委，来龙去脉，它和其他事物的关系以及它的最后结局，这也叫“综其终始”，是研究通变的基础。其次是“见盛观衰”：当一个事物发展到鼎盛的时候，要注意它内在可能存在的衰败迹象，这样才可以对造成这种事态的各种趋势做出合理的解释。再次是“承敝易变”：当一个事物已经衰败退出历史舞台，要弄清楚它衰败的原因，就应采取措施使事物发生变化，使之重新兴盛起来。通观古今的事势来考察历史的变化，无疑是一种较为科学的历史观，是对社会历史发展认识中的积极主动精神，有利于较为客观全面地揭示社会和人生规律的正确原则。

成一家之言，是说司马迁要提出自己对历史分析的独立看法，它有别于当时的学术诸家的观点。司马谈的《论六家之要指》提出了学术上“家”的概念，并在思想上基于汉初黄老政治的成就而全面肯定道家。司马迁生活的武帝时代是独尊儒术。面对现实社会的诸多矛盾，他既不可全然赞成道家，又不愿整体地顺服于儒家，于是他企图采取客观态度，对历史与现实的发展提出契合于历史学家良知意识的，故而会有异于独尊一统的独特看法，在认识上自成一家。这表明司马迁的著史，已将史学推向了区别于学术各家而独立发展的轨道，而其成就影响所及，致使西汉末期刘向、刘歆父子在学术文献分类上有经、史、子、集的裁断。故此司马迁在历史著述上“成一家之言”的提出，不仅在史学上，而且在中国整个学术发展史上的贡献也是居功至伟的。

稽其成败兴坏之理，是说研究历史，要探求社会变化过程中的法则，以便总结经验教训，从而提高人们的认识以警示后来。《史记》全书五十二万六千五百字，内容广泛丰富，但归根结底就是一句话，它是论“治道”的书，也就是说，大的方面讲如何治理好一代朝廷、一个国家，小的方面说是如何治理好一方社会、一人之身。综合起来是要运用考察所认识的法则，促使人们的行动能更好地获得事业的成功。《高祖功臣侯者年表序》直接提出：“居今之世，志古之道，所以自镜也，未必尽同。帝王者各殊礼而异务，要以成功为统纪，岂可绲乎？”这是具体明确了历史记述的目的，与《太史公自序》中所说的“述往事，思来者”结合起来看，表明司马迁精心撰就的《史记》，已经具有非常明确的社会功能，这成为中国史学的又一优秀传统。

第五，具有极高的文学成就。《史记》不仅是一部信史，而且是一部优秀的文学作品。历代学者有评论认为西汉文人都会写文章，但文章写得最好的两个人，司马相如之外就是司马迁，所以《史记》无论是作为史学著作还是文学著作，在历史上都是颇负盛名的。毛泽东在《为人民服务》一文中曾经称司马迁是“中国古代的文学家”。鲁迅评价《史记》为“史家之绝唱，无韵之离骚”，也恰好是肯定了《史记》在史学、文学两方面的贡献。《史记》的文体是散文，多属传记文学，无论是写人还是叙事，都秉承时代的气息，具有一种恢宏的气势。文章视野开阔，议论洒脱，布局宏大，运笔奔泻，细加品读，似觉司马迁胸中有百万雄兵，挥戈呼号而无能阻遏。《史记》的重要特点是通过写人而来写史，但是它又把这历史中人塑造成一个个活生生的典型形象，从而在历史上树立起许多英雄人物的丰碑。基于自身具有的悲愤情结，司马迁对其中一些英雄的忠君爱国却惨遭不幸，才华横溢却命运多舛的人生结局，给予了深切同情。《史记》写人除了笔法细腻，镂雕入微，设计灵巧，动静自如之外，尤其善于刻画人物的心理状态和表现人物的丰富情感，在揭示人物内心世界的同时，借以展现社会风情的各色面貌，以见其历史发展的绚丽璀璨。《史记》叙事极具语言艺术，其所资之材料虽来源不同，却均能熔铸为一篇而不现斧凿之迹。叙述文字生动流畅，评论语词深刻犀利，文如其人，论如其事，仔细读来，常能使人身临其境并能获得穿透心灵般的世事领略和人生感受。《史记》叙事在表彰人物及其功名时，能有效地展现其所述历史时期内人类的诸多谋略与最高的文化成就，因而《史记》亦是中国古代三千年的智慧集结作品，于启迪后代，促进民族思想的进步，同样极具价值。

司马迁《史记》所获得的这些伟大成就，使它成为中华文化发展史上的瑰宝，对后来中国史学、文学的不断进步繁荣，做出了不可磨灭的贡献。

《史记》是司马谈、司马迁父子的私家著史，撰就后只将副本送往京师，而正本由自家藏之“名山”，直到司马迁的外孙杨恽的时候才开始向社会传播。《史记》在传播过程中缺失了10篇，今见《史记》有后人补作的痕迹。《史记》文字难读，传播中有人相继为它作注，南北朝时宋人裴骃作《史记集解》，唐时司马贞作《史记索隐》、张守节作《史记正义》，最为有名，号称“三家注”。三家注本独立成书，至宋时始将它们合刻于所注《史记》的正文下方，以便阅读。清人梁玉绳作《史记志疑》，考论详确，被认为是“三家注”之后的又一家，颇受重视。日本人泷川资言作《史记会注考证》，流传甚广。今人韩兆琦有《史记笺证》，是最新的汇注之作，可资参阅。

《史记》的古本残卷现存最早的当数北宋刊本《史记集解》，现藏中国国家图书馆。通行的旧本，现在最早的有南宋黄善夫刻本，经商务印书馆影印，收于《百衲本二十四史》，现知亦已另行标点出版。另外，还有明嘉靖、万历间南北监刻的《二十一史》本、毛氏汲古阁刻的《十七史》本以及清乾隆四年（1739）武英殿《二十四史》附考证本。其中，1986年12月上海古籍出版社及上海书店将武英殿本编辑影印为《二十五史》(加上《清史稿》）全十二册本，多有流行。今见《史记》最普通的本子，是中华书局于1959年9月出版的点校本，它是一个时期中最精善、最流行、最实用的本子，今此本已于2014年8月出版修订本。

本书选取《史记》名文10篇结集为册，诸篇前作简明导读，以引导读者阅读。10篇中，《项羽本纪》表现秦楚之际的风云变幻，文中对项羽之描绘精彩纷呈，是《史记》中第一雄文；《魏公子列传》表现魏公子无忌的礼贤下士及战国士林风范中“客”的价值;《廉颇蔺相如列传》表现蔺相如智勇抗秦终得完璧归赵，廉颇负荆请罪而使将相和睦的爱国情怀;《淮阴侯列传》表现“汉初三杰”之一的韩信，功高震主必将非其罪而死;《魏其武安侯列传》表现汉武帝在位初期宫室、朝廷、重臣、社会内部及其相互之间的矛盾;《货殖列传》表现汉武帝时期的社会发展盛况及司马迁的商品经济思想;《太史公自序》表现司马迁的家世及其思想倾向与撰述宗旨等。这7篇在《史记》文史兼备的名文中占有重要地位，自当入选。除此之外，与一般的期望不同，本书另选了3篇:《五帝本纪》所记虽为传说时代，然其中心旨意表现出黄帝是中华民族的人文始祖。五帝开创并初步实现了中华原始国家的构建，有力地体现了昭示长久的德治思想和中华一统的和合心声。通篇记叙精密奇巧，层次衍进，极富横跨时空的文化感染力和渗透力。《平准书》表现汉代社会发展与政策转变，及汉武之拓边与一系列以钱币为中心的变革所引起的深刻社会变化。该篇是《史记》中长于亦叙亦议，叙中兼议，论议惊天，以见司马迁撰史之见盛观衰意识的极佳文字，系“寓论断于序事”的典型篇章，值得极力推荐。《孔子世家》表现“至圣”孔子信念坚定、百折不挠的治世精神与素朴浑厚的儒学发展史。全篇叙次，疏繁有间，摭拾群书，自成体段，文句淳美，阐意深切，“高山仰止，景行行止”，所集《论语》之要义，尽显国学之精华。可以说，这3篇无论是记述内容还是表现手法都各有其独特之处，理应为读者所熟知。

名文10篇选自《史记》之本纪、书、世家、列传，五体独缺表。然表之正体为表列形式，不同于连续的文字叙述，且诸表在《史记》130篇中与各名文在篇制上是并列的。诸表序在《史记》中于揭示历史发展的形势、特点及体现其阶段性有重要作用，可以辅本纪以为纲，且其评论文字精湛流畅，可以诵读。故将诸表序附于10篇名文之后，既体现选文五体之完整，亦得《史记》历史评论畅叙之益。这样处理之后，本书的名文10篇及其所附，体现了选篇原则的传统性、经典性、时代性与完整性，立意如何，有待方家评定。

关于如何读《史记》，有一种意见可以提出来与读者们共享。清人程余庆是这样说的:“良由《史记》一书，有言所及而意亦及者，有言所不及而意已及者；有正言之而意实反者，有反言之而意实正者；又有言在此而意则起于彼，言已尽而意仍缠绵无穷者，错综迷离之中而神理寓焉。是非求诸言语文字之外，而欲寻章摘句以得之，难矣。”（《史记集说序》）所以我们要反复地读，深入地读，才能不断领会蕴含在《史记》名文中的无尽神韵，从而可以获得更多的教益。

杨燕起

2018 年 3 月 25 日于丽泽书屋

目 录

本 纪

书

世 家

列 传

附录　年表序

史记

本纪

《史记》有十二本纪，十表，八书，三十世家，七十列传。共一百三十篇。

《史记》有五帝（黄帝、颛顼、帝喾、尧、舜）、夏、殷、周、秦、秦始皇、项羽、高祖、吕太后、孝文、孝景、今上（武帝）十二篇本纪。司马迁在《太史公自序》中说："罔罗天下放失旧闻，王迹所兴，原始察终，见盛观衰，论考之行事，略推三代，录秦汉，上记轩辕，下至于兹，著十二本纪，既科条之矣。"是说要略三代，详秦汉，就王迹所兴的问题，来通观古今的变化。所以，《史记》的本纪，实质上乃是要就历史的事势发展，来总览天下的大局，作为一种"科条"，起到全书纲领的作用，并不单纯地强调记帝王、天子。刘知幾沿用裴松之的说法，"天子称本纪，诸侯曰世家"，还说本纪是"唯记天子一人""系日月以成岁时，书君上以显国统"之类，是以《汉书》之后的正统观念来范围《史记》，并不完全符合司马迁创设本纪这一体裁的原意。这是任何一个研读《史记》的人首先应该加以明确的。

五帝本纪

导读

一篇文章开头最难写，一部书，开篇也最难下笔。现代人写文章开篇有序，可以说明本意。古人写书，序在最后，这样，第一篇写出来，摆在人们的面前就能表明著者的主要作意。所以《五帝本纪》表示了贯穿于《史记》全书的几个方面的思想。

司马迁写《史记》究竟应该从哪里开始？司马迁是知道传说中在黄帝以前还有神农氏、伏羲氏、无怀氏和泰帝，但是他毅然从黄帝开始，黄帝以前则付之不闻不问。黄帝是个传说人物，他就妥贴地将黄帝只写成人而不是神，更废弃三头六臂、蛇身人首、人身牛首等说法，说黄帝是一个地地道道、非常聪明能干的人，有生也有死，没有长生不死，更没有乘龙上天。黄帝管理的社会，有行政机构，设置了官吏，制订了历法，组织了人们的生产生活。总之，从黄帝开始的中国历史，是质朴真实的人类社会史，不是什么神灵的再现，也将一切荒诞怪异的诬妄之说排除在历史之外，这样处理，在当时是具有重要政治意义的。

黄帝的成功是依靠修德。黄帝是在反对暴虐侵凌的基础上受到诸部落拥戴的，是在战败了炎帝、蚩尤以后由于诸侯的归顺而成为天子的，不是按照上帝的意志受天命而来统治人民的。因此，黄帝时最初国家政权的建立归之于“德”，以后世系传递的禅让亦依以“德”，五帝尤其是尧、舜都具有高尚的德性。文篇的最后提出“以章明德”连起以后诸篇。司马迁是将五帝的治理归结到儒家理想的德治，以表示中国历史开始时的事势发展。

黄帝有妻儿子女。他的后代谁德性好谁就嗣位为天子，其孙颛顼接替了他，他的曾孙又接替了颛顼，帝喾是颛顼的族子，帝喾死，大儿子挚不善，放勋即位是为尧，帝舜又是黄帝的八世孙。在中国境内这个统系的形成，说明了整个中原地区的“氏姓之所自出”。其他篇目中凡记述诸侯国或少数民族的氏姓来源时，司马迁都与黄帝的这个统系联结起来，总的是说明了当时中国境内各族是有一个共同的祖先，他就是黄帝。尽管地区有南北，文化有深浅，大家都是异支同源，这对形成民族的凝聚力很有积极意义。

《史记》第一篇很注意表述国境的四界。黄帝时就有东西南北的所到处，颛顼“北至于幽陵，南至于交阯，西至于流沙，东至于蟠木。动静之物，小大之神，日月所照，莫不砥属”，帝喾也是“日月所照，风雨所至，莫不从服”。总之当时所知的世界都在中国政治文化的范围之中，这表现了民族的宏伟气魄，也显示了司马迁具有高远的眼光。而且，黄帝时是“万国和”，帝喾是“溉执中而遍天下”，尧“合和万国”“四海之内，咸戴帝之功”。这是在国家概念的面前，强调历史的统一趋势以及协调和合的政治精神，其影响也是深远的。

实际上，历史学家常常是以当代政治的基本模式去观察、研究和说明古代社会的。司马迁对五帝的叙述，就是天下已经归于一统形成为专制主义中央集权时，将远古意向化的一种表现。但反过来，对古代社会的研究有力地说明了现在，支持了现实的政治，这正是本篇作用之所在。

本篇论赞（“太史公曰”）是《史记》中出现的第一篇评论，历来为学者所瞩目。司马迁之编定古史，均是以古代典籍和自己的亲身考察作为材料依据的，在“百家言黄帝，其文不雅驯”的情况下，他依据的基本原则是“总之不离古文者近是”。司马迁认为依据什么样的材料和如何编撰成书，都是需要以一定的思想为指导的，这当中富于深刻的哲理，而他自己的作史意图是不容易被人所理解的。因此他慎重提出“非好学深思，心知其意，固难为浅见寡闻者道也”。这是明确地宣布作史应具有不同的主张和是非观念。司马迁要为自己矢志追求的目标而不懈地奋斗。

黄帝者，少典之子，姓公孙，名曰轩辕。[1] **生而神灵，弱而能言，幼而徇齐，长而敦敏，成而聪明。**[2]

注释

1 黄帝：我国古代传说时期的原始社会的帝王，为中原各民族的共同祖先。原为有熊氏部落之首领，故号有熊；因有土德之瑞，土色黄，故称黄帝。少典：传说中的有熊氏部落，黄帝、炎帝均为其子孙。公孙：据传黄帝原姓公孙，后因长于姬水，改姓姬。轩辕：一说为古地名，在今河南新郑县西北。另一说，梁玉绳《史记志疑》认为，轩辕之丘是因黄帝得名，不是黄帝从轩辕之丘得名。2 神灵：据传黄帝母附宝二十四月而生黄帝于寿丘（今山东曲阜市东北），头额如太阳，眉宇如龙骨。弱：指初生不久的婴儿。又特指出生七十天以内的小孩。徇齐：一说通“迅疾”，机敏之意；或说通“迅给”，指口才锋利。敦：忠厚诚实。

译文

黄帝，是少典族的子孙，姓公孙，名叫轩辕。他生下来就显出神灵，七十天内就能说话，幼小的时候就很机智，长大后敦厚机敏，成年后闻见广博对事明辩。

轩辕之时，神农氏[1] **世衰。诸侯相侵伐，暴虐百姓，而神农氏弗能征。于是轩辕乃习用干戈，以征不享，诸侯咸来宾从。**[2] **而蚩尤**[3] **最为暴，莫能伐。炎帝欲侵陵**[4] **诸侯，诸侯咸归轩辕。轩辕乃修德振兵，治五气，蓺五种，抚万民，度四方，教熊罴貔貅貙虎，以与炎帝战于阪泉之野。**[5] **三战，然后得其志。蚩尤作乱，不用帝命。于是黄帝乃征师诸侯，与蚩尤战于涿鹿之野，遂禽杀蚩尤。**[6] **而诸侯咸尊轩辕为天子，代神农氏，是为黄帝。天下有不顺者，黄帝从而征之，平者去**

之，披山通道，未尝宁居。[7]

注释

1 神农氏：传说中的古代帝王之一，因他教民耕种，故称。一说神农即炎帝。2 干戈：泛指武器。干，盾牌。不享：不朝贡的部族。享，进献。宾从：服从，归顺。3 蚩（chī）尤：传说中九黎部落首领。4 陵：陵藉，欺侮。5 五气：一说为金、木、水、火、土五行之气。一说指晴、雨、冷、热、风五种气候。蓺（yì）：种植。五种：即黍、稷、稻、麦、菽五种作物。度（duó）四方：丈量四方的土地。罴（pí）：人熊、马熊。貔（pí）：似虎之猛兽。貅（xiū）：传说中的猛兽名。貙（chū）：虎属猛兽，似狸而大。此指以上述六种猛兽为图腾的部族。一说以此喻为勇猛的军队。阪（bǎn）泉：古地名，在今河北涿鹿县东南。6 涿（zhuō）鹿：古地名，在今河北涿鹿县东南。禽：通“擒”。7 去之：使之离开。披：分开、劈开。

译文

轩辕的时候，神农氏的后代道德衰薄。各地方的诸侯互相侵犯攻伐，残害百姓，但是神农氏没有能力征讨他们。在这种情况下轩辕就时常动用军事力量，去征讨诸侯中不来朝享的人，四方诸侯因此都来称臣归服。但是蚩尤最为残暴，还没有谁能去征讨他。炎帝也想侵犯凌辱诸侯，于是四方诸侯都来归附轩辕。轩辕修治德政并整肃军旅，顺应四时五方的自然气象，种植黍、稷、菽、麦、稻等农作物，抚慰千千万万的民众，丈量四方的土地，教导以熊、罴、貔、貅、貙、虎为图腾的氏族习武，来和炎帝在阪泉的郊野作战。经过几番战斗，黄帝打败了炎帝。蚩尤发动叛乱，不服从黄帝的命令。于是黄帝就向四方诸侯征集军队，和蚩尤在涿鹿的郊野进行战斗，擒获并杀死了蚩尤。这样四方诸侯都尊崇轩辕为天子，代替神农氏，这就是黄帝。天下有不顺从的势力，黄帝就去征讨他们，平定了以后就离开这个地方，披斩山林草木开通道路行进，从来都没有安居过。

东至于海，登丸山，及岱宗。[1] **西至于空桐，登鸡头。**[2] **南至于江，登熊、湘。**[3] **北逐荤粥，合符釜山，而邑于涿鹿之阿。**[4] **迁徙往来无常处，以师兵为营卫。官名皆以云命，为云师。**[5] **置左右大监**[6]**，监于万国。万国和，而鬼神山川封禅与为多焉。**[7] **获宝鼎，迎日推策。**[8] **举风后、力牧、常先、大鸿以治民。**[9] **顺天地之纪、幽明之占、死生之说、存亡之难。**[10] **时播百谷草木，淳化鸟兽虫蛾，旁罗日月星**

辰，水波土石金玉，劳勤心力耳目，节用水火材物。[11] 有土德之瑞[12]，故号黄帝。

注释

1 丸山：山名，在今山东临朐县东北。岱宗：即泰山。人称泰山为五岳之首，四岳所宗，泰山又名“岱”，故称。2 空桐：亦作“崆峒”，山名，在今甘肃省平凉市西。鸡头：空桐山主峰。3 江：长江。熊：即熊耳山，在今湖南益阳市西。湘：湘山，又名君山、洞庭山，在今湖南岳阳洞庭湖中。4 荤粥（xūn yù）：当时的匈奴名。合符：会诸侯以验证符节。釜山：山名，一说在今河北怀来东，一说在今河北保定市徐水区西，又说在今河南偃师、灵宝等地。邑：都邑，作动词，建立都邑。5 官名皆以云命，为云师：《史记集解》引应劭曰：“黄帝受命，有云瑞，故以云记事也。春官为青云，夏官为缙云，秋官为白云，冬官为黑云，中官为黄云。”又引张晏曰：“黄帝有景云之应，因以名师与官。”6 大监：相传黄帝所置监察官，监察各地、各部落。7 封禅（shàn）：古代帝王登名山，封地为坛曰封，扫地而祭曰禅，用以祭祀天地，庆祝成功和太平。多：指规模大。8 宝鼎：古多以鼎为王朝相传之重器，故称为宝。迎日推策：根据神策占卜之征兆结果来推算未来日、月、朔、望等情况。策，亦叫神策，卜筮所用之蓍草。9 风后、力牧、常先、大鸿：四人均为传说中的黄帝之大臣，其中以风后为相，力牧为将。10 纪：规律。难：不容易，意指道理。11 淳化：驯化。旁罗：广泛地罗列、观察。水波：如水力一样摇动。波，通“播”，簸扬，摇动。劳勤：烦劳勤苦。心力：心思与能力。12 瑞：祥瑞，吉利的征兆。

译文

黄帝往东到达了海滨，登过丸山，并到过泰山。往西到达了空桐山，登上了鸡头山。往南到达了长江流域，登上了熊耳山、湘山。往北驱逐过少数民族荤粥，和四方诸侯在釜山验合过符契圭瑞，然后把都邑建筑在涿鹿山下广阔的平地上。迁徙往来没有固定的住处，到了哪里就住在哪里，以军队为警卫。官职都用云来命名，设立用云命名的军队。置立左右大监，监察万国。万国和睦，而对鬼神山川的封禅祭祀之事也非常繁多且规模很大。获得了宝鼎，运用神蓍草来推算历数以预知未来的节气日辰。推举风后、力牧、常先、大鸿来管理民众。顺应天地四时的规律，预测阴阳五行的变化，创立生与死的仪制，考究国家安危存亡的道理。依照时节播种百谷草木，驯化各种鸟兽昆虫，观测日月星辰，利用水力、土石、金玉，勤苦自己的心力耳目，教导民众对水火材物的利用要节制。有土德的祥瑞，因此称为黄帝。

黄帝二十五子，其得姓[1]者十四人。

黄帝居轩辕之丘，而娶于西陵之女，是为嫘祖。[2]嫘祖为黄帝正妃，生二子，其后皆有天下：其一曰玄嚣，是为青阳，青阳降居[3]江水；其二曰昌意，降居若水[4]。昌意娶蜀山氏[5]女，曰昌仆，生高阳，高阳有圣德焉。黄帝崩，葬桥山[6]。其孙昌意之子高阳立，是为帝颛顼[7]也。

注释

1 姓：表明部落系统的称号，后发展成为独立的氏族。2 西陵：当时传说中的部族名。嫘（léi）祖：传说为黄帝的元妃。3 降居：让帝子为诸侯。降，下也。4 若水：古水名，即今四川境内的雅砻（lóng）江。5 蜀山氏：传说中的部族名。6 桥山：山名，又名子午山，在今陕西黄陵县北。7 颛顼：音 zhuān xū。

译文

黄帝有二十五个儿子，他们中得到姓氏的有十四人。

黄帝居住在轩辕之丘，娶了西陵国的女子为妻，这就是嫘祖。嫘祖是黄帝的正妃，生了两个儿子，这两个人的后代都掌握过整个天下：其一为玄嚣，这就是青阳，青阳被封于长江一带；其二为昌意，被封于若水一带。昌意娶了蜀山氏的女子为妻，她叫昌仆，生了儿子高阳，高阳有圣德。黄帝逝世后，安葬在桥山。他的孙子、昌意的儿子高阳即位，这就是帝颛顼。

帝颛顼高阳者，黄帝之孙而昌意之子也。静渊以有谋，疏通而知事；[1]养材以任地，载时以象天，依鬼神以制义，治气以教化，洁诚以祭祀。[2]北至于幽陵，南至于交阯，西至于流沙，东至于蟠木。[3]动静之物，大小之神，日月所照，莫不砥属。[4]

帝颛顼生子曰穷蝉。颛顼崩，而玄嚣之孙高辛立，是为帝喾[5]。

注释

1 静渊：宁静深远。疏通：疏旷通达。2 养材：生产物质财富。材，《大戴礼》作“财”。任地：开发利用土地。载时：按照天象变化规律行事。制义：指制定各种尊卑的义理。气：指四时五行之气。洁诚：洁心诚意。3 幽陵：即幽州，今河北省北部、辽宁省西南一带。交阯：亦作“交趾”，古地名，泛指今广东、广西的大部分和越南北部、中部一带。

流沙：指今内蒙腾格里沙漠一带。蟠木：即扶桑，古指日出之处。4 大小之神：国中的大小神祇（qí）。大神指五岳（泰山、华山、衡山、恒山、嵩山）和四渎（江、河、淮、济）之神，小神指小山小河之神。砥属：平服归顺。砥，平定。5 喾：音 kù。

译文

帝颛顼高阳是黄帝的孙子，昌意的儿子。沉静渊博而很有智谋，疏旷通达而知道各种事理；发挥土地的作用来生产物质财富，依照四时决定行动以便效法自然，根据对鬼神的尽心敬事来制订尊卑的义理，治理四时五行之气来教化民众，洁心诚意来进行祭祀。权力所及北边到了幽陵，南边到了交阯，西边到了流沙，东边到了蟠木。动如鸟兽静如草木等的物类，大如五岳四渎小如丘陵坟衍等的神灵，凡是日月的光芒所能照射到的地方，没有不是已经平服而来归属的。

帝颛顼生了个儿子叫穷蝉。颛顼逝世后，由玄嚣的孙子高辛即位，这就是帝喾。

帝喾高辛者，黄帝之曾孙也。高辛父曰蟜极，蟜极父曰玄嚣，玄嚣父曰黄帝。自玄嚣与蟜极皆不得在位，至高辛即帝位。高辛于颛顼为族子[1]。

高辛生而神灵，自言其名。普施利物，不于其身。聪以知远，明以察微。顺天之义，知民之急。仁而威，惠而信，修身而天下服。取地之财而节用之，抚教万民而利诲之，历日月而迎送之，明鬼神而敬事之。[2]其色郁郁，其德嶷嶷。[3]其动也时，其服也士。[4]帝喾溉执中[5]而遍天下，日月所照，风雨所至，莫不从服。

帝喾娶陈锋氏[6]女，生放勋。娶娵訾氏[7]女，生挚。帝喾崩，而挚代立。帝挚立，不善，崩，而弟放勋立，是为帝尧。

注释

1 族子：堂侄。2 历日月：根据日月运行情况制订历法。迎送：指推算弦、望、晦、朔。事：侍奉。3 色：仪表，神态。郁郁：犹“穆穆”，端庄的样子。嶷嶷（yí yí）：高尚、杰出。4 时：合乎时宜。士：一般士人。5 溉：似水灌溉，公平如一。执中：持平、公正。6 陈锋氏：又作“陈丰氏”，传说中的部落名，其女子曰庆都。7 娵訾（jū zī）氏：传说中的部落名，其女子曰常仪。

译文

帝喾高辛是黄帝的曾孙。高辛的父亲叫蟜极，蟜极的父亲叫玄嚣，玄嚣的父亲叫黄帝。玄嚣和蟜极都没有得到帝位，到了高辛才即帝位。高辛是颛顼的堂侄。

高辛生下来就非常神灵，能够说出自己的名字。他广施恩德，为他人谋利，却从不考虑自己。他极其聪明而能知悉遥远，明白事理而能深察隐微。顺从上天的义理，知晓民众的急难。仁爱又有威严，慈爱又很笃实，修养自身而使天下诚服。收取土地的财物又能依时节加以利用，抚慰教导万民又能以利训诲他们，观察日月修订历法而合理地推算弦、望、晦、朔，明识鬼神并恭敬地侍奉他们。他的神态非常庄重，他的道德特别高尚。他的举动总是顺应天时，但他的衣着总是如同一般的士人。帝喾治理民众，像水灌溉农田一样，平等而公正地遍及天下，日月所能照射到的地方，风雨所能吹淋到的地方，没有不来顺服的。

帝喾娶了陈锋氏的女子，生了儿子放勋。又娶了娵訾氏的女子，生了儿子挚。帝喾逝世，由挚继承帝位。帝挚即位，政治衰微不善，他死后，由弟弟放勋继位，这就是帝尧。

帝尧者，放勋。其仁如天，其知如神。[1]就之如日，望之如云。[2]富而不骄，贵而不舒[3]。黄收纯衣，彤车乘白马，能明驯德，以亲九族。[4]九族既睦，便章百姓[5]。百姓昭明，合和万国[6]。

注释

1 其仁如天：《史记索隐》："如天之函养也。" 知：通"智"。2 就之如日：《史记索隐》："如日之照临，人咸依就之，若葵藿倾心以向日也。" 望之如云：《史记索隐》："如云之覆渥，言德化广大而浸润生人，人咸仰望之，故曰如百谷之仰膏雨也。" 3 舒：惰慢，松懈。4 收：古帽名。纯衣：《史记集解》引郑玄曰："纯衣，士之祭服。" 能明驯德：能够倡明恭顺高尚之德。驯，顺。九族：一说指同族九代人，从自身算起，上推至四世高祖，下推至四世玄孙。一说指父族四代，母族三代，妻族二代。5 便章：辨别彰明。便，通"辨"。百姓：指百官。6 合和万国：指天下和谐一致。

译文

帝尧就是放勋。他的仁爱如天之涵养，他的智慧如神之微妙。人们归附他就像葵藿倾心向日，人们盼望他就像百谷期求泽云。他富有而不骄奢，高贵而不惰慢。头上戴着黄色的帽子，身穿祭服，坐上朱红色的车，驾乘白色的马，能够倡明恭顺高尚之德，因而能团结九族。九族既已和睦，就明确地划分百官的职责。百官政绩昭明卓著，万邦诸侯融洽和谐。

乃命羲、和，敬顺昊天，数法日月星辰，敬授民时。[1] 分命羲仲，居郁夷，曰旸谷。[2] 敬道日出，便程东作。[3] 日中，星鸟，以殷中春。[4] 其民析，鸟兽字微。[5] 申命羲叔，居南交。[6] 便程南为，敬致。[7] 日永，星火，以正中夏。[8] 其民因，鸟兽希革。[9] 申命和仲，居西土，曰昧谷。[10] 敬道日入，便程西成[11]。夜中，星虚，以正中秋。[12] 其民夷易，鸟兽毛毨。[13] 申命和叔，居北方，曰幽都[14]。便在伏物[15]。日短，星昴，以正中冬。[16] 其民燠，鸟兽氄毛。[17] 岁三百六十六日，以闰月正四时[18]。信饬百官，众功皆兴。[19]

注释

1 羲、和：羲氏、和氏，均为重黎氏后代，执掌天文历法。昊（hào）：深远广大。数法日月星辰：观察日月星辰运行的规律。数，历数。法，准则、规律。敬授民时：郑重传授给众民以四时节令。2 羲仲：羲氏部族成员。郁夷：亦作“嵎夷”，极东之地。旸（yáng）谷：亦作“汤谷”，古称日出之处。3 敬道日出：恭敬地迎接朝阳升起。道，通“导”。便程：辨别日程、时令。便，通“辨”。东作：春耕生产。4 日：春分这一天。中：正中。此时昼、夜一样长。星鸟：即鸟星，春分这天傍晚出现在正南。鸟星即朱鸟七宿中的第四宿。殷：正，正定。5 析：分散、分工。字：生育，产子。微：通“尾”，雌雄交尾。6 申：重、又。羲叔：羲氏部族成员。南交：南方交趾。或谓南方极远之地。7 南为：夏季的劝农事务。敬致：敬行教化以求得功效。8 日永：夏至这一天白昼最长。永，长。星火：即火星，又名“大火”“商星”，为苍龙七宿中的“心宿”，不是今日之“火星”。夏至傍晚时刻，此星出现在正南方面。9 因：就。指老弱因就丁壮帮助在田里干活。希革：鸟兽换毛褪皮。希，通“稀”。10 和仲：和氏部族成员，下文“和叔”同此。昧谷：传说中太阳落下的地方。《史记集解》引孔安国曰：“日入于谷而天下冥，故曰昧谷。此居治西方之官，掌秋天之政也。”11 西成：秋收之事务。12 夜中：秋分时黑夜与白昼相等。星虚：即虚星，是北方玄武七宿的第四宿，秋分这一天虚宿在傍晚的正南出现。13 夷易：喜悦和乐。毨（xiǎn）：毛羽更生。14 幽都：北方极远之地，旧称日没于此，万象阴暗，故称此。15 伏物：积聚储藏物资。16 日短：冬至这天白昼最短。星昴（mǎo）：昴宿，是白虎七宿中的第四宿，冬至傍晚时此星出现于正南。17 燠（yù）：暖。此指入室避寒取暖。氄（rǒng）：鸟兽细软而茂密的毛。18 正四时：调正四季。19 信：诚，切实。饬（chì）：整治。功：事业。

译文

于是命令羲氏、和氏，恭敬地顺应上天，推算日月星辰的运行来制订历法，慎重地将一岁的节令告诉民众。分别命令羲仲居住在东方郁夷，那个地方叫旸谷。恭敬地迎接日出，管理监督春耕事务。春分日，昼夜长短相等，黄昏时鸟星出现在正南方，以正定仲春的气节。这时候春事既已开始，民众就要分散劳作，鸟兽开始生育交尾。再命令羲叔居住在南交。管理督导夏季劝农的事务，敬行教化。夏至日，白昼最长，苍龙七宿中的大火（心宿）黄昏时出现在正南方，以正定仲夏的气节。这时候老幼都去耕作，鸟兽换上了稀疏的羽毛。再命令和仲居守在西方，那个地方名叫昧谷。恭敬地送太阳落山，管理监督秋收事务。秋分日，昼夜长短相等，玄武七宿中的虚宿黄昏时出现在正南方，以正定仲秋的气节。这时候民众喜悦和乐，鸟兽换上新的羽毛。再命令和叔居住在北方，那个地方名叫幽都。管理督导冬藏物畜。冬至日，白昼最短，白虎七宿中的昴宿黄昏时出现在正南方，以正定仲冬的气节。这时候民众进入室内居处，鸟兽都生出细软而茂密的毛来过冬。一岁三百六十六日，设置闰月来调正各年的四时。切实地整饬百官，各种事业都兴办起来了。

尧曰："谁可顺此事[1]？"放齐曰："嗣子丹朱开明。"[2]尧曰："吁！顽凶[3]，不用。"尧又曰："谁可者？"讙兜曰："共工旁聚布功，可用。"[4]尧曰："共工善言，其用僻，似恭漫天，不可。[5]"尧又曰："嗟！四岳：汤汤洪水滔天，浩浩怀山襄陵，下民其忧，有能使治者？[6]"皆曰鲧[7]可。尧曰："鲧负命[8]毁族，不可。"岳曰："异哉，试不可用而已。[9]"尧于是听岳用鲧。九岁，功用[10]不成。

注释

1 顺此事：《史记正义》："指将登用之嗣位也。"2 放齐：尧之大臣。嗣子：帝王或诸侯的承嗣子（多为嫡长子）。丹朱：尧之嫡长子。3 顽凶：愚顽无德，争讼好斗。凶，通"讻"，争讼。4 讙（huān）兜：也作"驩兜"，尧之大臣。共工：尧之水官。旁聚：广泛安集民众。5 用僻：用意邪僻。漫：通"慢"，怠慢不恭。6 四岳：分管四方之诸侯首领。汤汤（shāng）：水波奔腾的样子。怀：裹藏，包围。襄：上升，漫淹。7 鲧（gǔn）：夏禹之父亲。8 负命：违背命令。9 异：看法不同。已：停止。10 功用：指治水事业。

译文

尧说："哪个人可以顺应天时来继承帝位？"放齐说："嗣子丹朱开通明达。"尧说："哼！丹朱愚顽好讼，不可用。"尧又说："谁可以继承帝位？"讙兜说："共工能广聚人力，颇见功效，可以用。"尧说："共工善于言辞，但他用心邪僻，貌似恭敬，实则怠慢上天，不可以用。"尧又说："啊！四方诸侯：荡荡的洪水浊浪接天，浩浩然包围了山岗，淹上了丘陵，下方的民众都非常忧愁，有谁能派去治理洪水呢？"都说鲧可以。尧说："鲧性情狠戾，违背命令，毁败善类，不可以。"诸侯们说："不是这样吧，先试试看，不行就算了。"尧于是听从诸侯们的意见，任用鲧。经过九年，鲧治水没有成功。

尧曰："嗟！四岳：朕在位七十载，汝能庸命[1]，践朕位？"岳应曰："鄙德忝[2]帝位。"尧曰："悉举贵戚[3]及疏远隐匿者。"众皆言于尧曰："有矜在民间，曰虞舜。[4]"尧曰："然，朕闻之。其何如？"岳曰："盲者子。父顽，母嚚[5]，弟傲，能和以孝，烝烝治，不至奸。"尧曰："吾其试哉。"于是尧妻之二女，观其德于二女[6]。舜饬下二女于妫汭，如妇礼。[7]尧善之，乃使舜慎和五典，五典能从。[8]乃遍入[9]百官，百官时序。宾于四门，四门穆穆，诸侯远方宾客皆敬。[10]尧使舜入山林川泽，暴风雷雨，舜行不迷。尧以为圣，召舜曰："女谋事至而言可绩，三年矣。[11]女登帝位。"舜让于德[12]不怿。正月上日，舜受终于文祖。[13]文祖者，尧大祖也。[14]

注释

1 庸命：顺应天命。庸，用。2 忝（tiǎn）：辱没，玷污。3 贵戚：显贵的同姓人。4 矜（guān）：通"鳏"，无妻的男子。虞舜：即舜，出生于有虞氏。5 嚚（yín）：不讲忠信。《史记正义》引《左传》云："口不道忠信之言为嚚，心不则德义之经为顽。"见《左传·僖公二十四年》。6 观其德于二女：《史记正义》："欲以二女试舜，观其理家之道也。"7 妫（guī）：古水名，源出山西省永济市境之历山，西流至蒲州入黄河。汭（ruì）：河道弯曲处。传说蒲州的蒲坂域为舜的故都。如妇礼：遵循妇人的礼节。8 慎和：谨慎地和协。五典：指父子、君臣、夫妇、兄弟、朋友间的五种道德关系，亦名五教。从：顺利地实行。9 入：参与，参加。10 宾：接迎诸侯和远方宾客。四门：指明堂（天子朝会诸侯的地方）的四方之门。穆穆：肃穆庄严的样子。11 女：通"汝"，指舜。至：达到目的。绩：成效、实绩。

12 让于德：以自己德行不够来推辞。让，推辞。13 上日：朔日，初一。受终：接受禅位。14 文祖：尧的祖庙。大（tài）祖：太祖。

译文

尧说："啊！四方诸侯：我在帝位七十年，你们中有谁能够顺应天命，来接替我的帝位呢？"诸侯们应答说："我们德行鄙陋，是会污辱帝位的。"尧说："你们也可推举贵族亲戚中的和被疏远而隐藏起来的人。"大家都对尧说；"有个还没有妻子的人在民间，名叫虞舜。"尧说："对，我也听说了。他怎么样？"诸侯们说："他是一个盲人的儿子。他父亲不效法德义，母亲不讲忠信，弟弟狂傲无理，他都能用孝顺来亲和他们，感化他们，使他们不至于奸恶。"尧说："我就来试试他吧！"于是尧把自己的两个女儿嫁给舜做妻，通过这两个女儿来观察他的德行。舜让尧的两个女儿迁居到妫水的河边，让她们在虞家行使妇人之礼。尧认为舜做得很好，就让舜慎重地制订并推行五教，五教之教能顺利地实行。又让舜普遍参与百官事务，百官事务处理得适时而有序。又让舜在明堂四门迎接来朝的宾客，四门的接待庄重肃穆，诸侯及远方宾客都很恭敬。尧派遣舜进入山林川泽，遇到暴风雷雨，舜继续前行却未迷路。尧认为舜有圣智，召来舜说："你谋事有成，有言必行，已经三年了。你可以登帝位了。"舜以自己德望不够，不堪胜任加以推辞。正月朔日，舜在文祖庙接受了尧禅让的帝位。文祖，就是尧的太祖。

于是帝尧老，命舜摄[1]行天子之政，以观天命。舜乃在璇玑玉衡，以齐七政。[2]遂类于上帝，禋于六宗，望于山川，辩于群神。[3]揖五瑞，择吉月日，见四岳诸牧，班瑞。[4]岁二月，东巡狩，至于岱宗，祡，望秩于山川。[5]遂见东方君长，合时月正日，同律度量衡，修五礼五玉三帛二生一死为挚，如五器，卒乃复。[6]五月，南巡狩；八月，西巡狩；十一月，北巡狩：皆如初。归，至于祖祢庙，用特牛礼。[7]五岁一巡狩，群后四朝[8]。遍告以言，明试以功，车服以庸[9]。肇十有二州，决川。[10]象以典刑，流宥五刑，鞭作官刑，扑作教刑，金作赎刑。[11]眚灾过[12]，赦；怙终贼[13]，刑。钦哉，钦哉，惟刑之静哉！[14]

注释

1 摄：代理。2 在璇（xuán）玑玉衡：观察天文器械。在，省视，观察。璇，美玉。玑，如浑天仪一样的旋转的天文仪器。玉衡，用玉装饰的观察天体的横箫。《史记正义》："舜虽受尧命，犹不自安，更以璇玑玉衡以正天文。玑为运转，衡为横箫，运玑使动于下，以衡望之，是王者正天文器也，观其齐与不齐。”七政：指日、月和金、木、水、火、土五星。3类：《史记正义》引《五经异义》云：“非时祭天谓之类，言以事类告也。”禋（yīn）：祭祀。六宗：指天、地和四时。一说为司中、司命、星、辰、风师、雨师六神；一说为四时寒暑、日、月、星、水旱。望：遥望而祭。辩：通“遍”。4揖（jí）：通“辑”，会集，收取。五瑞：公、侯、伯、子、男五等诸侯所执之瑞信，亦名圭璧。《史记正义》引《周礼·典瑞》云：“王执镇圭，尺二寸。公执桓圭，九寸。侯执信圭，七寸。伯执躬圭，五寸。子执谷璧，男执蒲璧，皆五寸。言五瑞者，王不在中也。”牧：君长，首领。班：分赐。5巡狩：帝王离开国都巡行境内。柴（chái）：烧柴祭天。望秩：分别等级遥祭。6合时月：协调统一季节、月份。正日：校正日之甲乙。同：统一。律：音律。度：长度。量：容量。衡：重量。五礼：五种礼仪，即吉礼、凶礼、宾礼、军礼、嘉礼。五玉：即“五瑞”。三帛：红、黑、白三种不同颜色的荐玉的丝织品。二生：活的羔羊与雁。一死：一只死雉。挚：同“贽”，初次拜见所送的礼物。如五器，卒乃复：至于上边所说五玉，祭祀结束后便交还本人。7祖祢（mí）庙：祖庙、父庙。祢，亡父的宗庙。特牛礼：以一头公牛作祭品的祭礼。特，公牛。8群后四朝：天子每五年一巡狩，之间的四年，四方诸侯首领分别来京城朝见。后，君长。9车服以庸：用车子、服饰作为赏赐。庸，功劳。10肇：开始。决川：开通河道。11象以典刑：《史记集解》引马融曰：“言咎繇制五常之刑，无犯之者，但有其象，无其人也。”流宥五刑：以流放的办法宽宥当受五刑的人。五刑，墨（刺字）、劓（yì，割鼻）、剕（fèi，断足）、宫（阉割、毁坏男女生殖功能）、大辟（杀头）。鞭作官刑：用鞭笞作为官府的刑罚。扑作教刑：用扑（戒尺）作为对学生的惩罚。金作赎刑：《史记集解》引马融曰：“金，黄金也。意善功恶，使出金赎罪，坐不戒慎者。”12眚（shěng）灾过：好心办了坏事或因灾害造成的过失。眚，指无心犯罪。13怙（hù）终贼：坚持并始终作恶。怙，坚持。贼，危害。14钦：慎重。静：静谧、审慎的意思。

译文

于是帝尧称老在家，命令舜代行天子的政事，来观察上天的意志。舜利用运转的璇玑和窥望的玉衡进行观测，来定准日月和五星的实际位置及其运行。接着类祭（因特别事故而祭）上帝，禋祭天地四时，望祭名山大川，又普遍地祭祀各路神祇。收集五等圭璧，选择吉利的月日，接受四方诸侯、各个君长的朝见，把圭璧分赐给他们。每年的二月，到东方去巡视，一直到达了泰山，在那里进行了柴祭，又分等级望祭东方诸侯国境内的名山大川。借这个时机会见东方各地诸侯国的君长，协正四时气节和月份大小，校正日的甲乙，统一音律和度量衡，修正吉、凶、宾、军、嘉五种礼仪，规定初次进见时公、侯、伯、子、男五等诸侯应执瑞玉及红、黑、白三种用来荐玉的缯物，卿应执活羔羊，大夫应执雁，士应执一只死野鸡作为礼物，至于诸侯所执的五种瑞玉，礼仪结束后会归还他们。五月，到南方去巡视；八月，到西方去巡视；十一月，到北方去巡视：所做的事情都和开始去东方视察的时候完全一样。巡视归来，先到祖庙和父庙去祭祀，用一头公牛作祭品。每五年进行一轮巡视，其他四年，四方诸侯分别到京师来朝见。舜向他们提出治理要求，并明确考察各地诸侯的业绩，对有功的赏赐车辆服饰来进行表彰。开始将全国划分成十二个州，疏浚各地的江河。把常用的刑律刻画在器物上，用流放的方法处置犯有墨、劓、剕、宫、大辟五种刑罚的人，官府处罚触犯法律的人运用鞭刑，在学校有犯法的生徒就用戒尺打，金钱可以用来赎减刑罚。因为过失造成祸害的，可以赦免；怙恶不改的，就严施刑罚。谨慎啊，谨慎啊，执行刑罚要特别慎重！

谨兜进言共工，尧曰“不可”，而试之工师，共工果淫辟。[1] 四岳举鲧治鸿[2]水，尧以为不可，岳强请试之，试之而无功，故百姓不便。三苗[3]在江淮、荆州数为乱。于是舜归而言于帝，请流共工于幽陵，以变北狄[4]；放驩兜于崇山[5]，以变南蛮；迁三苗于三危[6]，以变西戎；殛鲧于羽山[7]，以变东夷：四罪[8]而天下咸服。

注释

1 工师：古代主管百工之官。淫辟：放纵为邪恶之事。2 鸿：通“洪”。3 三苗：南方的一个部族，活动于今长江中游。4 狄：古对北方部族的泛称。5 崇山：山名，在今湖南张家界市西南。6 三危：山名，在今甘肃敦煌市东南。7 羽山：山名，在今山东蓬莱市东南。8 四罪：按罪惩处上述四人。

译文

谨兜引荐共工，尧说“不可以”，谨兜试着让共工去做工师，结果他果然淫恶邪辟。四方诸侯推举鲧治理洪水，尧认为鲧不能胜任，四方诸侯勉强请求试用尧，结果鲧治水没有功效，百姓深受其害。三苗氏族在江淮、荆州一带多次作乱。根据这些情况，舜回到京师向帝尧进言，请求把共工流放到幽陵，来改变北狄的习俗；把驩兜流放到崇山，来改变南蛮的习俗；把三苗迁徙到三危，来改变西戎的习俗；把鲧流放到羽山，来改变东夷的习俗：这四个人都受到了处罚，天下人都心悦诚服。

尧立七十年得舜，二十年而老，令舜摄行天子之政，荐之于天。尧辟位[1]凡二十八年而崩。百姓悲哀，如丧父母。三年，四方莫举乐，以思尧。尧知子丹朱之不肖，不足授天下，于是乃权授舜。[2]授舜，则天下得其利而丹朱病[3]；授丹朱，则天下病而丹朱得其利。尧曰“终不以天下之病而利一人”，而卒授舜以天下。尧崩，三年之丧毕，舜让辟丹朱于南河[4]之南。诸侯朝觐者不之丹朱而之舜，狱讼者不之丹朱而之舜，讴歌者不讴歌丹朱而讴歌舜。[5]舜曰“天也夫！”而后之中国践[6]天子位焉，是为帝舜。

注释

1 辟位：退让帝位。辟，通“避”。2 不肖：不才，不贤。权：权宜，从权应变。3 病：受害，困窘。4 南河：黄河自潼关以下自西向东流的一段为南河。5 朝觐（jìn）：诸侯在春、秋两季拜见天子，春曰朝，秋曰觐。狱讼：诉讼案件。6 中国：此指国中之都。践：登。

译文

尧即帝位七十年才得到舜，又经过二十年就称老居家，命令舜代行天子的政事，这样也就把舜推荐给上天来进行考验。尧退位二十八年后去世。百姓非常悲哀，好像自己的父母丧亡一样。三年时间内，全国各地都没有演奏音乐，以此表示对尧的思念。尧知道儿子丹朱不贤能，不值得把管理天下的权力授给他，再三权衡后将帝位授给舜。授给舜，那么天下的人们可以得到好处而丹朱会受到损害；授给丹朱，那么天下的人们会受到损害而丹朱会得到好处。尧说“终归不能拿损害天下的人们来使一人得利”，最后还是把管理天下的大权授给了舜。尧逝世，三年的丧期结束，舜让位给丹朱，居住到南河的南边去。诸侯来朝觐，不去朝见丹朱而去朝见舜；有讼狱的人，不去找丹朱而去找舜；歌颂政绩的人，不歌颂丹朱而歌颂舜。舜说“这是上天的意思啊！”然后才回到都城登上了天子之位，这就是帝舜。

虞舜者，名曰重华[1]。重华父曰瞽叟，瞽叟父曰桥牛，桥牛父曰句望，[2]句望

父曰敬康，敬康父曰穷蝉，穷蝉父曰帝颛顼，颛顼父曰昌意：以至舜七世矣。自从穷蝉以至帝舜，皆微为庶人[3]。

舜父瞽叟盲，而舜母死，瞽叟更娶妻而生象，象傲。瞽叟爱后妻子，常欲杀舜，舜避逃；及有小过，则受罪。顺事父及后母与弟，日以笃谨，匪有解。[4]

舜，冀州[5]之人也。舜耕历山，渔雷泽，陶河滨，作什器于寿丘，就时于负夏。[6]舜父瞽叟顽，母嚚，弟象傲，皆欲杀舜。舜顺适[7]不失子道，兄弟孝慈。欲杀，不可得；即求，尝在侧。[8]

注释

1 重（chóng）华：舜名。据传舜生下时为重瞳子，故称。2 瞽：音 gǔ。句：音 gōu。3 微：低微、卑贱。庶人：一般人，平民百姓。4 顺事：恭顺地侍奉。笃谨：忠厚谨慎。匪：非，没有。解：通“懈”，懈怠。5 冀州：古九州之一。相当于今河北、山西二省之地界。6 雷泽：一名雷水，古泽名，在今山西永济市蒲州镇南。一说即“雷夏泽”，在今山东菏泽市东北。陶河滨：在河畔制陶器。什器：日常生活用具。寿丘：古地名，在今山东曲阜市东。7 顺适：孝顺适从。8 即求：如果寻找。即，如果。尝：通“常”，经常。

译文

虞舜，名叫重华。重华的父亲叫瞽叟，瞽叟的父亲叫桥牛，桥牛的父亲叫句望，句望的父亲叫敬康，敬康的父亲叫穷蝉，穷蝉的父亲叫帝颛顼，颛顼的父亲叫昌意：从昌意到舜有七代了。从穷蝉开始一直到帝舜，都是地位低微的普通百姓。

舜的父亲瞽叟是个盲人，舜的生母去世后，瞽叟又娶了妻子生下了象，象很傲慢。瞽叟偏爱后妻所生的儿子，常常想杀掉舜，舜总是躲避逃过了；倘若舜有小的过错，就要受到罪罚。舜孝顺地事养父亲、后母和弟弟，一日比一日忠厚恭谨，没有一点懈怠。

舜是冀州人。舜在历山耕种过，在雷泽捕过鱼，在黄河边上做过瓦器，在寿丘制作过各种家用器具，在负夏做过生意。舜的父亲瞽叟不讲德义，母亲不讲忠信，弟弟象狂傲，都想杀掉舜。舜孝顺父母而不失做儿子的道义，对弟弟也很友善。他们想杀掉他却没得到机会；如果有事要寻找舜，他却经常在父母身边。

舜年二十以孝闻。三十而帝尧问可用者，四岳咸荐虞舜，曰可。于是尧乃以

二女妻舜以观其内，使九男与处以观其外。舜居妫汭，内行弥[1]谨。尧二女不敢以贵骄事舜亲戚，甚有妇道。尧九男皆益笃[2]。舜耕历山，历山之人皆让畔[3]；渔雷泽，雷泽上人皆让居；陶河滨，河滨器皆不苦窳[4]。一年而所居成聚，二年成邑，三年成都。[5]尧乃赐舜絺[6]衣与琴，为筑仓廪，予牛羊。瞽叟尚复欲杀之，使舜上涂[7]廪，瞽叟从下纵火焚廪。舜乃以两笠自捍而下[8]，去，得不死。后瞽叟又使舜穿井，舜穿井为匿空旁出[9]。舜既入深，瞽叟与象共下土实井，舜从匿空出，去。瞽叟、象喜，以舜为已死。象曰："本谋者象。"象与其父母分，于是曰："舜妻尧二女与琴，象取之；牛羊仓廪，予父母。"象乃止舜宫居，鼓其琴。舜往见之。象鄂[10]不怿，曰："我思舜正郁陶[11]！"舜曰："然，尔其庶[12]矣！"舜复事瞽叟爱弟弥谨。于是尧乃试舜五典百官，皆治。

注释

1 弥：更加。2 笃（dǔ）：忠诚、谨敬。3 畔：田界。4 苦窳（yǔ）：粗劣。5 聚：村落。邑：集镇。都：都市。6 絺（chī）：用葛纤维制成的细布。7 涂：涂抹、修理。8 以两笠自捍而下：《史记索隐》："言以笠自捍己身，有似鸟张翅而轻下，得不损伤。"9 匿空（kǒng）旁出：在井旁打了一个藏身之洞并与邻井相通。空，孔，洞。10 鄂：通"愕"，惊愕。11 郁陶：愁闷痛苦。12 庶：庶几，差不多。此处意指情义深厚。

译文

舜年纪二十岁时就因为孝顺父母而出名。三十岁时就碰上尧帝询问有没有可以做天子的人，四方诸侯都推荐虞舜，说他可以。在这样的情况下尧就把两个女儿嫁给舜来观察他内在的德行，并派九个儿子和他相处来观察他的外在表现。舜居住在妫水边上，更加注重内在修养。尧的两个女儿从不敢拿高贵骄慢的态度来对待舜的亲人，特别讲究妇人之道。尧的九个儿子侍奉舜也都更加忠实谨敬。舜在历山耕种，历山的农人都互让田畔；在雷泽捕鱼，雷泽上的渔人都让出居所给他人住；在黄河水滨做瓦器，黄河水滨出产的瓦器都不粗制滥造。一年时间内舜所居处的地方成了村落，两年时间成了集镇，三年时间成了都会。尧于是赐给舜细葛布衣和琴，替舜构筑仓廪，还给他一些牛羊。瞽叟又想杀害他，让舜爬上去涂抹廪房，他从下面放火焚烧廪房。舜就用两顶斗笠护住身体跳下，逃离了火境，得以不死。后来瞽叟又让舜去挖井，舜挖井时设了一个暗道可以从旁边的井口出去。舜已挖到了深处，瞽叟和象共同往井下填土，舜就从暗道中逃出，脱离了险境。瞽叟、象非常高兴，认为舜在井中已被填死。象说："最先出这个主意的是我象。"象和父母分割舜的家室财物，于是说："舜的妻子，即尧的两个女儿和一把琴，由象获得；牛、羊、仓廪，分给父母。"象就停留在舜原来的屋室居住，弹奏着分得的那把琴。舜回来见象。象惊愕不快，就假意说："我思念哥哥舜，非常忧郁不乐！"舜说："是，你对兄弟的情义可谓是很深厚的了！"舜侍奉瞽叟和爱护弟弟就更加恭谨。于是尧就用推行五种伦常和担任各种官职来考察舜，舜把各方面都治理得很好。

昔高阳氏有才子八人，世得其利，谓之"八恺"。[1] **高辛氏有才子八人，世谓之"八元"。**[2] **此十六族者，世济其美，不陨其名。**[3] **至于尧，尧未能举。舜举八恺，使主后土，以揆百事，莫不时序。**[4] **举八元，使布五教于四方，父义，母慈，兄友，弟恭，子孝，内平外成。**[5]

注释

1 高阳氏：颛顼之后代。恺：和乐，言能使人和乐。《史记索隐》引《左传》："史克对鲁宣公曰：'昔高阳氏有才子八人，仓舒、隤敳（tuí ái）、梼戭（táo yǎn）、大临、尨（méng）降、庭坚、仲容、叔达。'"见《左传·文公十八年》。2 高辛氏：帝喾之后代。元：善，谓能引人入善道。《史记索隐》引《左传》："高辛氏有才子八人，伯奋、仲堪、叔献、季仲、伯虎、仲熊、叔豹、季貍。"见《左传·文公十八年》。3 济：成就、保全。陨：丧失，毁坏。4 后土：相传上古时代掌管土地事务的官。揆（kuí）：管理、规划。时序：按照时令、次序。5 布：传布。内平外成：诸夏安定，夷狄向化。

译文

过去高阳氏有才子八个人，世人都因他们而得到好处，称他们叫"八恺"。高辛氏有才子八人，世人称他们叫"八元"。这十六个才子的后代，世世代代都继承了先人的美德，不使他们的名声陨落。到了尧的时代，尧没有任用他们的后代。舜举用八恺的后代，让他们主持有关土地方面的事务，结果他们把各项事务都管理得很有条理。举用八元的后代，让他们在四方传布教诲，使得父亲们都仁义，母亲们都慈爱，做兄的都友善，做弟的都恭谨，做儿子的都孝顺，中原的各个部族都很太平，边远地区的部族一心向往中原的教化。

昔帝鸿氏有不才子，掩义隐贼，好行凶慝，天下谓之浑沌。[1] 少暤氏有不才子，毁信恶忠，崇饰恶言，天下谓之穷奇。[2] 颛顼氏有不才子，不可教训，不知话言，天下谓之梼杌。[3] 此三族世忧之。至于尧，尧未能去。缙云氏有不才子，贪于饮食，冒于货贿，天下谓之饕餮。[4] 天下恶之，比[5] 之三凶。舜宾于四门，乃流四凶族，迁于四裔，以御螭魅，于是四门辟，言毋凶人也。[6]

注释

1 帝鸿氏：黄帝之后代。掩义隐贼：掩盖仁义，阴为贼害。一说此句即包庇奸邪。掩、隐同义。义，通“俄”，奸邪。凶慝（tè）：凶狠、邪恶。慝，邪恶。浑沌：意即野蛮无知，顽固不化。2 少暤（hào）氏：亦作“少皞氏”。《史记集解》引服虔曰：“金天氏帝号。”黄帝以后的一部族首领名。毁信恶忠：毁败信行，恶其忠直。穷奇：意谓行终穷极而谄谀奇异。3 话言：指言语好坏。梼杌（táo wù）：本指一种难驯凶顽之兽，以此比喻其顽凶无比。4 缙云氏：炎帝之后代。冒于货贿：贪图钱财。冒，贪、图。饕餮（tāo tiè）：传说中的一种性恶、贪残，抢人财谷的人兽。此喻其贪婪无厌。5 比：排列，等同。6 裔：本指衣边，此引申为边远荒僻之地。螭魅（chī mèi）：传说中的山林精怪，意指更为邪谄之人。辟：开，通达。

译文

过去帝鸿氏有个不才之子，掩盖仁义，阴为贼害，好行凶作恶，天下的人称呼他叫浑沌。少暤氏有个不才之子，毁败信义，憎恶忠直，粉饰恶言，天下的人称呼他叫穷奇。颛顼氏有个不才之子，凶顽不可教训，不知道话语好坏，天下的人称呼他叫梼杌。世世代代人们都对这三个家族感到忧惧。到了尧的时代，尧没有能除去这三个祸害。缙云氏有个不才之子，贪恋酒食，贪图财货，天下的人称呼他叫饕餮。天下的人们厌恶他，把他与前述“三凶”等同视之。舜掌管四方之门的迎宾事务，就流放了这四个有凶顽之人的家族，将他们迁移到四方边远地带，让他们来抗御比他们更为邪谄的人，于是四方之门通达，人们都说没有凶顽之人了。

舜入于大麓[1]，烈风雷雨不迷，尧乃知舜之足授天下。尧老，使舜摄行天子政，巡狩。舜得举，用事二十年，而尧使摄政。摄政八年而尧崩。三年丧毕，让丹朱，天下归舜。而禹、皋陶、契、后稷、伯夷、夔、龙、倕、益、彭祖自尧时

而皆举用，未有分职。[2]于是舜乃至于文祖，谋于四岳，辟四门，明通四方耳目，命十二牧论帝德，行厚德，远佞人，则蛮夷率服。[3]舜谓四岳曰："有能奋庸美[4]尧之事者，使居官相事？"皆曰："伯禹为司空[5]，可美帝功。"舜曰："嗟，然！禹，汝平水土，维是勉[6]哉。"禹拜稽首[7]，让于稷、契与皋陶。舜曰："然，往矣。"舜曰："弃，黎民始饥，汝后稷，播时百谷[8]。"舜曰："契，百姓不亲，五品不驯，汝为司徒，而敬敷五教，在宽。[9]"舜曰："皋陶，蛮夷猾夏，寇贼奸轨，汝作士，五刑有服，五服三就；[10]五流有度，五度三居；[11]维明能信[12]。"舜曰："谁能驯予工[13]？"皆曰垂可。于是以垂为共工[14]。

注释

1 大麓：此指山林。2 禹：鲧之子，夏的创建者。皋陶（yáo）：传说中的少皞氏的支裔，东夷部族首领之一，尧之臣。契（xiè）：商之始祖，尧之臣。后稷：姬姓，名弃，周之始祖。伯夷：相传为齐太公之祖先，舜之臣。不同于商末之伯夷。夔（kuí）：古人名，尧舜时乐官。龙：古人名，尧、舜之臣。倕：亦作"垂"。古代巧匠名，尧、舜之臣。益：古人名，尧、舜之臣。彭祖：古陆终氏之子，尧、舜之臣。分职：名分、职务。3 十二牧：十二州之长官。相传禹治水后分天下为冀、兖、青、徐、荆、扬、豫、梁、雍九州，舜又从冀州分出幽州、并州，从青州分出营州，共十二州。佞：谄媚。率服：相率归服。4 奋：奋发。庸：建功。美：发扬光大。5 司空：掌管水利、土木工程之官。6 维是勉：希望对此要努力。维，句首语气词，表示希望。7 稽（qǐ）首：古时的一种礼节。拱手叩头至地，表示感谢或致敬。8 播时百谷：播种百谷。时，通"莳"，种植。9 驯：顺适。司徒：掌教化之官。敷：布施，传播。在宽：注意宽厚。10 猾夏：侵扰华夏。奸轨：犯法作乱。士：掌刑狱之官。服：《史记正义》引孔安国云："服，从也，言得轻重之中正也。"三就：分别于三处就刑。《史记集解》引马融曰："三就，谓大罪陈诸原野，次罪于市朝，同族适甸师氏。"甸师氏，处置公族罪犯的机构。11 度：标准规定，此处引申为不同的处所。三居：《史记集解》引马融曰："五等之差亦有三等之居：大罪投四裔，次九州之外，次中国之外。"12 维明能信：《史记集解》引马融曰："当明其罪，能使信服之。"13 予：我、我的。工：工匠。14 共工：此为官名，管理百工之官。

译文

舜进入山林，遇到强烈的雷暴风雨也不迷失方向，尧就知道舜是值得把整个天下传授给他的。尧称老归家，让舜代行天子的政事，并到全国各地巡视。舜受到推举，任用有二十年，然后尧才让他代行天子政事，八年后尧去世了。三年丧礼结束，舜让位给丹朱，但是天下的人归服于舜。禹、皋陶、契、后稷、伯夷、夔、龙、倕、益、彭祖等人从尧帝的时代开始都被推举任用，却没有分配给他们主管的职务。于是舜就来到文祖庙，召集四方诸侯进行商议，开放四方门庭，广听四方意见，命令十二位地方长官讲论尧帝的功德，让他们推行仁道，使民众远离邪佞的人，这样做就会使蛮夷归服。舜对四方诸侯说："有谁是能奋发建功光大尧帝事业的人，我将让他总领百官辅佐我处理政事？"都说："伯禹做司空，可以发扬光大尧帝的功业。"舜说："嗯，是！禹，你去治理水土，希望你努力完成这项任务啊。"伯禹跪拜叩头，推让给后稷、契和皋陶。舜说："就这样，去罢。"舜说："弃，民众中开始出现饥饿，你来负责农事，组织他们播种各类谷物。"舜说："契，百官贵族不合睦，五伦关系不顺适，你去做司徒，去谨敬地实施五常的教导，其主旨在于宽厚。"舜说："皋陶，蛮夷各族扰乱中原，贼寇犯法作乱，你去做狱官之长，五种刑罚量刑要轻重适中，执行五种刑罚要在郊野、市朝、甸师氏三个不同的地方；五种流放应有不同的处所，要根据流放的远近建立三等居所；只有明察公允才能使人信服。"舜说："谁能训治我的各种工匠？"都说垂可以。于是让垂做共工，统领工匠事务。

舜曰："谁能驯予上下[1]草木鸟兽？"皆曰益可。于是以益为朕虞[2]。益拜稽首，让于诸臣朱虎、熊罴[3]。舜曰："往矣，汝谐[4]。"遂以朱虎、熊罴为佐。舜曰："嗟！四岳，有能典[5]朕三礼？"皆曰伯夷可。舜曰："嗟！伯夷，以汝为秩宗，夙夜维敬，直哉维静洁。[6]"伯夷让夔、龙。舜曰："然。以夔为典乐，教稚子，直而温，宽而栗，刚而毋虐，简而毋傲；[7]诗言意，歌长言，声依永，律和声，八音能谐，毋相夺伦，神人以和。[8]"夔曰："於！予击石拊石，百兽率舞。[9]"舜曰："龙，朕畏忌谗说殄伪，振惊朕众，命汝为纳言，[10]夙夜出入朕命，惟信。"舜曰："嗟！女二十有二人，敬哉，惟时相天事[11]。"三岁一考功，三考绌陟，远近众功咸兴。[12]分北[13]三苗。

注释

1 上下：《史记集解》引马融曰："上谓原，下谓隰"。隰，低湿之处。2 虞：掌山林川泽之官。3 朱虎、熊罴（pí）：《史记索隐》："即高辛氏之子伯虎、仲熊也。"为前述"八元"中的二位。4 谐：共同合作。5 典：主持、掌管。三礼：《史记集解》引马融曰："三礼、天神，地祇、人鬼之礼也。”引郑玄曰：“天事、地事、人事之礼。”6 秩宗：掌宗庙祭祀之礼官。静洁：肃穆而清明。7 典乐：乐官。稚子：幼子、后代。直而温：正直而态度温和。栗：通“厉”，此指严厉。刚：刚直。简：简洁。8 诗言意：诗表达思想感情。歌长言：歌是用延长的音节来咏唱诗。声依永，律和声：《史记集解》引郑玄曰：“声之曲折又依长言，声中律乃为和也。”永，长。八音：古代的八类乐器，金、石、丝、竹、匏（páo）、土、革、木。夺伦：干扰各自的规律。9 於（wū）：叹词，表示呼声或赞叹。石：指磬。拊（fǔ）：拍，敲。10 殄（tiǎn）伪：灭绝德义的行为。伪，通“为”，《尚书》作“行”。纳言：掌管传令和搜集意见之官。11 惟：希望。相：辅佐。12 考功：考评功绩。绌陟：贬退、提拔。绌，通“黜”。陟，登，升。13 分北：分化，分开。北，通“背”，分别。

译文

舜说：“谁能为我掌管山林水泽中的草木鸟兽？”都说益可以。于是就任命益做掌管山泽的虞官。益跪拜叩头，推让给朱虎、熊罴等大臣。舜说：“去罢，你们一同合作。”就让朱虎、熊罴做益的助手。舜说：“唉！四方诸侯，有谁能协助我掌管天、地、人三事的礼仪？”都说伯夷可以。舜说：“喂，伯夷！任命你做秩宗，从早到晚一定要虔敬，掌礼施教都要肃穆而清明。”伯夷推让给夔、龙。舜说：“好。任命夔做典乐官，用歌诗舞蹈教导幼子，你要正直而且温和，宽厚而且严厉，刚直而又不暴虐，简廉而又不傲慢；诗的内容表现了人的情志，歌是拉长了音调咏唱诗，宫、商、角、徵、羽五声曲折要按照歌的需要，律吕音节要与五声配合，金、石、丝、竹、匏、土、革、木八音能和谐一致，不互相错夺侵扰，要让神与人都感到欢悦和乐。”夔说：“哦！我拊击石磬，百兽相率起舞。”舜说：“龙，我畏忌那些谗言非语和不讲德义的行为，恐怕他们蛊惑我的众多臣民，任命你做纳言官，早晚传递我的旨命，你一定要讲求诚信。”舜说：“喂！你们二十二人，各自要谨敬地行使你们的职责，希望你们顺应时势辅佐我完成上天交给的治国大事。”每过三年考察一次功绩，三次考察来决定官员的升降，于是远近各项事业都兴盛起来。再次分别处理了流放在西部边境继续为恶的三苗氏部族。

此二十二人咸成厥[1]功：皋陶为大理，平，民各伏得其实；[2]伯夷主礼，上下咸让；垂主工师[3]，百工致功；益主虞，山泽辟；弃主稷，百谷时茂；契主司徒，百姓亲和；龙主宾客，远人至；十二牧行而九州莫敢辟违[4]；唯禹之功为大，披九山，通九泽，决九河，定九州，各以其职来贡，不失厥宜。[5]方五千里，至于

荒服[6]。南抚交阯、北发，西戎、析枝、渠廋、氐、羌，北山戎、发、息慎，东长、鸟夷，四海之内咸戴帝舜之功。[7]于是禹乃兴《九招》之乐，致异物，凤皇来翔。[8]天下明德皆自虞帝始。

注释

1 厥：其。2 大理：同前文之“士”，掌管刑狱之官。伏：通“服”，敬佩，信服。得其实：符合实际情况。3 工师：即前文之“共工”官职。4 十二牧行而九州莫敢辟违：《史记正义》：“禹九州之民无敢辟违舜十二牧也。”辟违，躲避违背。5 披：分开，凿通。泽：湖泊。决：疏通。以上之“九”，应是泛指。职：管辖范围，职分。6 荒服：古代以王畿（京城周围）向外以五百里为一等级，依次分为五等，为甸服、侯服、绥服、要服，荒服。荒服为最边远之地。7 北发：即“北向”“北向户”。极南之地，门户向北，故名。在今越南境内。析枝、渠廋（sōu）：皆当时西方部族名。山戎、发：皆当时北方部族名。息慎：或谓之肃慎，东北部族名。长、鸟夷：即长夷、鸟夷（或岛夷），东方部族名。8《九招》：乐曲名，或作“九韶”。《史记索隐》：“招音韶。即舜乐《箫韶》。九成，故曰《九招》。”凤皇：即凤凰。皇，“凰”之本字。

译文

这二十二人都完成了他们的工作：皋陶做管刑狱的大理，执法公平，民众对他的判决很诚服；伯夷主管礼仪，上上下下都相互谦让；垂主掌百工，各种制作都很好的完成；益主掌虞官，山林水泽都得到很好的开发；弃主掌农官，各种谷物都顺应天时长得非常茂盛；契主掌司徒，百姓都亲近和睦；龙主掌接待宾客，远方的诸侯和外族都欣然来朝；十二个地方官的政令推行，那么九州范围内的民众没有谁敢逃避违背；只有禹的功劳最大，凿通了许多座大山，整治了许多处湖泽，疏浚了许多条河流，划定了九州方界，九州的君长各按其职来朝贡，没有不合宜之处。国土开拓纵横五千里，一直到达荒服地区。南边抚有交阯、北发，西边抚有戎、析枝、渠廋、氐、羌，北边抚有山戎、发、息慎，东边抚有长、鸟夷，四海之内都感戴帝舜的功勋。在这样的背景下，禹创作了歌颂帝舜的乐曲《九招》，招来了各方的奇珍异物，凤凰也飞来献舞。普天之下清明的德政都是从虞帝时代开始的。

舜年二十以孝闻，年三十尧举之，年五十摄行天子事，年五十八尧崩，年

六十一代尧践帝位。践帝位三十九年，南巡狩，崩于苍梧[1]之野。葬于江南九疑，是为零陵。[2]舜之践帝位，载天子旗，往朝父瞽叟，夔夔[3]唯谨，如子道。封弟象为诸侯。舜子商均亦不肖，舜乃豫荐禹于天。十七年而崩。三年丧毕，禹亦乃让舜子，如舜让尧子。诸侯归之，然后禹践天子位。尧子丹朱，舜子商均，皆有疆土，以奉先祀[4]。服其服，礼乐如之。[5]以客见天子，天子弗臣，示不敢专也。[6]

注释

1 苍梧：地区名，指今湖南九嶷山以南广西贺江、桂江、郁江区域。2 九疑：山名，又作"九嶷"，在今湖南宁远县南。零陵：帝王陵墓名，即今湖南宁远县之舜陵。3 夔夔：和顺恭敬的样子。4 奉：供奉。先祀：祖先之祭祀。5 服其服，礼乐如之：穿尧、舜时的服饰，礼乐也同尧、舜时一样。6 以客见天子：以宾客的礼节去见天子。专：独享，专位。

译文

舜二十岁的时候因为孝顺闻名，三十岁的时候尧举拔他，五十岁的时候代行天子的政事，五十八岁的时候尧去世，六十一岁的时候接替尧登上帝位。登上帝位三十九年，到南方去巡视时，在苍梧的郊野去世。安葬在长江南部的九嶷山，这个地方就是零陵。舜登上帝位以后，用车载着天子的旌旗，回去朝拜父亲瞽叟，恭恭敬敬不敢怠慢，仍是儿子对待父亲的态度。封弟弟象做有鼻地方的诸侯。舜的儿子商均也不贤能，舜因此豫先告上天要推荐禹代行政事。十七年以后就逝世了。三年的丧礼完毕，禹也让位给舜的儿子，和当初舜让位给尧的儿子一样。诸侯们都归附他，然后禹才登上了天子之位。尧的儿子丹朱，舜的儿子商均，都封有疆土，以供奉先祖的祭祀。他们仍然穿戴着祖传的服饰，所用礼乐也和原先的一样。用宾客的礼仪朝见天子，天子不把他们当臣下看待，表示不敢专有天子的神威。

自黄帝至舜、禹，皆同姓而异其国号，以章明德。[1]故黄帝为有熊，帝颛顼为高阳，帝喾为高辛，帝尧为陶唐，帝舜为有虞。帝禹为夏后而别氏[2]，姓姒氏。契为商，姓子氏。弃为周，姓姬氏。

注释

1 国号：此指部族号。章：彰明，彰显。2 夏后：夏的君王。别氏：另为一氏。氏，部族的分支。

译文

从黄帝至舜、禹，都出自同姓，但他们立国以后的称号却不相同，以便彰显各自的清明德行。所以黄帝的号是有熊，帝颛顼的号是高阳，帝喾的号是高辛，帝尧的号是陶唐，帝舜的号是有虞。帝禹的号是夏后，还另有氏，姓姒氏。契是商的始祖，姓子氏。弃是周的始祖，姓姬氏。

太史公曰：学者多称五帝，尚[1]矣。然《尚书》独载尧以来[2]；而百家言黄帝，其文不雅驯，荐绅先生难言之。[3]孔子所传《宰予问五帝德》及《帝系姓》[4]，儒者或不传。余尝西至空桐，北过涿鹿，东渐于海，南浮江淮矣，至长老皆各往往称黄帝、尧、舜之处，风教固殊焉，总之不离古文者近是。[5]予观《春秋》《国语》，其发明《五帝德》《帝系姓》章矣，顾弟弗深考，其所表见皆不虚。[6]《书》缺有间矣，其轶乃时时见于他说。[7]非好学深思，心知其意，固难为浅见寡闻道也。[8]余并论次[9]，择其言尤雅者，故著为本纪书首。

注释

1 尚：通“上”，上古，久远。2《尚书》独载尧以来：《尚书》只记载尧以后的事情，首篇即为《尧典》。3 百家：诸子百家。雅驯：典雅的训释。驯，通“训”。荐绅：同“缙绅”，本指插笏于绅。缙，通“搢”，插；绅，束腰之大带。后指有文化的士大夫阶层。4 宰予：又称“宰我”，字子我，春秋末鲁国人，被孔子曾斥为“不仁”。《宰予问五帝德》：即《五帝德》，它与《帝系姓》皆为《大戴礼》和《孔子家语》中之篇名。《五帝德》以宰予问、孔子答的形式概述五帝事略，《帝系姓》是五帝的简要家谱。《史记》关于五帝的记载主要来源于这两篇。后这两部书均未列入经书，故而儒者不传。5 渐：接近。往往：常常。古文：此指《五帝德》《帝系姓》二书。近是：接近于正确。6 发明：阐明。顾弟：只是，不过。表见：表述、记述。7 缺：缺失。有间：早已遗漏。轶（yì）：散失。8 道：讲述。9 论次：编排次序。论，编撰、引述。次，次序，按顺序记事。

译文

太史公说：有很多学者讲五帝之事，但五帝的时代距今已经很遥远了。然而《尚书》只记载了尧以来的事；而百家所叙说的黄帝之事，文字都不典雅，缙绅先生们很难据此而讲清楚。孔子所撰述的《五帝德》和《帝系姓》二篇，儒生们认为不是圣人孔子的言论，所以大多都不传习。我曾经到过西边的空桐山，经过北边的涿鹿，亲临东边的大海，驾舟浮渡过南边的长江、淮河，到了那些长老们称说有黄帝、尧、舜遗迹的地方，感觉那些地方的风俗教化的确有所不同，总体上没有背离古书里记载的说法。我研读《春秋》《国语》，其中对《五帝德》《帝系姓》的阐发是很明晰的，只是人们没有深加研究而已，其实它们的记述都不虚妄。《尚书》残缺，有许多内容早已遗漏了，其散轶的内容往往在其他的记述中可以看到。若不是喜好学习，深加思考，心知其中的用意，那是很难将这些事对那些见识浅薄孤陋寡闻的人讲清楚的。我将搜集的各种文献按次序编排，选择其中记述得最为典雅的，写成《五帝本纪》作为全书的首篇。

项羽本纪

导读

本篇展示了陈涉发动反秦起义以后，各地豪杰贵族乘机而起参与反秦的一个重要侧面。项羽随叔父会稽守项梁起事于江东，受“楚虽三户，亡秦必楚”的巨大舆论的影响，立原楚怀王孙熊心为楚怀王，熊心后来被尊为义帝。项梁败死，项羽杀宋义，威震楚国，名闻诸侯，破釜沉舟，一派英雄气概，于钜鹿打败章邯所率领的秦主力军，为灭亡秦朝建立了不朽的功劳。随后分封诸侯，号令天下。故论赞中评其为“夫秦失其政，陈涉首难，豪杰蜂起，相与并争，不可胜数。然羽非有尺寸，乘埶起陇亩之中，三年，遂将五诸侯灭秦，分裂天下，而封王侯，政由羽出，号为‘霸王’，位虽不终，近古以来未尝有也”，给予了热烈地称颂。这是肯定了项羽的业绩，不因他失败而予以否定，表现了司马迁的历史卓见。

司马迁指出项羽为“兴之暴”，说明他成就王事并没有深厚的根基，这与夏、殷、周、秦的立国极大不同，亦表现出在政权更迭中内在的深刻变化。同时项羽又“自矜功伐，奋其私智而不师古”，结果导致了他的失败。本篇记述项羽的失败重在他以残暴代替残暴而丧失了人心。一是坑襄城，屠咸阳，击杀秦降卒二十余万，火烧秦宫三月不灭，又惨灭齐地：嗜杀。二是违背“先入关者王之”的约定；分封又不公，引起诸侯不服，继而形成混战，使自己疲于奔命；最后徙义帝于长沙郴县，使人击杀于江中：失信。三是不都关中而都彭城，失却了掌握天下政治重心的机会：浅识。更重要的一点是不能“任属贤将”，连仅有的一个谋士范增的意见也不能采纳，而刘邦却能得到诸如萧何、陈平、纪信、周苛、黥布、郑忠、彭越、韩信等人的拥护、襄助。故论赞评其建立霸王之业以后，又说“欲以力征经营天下，五年卒亡其国，身死东城，尚不觉寤而不自责，过矣”，指出项羽的失败是他自己人为的过错，是他在暴秦之后仍然推行“力征”的政策，是不能顺应潮流而导致的，还批评了项羽“天亡我，非用兵之罪也”的认识是极其荒谬的。在这里，对天意与人为的判别上，司马迁的态度十分明确。

本文形同一篇列传。通过记述项羽一生事迹，首先表现了秦楚之际自秦末农民起义推翻秦王朝，到经过楚汉战争、刘胜项败建立汉王朝的历史转变。从这个意义上说，本篇是“八年之间，号令三嬗”时纲纪天下政事的主要史篇，这也正是项羽之入本纪的原因所在。同时本文表现了项羽这个人物叱咤风云、勇敢豪放的英雄本色，通过钜鹿之战、鸿门之宴、垓下之围三个主要场景，塑造出一个令人敬佩而又非常丰满生动的人物形象。所以本篇又具有重要的文学价值。因此，无论从史学还是文学的角度来说，《项羽本纪》都是《史记》中脍炙人口的名篇。

项籍者，下相[1]人也，字羽。初起时，年二十四。其季父项梁，梁父即楚将项燕，为秦将王翦所戮者也。[2]项氏世世为楚将，封于项[3]，故姓项氏。

注释

1 下相：古地名，在今江苏省宿迁市西南。2 季父：小叔父。《史记索隐》引崔浩云：“伯、仲、叔、季，兄弟之次，故叔云叔父，季云季父。”项燕：战国末楚名将。王翦：战国末秦大将。3 项：古地名，在今河南沈丘县。

译文

项籍是下相人，字羽。开始起事的时候，才二十四岁。他的叔父名叫项梁，项梁的父亲是楚国的将军项燕，就是被秦国将领王翦所杀害的那位楚国大将。项氏世世代代任楚国的将军，被封在项地，因此姓项。

项籍少时，学书[1]不成，去；学剑，又不成。项梁怒之。籍曰：“书足以记名姓而已。剑一人敌，不足学，学万人敌。”于是项梁乃教籍兵法，籍大喜，略知其意，又不肯竟[2]学。项梁尝有栎阳逮，乃请蕲狱掾曹咎书抵栎阳狱掾司马欣，以故事得已。[3]项梁杀人，与籍避仇于吴中[4]。吴中贤士大夫皆出项梁下。每吴中有大繇役及丧，项梁常为主办，阴以兵法部勒宾客及子弟，以是知其能。[5]秦始皇帝游会稽，渡浙江，梁与籍俱观。[6]籍曰：“彼可取而代也。”梁掩其口，曰：

“毋妄言，族[7]矣！”梁以此奇籍。籍长八尺余，力能扛鼎，才气过人，虽吴中子弟皆已惮[8]籍矣。

注释

1 学书：学习认字、写字。2 竟：终了，完毕。3 栎（yuè）阳逮：《史记索隐》：“谓有罪相连及，为栎阳县所逮录也。”栎阳，古地名，在今陕西西安市临潼区东北武屯乡古城。逮，受牵连而被逮捕。蕲（qí）：古地名，在今安徽宿州市南。狱掾（yuàn）：典狱长之属吏。已：了结。4 吴中：即吴县，古地名，在今江苏苏州市区南部。5 繇：通“徭”。部勒：部署，组织。6 会稽（kuài jī）：山名，在今浙江绍兴市东南。浙江：水名，即今浙江钱塘江。7 族：灭族。8 惮（dàn）：畏惧，害怕。

译文

项籍少年时代，学习认字写字没有什么成就，于是放弃；去学习剑术，又没有学成。项梁因此对他发怒。项籍说：“认字写字能够用来书写姓名就行了。学好剑术也只能抵抗得住一个人，所以不值得学，我要学能够打败万人的本领。”因此项梁就教授项籍学习用兵打仗的方法，项籍非常喜欢，大略懂得其中的大意以后，又不肯完成学业。项梁曾经因犯罪受牵连而在栎阳被捕入狱，于是就请蕲县狱掾曹咎写一封讲情的信给栎阳狱掾司马欣，因此事情才得以了结。项梁又杀了人，就和项籍逃到吴中地区躲避仇人。吴中地区贤士大夫的才能都在项梁之下。每遇有大的徭役和丧葬事宜，项梁经常做主办人，他暗地里用兵法部署组织宾客和青年，因此吴中地区的人知道他的才能。秦始皇帝到会稽去巡视，在渡过浙江的时候，项梁和项籍一起去观看。项籍说：“那个人我可以取而代之。”项梁掩住了他的嘴，说：“不要胡说，会被灭族的！”项梁因此认为项籍是一个奇才。项籍身高八尺有余，力气大到能够举起鼎，才气过人，尽管吴中青年刚烈好斗，但都很畏惧项籍。

秦二世元年七月，陈涉等起大泽中。[1]其九月，会稽守通[2]谓梁曰：“江西[3]皆反，此亦天亡秦之时也。吾闻先即制人，后则为人所制。吾欲发兵，使公及桓楚[4]将。”是时桓楚亡在泽中。梁曰：“桓楚亡，人莫知其处，独籍知之耳。”梁乃出，诫籍持剑居外待。梁复入，与守坐，曰：“请召籍，使受命召桓楚。”守曰：“诺。”梁召籍入。须臾，梁眴籍曰：“可行矣！”[5]于是籍遂拔剑斩守头。项梁持

守头，佩其印绶[6]。门下大惊，扰乱，籍所击杀数十百人。一府中皆慑伏[7]，莫敢起。梁乃召故所知豪吏，谕以所为起大事，遂举吴中兵。使人收下县，得精兵八千人。梁部署吴中豪杰为校尉、候、司马[8]。有一人不得用，自言于梁。梁曰："前时某丧，使公主某事，不能办，以此不任用公。"众乃皆伏。于是梁为会稽守，籍为裨将，徇下县。[9]

注释

1 秦二世元年：公元前 209 年。陈涉：即陈胜，字涉。秦末农民起义军首领。大泽：即大泽乡，在今安徽宿州市东南。2 会稽守通：会稽郡郡守殷通。会稽，此为郡名，治所在今江苏苏州市。3 江西：长江自九江到南京一段，流向转而为东北，故古人称今皖北一带为江西，而称皖南、苏南为江东。4 桓楚：吴中奇士。5 须臾：一会儿。眴（shùn）：使眼色。6 印绶：官印。绶，系印钮的丝带。7 慑（shè，旧读 zhé）伏：因畏惧而屈服。伏，通"服"。8 校尉：低于将军的武官。候：中下级武官。司马：下级军官或参谋人员。9 裨（pí）将：副将。徇（xùn）：带兵巡行占领。

译文

秦二世元年七月，陈涉等人在大泽乡起义。这一年九月，会稽郡守殷通对项梁说："长江以西地区都造反了，这也就是上天要灭亡秦国的时机。我听人说先行动就可以控制别人，后行动就要被别人控制。我想要发兵抗秦，派您和桓楚为将军。"这时桓楚逃亡在草泽中。项梁说："桓楚现在逃亡在外，没有人知道他在何处，只有项籍知道他所隐藏的地方。"于是项梁出来，命令项籍随身带着宝剑在屋外等候。项梁再次进入屋内，和郡守同坐，说：'请您召见项籍，使他接受您的命令去招来桓楚。"郡守说："好。"项梁把项籍叫了进来。过了一会儿，项梁示意项籍说："可以动手了！"因此项籍就拔出宝剑斩下了郡守的头。项梁手持着郡守的头，佩带着郡守的印符。郡守的部下见状大惊，一时大乱，被项籍所杀伤的有几十上百人。府中所有的人都惊恐地拜伏在地上，没有一个人敢于站起来。于是项梁召集以前他熟悉的豪吏，告诉他们为什么要起义反秦的道理，就发动吴中地区的军队起事了。派人去收取郡内的属县，共得精兵八千人。项梁任命吴中地区的豪杰们为这支军队的校尉、候、司马等职。其中有一个人没有被任用，他自己到项梁跟前去问。项梁说："前些日子某家有丧事，我派你去主办一件事，你没有能力完成，因此我不能任用你。"众人听了都很佩服。于是项梁就做了会稽郡守，项籍被任用为裨将，率军攻取所辖各县。

广陵人召平于是为陈王徇广陵，未能下。[1]闻陈王败走，秦兵又且至，乃渡江矫陈王命，拜梁为楚王上柱国。[2]曰："江东已定，急引兵西击秦。"项梁乃以八千人渡江而西。闻陈婴已下东阳[3]，使使欲与连和俱西。陈婴者，故东阳令史，居县中，素信谨，称为长者。[4]东阳少年杀其令，相聚数千人，欲置长，无适用，乃请陈婴。婴谢不能，遂强立婴为长，县中从者得二万人。少年欲立婴便为王，异军苍头特起。[5]陈婴母谓婴曰："自我为汝家妇，未尝闻汝先古之有贵者。今暴[6]得大名，不祥。不如有所属，事成犹得封侯，事败易以亡，非世所指名也。[7]"婴乃不敢为王。谓其军吏曰："项氏世世将家，有名于楚。今欲举大事，将非其人不可。我倚名族，亡秦必矣。"于是众从其言，以兵属项梁。项梁渡淮，黥布、蒲将军[8]亦以兵属焉。凡六七万人，军下邳[9]。

注释

1 广陵：古地名，在今江苏扬州市西北蜀冈上。召（shào）平：陈胜部将。下：以兵力威服。2 矫：假托、盗用。拜：封授、任命。上柱国：战国时楚国官名，位同相国。3 东阳：古地名，秦置，在今江苏盱眙县东南东阳。4 令史：县令属下的书吏。素：平素，向来。长者：品德好、为众所尊敬的人。5 少：凡未满三十岁，古人都叫"少"。异军苍头特起：新兴起一支为区别于其他军队而用青巾裹头的军队。苍头，用青巾裹头。特起，新起，崛起。6 暴：突然。7 属：归属，意指依附。指名：指名道姓，注目。8 黥布：即英布，因受过黥刑后为王，故名。蒲将军：生平不详。9 军：驻扎。下邳（pī）：古地名，在今江苏睢宁县北。

译文

广陵人召平这时候正为陈王攻打广陵，还没有攻下。听说陈王战败逃走，秦国的军队又将要到来，就渡过长江，假托奉陈王的命令，任命项梁为楚王的上柱国。他说："江东地区已经平定，赶快率军向西去攻打秦。"项梁就率领着八千军队渡过长江向西进发。听说陈婴已经用兵力威服了东阳，就派去使臣想要和他联合一同向西进攻。陈婴，原任东阳令史，住在县城中，平素诚信恭谨，被尊称为长者。东阳县的年轻人杀死了他们的县令，聚集起数千人，想要推举一位首领，但没有合适的人选，就请陈婴担任这个职务。陈婴推辞说自己没有这个能力，结果被强行拥立为首领，县中依从的有两万人。少年们想要拥立陈婴就便为王，并用青巾包头来和其他军队相区别，以表示是新崛起的一支义军。陈婴的母亲对陈婴说："自从我成为你们陈家的媳妇以来，从没有听说过你的先辈中有过贵人。如今你突然得到如此大的名声，不祥。不如有所依附，事业成功仍然能够封侯，事业失败也易于逃亡，因为你不是被世人注目的人。"因此陈婴不敢称王。陈婴对他的军官们说："项氏家族世世代代担任将军，在楚国是名门。如今要举大事，将帅若非项家的人，不可能成功。我们依靠着名门望族，灭亡秦朝是确定无疑了。"于是众人听从了他的意见，把军队附从于项梁。项梁渡过淮河，黥布、蒲将军也率领着各自的军队前来归附于他。项梁所统领的军队共有六七万人，驻扎在下邳。

当是时，秦嘉已立景驹为楚王，军彭城东，欲距项梁。[1] 项梁谓军吏曰："陈王先首事，战不利，未闻所在。今秦嘉倍[2]陈王而立景驹，逆无道。"乃进兵击秦嘉。秦嘉军败走，追之至胡陵。[3] 嘉还战一日，嘉死，军降。景驹走死梁地[4]。项梁已并秦嘉军，军胡陵，将引军而西。章邯军至栗，项梁使别将朱鸡石、余樊君与战。[5] 余樊君死。朱鸡石军败，亡走胡陵。项梁乃引兵入薛[6]，诛鸡石。项梁前使项羽别攻襄城[7]，襄城坚守不下。已拔，皆坑[8]之。还报项梁。项梁闻陈王定死，召诸别将会薛计事。此时沛公亦起沛[9]，往焉。

注释

1 秦嘉：广陵人，秦末起义将领之一。景驹：战国末楚王同族之人。彭城：古地名，今江苏徐州市。距：通"拒"，抗拒。2 倍：通"背"，背叛。3 败走：失败而逃。走，跑。胡陵：县名，在今山东鱼台县东南。4 梁地：原战国时魏国之地。5 章邯：镇压秦末农民起义的秦军主帅。栗：古地名，在今河南夏邑县。别将：与主力军配合作战的部队将领。朱鸡石、余樊君：项梁的部将。6 薛：古地名，在今山东滕州市东南。7 别：另，另外。襄城：县名，在今河南襄城县。8 坑：活埋。9 沛公：刘邦起事沛县，自领县令，故称沛公。沛：古地名，在今江苏沛县。

译文

正当这个时候，秦嘉已经拥立景驹为楚王，驻军在彭城以东，准备抗拒项梁。项梁对军中的官吏们说："陈王首先起事，作战不利，如今不知道他在什么地方。现在秦嘉背叛陈王而扶立景驹，这是大逆不道。"于是就进兵攻打秦嘉。秦嘉的军队战败逃走，项梁的军队追击秦嘉到达胡陵。秦嘉回军和项梁军交战了一天，秦嘉战死，他的军队投降。景驹逃走死在了梁地。项梁兼并了秦嘉的军队以后，驻军在胡陵，将要率军向西进攻。章邯的军队到达了栗县，项梁派遣别将朱鸡石、余樊君和秦军交战。余樊君战死。朱鸡石的军队被打败，他逃亡到胡陵。项梁于是率军进入薛县，诛杀了朱鸡石。此前项梁派遣项羽另率一路军队进攻襄城，襄城坚守而一时不能攻克。襄城被攻破以后，项羽把俘虏全部活埋了。回军来向项梁报告。项梁听说陈王确实死去，召集诸位别将在薛县商计大事。这时候沛公也在沛县起兵，前来参加聚会。

居鄛[1]人范增，年七十，素居家，好奇计，往说项梁曰："陈胜败固当。夫秦灭六国，楚最无罪。自怀王入秦不反，楚人怜之至今，故楚南公曰'楚虽三户，亡秦必楚'也。[2]今陈胜首事，不立楚后而自立，其势不长。今君起江东，楚蜂午[3]之将皆争附君者，以君世世楚将，为能复立楚之后也。"于是项梁然其言，乃求楚怀王孙心[4]民间，为人牧羊，立以为楚怀王，从民所望也。陈婴为楚上柱国，封五县，与怀王都盱台[5]。项梁自号为武信君。

注释

1 居鄛（cháo）：古地名，在今安徽桐城市南。2 怀王：楚怀王熊槐，公元前329年—前299年在位。反：同"返"。楚南公：楚国南方老人，善阴阳之说。三户：三户人家，言其少。怨恨之强亦必定灭秦。一说指楚国昭、屈、景三大姓。3 蜂午：《史记集解》引如淳曰："蜂午犹言蜂起也。众蜂飞起，交横若午，言其多也。"午，纵横相交。4 心：熊心，楚怀王孙。5 盱台（xū yí）：即盱眙，县名，在今江苏盱眙县东北。

译文

居鄛人范增，七十岁了，平素在家居住，擅长奇计，前往薛县劝导项梁说："陈胜的失败是理所当然的事。秦国灭亡了六国，其中楚国是最没有罪过的。自从楚怀王进入秦国被扣留没有返回，楚国人直至今日还同情怀念他，因此楚南公说'楚国即使剩下三户人家，灭亡秦国的也一定是楚国人'。如今陈胜首先起事，不扶立楚王的后代而自立为王，他的势运必定不会长久。现在您起自江东，楚国各地蜂拥而起的将领都争先归附您的原因，是因为您家世世代代为楚国大将，能够重新扶立楚王的后代。"项梁认为他的话对，就在民间寻求到楚怀王的孙子熊心，当时熊心已落魄到为人牧羊的窘境，项梁扶立他为楚怀王，这是为了顺从楚国民众的愿望。陈婴担任楚国的上柱国，得到五个县的封地，和怀王一同居住在都城盱台。项梁自己号称武信君。

居数月，引兵攻亢父，与齐田荣、司马龙且军救东阿，大破秦军于东阿。[1]田荣即引兵归，逐其王假。[2]假亡走楚。假相田角亡走赵。角弟田间故齐将，居赵不敢归。田荣立田儋[3]子市为齐王。项梁已破东阿下军，遂追秦军。数使使趣齐兵[4]，欲与俱西。田荣曰："楚杀田假，赵杀田角、田间，乃发兵。"项梁曰："田假为与国之王，穷来从我，不忍杀之。[5]"赵亦不杀田角、田间以市[6]于齐。齐遂不肯发兵助楚。项梁使沛公及项羽别攻城阳，屠之。[7]西破秦军濮阳东，秦兵收入濮阳。[8]沛公、项羽乃攻定陶[9]。定陶未下，去，西略地至雍丘，大破秦军，斩李由。[10]还攻外黄[11]，外黄未下。

注释

1 亢父（gāng fǔ）：古地名，在今山东济宁市南。田荣：与下文之假（田假）、田角、田间、田儋（dān）、市（fú，非"市"，田市）等，均为齐国王族后裔。司马龙且（jū）：即楚将龙且，时任司马（领兵武职），故名。东阿（ē）：县名，在今山东阳谷县东北。2 逐：驱逐、赶跑。假：即田假，原战国末年齐王田建之弟，时被齐人拥立为齐王。3 田儋：田荣之堂兄，田市为其子。4 数（shuò）：屡次。趣：催促。5 与国：友好国家，盟国。穷：处境困迫。6 市：交易。7 城阳：县名，秦置，西汉作"成阳"，在今山东菏泽市东北。屠：宰杀。引申为大规模残杀。8 濮阳：县名，在今河南濮阳市西南。收入：收兵退入。9 定陶：县名，在今山东菏泽市定陶区西北。10 略：侵夺。雍丘：县名，在今河南杞县。李由：秦丞相李斯之子，时为三川郡守。11 外黄：县名，在今河南民权县西北。

译文

过了几个月，项梁领兵进攻亢父，和齐国的田荣、司马龙且率领的军队援救东阿，在东阿大败秦军。田荣立刻领军回到齐地，驱逐了齐王田假。齐王田假逃亡到楚国。齐王田假的国相田角逃亡到赵国。田角的弟弟田间原来是齐国将领，住在赵国不敢回国。田荣扶立田儋的儿子田市为齐王。项梁攻破了东阿城下的秦军以后，接着就追击秦军。多次派遣使者去催促齐国出兵，想和齐军一同向西进攻。田荣说："如果楚国杀死田假，赵国杀死田角和田间，齐国才能发兵。"项梁说："田假是我们盟国的国王，穷途末路来投奔我，我不忍心杀害他。"赵国也没有杀死田角和田间，而想用他们来和齐国做交易。于是齐国就不肯发兵帮助楚国。项梁派遣沛公和项羽另率一支军队攻打城阳，屠灭了城阳全城。又向西进攻，在濮阳东部地区打败了秦军，秦军收兵退入濮阳城。于是沛公、项羽就去进攻定陶。定陶没有能攻下，撤离，又向西攻取城邑到达雍丘，大破秦军，斩杀了李由。回师攻打外黄，外黄没能攻克。

项梁起东阿，西，比至定陶，再破秦军，项羽等又斩李由，益轻秦，有骄色。宋义[1]乃谏项梁曰："战胜而将骄卒惰者败。今卒少惰矣，秦兵日益，臣为君畏之。[2]"项梁弗听。乃使宋义使于齐。道遇齐使者高陵君显[3]，曰："公将见武信君乎？"曰："然。"曰："臣论武信君军必败。公徐[4]行即免死，疾行则及祸。"秦果悉起兵益章邯，击楚军，大破之定陶，项梁死。沛公、项羽去外黄攻陈留[5]，陈留坚守，不能下。沛公、项羽相与谋曰："今项梁军破，士卒恐。"乃与吕臣[6]军俱引兵而东。吕臣军彭城东，项羽军彭城西，沛公军砀[7]。

注释

1 宋义：原为楚国大臣，后从项羽军中。2 少：稍微，逐渐。日益：一天天增加。3 高陵君显：高陵君为封号，显为人名，生平不详。4 徐：缓慢。5 陈留：县名，在今河南开封市东南陈留镇。6 吕臣：原为陈涉侍从，后投项梁，最后归顺刘邦。7 砀（dàng）：秦置郡名，治所在今河南商丘市睢阳区。

译文

项梁从东阿出发，向西进军，等到抵达定陶，再次打败秦军，项羽等人又斩杀了李由，项梁因此更加轻视秦军，出现了骄傲情绪。宋义于是劝谏项梁说："取得了战斗的胜利而将领们骄傲、士兵们懒惰的军队必然会失败。如今士卒们有点怠惰，而秦兵一天天地增强，我替您感到害怕。"项梁不听从他的意见。于是派宋义去出使齐国。宋义在途中遇见齐国的使者高陵君显，说："您将要去会见武信君吗？"高陵君说："是这样。"他又说："我断定武信君的军队必然会大败。您若慢慢行进就可避免被杀死，如急速行进就会赶上灾祸。"秦国果然发动倾国的兵员增加章邯军队的实力，进击楚军，在定陶大败楚军，项梁战死。沛公、项羽撤离外黄转攻陈留，陈留坚守，不能攻下。沛公和项羽相互商议说："如今项梁的军队被打败了，士卒们非常惊恐。"于是他们和吕臣的军队一同向东退兵。吕臣的军队驻扎在彭城的东面，项羽的军队驻扎在彭城的西面，沛公的军队驻扎在砀。

章邯已破项梁军，则以为楚地兵不足忧，乃渡河击赵，大破之。当此时，赵歇为王，陈余为将，张耳为相，皆走入钜鹿城。[1]章邯令王离、涉间围钜鹿，章邯军其南，筑甬道而输之粟。[2]陈余为将，将卒数万人而军钜鹿之北，此所谓河北之军也。

楚兵已破于定陶，怀王恐，从盱台之彭城，并项羽、吕臣军自将之。以吕臣为司徒，以其父吕青为令尹。[3]以沛公为砀郡长[4]，封为武安侯，将砀郡兵。

注释

1 赵歇：战国末赵国国君之后裔，后被张耳、陈余拥立为王。陈余、张耳：原均为陈胜部将。钜鹿：古地名，在今河北平乡县西南。2 王离、涉间：均为秦将，原驻守长城。王离，秦名将王翦之孙。甬道：两旁有墙垣保护的交通线。3 司徒：官职名，管理民户、土地、徒役。令尹：春秋战国时楚国最高官职，等同相国，辅佐楚王掌管全国军政事务。4 砀郡长：相当于砀郡郡守。

译文

章邯已经打败了项梁的军队，就认为楚国的军队不足为忧，于是渡过黄河攻打赵国，打垮了赵军。在这个时候，赵歇为赵王，陈余担任将军，张耳担任国相，他们都逃进钜鹿城中。章邯命令王离、涉间包围钜鹿城，章邯在他们的南面驻军，并修筑两边有高墙的甬道来输送军粮。陈余为将领，统率着几万名士卒而在钜鹿的北面驻扎，这就是所谓的河北军。

楚军已经在定陶被攻破，怀王惊恐，从盱眙来到彭城，把项羽和吕臣的军队合并起来由他亲自指挥。任命吕臣担任司徒，任命他的父亲吕青担任令尹。任命沛公担任砀郡长，并封为武安侯，统领砀郡的军队。

初，宋义所遇齐使者高陵君显在楚军，见楚王曰："宋义论武信君之军必败，居数日，军果败。兵未战而先见败征，此可谓知兵矣。"王召宋义与计事而大说之，因置以为上将军；[1]项羽为鲁公，为次将，范增为末将，救赵。诸别将皆属宋

义，号为卿子冠军[2]。行至安阳[3]，留四十六日不进。项羽曰："吾闻秦军围赵王钜鹿，疾引兵渡河，楚击其外，赵应其内，破秦军必矣。"宋义曰："不然。夫搏牛之虻不可以破虮虱[4]。今秦攻赵，战胜则兵罢[5]，我承其敝；不胜，则我引兵鼓行而西，必举秦矣。[6]故不如先斗秦赵。夫被[7]坚执锐，义不如公；坐而运策，公不如义。"因下令军中曰："猛如虎，很[8]如羊，贪如狼，强不可使者，皆斩之。"乃遣其子宋襄相齐，身送之至无盐，饮酒高会。[9]天寒大雨，士卒冻饥。项羽曰："将戮力[10]而攻秦，久留不行。今岁饥民贫，士卒食芋菽，军无见粮，乃饮酒高会，不引兵渡河因赵食，[11]与赵并力攻秦，乃曰'承其敝'。夫以秦之强，攻新造之赵，其势必举赵。赵举而秦强，何敝之承！且国兵新破，王坐不安席，扫境内而专属于将军[12]，国家安危，在此一举。今不恤士卒而徇[13]其私，非社稷之臣。"项羽晨朝上将军宋义，即其帐中斩宋义头，出令军中曰："宋义与齐谋反楚，楚王阴令羽诛之。"当是时，诸将皆慑服，莫敢枝梧[14]。皆曰："首立楚者，将军家也。今将军诛乱。"乃相与共立羽为假[15]上将军。使人追宋义子，及之齐，杀之。使桓楚报命[16]于怀王。怀王因使项羽为上将军，当阳君[17]、蒲将军皆属项羽。

注释

1 说：通"悦"。上将军：督军征战之主帅。2 卿子冠军：《史记集解》引文颖曰："卿子，时人相褒重之辞，犹言公子。上将，故言冠军。"3 安阳：古地名，即安阳邑，在今山东曹县东，不是河南安阳市。4 搏牛之虻不可以破虮虱：虻的目的是进击牛，不是为了消灭牛背上的虮虱。搏，拍，击。《史记索隐》："言虻之搏牛，本不拟破其上之虮虱，以言志在大不在小也。"5 罢：通"疲"。6 鼓行：击鼓前进，谓大张声势地进军。举：攻克，占领。7 被：通"披"。8 很：通"狠"。此指两羊相斗之凶狠。9 无盐：古地名，在今山东东平县东南。高会：大宴会。10 戮力：合力，并力。11 芋菽：芋头和豆类。乃：却，居然。因：依靠。12 扫：全，都。专属（zhǔ）：尽都托付。13 徇：曲从，谋求。14 枝梧：抗拒。15 假：代理。16 报命：报告使命的执行情况。17 当阳君：指英布，此为其封号。

译文

当初，宋义所遇到的那位齐国的使者高陵君显正在楚军中，见到楚王后说："宋义断定武信君的军队必然失败，过了几天，军队果真失败。军队还没有作战而能先行预见有失败的征兆，这个人可以称得上是知道用兵的人了。"楚王召见宋义和他共商大计而非常喜欢他，因而就封他为上将军；封项羽为鲁公，为次将军，范增为末将军，他们一同率军去救援赵国。此外其他各路军队都归宋义指挥，他的称号为卿子冠军。大军行进到安阳，停留了四十六日不前进。项羽说："我听说秦军把赵王围困在钜鹿，应立刻率军渡过黄河，楚军在外围攻击秦军，赵军在城内响应向外攻击，一定能够打败秦军。"宋义说："不是这样。要去进击牛的大虻虫就不可能顾及到会杀死牛身上的虮虱。如今秦军攻打赵军，秦军战胜了军队就会疲惫不堪，我们的军队可以趁着秦军的疲惫攻击他们；假若秦军不胜，我们就可以大张声势地率领军队向西进攻，一定会攻下秦朝都城。因此不如先让秦、赵互相撕杀。若是身披坚固的铠甲，手持着锐利的武器上阵杀敌，我宋义不如你；若是坐下来运筹策划，你不如我宋义。"因此他在军中下令说："那些凶猛如虎，狠戾如羊，贪婪如狼，强悍而不能听从差遣的人，都要把他们斩杀掉。"于是宋义派遣他的儿子宋襄到齐国去做国相，亲自送他到无盐，设宴饮酒大会宾客。天气寒冷又下大雨，士卒忍饥受冻。项羽说："正该要合力进攻秦军的时候，却久留不行。如今遇到饥荒灾害而百姓贫困，士卒们吃的是芋头和豆子，军中没有存粮，却饮酒宴会宾客，而不率军渡过黄河依靠赵国提供的粮食，去和赵国合力攻打秦军，却说'等秦军疲惫了再攻打'。以秦军的强大，攻打新建立的赵国，他们势必会灭亡赵国。赵国若被灭亡而秦军反而强大，有什么疲乏的机会可以利用！况且我国军队刚被攻破，怀王坐立不安，将国内的全部军队托付于将军指挥，国家的安危，在此一举。如今不抚恤士卒却徇私情，他不是安定社稷的贤良之臣。"项羽早晨拜见上将军宋义的时候，就在他的帐中斩了宋义的头，出来在军中发布命令说："宋义和齐国人阴谋反叛楚国，楚王密令我项羽诛杀他。"在这个时候，诸位将领都畏服项羽，没有人敢抗拒。他们都说："首先扶立楚王的，是将军家的人。如今将军又诛杀了叛乱之臣。"于是共同拥立项羽担任代理上将军的职务。派人追赶宋义的儿子，到了齐国境内才把他追上，杀死了他。又派桓楚向楚王报告。怀王因而任命项羽为上将军，当阳君和蒲将军都归属项羽指挥。

项羽已杀卿子冠军，威震楚国，名闻诸侯。乃遣当阳君、蒲将军将卒二万渡河[1]**，救钜鹿。战少**[2]**利，陈余复请兵。项羽乃悉引兵渡河，皆沈船，破釜甑，**[3]**烧庐舍，持三日粮，以示士卒必死，无一还心。于是至则围王离，与秦军遇，九战，绝其甬道，大破之，杀苏角，虏王离。**[4]**涉间不降楚，自烧杀。当是时，楚**

兵冠诸侯。诸侯军救钜鹿下者十余壁，莫敢纵兵。[5]及楚击秦，诸将皆从壁上观。楚战士无不一以当十，楚兵呼声动天，诸侯军无不人人惴[6]恐。于是已破秦军，项羽召见诸侯将，入辕门，无不膝行而前，莫敢仰视。[7]项羽由是始为诸侯上将军，诸侯皆属焉。

注释

1 河：此指漳河。2 少：稍许。3 沈：同“沉”。釜（fǔ）：古代用的锅。甑（zèng）：古代做饭用的一种陶器。4 九：泛指多次。苏角：秦军将领。5 壁：军营。纵：发，放。这里指出动。6 惴（zhuì）：恐惧。7 辕门：军营门。古代军队驻扎时以车为营，将军辕相向立起为门，故名。膝行：跪着行走。

译文

项羽杀了卿子冠军宋义以后，威震楚国，名声在诸侯国传扬。于是他派遣当阳君、蒲将军率领二万士兵渡过漳河，救援钜鹿。经过交战稍许取得些胜利，陈余再次请求出兵。于是项羽就率领全部人马渡过漳河，把所有的渡船都沉入水底，把做饭的锅碗等炊具全部砸烂，把住的房屋也全部烧毁，只随身带着三天的口粮，以此向士卒表明一定要决死战斗，没有丝毫的退却之意。因此楚军到达钜鹿就把王离的军队包围了，和秦军遭遇，经过多次激战，断绝了秦军的粮道，打垮了秦军，杀死了苏角，俘获了王离。涉间不投降楚军，自焚而死。这个时候，楚国的军队在诸侯军队中最为强大。在钜鹿城下援救赵国的诸侯军队有十多路，没有人敢出兵。等到楚军攻打秦军时，诸将都在壁垒上观望。楚军战士无不以一当十，楚军士兵的呼声震天动地，诸侯的军队无不人人战栗恐惧。此时楚军已经攻破了秦军，项羽召见诸侯将领，他们进入辕门以后，无不跪在地上用膝盖前行，没有人敢仰视。项羽从此开始真正成为了诸侯的上将军，各路诸侯都隶属于他。

章邯军棘原，项羽军漳南，相持未战。秦军数却，二世使人让[2]章邯。章邯恐，使长史欣[3]请事。至咸阳，留司马门三日，赵高不见，有不信之心。[4]长史欣恐，还走其军，不敢出故道，赵高果使人追之，不及。欣至军，报曰：“赵高用事于中[5]，下无可为者。今战能胜，高必疾妒吾功；战不能胜，不免于死。愿将军孰[6]计之。”陈余亦遗章邯书曰[7]：“白起为秦将，南征鄢郢，北坑马服，[8]

攻城略地，不可胜计，而竟赐死。蒙恬为秦将，北逐戎人，开榆中地数千里，竟斩阳周。[9]何者？功多，秦不能尽封，因以法诛之。今将军为秦将三岁矣，所亡失以十万数，而诸侯并起滋益多。彼赵高素谀日久，今事急，亦恐二世诛之，故欲以法诛将军以塞责，使人更代将军以脱其祸。夫将军居外久，多内郤[10]，有功亦诛，无功亦诛。且天之亡秦，无[11]愚智皆知之。今将军内不能直谏，外为亡国将，孤特[12]独立而欲常存，岂不哀哉！将军何不还兵与诸侯为从，约共攻秦，分王其地，南面称孤；[13]此孰与身伏鈇质，妻子为僇乎？[14]”章邯狐疑，阴使候始成[15]使项羽，欲约。约未成，项羽使蒲将军日夜引兵度三户，军漳南，与秦战，再破之。[16]项羽悉引兵击秦军汙水[17]上，大破之。

注释

1 棘原：古地名，在今河北平乡县南。2 让：责备。3 长史：官名，掌顾问参谋。欣：即司马欣。4 咸阳：秦国都，在今陕西咸阳市东北。司马门：《史记集解》："凡言司马门者，宫垣之内，兵卫所在，四面皆有司马，主武事。总言之，外门为司马门也。"赵高：秦宦官，他与李斯合谋拥立胡亥为帝，把持朝政，后为子婴所杀。5 中：朝廷中。6 孰：同"熟"，仔细。7 遗（wèi）：给、送。8 白起：战国末期秦国著名将领，屡立战功，后被秦昭王赐死。鄢郢（yān yǐng）：战国时楚国国都，在今湖北宜城市东南。马服：指战国赵将赵括，袭父爵为马服君，白起击败赵括后坑杀其军四十万。9 蒙恬：秦朝名将，北逐匈奴，筑长城，后被赵高等假传帝命赐死。戎人：此指匈奴。榆中：地区名，在今内蒙鄂尔多斯市东南部和陕西东北交界地区。阳周：古地名，在今陕西子长县北。10 内郤（xì）：在朝廷内有很多仇人。郤，通"隙"，嫌隙，裂痕。11 无：无论。12 特：仅，独。13 从：通"纵"，此指联合。南面称孤：指登帝位。南面，面向南，古代帝王临朝面南而坐。孤，古代帝王的自我谦称。14 孰与：意为"与……相比哪个更好"。鈇（fū）质：斩刑之刑具。鈇，古指铡刀或斧。质，斩人之砧板。妻子：老婆、孩子。僇：通"戮"，诛杀。15 候：军中接待宾客，负责外交的官。始成：章邯手下部将。16 度：通"渡"。三户：即三户津，漳水上的渡口，在今河北磁县西南。漳南：应为漳北。17 汙（yú）水：古水名。《史记索隐》："郦元云：'汙水出武安山东南，经汙城北入漳。'"

译文

章邯驻军在棘原，项羽驻军在漳河以南，相互对峙没有交战。秦军屡次退却，二世皇帝派人责问章邯。章邯恐惧，派长史司马欣到咸阳请求指示。司马欣来到咸阳以后，在宫外司马门滞留了三天，赵高拒不接见，有不信任的意思。长史司马欣恐惧，回归棘原军中，不敢走他来时的道路，赵高果真派人追赶他，但没有赶上。司马欣到达军中，回报说："赵高在朝中专权，下面的人不能有什么作为。如今和楚军交战能够取胜，赵高一定要嫉妒我们的功劳；假如交战不能取胜，就不能免于死罪。希望将军仔细考虑这件事。"陈余也给章邯写信说："白起是秦国的大将，南征鄢郢，在北方活埋了赵括的军队，他为秦国攻克的城邑和占领的土地，不可胜计，而最终却被赐死。蒙恬是秦国的将军，在北方驱逐了匈奴，开拓了榆中地区的数千里疆土，最终在阳周被斩杀。为什么呢？因为他们功劳太多，秦国不能完全按照他们的功劳给予封地，因此就借用法律把他们诛杀了。如今将军您担任秦国的将军已经三年了，士卒伤亡损失以十万计，而各地诸侯蜂拥而起的却比以前更加多了。那位赵高平素阿谀而把军情隐瞒了很久，如今事态紧急，他也害怕二世皇帝诛杀他，所以才想以法诛杀将军您来弥补他隐瞒不报的罪责，派遣别人代替您担任将军来逃脱他的祸患。将军您在朝外时间长了，和朝内的人有许多分歧和矛盾，您有功也是被杀，无功也是被杀。而且上天要灭亡秦国，无论是愚人或智者都知道这种形势。如今将军您在朝内不能直言进谏，在朝外已成为亡国的将军，孤立无助而想要维持长久，这种幻想难道不值得悲哀吗？将军您何不退兵和诸侯们相联合，相约共同攻秦，分割一片土地而成为王，面向着南端坐而称孤；这样做和自身被斩，妻儿被杀哪样更好呢？"章邯开始疑惑不定，暗地里派遣军候始成出使项羽军中，想要订立和约。和约没有达成，项羽就派蒲将军日夜不停地率军渡过三户津，驻军在漳河南边，和秦军交战，再次攻破秦军。项羽率领全军在汙水上进攻秦军，把秦军打得大败。

章邯使人见项羽，欲约。项羽召军吏谋曰："粮少，欲听其约。"军吏皆曰："善。"项羽乃与期洹水南殷虚上[1]。已盟，章邯见项羽而流涕，为言赵高。项羽乃立章邯为雍王，置楚军中。使长史欣为上将军，将秦军为前行。

到新安[2]。诸侯吏卒异时故繇使屯戍过秦中，秦中吏卒遇之多无状，及秦军降诸侯，诸侯吏卒乘胜多奴虏使之，轻折辱秦吏卒。[3]秦吏卒多窃言曰："章将军等诈吾属[4]降诸侯，今能入关破秦，大善；即不能，诸侯虏吾属而东，秦必尽诛吾父母妻子。"诸将微[5]闻其计，以告项羽。项羽乃召黥布、蒲将军计曰："秦吏卒尚众，其心不服，至关中不听，事必危，不如击杀之，而独与章邯、长史欣、都尉翳[6]入秦。"于是楚军夜击坑秦卒二十余万人新安城南。

注释

1 期：约期会晤。洹（huán）水：古水名，即今河南安阳市北部的安阳河。殷虚：亦作“殷墟”，原商都城遗址，在今安阳市西小屯村及其周围。2 新安：古地名，在今河南渑池县东。3 异时：从前。繇使：被派送服徭役。屯戍：驻守边疆。秦中：原秦国地域，亦称关中。无状：粗暴无礼。轻：随便、任意。折辱：折磨、凌辱。4 属：辈，类。5 微：暗中、背地里。6 都尉：低于校尉的高级武官。翳（yì）：即董翳，原章邯部下。

译文

章邯派人求见项羽，想要订立和约。项羽召集军中官吏商议说：“我们的军粮少，我准备接受章邯的和约。”军吏们都说：“这样做最好。”项羽和章邯约定了时间在洹水南的殷虚会晤。结盟以后，章邯见到项羽而流下了眼泪，诉说赵高专权害人的事情。项羽于是就立章邯为雍王，安置在楚军之中。任命长史司马欣担任上将军，率领着秦军担当先头部队。

大军行进到新安。诸侯军中的一些军官和士卒过去曾因服徭役或屯戍而途经秦中地区，秦中地区的官兵们对待他们大多非常苛虐，等到秦军投降于诸侯，诸侯军中的官兵们大多乘胜像对待奴仆俘虏一般地使唤他们，轻视折磨凌辱秦军的官兵。秦军的许多官兵私下说：“章将军等人欺骗我们向诸侯投降，如今假若能够入关攻破秦军，当然很好；假若不能取胜，诸侯们将威迫我们退回关东，秦国人一定要把我们的父母妻儿全部杀死。”将领们暗中听到了一些有关他们相谋的事，就报告给项羽。项羽于是召来黥布、蒲将军商量说：“秦军官兵人数还很多，他们内心不顺服，若到达关中，秦军的这些降兵不听指挥，事情一定非常危险，不如把他们消灭掉，而只单独带章邯、长吏司马欣、都尉董翳进入秦境。”因此楚军在夜间袭击秦营，把二十余万秦军坑杀在新安城南。

行略定秦地。函谷关[1]有兵守关，不得入。又闻沛公已破咸阳，项羽大怒，使当阳君等击关。项羽遂入，至于戏[2]西。沛公军霸上[3]，未得与项羽相见。沛公左司马[4]曹无伤使人言于项羽曰：“沛公欲王关中，使子婴[5]为相，珍宝尽有之。”项羽大怒，曰：“旦日飨[6]士卒，为击破沛公军！”当是时，项羽兵四十万，在新丰鸿门[7]，沛公兵十万，在霸上。范增说项羽曰：“沛公居山东时，贪于财货，好美姬。[8]今入关，财物无所取，妇女无所幸，此其志不在小。吾令人望其气[9]，皆为龙虎，成五采，此天子气也。急击勿失。”

注释

1 函谷关：古关名，入秦或进中原之险关，在今河南灵宝市东北。2 戏：戏水，在今陕西西安市临潼区东，源出骊山，流入渭河。3 霸上：即霸水西面的白鹿原，今陕西西安市东。霸水，今作灞水，渭河一支流，流经今陕西蓝田县和西安市。4 左司马：掌管武职之副官。5 子婴：秦朝末代王，赵高杀秦二世后，他被立为王。一说其为始皇之弟，一说为二世之兄，一说为扶苏之子。6 旦日：明日。飨（xiǎng）：犒赏。7 新丰：古地名，在今陕西西安市临潼区东北。鸿门：山坡名，在今西安市临潼区东北，今称项王营。8 山东：崤山以东。美姬：美女。9 望其气：观察人们行止处的云气。这是古人推测吉凶的一种迷信方法。

译文

项羽在行进中略取、平定秦朝的本土。到了函谷关，有军队把守，不能进入。又听说沛公已经攻破咸阳城，项羽大怒，派遣当阳君等人率领军队攻击函谷关。于是项羽进入关中，到达戏水西边。沛公驻军在霸上，还没有和项羽相见。沛公的左司马曹无伤派人对项羽说："沛公想要在关中称王，让秦王子婴为相，秦国的所有珍宝都归他所有。"项羽大怒，他说："明天一早用酒食好好犒劳士卒们，给我打败沛公的军队！"在这个时候，项羽拥有四十万军队，屯驻在新丰鸿门，沛公拥有十万军队，屯驻在霸上。范增劝导项羽说："沛公住在山东地区的时候，贪恋财宝，喜好美丽的妇人。如今入关以后，一点也不索取财物，没有接近妇女，这说明他的志向不小。我派人去觇望他那边的云气，总是呈现出龙虎的气象，五彩斑斓，这是天子的瑞气啊。要赶紧向他进攻而不要失掉良机。"

楚左尹项伯者，项羽季父也，素善留侯张良。[1]张良是时从沛公，项伯乃夜驰之沛公军，私见张良，具[2]告以事，欲呼张良与俱去。曰："毋从俱死也。"张良曰："臣为韩王送沛公，沛公今事有急，亡去[3]不义，不可不语。"良乃入，具告沛公。沛公大惊，曰："为之奈何？"张良曰："谁为大王为此计者？"曰："鲰生说我曰'距关，毋内诸侯，秦地可尽王也'。[4]故听之。"良曰："料大王士卒足以当项王乎？"沛公默然，曰："固不如也，且为之奈[5]何？"张良曰："请往谓项伯，言沛公不敢背项王也。"沛公曰："君安与项伯有故[6]？"张良曰："秦时与臣游，项伯杀人，臣活之。今事有急，故幸来告良。"沛公曰："孰与君少长[7]？"良曰："长于臣。"沛公曰："君为我呼入，吾得兄事之。"张良出，要[8]项伯。项伯即入见沛公。沛公奉卮酒为寿[9]，约为婚姻，曰："吾入关，秋豪不敢有所近，籍

吏民，封府库，而待将军。[10] 所以遣将守关者，备他盗之出入与非常也。日夜望将军至，岂敢反乎！愿伯具言臣之不敢倍[11] 德也。”项伯许诺。谓沛公曰：“旦日不可不蚤自来谢项王[12]。”沛公曰：“诺。”于是项伯复夜去，至军中，具以沛公言报项王。因言曰：“沛公不先破关中，公岂敢入乎？今人有大功而击之，不义也，不如因善遇之。”项王许诺。

注释

1 左尹：春秋战国时楚国军中长官，位次令尹。多以王室贵族任之，秦汉亦置。季父：小叔父。留侯张良：张良，字子良，祖、父相韩王，反秦起义后，张良为韩王成司徒，随刘邦西征入关。后张良为刘邦的主要谋臣，封留侯。2 具：全部，详细。3 亡去：逃跑、离开。4 鲰（zōu）生：骂人语，意即鲰之所生。古代用于对小人的蔑称。距：通“拒”，抵御。内：“纳”之古字，收容、接纳。5 柰：同“奈”，下同。6 安：怎么。故：旧交。7 少长：年纪小还是大。8 要（yāo）：通“邀”。9 奉：捧。卮（zhī）：酒器。为寿：向尊者敬酒祝福。10 豪：通“毫”。籍：登记户口。11 倍：通“背”。12 蚤：通“早”。谢：谢罪，道歉。

译文

楚国的左尹项伯，是项羽的叔父，平素和留侯张良友善。张良这时跟随沛公，项伯于是在当夜急驰到达沛公军中，私下见到张良，把事情详细地告诉了张良，想要叫张良和他一同离去。他说：“不要跟着刘邦一同去送死。”张良说：“我是代表韩王来送沛公的，如今沛公有急难，我假若逃走就是不仁不义，不可不告诉他。”于是张良就进入军帐，把项伯的话全都告诉沛公。沛公非常吃惊，说：“这该怎么办？”张良说：“是谁替大王出主意而派兵把守函谷关？”刘邦说：“是一位鄙陋小人劝我说‘把守住函谷关，不让诸侯进入关中，据有秦国的土地就完全可以称王’。因此我才听信了他的计策。”张良说：“大王估量自己的士卒能够敌得过项王的军队吗？”沛公沉默了一会儿，说：“本来就不如，那么现在该怎么办呢？”张良说：“请让我前去告诉项伯，说沛公您不敢背叛项王。”沛公说：“您怎么会和项伯有旧交？”张良说：“秦朝的时候项伯和我交游，项伯杀了人，是我救了他。如今有急难，因此就有幸能让他前来告诉我。”沛公说：“他和您谁年纪大？”张良说：“他比我年纪大。”沛公说：“请您替我把项伯叫进来，我要用对待兄长的礼节会见他。”张良出来，邀请项伯。项伯立刻进去见沛公。沛公捧着酒杯向项伯祝寿，又与项伯订立了儿女婚约，沛公说：“我入关以后，对于秦室的财富秋毫也不敢动，清查了吏民，封藏了库府，只等待项羽将军到来。派遣军队把守函谷关的原因，是防备有其他的盗贼进来和意外的事变发生。我日夜盼望着项羽将军的到来，难道还敢反叛吗？希望项伯对项羽将军详细说明我不敢背德反叛。”项伯应允。他对沛公说：“明天不可不早早亲自前来向项王认错。”沛公说：“是。”于是项伯又连夜离去，回到军中，把沛公所说的话完全无遗漏地报告了项羽。接着他说道：“假若沛公不先攻破关中，您难道敢进入关中吗？如今别人立有大功却要打击他，这是不仁义的举动，不如趁此时机善待他。”项王答应了。

沛公旦日从百余骑[1]来见项王，至鸿门，谢曰：“臣与将军戮力而攻秦，将军战河北，臣战河南，然不自意能先入关破秦，得复见将军于此。[2]今者有小人之言，令将军与臣有郤[3]。”项王曰：“此沛公左司马曹无伤言之；不然，籍何以至此。”项王即日因留沛公与饮。项王、项伯东向坐，亚父[4]南向坐。亚父者，范增也。沛公北向坐，张良西向侍。范增数目项王，举所佩玉玦[5]以示之者三，项王默然不应。范增起，出召项庄[6]，谓曰：“君王为人不忍，若入前为寿，寿毕，请以剑舞，因击沛公于坐[7]，杀之。不者，若属皆且为所虏。”庄则入为寿。寿毕，曰：“君王与沛公饮，军中无以为乐，请以剑舞。”项王曰：“诺。”项庄拔剑起舞，项伯亦拔剑起舞，常以身翼蔽沛公，庄不得击。于是张良至军门，见樊哙[8]。樊哙曰：“今日之事何如？”良曰：“甚急。今者项庄拔剑舞，其意常在沛公也。”哙曰：“此迫矣，臣请入，与之同命。”哙即带剑拥盾入军门。交戟之卫士欲止不内，樊哙侧其盾以撞，卫士仆地，哙遂入，披帷西向立，瞋目视项王，头发上指，目眦尽裂。[9]项王按剑而跽[10]曰：“客何为者？”张良曰：“沛公之参乘[11]樊哙者也。”项王曰：“壮士，赐之卮酒。”则与斗卮酒。哙拜谢，起，立而饮之。项王曰：“赐之彘肩[12]。”则与一生彘肩。樊哙覆其盾于地，加彘肩上，拔剑切而啖之。[13]项王曰：“壮士，能复饮乎？”樊哙曰：“臣死且不避，卮酒安足辞！夫秦王有虎狼之心，杀人如不能举，刑人如恐不胜，天下皆叛之。[14]怀王[15]与诸将约曰‘先破秦入咸阳者王之’。今沛公先破秦入咸阳，豪[16]毛不敢有所近，封闭宫室，还军霸上，以待大王来。故遣将守关者，备他盗出入与非常也。劳苦而功高如此，未有封侯之赏，而听细说[17]，欲诛有功之人。此亡秦之续耳，窃为大王不取也。”项王未有以应，曰：“坐。”樊哙从良坐。坐须臾，沛公起如[18]厕，因招

樊哙出。

注释

1 骑（jì）：骑马的人，骑兵。2 河：指黄河。不自意：自己没料想到。3 郤：通“隙”，嫌隙，隔阂。4 亚父：《史记集解》引如淳曰：“亚，次也。尊敬之次父，犹管仲为仲父。”5 玉玦（jué）：环形而有缺口的佩玉。6 项庄：项羽之堂弟。7 坐：同“座”。8 樊哙：汉朝著名将领，屡立战功，封舞阳侯。9 交戟：交叉举戟。内：同“纳”。仆：倒下。披帷：揭开营帐。瞋（chēn）目：发怒而睁大眼睛。眦（zì）：眼角。10 跽（jì）：长跪，挺着上身两腿跪着。11 参乘：即“骖乘”，亦称陪乘，在车右侧担任警卫的甲士。12 彘（zhì）肩：猪腿。13 覆：翻转。加：放上。啖（dàn）：吃。14 举：全、尽。胜：完、全。15 怀王：即楚怀王熊心。16 豪：通“毫”。17 细说：指小人的谗言。18 如：往，到。

译文

第二天清早，沛公带着百余名随从前来会见项王，到达了鸿门，沛公对项王陪罪说：“我和将军一同努力进攻秦军，将军在河北作战，我在河南作战，但是我自己也没有想到能够先进入关中摧毁秦朝，得以在这里和将军重又相见。现在有小人传坏话，使将军和我之间产生了隔阂。”项王说：“那是沛公左司马曹无伤说的；不然，我项籍何以至此。”项王当天就留请沛公一同饮酒。项王、项伯面东而坐，亚父面南而坐。亚父，就是范增。沛公面北而坐，张良面向西侧而陪侍。席间范增多次给项王使眼色，多次举起身上所佩饰的玉玦示意项王当机立断杀死刘邦，项王默然不应。范增起身，出来招唤项庄，对他说：“君王为人心软不忍下手，你进去上前敬酒祝寿，祝寿完毕，请求用剑起舞，趁机击刺沛公于座位上，杀死他。若不这样，将来你们这些人都要被他所俘获。”项庄就进入敬酒祝寿。祝寿完毕，他说：“君王和沛公饮酒，军中没有什么可以助乐，请求拿舞剑来助兴。”项王说：“好吧。”项庄拔剑起舞，项伯也拔剑起舞，常常用自己的身体掩护沛公，项庄不能击杀沛公。在这种情况下，张良来到军门，见到了樊哙。樊哙说：“现在事态如何？”张良说：“非常紧急。现在项庄拔剑起舞，他的用意一直放在沛公身上。”樊哙说：“如此说来已经很紧迫了，请让我进去，我要和沛公共命运。”樊哙立刻带着宝剑拥着盾牌闯入军门。交戟侍立的卫士想阻止他而不让进入，樊哙侧过他手中的盾牌来撞击他们，卫士们被他撞倒在地，他就进入了军门内，分开帷帐面西而立，瞪着眼睛注视着项王，头发向上直立，眼角都快要瞪裂。项王按着宝剑直起上身说：“来客是干什么的？”张良说：“这是为沛公做护卫的樊哙。”项王说：“这是一位壮士，赐给他一杯酒。”就给了他一大杯酒。樊哙拜谢，起身站着饮了这杯酒。项王说：“赐给他一只猪腿。”就给了他一只生猪腿。樊哙把他手中的盾牌反扣在地上，把猪肘放在上面，拨出宝剑边切边吃了下去。项王说：“壮士，还能再饮酒吗？”樊哙说：“臣死尚且不回避，一杯酒何足推辞！秦王有虎狼之心，杀人唯恐不能尽，刑罚人唯恐不重，天下的人都背叛了他。怀王和诸侯相约说‘首先攻破秦军而进入咸阳的人将被封为关中王’。现在沛公首先攻破秦军而进入咸阳，对于秦室的财富毫毛般大小的都不敢沾边，封藏了宫室，撤出军队驻扎在霸上，以便等待大王来临。沛公遣派将领把守函谷关的原因，是为了防备其他的盗贼进入和意外事件的发生。像沛公这样劳苦功高，没有得到封侯的奖赏，而你听信了小人的谗言，想诛杀有功的人。这样做是亡秦的继续，我个人认为大王的这种做法是不可取的。”项王竟无话可答，只是说：“请坐。”樊哙于是随张良就座。坐了一会儿，沛公起身去厕所，顺便把樊哙叫了出来。

沛公已出，项王使都尉陈平[1]召沛公。沛公曰：“今者出，未辞也，为之奈何？”樊哙曰：“大行不顾细谨，大礼不辞小让。[2]如今人方为刀俎[3]，我为鱼肉，何辞为！”于是遂去。乃令张良留谢。良问曰：“大王来何操？”曰：“我持白璧一双，欲献项王；玉斗一双，欲与亚父，会其怒，不敢献。[4]公为我献之。”张良曰：“谨诺。”当是时，项王军在鸿门下，沛公军在霸上，相去四十里。沛公则置车骑，脱身独骑，与樊哙、夏侯婴、靳强、纪信等四人持剑盾步走，从郦山下，道芷阳间行。[5]沛公谓张良曰：“从此道至吾军，不过二十里耳。度我至军中，公乃入。[6]”沛公已去，间至军中。张良入谢，曰：“沛公不胜杯杓[7]，不能辞。谨使臣良奉白璧一双，再拜献大王足下；玉斗一双，再拜奉大将军足下。”项王曰：“沛公安在？”良曰：“闻大王有意督过[8]之，脱身独去，已至军矣。”项王则受璧，置之坐上。亚父受玉斗，置之地，拔剑撞而破之，曰：“唉！竖子[9]不足与谋。夺项王天下者，必沛公也，吾属今为之虏矣。”沛公至军，立诛杀曹无伤。

注释

1 都尉：低于校尉的高级武官。陈平：西汉初重要的谋臣，开始在项羽部下，后投奔刘邦。2 大行：干大事。让：责备。3 方为刀俎（zǔ）：正在设置刀和砧板。俎，砧板。4 璧：

平而圆，中心有孔的玉。玉斗：玉制酒器。5 夏侯婴：刘邦手下部将，号滕公，封汝阴侯。靳强：刘邦部将，后封汾阳侯。纪信：刘邦部将，后为项羽烧杀。郦山：山名，在今陕西安市临潼区东南。道：取道。芷（zhǐ）阳：古地名，在今西安市东。间行：抄小路走。6 度（duó）：估计。乃：才、再。7 杯杓（sháo）：本指酒器，这里指代酒。杓，舀酒的勺子。8 督过：责备。9 竖子：骂人语，如今之“小子”。

译文

沛公已经出来，项王派都尉陈平去召沛公。沛公说：“现在我出来了，没有告辞，这将怎么办？”樊哙说：“要办大事不应顾及细谨的小节，讲求大礼就不必在乎微小的责难。现在人家正置快刀、砧板，我们是人家宰割的鱼肉，还告辞干什么！”于是就离去了。因而命令张良留下道歉。张良问：“大王来时带了什么礼物？”沛公说：“我带来了一双白璧，想要奉献给项王；一双玉斗，准备送给亚父，恰逢他们发怒，没敢奉献。你替我献给他们。”张良说：“谨遵王命。”这时，项王驻军在鸿门一带，沛公驻军在霸上，相距四十里。沛公就放弃了车骑，脱身逃离，一人骑马，樊哙和夏侯婴、靳强、纪信等四人手持剑、盾跟着徒步奔跑，从郦山而下，经过芷阳抄小道行进。沛公对张良说：“从这条道路到达我们军中，不过二十里。估计我到达了军中以后，你再回到军帐中告辞。”沛公已经离去，从小道回到军中。张良入帐辞谢，说：“沛公不胜酒力，不能亲自告辞。委派臣下张良谨奉白璧一双，再拜献给大王足下；玉斗一双，再拜献给大将军足下。”项王说：“沛公现在在什么地方？”张良说：“沛公听说大王有意责怪他的过错，脱身独自回去，已经到达军中了。”项王听后就接受了玉璧，把它放在座位上。亚父接过玉斗，把它弃置于地上，拔剑砍击打破了它，说：“唉！不能和这帮无知的小子共谋大事。夺取项王天下的人，一定是沛公，我们这些人将要被他俘虏了。”沛公到达军中，立刻诛杀了曹无伤。

居数日，项羽引兵西屠咸阳，杀秦降王子婴，烧秦宫室，火三月不灭；收其货宝妇女而东。人或说项王曰：“关中阻[1]山河四塞，地肥饶，可都以霸。”项王见秦宫室皆以烧残破，又心怀思欲东归，曰：“富贵不归故乡，如衣绣夜行[2]，谁知之者！”说者曰：“人言楚人沐猴而冠[3]耳，果然。”项王闻之，烹[4]说者。

注释

1 阻：倚杖。2 如衣绣夜行：如同穿着锦绣衣服在黑夜里行走。3 沐猴而冠：让猕猴戴上人帽，意即也办不成人事。沐猴，猕猴。4 烹：古代以鼎镬煮杀人的酷刑。

译文

过了几天，项羽率领军队向西屠戮咸阳，杀死了秦降王子婴，烧毁了秦宫室，大火烧了三个月都没有熄灭；收集藏在宫中的宝货、妇女向东归去。有人劝导项王说："关中地区有山河可以倚仗，土地富饶，可以在这里建立都城而称霸天下。"项王看见秦的宫室都已经被大火烧得残破，又加上心里怀念故土而想东归，所以他说："富贵不归故乡，如同穿着锦绣衣裳在夜间行走一样，有谁能知道我的荣华富贵呢！"那个劝说项王的人说："人们说楚国人像是猕猴戴了人的帽子，果真是这样。"项王听说这话，就把那个人烹杀了。

项王使人致命[1]怀王。怀王曰："如约。"乃尊怀王为义帝[2]。项王欲自王，先王诸将相。谓曰："天下初发难时，假[3]立诸侯后以伐秦。然身被坚执锐首事，暴露于野三年，[4]灭秦定天下者，皆将相诸君与籍之力也。义帝虽无功，故当分其地而王之。"诸将皆曰："善。"乃分天下，立诸将为侯王。项王、范增疑沛公之有天下，业已讲解[5]，又恶负约，恐诸侯叛之，乃阴谋曰："巴、蜀道险，秦之迁人皆居蜀。"乃曰："巴、蜀亦关中地也。"故立沛公为汉王，王巴、蜀、汉中，都南郑。[6]而三分关中，王秦降将以距塞[7]汉王。项王乃立章邯为雍王，王咸阳以西，都废丘[8]。长史欣者，故为栎阳狱掾，尝有德于项梁；都尉董翳者，本[9]劝章邯降楚。故立司马欣为塞王，王咸阳以东至河，都栎阳[10]；立董翳为翟王，王上郡，都高奴。[11]徙魏王豹为西魏王，王河东，都平阳。[12]瑕丘申阳者，张耳嬖臣也，先下河南，迎楚河上，故立申阳为河南王，都雒阳。[13]韩王成因故都，都阳翟。[14]赵将司马卬定河内，数有功，故立卬为殷王，王河内，都朝歌。[15]徙赵王歇为代[16]王。赵相张耳素贤，又从入关，故立耳为常山王，王赵地，都襄国。[17]当阳君黥布为楚将，常冠军，故立布为九江王，都六。[18]鄱君吴芮率百越佐诸侯，又从入关，故立芮为衡山王，都邾。[19]义帝柱国共敖将兵击南郡[20]，功多，因立敖为临江王，都江陵。徙燕王韩广为辽东[21]王。燕将臧荼从楚救赵，因从入关，故立荼为燕王，都蓟[22]。徙齐王田市为胶东[23]王。齐将田都

从共救赵，因从入关，故立都为齐王，都临菑。[24]故秦所灭齐王建孙田安，项羽方渡河救赵，田安下济北数城，引其兵降项羽，故立安为济北王，都博阳。[25]田荣者，数负项梁，又不肯将兵从楚击秦，以故不封。成安君陈余弃将印去，不从入关，然素闻其贤，有功于赵，闻其在南皮，故因环封三县。[26]番君将梅销功多[27]，故封十万户侯。项王自立为西楚霸王，王九郡，都彭城。[28]

注释

1 致命：禀命，报告。2 义帝：名义上的皇帝，或云“假帝”。3 假：暂时，临时设立。4 被：通“披”。暴（pù）露：日晒雨淋，风餐露宿。暴，“曝”之古字。5 讲解：和解。6 巴：郡名，治所在今重庆市东北。蜀：郡名，治所在今四川成都市。汉中：郡名，治所在今陕西汉中市南郑区。南郑：古地名，即汉中郡治所在地，今陕西汉中市南郑区。7 距塞：抗拒、阻碍。距，通“拒”。塞，堵塞。8 废丘：古地名，在今陕西省兴平市东南。9 本：原始、最早。10 栎阳：古地名，在今陕西西安市临潼区东北武屯乡古城。11 上郡：郡名，治所在今陕西榆林市东南。高奴：古地名，在今陕西延安市东北。12 河东：郡名，治所在今山西夏县西北。平阳：古地名，在今山西临汾市西南。13 瑕丘：古地名，在今山东济宁市兖州区东北。嬖（bì）：宠爱。雒（luò）阳：古地名，在今河南洛阳市东北。14 因：沿袭。阳翟（dí）：古地名，在今河南禹州市。15 河内：郡名，治所在今河南武陟县西南。朝歌：古地名，在今河南淇县。16 代：代郡，治所在今河北蔚县东北。17 常山：郡名，本名恒山，为避汉文帝刘恒讳而改，治所在今河北石家庄市东。襄国：本秦信都县治，项羽以赵襄子之谥改为襄国，在今河北邢台市西南。18 冠军：勇冠三军。九江：郡名，治所在今安徽寿县。六：即六县，古地名，在今安徽六安市北。19 鄱君吴芮：吴芮，人名，曾为秦鄱阳（番阳）县令，故名鄱君。衡山：郡名，治所在今湖北黄冈市西北（古称邾，邾县）。邾：音 zhū。20 柱国：位在令尹、相国之下的高级官员。南郡：郡名，治所在今湖北江陵县。立共敖为王之后，改南郡为临江国。21 辽东：郡名，治所在今辽宁辽阳市。22 蓟（jì）：古地名，在今北京市西南。23 胶东：郡名，治所在今山东平度市东南。24 从共：跟着一块儿。临菑：古地名，在今山东淄博市东北。25 济北：济水以北地区。济水，古水名，和黄河连接，从河南荥阳市西北黄河口一直流经河南、山东两省，向东注入今山东博兴县东北入渤海。博阳：古地名，在今山东泰安市东南。26 南皮：古地名，在今河北南皮县。环封三县：《史记集解》引《汉书音义》曰：“绕南皮三县以封之。”27 番君：即鄱君吴芮。销：音 xuān。28 西楚霸王：古代楚国有东楚、南楚、西楚之分，彭城地处西楚，故项羽如此自称。霸王，意为控制天下的诸侯盟主。彭城：古地名，在今江苏徐州市。

译文

项王派人向怀王报告入关破秦的情况。怀王说："按照先前的盟约行事。"于是尊怀王为义帝。项王想要自立为王，先立手下的将相们为王。他对各位将相说："天下刚开始发难的时候，暂时立诸侯的后代来伐灭秦国。但是亲身披挂着铠甲、手持锐利的兵器首先起义反秦，在野外日晒雨淋、风餐露宿作战三年，灭亡了秦朝而平定天下，都是靠诸位将相和我项籍的力量。义帝虽然没有功绩，但分给他一片土地让他做王也是应该的。"各位将领们都说："好。"于是分割天下，立诸位将相为侯王。项王、范增担心沛公会据有天下，但是已经通过鸿门相会而和解，又厌恶落有负约的名声，恐怕诸侯们反叛他们，所以他们二人暗中谋划说："巴、蜀地区道路险阻，秦朝被迁贬的人都居住在蜀地。"于是他们说："巴、蜀也是属于关中地区。"因此立沛公为汉王，统辖巴、蜀、汉中地区，定都南郑。而把关中地区一分为三，立秦的降将为王来阻隔汉王。项王于是立章邯为雍王，统辖咸阳以西地区，把废丘作为都城。长史司马欣，就是过去担任栎阳狱掾的司马欣，曾经对项梁施有恩德；都尉董翳，原本是劝章邯投降楚国的人。因此立司马欣为塞王，统辖咸阳以东到黄河的地区，把栎阳作为都城；立董翳为翟王，统辖上郡地区，把高奴作为都城。迁徙魏王豹为西魏王，统辖河东地区，把平阳作为都城。瑕丘县公申阳，原是张耳的亲信部属，曾经首先攻下河南郡，在黄河岸上迎接楚国军队，因此立申阳为河南王，把雒阳作为都城。韩王成仍然把过去韩国的都城作为都城，即以阳翟为都城。赵将司马卬平定了河内地区，屡次立下战功，因此立卬为殷王，统辖河内地区，以朝歌为都城。迁徙赵王歇为代王。赵相张耳平素贤能，又随从楚军进入关中，因此立张耳为常山王，统辖赵地，以襄国为都城。当阳君黥布担任楚军大将，经常担当楚军的先锋，因此立黥布为九江王，以六县为都城。鄱君吴芮曾率百越的军队协助诸侯讨伐秦国，又随从楚军进入关中地区，因此立吴芮为衡山王，以邾城为都城。义帝的柱国共敖，率军进攻南郡，功劳很多，因此立共敖为临江王，以江陵为都城。迁徙燕王韩广为辽东王。燕国的将领臧荼跟从楚军救援赵国，接着又率军跟从楚军进攻关中地区，因此立臧荼为燕王，以蓟城为都城。迁徙齐王田市为胶东王。齐国的将领田都随从楚军共同救援赵国，接着又随从楚军进攻关中地区，因此立田都为齐王，以临菑为都城。以前由秦所吞灭的齐国国王建的孙子田安，在项羽刚刚渡河救援赵国时，田安攻下了济北的几座城池，引领他的军队投降了项羽，因此立田安为济北王，以博阳为都城。田荣因屡次背弃项梁，又不肯率军随从楚军进攻秦军，因此未能封他为王。成安君陈余放弃将印离去，不跟从楚军入关攻秦，但是他平素以贤能闻名，为赵国立有功劳，听说他居住在南皮，因此把南皮周围三个县的地方封给了他。番君的将领梅销功劳很多，因此封他为十万户侯。项王自立为西楚霸王，统辖九个郡，以彭城为都城。

汉之元年四月，诸侯罢戏下，各就国。[1] 项王出之国，使人徙义帝，曰："古之帝者地方千里，必居上游。"乃使使徙义帝长沙郴县。[2] 趣义帝行，其群臣稍稍背叛之，乃阴令衡山、临江王击杀之江中。[3] 韩王成无军功，项王不使之国，与俱至彭城，废以为侯，已[4] 又杀之。臧荼之国，因逐韩广之辽东，广弗听，荼击杀广无终[5]，并王其地。

注释

1 汉之元年：即公元前206年，这年刘邦称汉王。戏下：戏水之下。《史记索隐》："今言'诸侯罢戏下'，是各受封邑号令讫，自戏下各就国。" 2 长沙：郡名，治所在今湖南长沙市。郴（chēn）县：古地名，在今湖南郴州市。3 趣：催促。稍稍：渐渐。4 已：已而，随后。5 无终：古地名，在今天津市蓟县。

译文

汉元年四月，诸侯从戏水之下散去，各自到封国去就位。项王出关前往封国，派人迁徙义帝，说："古时候帝王拥有方圆千里的土地，而且一定要居于水域的上游。"于是就派人把义帝迁徙到长沙郴县。他们催促义帝起程，义帝的群臣们渐渐地背叛了他，项羽就密令衡山王和临江王把义帝杀死在大江之中。韩王成没有军功，项王不让他前往自己的封国，与他一同到彭城，把他废为诸侯，随后又杀死了他。臧荼前往封国，接着就要把韩广驱逐到辽东，韩广不听他的摆布，臧荼就在无终把韩广杀死，兼并了辽东王的领地。

田荣闻项羽徙齐王市胶东，而立齐将田都为齐王，乃大怒，不肯遣齐王之胶东，因以齐反，迎击田都。田都走楚。齐王市畏项王，乃亡之胶东就国。田荣怒，追击杀之即墨[1]。荣因自立为齐王，而西击杀济北王田安，并王三齐。荣与彭越[2] 将军印，令反梁地。陈余阴使张同、夏说[3] 说齐王田荣曰："项羽为天下

宰[4]，不平。今尽王故王于丑地[5]，而王其群臣诸将善地，逐其故主赵王，乃北居代，余以为不可。闻大王起兵，且不听不义，愿大王资余兵，请以击常山，以复赵王，请以国为捍蔽[6]。”齐王许之，因遣兵之赵。陈余悉发三县兵，与齐并力击常山，大破之。张耳走归汉。陈余迎故赵王歇于代，反之赵。赵王因立陈余为代王。

注释

1 即墨：古地名，在今山东平度市东南。2 彭越：西汉初诸侯王，楚汉战争中曾率三万人归刘邦。3 张同、夏说（yuè）：陈余手下将领。4 宰：主宰，统治者。5 丑地：不好的地方。6 捍蔽：护卫、屏障。

译文

田荣听说项羽把齐王田市迁徙为胶东王，而将齐将田都立为齐王，于是大怒，不肯把齐王遣送到胶东，因而占据齐国的地盘反叛项羽，迎击田都。田都败逃到楚国。齐王田市畏惧项王，于是就逃亡到胶东奔赴封国。田荣大怒，追击齐王，并在即墨城把他杀死了。田荣因而自立为齐王，而后向西进攻并杀死了济北王田安，兼并了三齐的国土。田荣授给彭越将军的印符，命令他在梁地反击项王。陈余也暗地里派遣张同、夏说劝导齐王田荣说：“项羽身为天下的主宰，处事不公平。如今把不好的贫瘠土地全都分给以前的诸侯王，而把好地封给他的群臣诸将，把原有的诸侯王赵王从封地驱逐出去，让他往北迁到代地，我认为这样做是不可以的。听说大王发动军队反击楚军，并且不听从项羽的不义行为，希望大王能资助我陈余一部分军队，让我去进攻常山，来恢复赵王原有的封地，我愿意用我们的国土作为齐国的屏障。”齐王答应了陈余的请求，因而派遣军队去赵国。陈余发动了他封地内三个县的全部军队，和齐国的军队合力进攻常山，打垮了常山国的守军。张耳逃归汉王。陈余从代地迎回原来的赵王歇，返回赵地。赵王因而立陈余为代王。

是时，汉还定三秦[1]。项羽闻汉王皆已并关中[2]，且东，齐、赵叛之，大怒。乃以故吴令郑昌为韩王，以距汉。[3]令萧公角[4]等击彭越。彭越败萧公角等。汉使张良徇韩，乃遗[5]项王书曰：“汉王失职[6]，欲得关中，如约即止，不敢东。”又以齐、梁反书遗项王曰：“齐欲与赵并灭楚。”楚以此故无西意，而北击齐。征兵九

江王布。布称疾不往，使将将数千人行。项王由此怨[7]布也。

汉之二年[8]冬，项羽遂北至城阳，田荣亦将兵会战。田荣不胜，走至平原[9]，平原民杀之。遂北烧夷齐城郭室屋，皆坑田荣降卒，系虏其老弱妇女。[10]徇齐至北海[11]，多所残灭。齐人相聚而叛之。于是田荣弟田横收齐亡卒得数万人，反城阳。项王因留，连战未能下。

注释

1 三秦：即关中地区，因项羽封雍、塞、翟三王于此，故名。2 关中：今陕西广大地区，因处于函谷关、武关、散关、萧关之中而名。3 故吴令郑昌：秦时的吴县县令郑昌，为项羽部将。距：通“拒”。4 萧公角：萧县县令，名角。《史记集解》引苏林曰：“官号也。或曰萧令也。时令皆称公。”萧，萧县，古地名，在今安徽萧县西北。5 遗（wèi）：送。下同。6 失职：暗指刘邦没有得到应该封的关中王，而被封为汉中王。7 怨：仇恨。8 汉之二年：即公元前 205 年。9 平原：古地名，在今山东平原县西南。10 夷：铲平。系：拘囚。11 北海：即指渤海，山东北部沿海地区。

译文

这时候，汉军回师平定三秦。项羽听说汉王已经把关中所有地区都兼并了，将要东进，齐国和赵国也反叛他，非常愤怒。于是他封原来的吴令郑昌为韩王，拿韩国来阻挡汉军。又命令萧公角等人进攻彭越。彭越打败了萧公角等人。汉王派遣张良攻取韩地，于是给项王送去书信说：“汉王所得的封地本不是他应该得到的地区，他想要得到关中地区，假若能履行先入关中即为关中王的前约就立即停止进攻，不敢向东继续前进。”又因为齐国和梁国反叛，写书信给项王说：“齐国想要和赵国联合起来一同灭掉楚国。”楚国因此没有向西进攻汉王的意图，而向北进攻齐国。项王向九江王黥布征集军队。黥布拿有病作借口不肯亲自前往，只派部将率领几千人前去。项王因此怨恨黥布。

汉王二年冬天，项羽就向北进攻到城阳，田荣也率军前来会战。田荣的军队没有能战胜楚军，他逃到了平原，平原人杀死了他。于是楚军向北进军而烧毁了齐国的屋室，夷平了齐国的城池，把田荣所部降兵全部坑杀了，俘获了齐国的老弱妇女。项羽夺取齐国境地攻打到北海，残毁破坏了许多城邑。齐国人相聚而反叛楚军。在这个时候，田荣的弟弟田横收集了几万名齐国散亡的军卒，在城阳反抗楚国。项王因而停留在城阳，接连不断地和田横军交战而未能攻克城阳。

春，汉王部五诸侯[1]兵，凡五十六万人，东伐楚。项王闻之，即令诸将击齐，而自以精兵三万人南从鲁出胡陵[2]。四月，汉皆已入彭城，收其货宝美人，日置酒高会。项王乃西从萧，晨击汉军而东，至彭城，日中，大破汉军。汉军皆走，相随入谷、泗水[3]，杀汉卒十余万人。汉卒皆南走山，楚又追击至灵壁东睢水上[4]。汉军却，为楚所挤，多杀，汉卒十万余人皆入睢水，睢水为之不流。围汉王三匝[5]。于是大风从西北而起，折木发屋，扬沙石，窈冥昼晦，逢迎楚军。[6]楚军大乱，坏散，而汉王乃得与数十骑遁去。欲过沛，收家室而西；楚亦使人追之沛，取汉王家；家皆亡，不与汉王相见。汉王道逢得孝惠、鲁元[7]，乃载行。楚骑追汉王，汉王急，推堕孝惠、鲁元车下，滕公常下收载之。如是者三。曰："虽急不可以驱，柰何弃之？"于是遂得脱。求太公、吕后[8]不相遇。审食其[9]从太公、吕后间行，求汉王，反遇楚军。楚军遂与归，报项王，项王常置军中。

注释

1 部：部勒，率领。《史记集解》引徐广曰："一作'劫'。"劫有强制义。五诸侯：所指诸说不一，颜师古以为当谓常山、河南、韩、魏、殷，其说近是。2 鲁：春秋时鲁国所在地，今山东曲阜市一带。胡陵：古地名，在今山东鱼台县东南。3 谷：谷水，流经今安徽萧县市一带，在江苏徐州汇入泗水。泗水：发源今山东泗水县境内，流经今江苏徐州市，最后汇入淮河的一条古水名。4 灵壁：古地名，在今安徽濉溪县东南。睢（suī）水：亦名睢河，从古代河南鸿沟分出，流经今安徽，至江苏睢宁县境汇入古泗水。5 匝（zā）：周，圈。6 发屋：掀起屋顶。发，打开，掀起。窈冥：昏暗的样子。7 孝惠：即刘邦嫡子，后来的惠帝刘盈。鲁元：刘邦女儿，后来之鲁元公主。8 太公：指刘邦父亲。古人称父或尊称别人之父常称太公。吕后：刘邦妻吕雉，后为皇后，故名。9 审食其（yì jī）：刘邦同乡人，后宠幸，官至左丞相，封辟阳侯。

译文

春天，汉王统帅常山王张耳、河南王申阳、韩王郑昌、魏王豹和殷王卬五路诸侯的军队，共计五十六万人，向东进军讨伐楚国。项王听到这个消息，就命令诸将继续攻打齐国，而他亲自率领三万精兵向南从鲁县穿过胡陵。四月，汉军已经攻入彭城，收取了楚国的财宝和美女，每日置酒宴会高朋。项王于是挥军向西至萧地，在早晨向东进攻汉军，到达彭城，已经是中午了，大破汉军。汉军都溃逃了，前后相随掉入谷水、泗水，楚军杀死汉军士兵十多万人。汉军士卒全都向南逃往山地，楚军又追杀到灵壁东面的睢水河岸。汉军后退，被楚军逼挤到河边，许多士卒被杀，十余万汉军士卒全都掉入睢水，致使睢水因此受堵塞而无法流通。楚军把汉王包围了三层。就在这个时候有大风从西北方面刮起，狂风折断了树木、掀起了房顶，扬起沙石，白天被搅得天昏地暗，大风恰巧向楚军迎面袭来。楚军大乱，包围圈破散，这使汉王能够和几十名骑兵逃离包围。汉王想要经过沛县，收集家室而迁往西方；楚国也派人追杀到沛县，去获取汉王的家人；家人都四散逃亡，没能和汉王相见。汉王在道路上遇到孝惠帝和鲁元公主，于是就把他们载入车中行走。楚国的骑兵追赶汉王，汉王危急，把孝惠帝和鲁元公主推落车下，滕公总是下车把他们二人抱起载入车中。像这样做了多次。他说："虽然情况紧急，车马也不能驱赶得更快些，怎么可以舍弃他们呢？"因此他们姐弟二人才能够幸免被楚军俘获。汉王等人寻找太公和吕后而没有找到。审食其护从着太公和吕后走小道，也在寻找汉王，反而遇到了楚军。楚军于是就把他们带回去，报告了项王，项王时常把他们留置在军中。

是时吕后兄周吕侯为汉将兵居下邑[1]，汉王间往从之，稍稍收其士卒。至荥阳，诸败军皆会，萧何亦发关中老弱未傅悉诣荥阳，复大振。[2]楚起于彭城，常乘胜逐北，与汉战荥阳南京、索间，[3]汉败楚，楚以故不能过荥阳而西。

项王之救彭城，追汉王至荥阳，田横亦得收齐，立田荣子广为齐王。汉王之败彭城，诸侯皆复与楚而背汉。汉军荥阳，筑甬道属之河，以取敖仓粟。[4]

注释

1 周吕侯：即吕泽，周吕为其封号名。下邑：古地名，在今安徽砀山县。2 荥阳：古地名，在今河南荥阳市东北。萧何：西汉初大臣。未傅：指未登记于服役名册者。诣：到。3 北：败退，此指败兵。京：古地名，在今河南荥阳市东南。索：古地名，在今河南荥阳市东南。又名索亭。4 属（zhǔ）：连结。敖仓：秦朝著名的大粮仓，在今荥阳市东北之敖山上，北临黄河。

译文

这个时候，吕后的哥哥周吕侯替汉王统领着军队驻扎在下邑，汉王从小道捷径前往投奔吕泽，渐渐地收聚起他的士卒。然后到达荥阳，各路败军都在这里聚会，萧何也发动了关中地区的老弱和未成年的男子全都到荥阳助战，汉军兵威重新大振。楚军从彭城出发，一路上乘胜追击败亡的汉军，和汉军在荥阳南面的京邑、索邑之间展开交战，汉军打败了楚军，楚军因此不能越过荥阳再向西进攻。

项王去援救彭城，追击汉王到荥阳，这使田横也能够收取齐国的土地，扶立田荣的儿子田广为齐王。汉王在彭城战败这件事，使诸侯又全都重新归顺楚而背叛汉。汉军驻扎在荥阳，修筑了连接到黄河岸边的甬道，用以获取敖仓的粮食。

汉之三年，项王数侵夺汉甬道，汉王食乏，恐，请和，割荥阳以西为汉。项王欲听之。历阳侯范增曰："汉易与[1]耳，今释弗取，后必悔之。"项王乃与范增急围荥阳。汉王患之，乃用陈平计间[2]项王。项王使者来，为太牢具[3]，举欲进之。见使者，详[4]惊愕曰："吾以为亚父使者，乃反项王使者。"更持去，以恶食食项王使者[5]。使者归报项王，项王乃疑范增与汉有私，稍夺之权。范增大怒，曰："天下事大定矣，君王自为之。愿赐骸骨归卒伍[6]。"项王许之。行未至彭城，疽[7]发背而死。

注释

1 易与：容易对付。2 间（jiàn）：离间。3 太牢具：丰盛之酒席。太牢，古代祭祀牛、羊、猪具全为太牢。具，酒肴，饭食。4 详：通"佯"。5 以恶食（shí）食（sì）项王使者：恶食，粗茶淡饭。食（sì），动词，让……吃。6 赐骸骨：古代官吏请求辞官隐退之代词，意即赐还朽骨，得以归葬故里。归卒伍：到士兵中去，此实指辞官为民。7 疽（jū）：毒疮。

译文

汉王三年，项王多次侵入甬道而夺取汉军的粮食，汉王军粮困乏，感到恐惧，请求与楚国和解，划割荥阳以西地区作为汉国的封土。项王想要同意这个和约。历阳侯范增说："汉军很容易对付，现在如果放手而不征服它，以后一定要后悔。"项王于是和范增立刻包围了荥阳。汉王对此感到忧虑，就采用陈平的奇计来离间范增和项王的关系。项王的使者前来，汉王置办了有猪、牛、羊在内的丰盛筵席，端过来准备进献。看见了使者，假装惊愕地说："我以为是亚父的使者，怎么反而是项王的使者。"接着便端走更换，用粗劣的饭菜让项王的使者食用。使者回去后报告项王，项王于是就怀疑范增和汉王私下有联系，逐渐剥夺了他的一些权力。范增大怒，说："天下事情的大局已定，君王您自己治理吧。希望您允许我辞官隐退，让我回乡为民吧。"项王答应了他的请求。范增启程，还没有到达彭城，背上的毒疮发作而死。

汉将纪信说汉王曰：“事已急矣，请为王诳[1]楚为王，王可以间出。”于是汉王夜出女子荥阳东门被[2]甲二千人，楚兵四面击之。纪信乘黄屋车，傅左纛，[3]曰：“城中食尽，汉王降。”楚军皆呼万岁。汉王亦与数十骑从城西门出，走成皋[4]。项王见纪信，问：“汉王安在？”信曰：“汉王已出矣。”项王烧杀纪信。

注释

1 诳（kuáng，旧读 kuàng）：欺骗、迷惑。2 被：通“披”。3 黄屋车：《史记正义》引李斐云：“天子车以黄缯为盖里。”傅左纛（dào）：车子的左边插着用旄牛尾和雉尾做成的装饰物。傅，附着、装饰。纛，古代以雉尾或旄牛尾做成的舞具，也用作帝王的车。4 成皋：又名虎牢关，古关名，在今河南荥阳市汜水镇。

译文

汉军将领纪信劝汉王说：“事态已经很危急了，请求大王允许我假扮成大王替您去诓骗楚兵，大王可以趁机逃出城去。”于是汉王在夜间从荥阳东门放出二千名披甲的女子，楚兵从四面围攻她们。纪信乘坐着汉王的黄屋车，车的左首上方插着用雉尾做成的装饰物，说：“城中粮食已尽，汉王请降。”楚军听到这句话都高呼万岁。汉王也和几十名骑兵从荥阳西门出城，逃到成皋。项王见到纪信，问道：“汉王在哪里？”纪信说：“汉王已经出城了。”项王就把纪信烧死了。

汉王使御史大夫周苛、枞公、魏豹守荥阳。[1]周苛、枞公谋曰：“反国之王[2]，难与守城。”乃共杀魏豹。楚下荥阳城，生得周苛。项王谓周苛曰：“为我将，我以公为上将军，封三万户。”周苛骂曰：“若不趣降汉[3]，汉今虏若，若非汉敌也。”项王怒，烹周苛，并杀枞公。

汉王之出荥阳，南走宛、叶[4]，得九江王布，行收兵，复入保成皋。汉之四年，项王进兵围成皋。汉王逃，独与滕公出成皋北门，渡河走修武，从张耳、韩信军。[5]诸将稍稍得出成皋，从汉王。楚遂拔成皋，欲西。汉使兵距之巩[6]，令其不得西。

注释

1 御史大夫：官职名，相当于副丞相，主管监察、执法，协理全国政务。枞：音 cōng。魏豹：故魏诸公子。从项羽立为魏王，后属刘邦。2 反国之王：魏豹曾被封于西魏，刘邦东出讨楚而归汉，刘邦失败，其又反汉。所以周苛等称之为“反国之王”。3 若：你，指项王。趣：赶快。4 宛（yuān）：古地名，在今河南南阳市。叶（shè）：古地名，在今河南叶（yè）县南。5 逃：《汉书》作“跳”。修武：古地名，在今河南修武县。韩信：秦末汉初著名军事家，西汉大臣，曾封楚王，后封淮阴侯，最后为吕后所杀。6 距：通“拒”。巩：古县名，在今河南巩义市。

译文

汉王委派御史大夫周苛、枞公、魏豹留守荥阳。周苛和枞公谋划说：“魏豹是反对汉王而投降过楚国的一个王，我们很难和他一起守城。”于是一起杀死了魏豹。楚军攻下荥阳城后，活捉了周苛。项王对周苛说：“你做我的将领，我任用你为上将军，封你当三万户侯。”周苛骂道：“你还不赶快投降汉王，汉王就要俘虏你，你不是汉王的敌手。”项王非常生气，就把周苛烹杀了，并且又杀了枞公。

汉王出了荥阳城，又南逃到宛县、叶县，遇到了九江王黥布，行进途中收聚散亡的汉军，重新进入成皋防守。汉王四年，项王进兵围困成皋。汉王逃出来，只和滕公出成皋北门，渡过黄河而逃向修武，来到张耳、韩信的军中。各个将领陆续得以从成皋逃出，跟从汉王。楚军于是攻克了成皋，想要向西进攻。汉王派军队在巩县阻止楚军，使他们不能向西进犯。

是时，彭越渡河击楚东阿，杀楚将军薛公。项王乃自东击彭越。汉王得淮阴侯兵，欲渡河南。郑忠说汉王，乃止壁河内。[1] 使刘贾[2] 将兵佐彭越，烧楚积聚。项王东击破之，走彭越。汉王则引兵渡河，复取成皋，军广武[3]，就敖仓食。项王已定东海[4] 来西，与汉俱临广武而军，相守数月。

当此时，彭越数反梁地，绝楚粮食，项王患之。为高俎，置太公其上，告汉王曰：“今不急下，吾烹太公。”汉王曰：“吾与项羽俱北面受命怀王，曰‘约为兄弟’，吾翁即若翁，必欲烹而翁，则幸分我一杯羹。[5]”项王怒，欲杀之。项伯曰：“天下事未可知，且为天下者不顾家，虽杀之无益，只益祸耳。”项王从之。

注释

1 郑忠：刘邦的将领，汉郎中。壁：扎营。河内：秦时郡名，治所在河南武陟县西南。2 刘贾：刘邦之堂兄，后封为荆王。3 广武：古地名，在今河南荥阳市东北的广武山上。4 东海：泛指东方。5 北面：面向北，称臣。翁：父亲。而：通“尔”，你、你的。

译文

这个时候，彭越率军渡过黄河进攻楚国的东阿，杀死楚国将军薛公。于是项王就亲自东进攻击彭越的军队。汉王得到淮阴侯的军队，想要渡过黄河向南。郑忠劝说汉王，汉王于是停止向南而在黄河北岸修筑壁垒据守。派刘贾率军协助彭越，焚烧了楚军积聚的物资。项王向东打败了刘贾，赶跑了彭越。汉王就率军渡过黄河，重新攻取了成皋，驻军在广武，就近取得敖仓的粮食。项王平定了东方以后又向西攻打，和汉王都在广武驻军，两军相持据守了好几个月。

就在这个时候，彭越多次在梁地反叛，断绝了楚国的粮食，项王对此感到忧虑。项羽制作了一个高大的案板，把太公放置在上面，告诉汉王说：“现在你假若不赶快投降，我就要烹杀你的父亲太公。”汉王说：“我和项羽一同作为臣子接受怀王的命令，曾说‘相约结为兄弟’，我的父亲也就是你的父亲，你一定要烹杀你的父亲，那就请你分给我一杯肉汤。”项王大怒，想要杀死太公。项伯说：“天下事还不可知，并且要夺取天下的人是不会顾及家人的，即便杀了他也没有什么益处，只是增添了祸患罢了。”项王听从了项伯的建议。

楚汉久相持未决，丁壮苦军旅，老弱罢转漕[1]。项王谓汉王曰：“天下匈匈[2]数岁者，徒以吾两人耳，愿与汉王挑战决雌雄，毋徒苦天下之民父子为也。”汉王笑谢曰：“吾宁斗智，不能斗力。”项王令壮士出挑战。汉有善骑射者楼烦，楚挑战三合，楼烦辄射杀之。[3]项王大怒，乃自被[4]甲持戟挑战。楼烦欲射之，项王瞋目[5]叱之，楼烦目不敢视，手不敢发，遂走还入壁，不敢复出。汉王使人间问[6]之，乃项王也。汉王大惊。于是项王乃即汉王相与临广武间而语[7]。汉王数[8]之，项王怒，欲一战。汉王不听，项王伏弩[9]射中汉王。汉王伤，走入成皋。

注释

1 罢：通“疲”。转漕：泛指运输。转，车运，陆上运输。漕，船运。2 匈匈：动乱，纷扰。3 楼烦：本指古代北方善骑射的游牧民族，此泛指善射之士卒。辄：总是，每每。

4 被：通“披”。5 瞋（chēn）目：因发怒而睁大眼睛。6 间问：暗中打听。7 即：靠近、接近。间：或当作“涧”。8 数（shǔ）：数落。9 伏弩：埋伏的弓箭手。弩，一种能射箭的机械装置。

译文

楚、汉相持了很长时间还没有决出胜负，壮年男子苦于军旅生涯，老弱疲于粮草的运输。项王对汉王说：“天下好几年兴兵动武的原因，只是因为你我二人相争罢了，我希望能和汉王单独挑战，一决雌雄，再不要干让天下百姓父子们白白受苦的事啦。”汉王笑着推辞说：“我宁愿斗智，不能斗力。”项王命令壮士出阵挑战。汉军中有一位擅长骑射的人名叫楼烦，楚军挑战过好几次，楼烦每次都把他们射杀了。项王见状大怒，就亲自披甲持戟挑战。楼烦想要射杀项王，项王就瞪着眼向他怒吼，楼烦被吓得不敢正视，手不敢发射，就转身逃回了营垒，不敢再出来。汉王派人私下打听，才知道是项王。汉王听说后大惊。于是项王就近和汉王在广武涧东西两边相互对话。汉王列举了项王的罪过，项王听后大怒，想要决一死战。汉王不同意，项王埋伏下的弓箭手射中了汉王。汉王受伤，逃进成皋城中。

项王闻淮阴侯已举河北，破齐、赵，且欲击楚，乃使龙且[1]往击之。淮阴侯与战，骑将灌婴[2]击之，大破楚军，杀龙且。韩信因自立为齐王。项王闻龙且军破，则恐，使盱台人武涉往说淮阴侯。淮阴侯弗听。是时，彭越复反，下梁地，绝楚粮。项王乃谓海春侯大司马曹咎等曰：“谨守成皋，则汉欲挑战，慎勿与战，毋令得东而已。我十五日必诛彭越，定梁地，复从将军。”乃东，行击陈留、外黄。

外黄不下。数日，已降，项王怒，悉令男子年十五已[3]上诣城东，欲坑之。外黄令舍人[4]儿年十三，往说项王曰：“彭越强劫外黄，外黄恐，故且降，待大王。大王至，又皆坑之，百姓岂有归心？从此以东，梁地十余城皆恐，莫肯下矣。”项王然其言，乃赦外黄当坑者。东至睢阳[5]，闻之皆争下项王。

汉果数挑楚军战，楚军不出。使人辱之，五六日，大司马怒，渡兵汜水。士卒半渡，汉击之，大破楚军，尽得楚国货赂[6]。大司马咎、长史翳、塞王欣皆自刭汜水上。大司马咎者，故蕲狱掾，长史欣亦故栎阳狱吏，两人尝有德于项梁，

是以项王信任之。当是时，项王在睢阳，闻海春侯军败，则引兵还。汉军方围钟离眛[7]于荥阳东，项王至，汉军畏楚，尽走险阻。

注释

1 龙且（jū）：项羽之将领。2 灌婴：西汉初著名将领。刘邦称帝任车骑将军，封颍阴侯。3 已：同“以”。4 舍人：门客。5 睢阳：古地名，在今河南商丘市南睢阳区。6 货赂：珍宝财物。7 钟离眛（mò）：项羽手下之猛将。

译文

项王听说淮阴侯已经将河北地区全部攻下，打败了齐国和赵国，并且准备进攻楚国，就派龙且前往迎击。淮阴侯和龙且作战，骑将灌婴进攻龙且的军队，大败楚军，杀死了龙且。韩信因此自立为齐王。项王听说龙且军队被打败，就非常惊恐，派遣盱台人武涉前往游说淮阴侯。淮阴侯不听从。这时候，彭越再次反叛，攻下梁地，断绝楚军的粮道。项王就对海春侯大司马曹咎等人说：“严谨地防守成皋城，如果汉军前来挑战，千万不要和他们交战，只要不让汉军向东进发就可以了。我在十五日内一定要诛杀彭越，稳定梁地的局势，再重新来和将军们会合。”于是项王率军向东，在行进中攻击陈留和外黄。

外黄城坚守不降。几天后终于投降了，项王愤怒，命令所有十五岁以上的男子全都到城东集合，想要把他们活埋。外黄县令的门客的十三岁小儿，前去劝导项王说：“彭越凭强力威迫外黄，外黄人害怕，所以才暂且投降彭越，等待大王前来。大王来临，却又把所有的丁壮都坑杀掉，百姓们怎么会真心实意地归附您？而且从这里往东，梁国地区十余座城邑中的民众都会畏惧大王，再没有人肯投降您了。”项王同意他的话，就赦免了应当被坑杀的外黄人。项王向东到达睢阳，听到这件事的人们争着归附项王。

汉军果然多次向楚军挑战，楚军不出城应战。汉王派人侮辱楚军，持续了五六日，大司马被激怒，率军渡过汜水。楚军士卒刚渡过一半，汉军向他们发起进攻，大败楚军，获得了楚国所有的宝物财货。大司马曹咎、长史董翳、塞王司马欣都在汜水岸上自杀身亡。大司马曹咎这个人，就是原先的蕲县狱掾，长史司马欣也就是原来的栎阳狱吏，两人曾经对项梁有恩德，因此项王信任他们。在这个时候，项王在睢阳，听说海春侯的军队失败，就率兵回还。汉军正在荥阳的东面围困钟离眛，项王来临，汉军畏惧楚军，全都逃到了有险阻的地带。

是时，汉兵盛食多，项王兵罢食绝。[1]汉遣陆贾[2]说项王，请太公，项王弗听。汉王复使侯公往说项王，项王乃与汉约，中分天下，割鸿沟以西者为汉，鸿沟而东者为楚。[3]项王许之，即归汉王父母妻子。军皆呼万岁。汉王乃封侯公为平国君。匿弗肯复见。曰："此天下辩士，所居倾国[4]，故号为平国君。"项王已约，乃引兵解[5]而东归。

汉欲西归，张良、陈平说曰："汉有天下太半[6]，而诸侯皆附之。楚兵罢食尽，此天亡楚之时也，不如因其机而遂取之。今释弗击，此所谓'养虎自遗患'也。"汉王听之。

注释

1 盛：指多。多：指充足。罢：通"疲"，下亦同。2 陆贾：刘邦之谋士，说客。3 侯公：名成，字伯盛，刘邦之谋士。鸿沟：战国时魏国开凿的沟通黄河与淮河的运河。从今河南荥阳市引黄河水沟通济水，流经今开封市，连通颍水入淮河。4 倾国：使国家倾覆。5 解：解除。6 太半：大半。《史记集解》引韦昭曰："凡数三分有二为太半，一为少半。"

译文

这时候，汉王的军队多，粮食充足，而项王的军队疲惫，粮食断绝。汉王派遣陆贾劝说项王，请求归还太公，项王不听。汉王又派遣侯公前去劝说项王，项王就和汉王定约，中分天下，将鸿沟以西的地区划归汉，鸿沟以东的地区划归楚。项王同意了这个条件，立刻放回汉王的父母妻子。军队的士卒们都高呼万岁。于是汉王封侯公为平国君。但侯公却隐匿起来不肯再见。汉王说："这个人是天下的辩士，他居住在哪里就可以倾动哪个国家的大政，所以才给他平国君的封号。"项王订立了盟约以后，就率军解除对汉军的威胁而回到东方去了。

汉王也准备西归，张良和陈平说："汉已拥有大半天下，而且诸侯又都附从于汉。楚军疲惫而粮食已尽，这是上天要灭亡楚国的良好时机，不如趁此机会而消灭楚国。如今释放了楚军而不攻击它，这就是'豢养了一只老虎而给自己遗留下祸患'啊。"汉王听取了他们的意见。

汉五年，汉王乃追项王至阳夏南，止军，与淮阴侯韩信、建成侯彭越期会而击楚军。[1]至固陵[2]，而信、越之兵不会。楚击汉军，大破之。汉王复入壁，深堑[3]而

自守。谓张子房曰：“诸侯不从约，为之柰何？”对曰：“楚兵且破，信、越未有分地，其不至固宜[4]。君王能与共分天下，今可立致也。即[5]不能，事未可知也。君王能自陈以东傅海[6]，尽与韩信；睢阳以北至穀城[7]，以与彭越：使各自为战，则楚易败也。”汉王曰：“善。”于是乃发使者告韩信、彭越曰：“并力击楚。楚破，自陈以东傅海与齐王，睢阳以北至穀城与彭相国[8]。”使者至，韩信、彭越皆报曰：“请今进兵。”韩信乃从齐往，刘贾军从寿春并行，屠城父，至垓下。[9]大司马周殷叛楚，以舒屠六[10]，举九江兵，随刘贾、彭越皆会垓下，诣项王。

注释

1 阳夏（jiǎ）：古地名，在今河南省太康县。期（qī，旧读 qí）：约期会合。2 固陵：古地名，在今河南太康县南。3 堑（qiàn）：挖沟。4 固宜：本来是应该的。5 即：如果。6 陈：陈县，古地名，在今河南淮阳县。傅：靠近、贴近。7 穀城：古地名，在今山东东阿县东南。8 彭相国：即彭越，因其曾任魏豹相国，故名。9 寿春：古地名，在今安徽寿县。城父：古地名，在今安徽亳州市东南。垓下：古地名，在今安徽固镇县东北沱河南岸。
10 舒：古地名，在今安徽舒城县。六：六县，今安徽六安市。

译文

汉王五年，汉王于是追击项羽到阳夏南面，军队停止前行，和淮阴侯韩信、建成侯彭越约期相会联合攻击楚军。汉军到达固陵，而韩信、彭越的军队没有前来会合。楚军攻击汉军，大败汉军。汉王又再度逃回营垒，深挖壕沟而自行坚守。汉王对张良说：“诸侯们不遵守盟约，这该怎么办？”张良回答说：“楚军将要被消灭，韩信和彭越却还没有得到分封的地盘，他们不来也是本当如此。君王您假若能和他们共分天下，现在就可以马上招徕他们。如果不能，天下的事势也就难预料了。君王假若能把从陈县以东靠近海滨一带的土地，全部封给韩信；从睢阳以北到穀城的土地，划给彭越：使他们各自对楚军作战，那么楚国就很容易被打败了。”汉王说：“很好。”于是就发遣使者通报韩信和彭越说：“要合力攻打楚国。楚国被消灭以后，从陈县以东至海滨一带的土地给予齐王，从睢阳以北到穀城的土地给予彭相国。”使者到达后，韩信和彭越都回报说：“请求现在就进兵攻打楚军。”于是韩信从齐地前往，刘贾的军队从寿春也一同进兵，屠戮了城父，到达了垓下。大司马周殷反叛楚国，从舒城起兵屠戮了六地，发动九江王国的全部军队，随从刘贾、彭越都到垓下会合，进逼项王。

项王军壁垓下，兵少食尽，汉军及诸侯兵围之数重。夜闻汉军四面皆楚歌，项王乃大惊曰：“汉皆已得楚乎？是何楚人之多也！”项王则夜起，饮帐中。有美人名虞，常幸从[1]；骏马名骓[2]，常骑之。于是项王乃悲歌慷慨，自为诗曰：“力拔山兮气盖世，时不利兮骓不逝。骓不逝兮可奈何，虞兮虞兮柰若何！”歌数阕，美人和之。[3]项王泣数行下，左右皆泣，莫能仰视。

注释

1 幸从：因宠幸而跟随。2 骓（zhuī）：苍白杂毛马。3 阕（què）：一个曲子演奏终了为一阕。和之：据《楚汉春秋》，虞姬所和之诗是：“汉兵已略地，四方楚歌声。大王意气尽，贱妾何聊生。”

译文

项王在垓下筑壁垒驻扎军队，士兵少且军粮已尽，汉军和诸侯的军队把他们包围了好几重。夜晚听到汉军营中四面皆唱楚地的民歌，项王于是非常惊奇地说：“汉军难道把楚国都占领了？为何楚国人有这么多呢！”项王就在夜中起来，在帐中饮酒。有一位名叫虞姬的美人，经常得到项王的宠幸而随从项王；项王有一匹名叫骓的骏马，经常骑着它征战。因此项王就慷慨悲歌，自己作诗说：“力拔山兮气盖世，时不利兮骓不逝。骓不逝兮可奈何，虞兮虞兮奈若何！”项王唱了好几遍，美人作诗应和。项王哭泣，流下一行行热泪，左右人都跟着哭泣，没有人能忍心抬头仰视项王。

于是项王乃上马骑，麾下壮士骑从者八百余人，直夜溃围南出，驰走。[1]平明，汉军乃觉之，令骑将灌婴以五千骑追之。项王渡淮，骑能属[2]者百余人耳。项王至阴陵，迷失道，问一田父，田父绐曰“左”。[3]左，乃陷大泽中。以故汉追及之。项王乃复引兵而东，至东城[4]，乃有二十八骑。汉骑追者数千人。项王自度不得脱。谓其骑曰：“吾起兵至今八岁矣，身七十余战，所当者破，所击者服，未尝败北，遂霸有天下。然今卒困于此，此天之亡我，非战之罪也。今日固决死，愿为诸君快战，必三胜之，为诸君溃围，斩将，刈[5]旗，令诸君知天亡我，非战之罪也。”乃分其骑以为四队，四向。汉军围之数重。项王谓其骑曰：“吾为

公取彼一将。”令四面骑驰下，期山东[6]为三处。于是项王大呼驰下，汉军皆披靡[7]，遂斩汉一将。是时，赤泉侯为骑将，追项王，项王瞋目而叱之，赤泉侯人马俱惊，辟易数里。[8]与其骑会为三处。汉军不知项王所在，乃分军为三，复围之。项王乃驰，复斩汉一都尉[9]，杀数十百人，复聚其骑，亡其两骑耳。乃谓其骑曰：“何如?”骑皆伏曰：“如大王言。”

注释

1 骑（jì）：一人一马之合称。《史记正义》：“凡单乘曰骑。后同。”麾下：部下。麾，将帅的大旗，亦作“戏”。直：通“值”，当，趁。2 属：连接，此指跟随。3 阴陵：古地名，在今安徽定远县西北。绐（dài）：欺骗。4 东城：古地名，在今安徽定远县东南。5 刈（yì）：砍倒。6 山东：此指当地一座山的东边。7 披靡：本指草木随风偃倒，此指军队溃败。8 赤泉侯：即杨喜，原为刘邦手下郎中骑将，后封为赤泉侯。辟易：惊退的样子。9 都尉：低于校尉的统兵武职。

译文

于是项王就跨上战马，八百多名壮士组成的骑兵队跟随着他，趁着夜色向南突出重围，急驰逃走。天快亮的时候，汉军才发觉，汉王命令骑兵将领灌婴率领五千骑兵追击他们。项王渡过淮河，能够跟得上的骑兵只有百余人了。项王到达阴陵，迷失了道路，问一位田间老翁，这个老翁骗他说“向左”。项王向左，于是陷入大沼泽地中。由于这个缘故汉军追上了他。项王就又率军向东，到达东城，身边仅有二十八个骑兵。汉军追击的骑兵有几千人。项王自己估计不能摆脱困境。项王对他身边的骑兵说：“我自起兵到现在已经有八年了，亲身经历过七十多次战斗，所阻挡的军队都被我攻破，我所进攻的敌人都被我征服，未曾打过败仗，于是就称霸而拥有天下。可是如今我却被困在这里，这是上天要灭亡我，不是我作战的过失造成的。如今固然非决战而死不可，我希望为各位痛快决战，一定要连胜汉军三次，让诸位能够突出重围，斩杀敌将，砍断汉军的军旗，好让各位知道是上天要灭亡我，不是我作战的过失造成的。”于是项王把他的骑兵划分成四队，分别向四个方面突围。汉军把他们包围了好几层。项王对他的骑兵说：“我为你取汉军一将。”他命令骑士向四方奔驰而下，约定冲到山的东边分三个地点会合。于是项王大声呼喊着奔驰而下，汉军都被杀得散乱后退，就斩杀了一员汉军将领。这个时候，赤泉侯杨喜为骑兵将领，追击项王，项王瞪着眼睛向他怒吼，赤泉侯连人带马都受了惊吓，倒退了好几里。项王就和他的骑士会聚成三处。汉军不知项王所在之处，于是就兵分三路，重新包围了楚军。项王就奔驰在汉军中，又斩杀了汉军的一名都尉，杀死了几十近百名汉军士卒，又重新聚集起他的骑士，仅损失了两名骑兵。于是项王对他的骑士们说："你们看怎么样？"骑士们都敬服地说："果真像大王说的那样。"

于是项王乃欲东渡乌江[1]。乌江亭长舣[2]船待，谓项王曰："江东虽小，地方千里，众数十万人，亦足王也。愿大王急渡。今独臣有船，汉军至，无以渡。"项王笑曰："天之亡我，我何渡为！且籍与江东子弟八千人渡江而西，今无一人还，纵江东父兄怜而王我[3]，我何面目见之？纵彼不言，籍独不愧于心乎？"乃谓亭长曰："吾知公长者。吾骑此马五岁，所当[4]无敌，尝一日行千里，不忍杀之，以赐公。"乃令骑皆下马步行，持短兵接战。独籍所杀汉军数百人。项王身亦被十余创[5]。顾见汉骑司马吕马童[6]，曰："若非吾故人乎？"马童面之，指王翳曰："此项王也。"[7]项王乃曰："吾闻汉购我头千金，邑万户，吾为若德。"乃自刎而死。王翳取其头，余骑相蹂践争项王，相杀者数十人。最其后，郎中[8]骑杨喜，骑司马吕马童，郎中吕胜、杨武各得其一体。五人共会其体，皆是。[9]故分其地为五：封吕马童为中水侯，封王翳为杜衍侯，封杨喜为赤泉侯，封杨武为吴防侯，封吕胜为涅阳侯。[10]

注释

1 乌江：指乌江浦，渡口名，在今安徽和县东北四十里长江西岸。2 亭长：秦汉时乡以下的一种行政机构，十里为一亭，设亭长一人。舣（yǐ）：停船靠岸。3 纵：即使。怜：爱护，爱惜。4 当：同"挡"，抵挡。5 被：受到。创：创伤。6 顾：回头。骑司马：官名，骑兵将领。或云"骑兵中主管法纪"。7 面：通"偭（miǎn）"，背，此指背向。《史记集解》引张晏曰："以故人故，难视斫之，故背之。"如淳曰："面，不正视也。"指：指给。8 郎中：官名，掌执戟殿下，宿卫宫禁。9 五人共会其体，皆是：将五人所得合并在一起，确为项羽之尸。10 中水侯：封爵名，食邑中水，在今河北献县西北。杜衍侯：封爵名，食邑杜衍，在今河南南阳市西南。赤泉侯：封爵名，食邑赤泉，在今河南淅川县西南，或说在河南鲁山县。吴防侯：封爵名，食邑吴防，在今河南遂平县。涅阳侯：封爵名，食邑涅阳，在今河南镇平县南。

译文

于是项王就想要向东渡过乌江。乌江亭长把船划靠到岸边等候项王，对项王说："江东地区虽然小，土地纵横有千里，民众有几十万，也够得上成为一个王国了。希望大王能够立即渡江。现在只有我有渡船，汉军到达，没有船可以渡过去。"项王大笑说道："是上天要使我灭亡，我为什么还要渡江呢！并且我项籍曾和江东八千名子弟兵渡江向西，如今没有一人能够回还，纵然江东父兄可怜我而拥立我为王，我又有什么脸面去见他们？纵使他们不说什么，难道我项籍心中不惭愧吗？"于是对亭长说："我知道您是一位长者。我骑着这匹马有五年了，所向无敌，曾经一日驰行千里，我不忍心杀掉它，就把它送给您吧。"于是命令骑士全都下马步行，手持短小的兵器和汉军交战。光是项籍一个人杀死的汉军士卒就有几百人。项王身上也受了十几处创伤。他回头看见汉军骑兵中的司马吕马童，说："你不是我的老相识吗？"吕马童背对着他，指给王翳说："这个人就是项王。"项王就说："我听说汉王为购求我的人头而出资千金，悬赏封万户侯，我把这个好处恩施给你吧。"于是项羽就自刎而死。王翳割取了项羽的头，其余的汉军骑士相互蹂躏践踏争夺项王的尸身，自相残杀的有几十人。最终的结果是，郎中骑杨喜，骑司马吕马童，郎中吕胜、杨武各自夺得项王的一部分尸身。五个人把所得的尸身合并一处，正好是项羽的全身。因此把悬赏的封地划分为五份：封吕马童为中水侯，封王翳为杜衍侯，封杨喜为赤泉侯，封杨武为吴防侯，封吕胜为涅阳侯。

项王已死，楚地皆降汉，独鲁不下。汉乃引天下兵欲屠之，为其守礼义，为主死节，乃持项王头视鲁，鲁父兄乃降。[1]**始，楚怀王初封项籍为鲁公，及其死，鲁最后下，故以鲁公礼葬项王穀城。汉王为发哀，泣之而去。**

诸项氏枝属[2]**，汉王皆不诛。乃封项伯为射阳侯**[3]**。桃侯、平皋侯、玄武侯皆项氏，赐姓刘氏。**[4]

注释

1 死节：愿守节义而死。视：通"示"，让……看。2 枝属：宗族。3 射阳侯：封爵名，食邑射阳，在今江苏宝应县射阳湖镇。4 桃侯：封爵名，食邑桃，在今山东汶上县东北。平皋侯：封爵名，食邑平皋，在今河南温县东。玄武侯：不详。

译文

项王死后，楚地全部归降汉王，只有鲁地不降。汉王于是率领天下的军队想要平灭鲁地，因为这个地区的人克守礼义，为君王誓死守节，于是就拿来项王的头让鲁地人审视，鲁地的百姓才投降汉王。当初，楚怀王初次封项籍为鲁公，等到他死后，鲁地又是最后投降，所以以鲁公的葬礼规格把项王埋葬在穀城。汉王为他发丧致哀，哭祭一通然后离去。

项氏宗族各支属的人，汉王都没有诛杀。于是封项伯为射阳侯。桃侯、平皋侯、玄武侯，都是项氏的族人，汉王赐他们姓刘。

太史公曰：吾闻之周生曰“舜目盖重瞳子”，又闻项羽亦重瞳子。[1] 羽岂其苗裔邪[2]？何兴之暴[3]也！夫秦失其政，陈涉首难，豪杰蜂起，相与并争，不可胜数。然羽非有尺寸，乘埶起陇亩之中，三年，遂将五诸侯灭秦，[4] 分裂天下，而封王侯，政由羽出，号为“霸王”，位虽不终，近古以来未尝有也。及羽背关怀楚[5]，放逐义帝而自立，怨王侯叛己，难矣。自矜功伐，奋其私智而不师古，谓霸王之业，欲以力征经营天下，五年卒亡其国，身死东城，尚不觉寤而不自责，过矣[6]。乃引“天亡我，非用兵之罪也”，岂不谬哉！

注释

1 周生：《史记正义》引孔文祥云：“周生，汉时儒者，姓周也。”重（chóng）瞳子：眼睛里有两个瞳孔。2 苗裔：后代。邪：表疑问语气。3 暴：突然。4 尺寸：形容数量小。埶：同“势”。五诸侯：《史记集解》云：“此时山东六国，而齐、赵、韩、魏、燕五国并起，从伐秦，故云五诸侯。”5 背关怀楚：《史记正义》引颜师古云：“背关，背约不王高祖于关中。怀楚，谓思东归而都彭城。”6 矜：夸耀。伐：功劳。寤：通“悟”。过：错。

译文

太史公说：我从周生那里听说“舜的眼睛是重瞳子”，又听说项羽也是重瞳子。难道项羽是舜的后代吗？不然为什么发迹得这样突然呢！秦朝失却了能治国的政道，陈涉首先发难，豪杰们蜂拥而起，相互之间争夺天下，数也数不清。但是项羽没有一点儿的封地，乘势兴起于田间陇亩中，经过三年的时间，结果就率领五路诸侯的军队灭亡了秦朝，分割天下，而封王封侯，一切大政由项羽制定，号称为“霸王”，他的职位虽然没有善终，但从近古以来也是未曾有过的。等到项羽离开关中而怀思楚地，放逐义帝而自立为王，又怨恨王侯们背叛自己，这样想成就大事就难了。他自夸功劳大，竭力施展个人的智巧而不师法古人，认为霸王的功业，要靠武力征服来治理天下，五年后最终使他的国家灭亡了，身死东城，仍然不能觉悟不能自责，这实在是极大的失误。他却用“上天要灭亡我，不是我用兵的过失造成的”作为借口，难道这不是非常荒谬吗？

史记
书

《史记》有八书。《太史公自序》说："礼乐损益，律历改易，兵权山川鬼神，天人之际，承敝通变，作八书。""书"是文化史、典章制度史。八书大体可分为政治（礼、乐、律、封禅）、自然科学（历、天官）、经济（河渠、平准）三类。除了历史变化的观点之外，司马迁强调"天人之际"，关注这些文化典制的思想价值；强调"承敝通变"，关注政治上适时变革的重要意义。故其中天官、封禅、平准三书显得特别重要，为历代学者所重视，尤其是《平准书》。"书"残缺较为严重，《史记》十篇"有录无书"，它占了三篇，故难以见司马迁思想的全貌。后来《汉书》则改"书"为"志"，将《礼》《乐》二书并为《礼乐志》，《律》《历》二书并为《律历志》，《天官书》改称《天文志》，《封禅书》改称《郊祀志》，《河渠书》改称《沟洫志》，《平准书》改称《食货志》，并增加了相关的内容。班固还增设了《刑法》《地理》《五行》《艺文》四志，《刑法》记法律，《地理》记区划，《五行》记灾异，《艺文》记图书，这比《史记》的记载更丰富、全面，也反映了东汉时期统治手段更加严密，典章制度更加完善，这是司马迁所处时代难以表现的。"书"是司马迁所创设的重要史书体裁，后来发展为一种专门的"书志体"史家著述体例。

平准书

导读

《平准书》主要是司马迁记述汉武帝时期的政治、经济、军事、社会状况并对之加以评议的一个总纲。本篇将其时的重大事件及主要的政治人物都纳入画谱，并发挥了司马迁最精湛的通变思想及其寓论断于序事的表述能力，是《史记》中重要的精彩篇章。

文篇首先记述了汉初承敝通变的诸多措施，如抑制商人、更铸货币、入粟充边、修卖爵令等，由此逐渐积蓄了巨大的财富，促成了国力由破败到强盛的转变，使汉武帝得以凭借这样的条件多所作为，进而又出现了“物盛而衰”的转变，以致相继造成了许多严重的社会政治问题。

汉武帝利用汉兴以来蓄积的国力，开始集中力量征伐四夷，并相应地采取兴修水利、赈济贫民等措施，于是“大农陈藏钱经耗”。为解决财政困难，朝廷实行以货币改革为中心的许多财政、税收、经营管理等方面的改革措施，到最后将一切经济权力集中到中央政府，如卖官卖爵、更钱铸币、盐铁专卖、均输平准等，在造成了巨大的物力人力损失的基础上，加强了朝廷的专制垄断地位。

经济问题是一切社会生活的杠杆。解决财政问题成为处理当时政治、职官、法律、道德教化问题的轴心。政治上东郭咸阳、孔仅，尤其是桑弘羊，因为支持汉武帝的雄心壮志而出谋划策，地位节节上升，而大农颜异因持不同意见则以“腹诽”之罪被诛；职官、选举制度衰废，买爵者、商人、盐铁家参政了，旧官吏却被罚去参加伐木劳动；法制上运用儒学和酷吏张汤、减宣、杜周、义纵、尹齐、王温舒等，来集中打击地方豪强，镇压反对派，且曾一次夺去106人的封侯爵位；社会道德败坏，犯罪的人数日益增加。汉武帝想树立公孙弘、卜式两个榜样，均无济于事，贤良文学之士也只“骛于功利”。一句话，这都是在揭露一切的措施均是服从汉武帝的雄心，整个社会都为贯彻帝王的个人意志在忙碌、转动。人们必须兢兢业业，谨慎小心。

文篇集中表述汉武帝的诸所兴作都是与民争利。汉武帝想干什么，富商大贾不支持，不把钱拿出来，还囤积居奇进行捣乱，国家号召捐助，没有人响应，于是朝廷更钱造币、盐铁专卖、均输平准、算缗告缗，这些都是要从地方豪强、大商巨贾手中争夺财富，结果造成中家以上大体上都破产了，民风下降，得过且过，吃光用光，不思蓄积。国家财政问题解决了，诸侯王、豪富之族、商人、民众却贫困了，再没有心思去发展生产了，以致造成了严重的社会贫穷问题。

文章按时间顺序依次来写，穿插蔓衍，不留行迹。诸所作为都是官府如何说，天子如何说，引用的是政策条文，做出的结论是多方批判。当然司马迁也还是看到了它的最终效应，即是“用益饶矣”“民不益赋而天下用饶”“太仓、甘泉仓满”，桑弘羊也因此被赐爵左庶长，得到了“黄金再百斤”的赏赐。但文章中间说“张汤死而民不思”，作结时又意味深长地说“亨弘羊，天乃雨”，以此来暗示汉武帝的政策最终不符合天意民心。

论赞叙述了货币发展史，指出它是社会生产发展的结果；说明了财富的多少对国家的发展和国力的强盛的重要作用；论述了秦朝建立后不事发展生产，竭泽而渔地榨取所造成的后果；看到了秦朝的灭亡是历史事势发展的一种必然。因此与篇首相联系，正好提出了“承敝通变”的历史识见并说明了它的可贵价值，其所隐喻也是向汉朝提供借鉴，敲起警钟。

汉兴，接秦之弊，丈夫从军旅，老弱转粮饷，作业剧而财匮，自天子不能具钧驷，而将相或乘牛车，齐民无藏盖。[1] 于是为秦钱重难用，更令民铸钱，一黄金一斤，约法省禁。[2] 而不轨逐利之民，蓄积余业以稽市物，物踊腾粜，米至石万钱，马一匹则百金。[3]

注释

1 弊：凋敝、衰败。转：本特指用车运输，即陆运。此泛指运输。作业：兴办的工程事务。钧驷：同一种毛色的四匹马。钧，通“均”，纯一色。驷，四匹马，古代一车四马。齐民：平民。藏盖：积蓄，剩余。2 秦钱重：《史记索隐》：“顾氏案：《古今注》云‘秦钱半两，径一寸二分，重十二铢’。”《史记新证》陈直按：“西汉产铜之地，首在丹阳，次在蜀郡严道。高惠时丹阳铜矿，掌在吴王濞之手中，因铜量不丰，不得不改铸荚钱，乃诡云秦钱重难用也。”一黄金一斤：秦时以一镒（二十四两）为一金，汉改以一斤（十六两）。约法省禁：简约法令，减省禁律。3 不轨：不遵守法度。余业：富厚之家业、钱财。稽：囤积。物踊腾粜：物价上涨迅速卖出。踊，上涨。腾，迅疾。粜，卖出粮食。石（dàn，旧读 shí）：重量单位，一百二十斤为一石；或容量单位，十斗为一石。

译文

汉朝兴起，承接秦朝衰敝的局面，成年男子参军打仗，老弱也被征去转运粮饷，要干的事业繁多，但是财政匮乏，就连皇帝坐的车子也配不齐四匹相同颜色的马，有的将军、宰相还要乘坐牛拉的车，平民百姓都没有物品蓄积。当时因为秦朝铸的钱币重，流通使用比较困难，就改令百姓新铸榆荚钱，又规定一方寸黄金的重量为一斤，简约法律，减省禁令。但是那些不守法度、追逐财利的人，就趁机积累资金，囤积货物，等待物价上涨时迅速卖出，以致一石米达到一万钱，一匹马则高于一百金。

天下已平，高祖乃令贾人[1] 不得衣丝乘车，重租税以困辱之。孝惠、高后时，

为天下初定，复弛商贾之律，然市井[2]之子孙亦不得仕宦为吏。量吏禄，度官用，以赋于民。[3]而山川园池市井租税之入，自天子以至于封君汤沐邑，皆各为私奉养焉，不领于天下之经费。[4]漕转山东粟，以给中都官，岁不过数十万石。[5]

注释

1 贾（gǔ）人：商人。2 市井：本指交易场所，此指商人。3 量吏禄：重新核定官吏之俸禄。度（duó）官用：计算朝廷费用。以赋于民：根据上述情况向民征税。4 山川园池市井租税之入：指利用山川园池进行生产的收入和收入的市场贸易租税。封君：享有封邑的人，一般为诸侯王、列侯、公主等人。汤沐邑：汉代在京城附近的封邑称汤沐邑，一般为太后、皇后、公主、外戚所享有。私奉养：私人之生活费用。领：入。天下：此指国家、朝廷。经：常。颜师古曰："言各收其所赋税以自供，不入国朝之仓廪府库也。经，常也。"5 漕：船运，水运。山东：崤山以东地区。给（jǐ）：供给。中都官：京城各官府。

译文

天下平定以后，高祖就下令商人不允许穿丝织的衣服和不准乘车，并加重他们的租税以困辱他们。孝惠帝、高后执政的时候，因为天下刚刚安定，重新放松了抑制商人的条令，但是商人的子孙仍然不准做官为吏。重新核定官吏的俸禄，估计官府的费用，来向百姓征收赋税。山川、园池、街市上租税的收入，从天子到大小封君汤沐邑地区内的，都分别作为他们的生活费用，他们不再向国家支取经费。水陆转运崤山以东的粮食，用来供给京师官府使用，每年不过几十万石。

至孝文时，荚钱益多，轻，乃更铸四铢钱，其文为"半两"，令民纵得自铸钱。[1]故吴，诸侯也，以即山铸钱，富埒天子，其后卒以叛逆。[2]邓通[3]，大夫也，以铸钱，财过王者。故吴、邓氏钱布天下，而铸钱之禁[4]生焉。

注释

1 荚钱：汉代民间所铸的一种轻而薄的钱币，因如榆荚，故名。文：钱上所铸文字。纵得：随便可以。《史记新证》陈直按："甘肃陇西县于1952年，发现汉墓中有铜钫及半两钱石范，盖当时人民自铸之钱范。"2 吴：西汉初分封的诸侯王国，其王刘濞。即：就，靠近。埒（liè）：相等。卒：终于。3 邓通：西汉人，在任掌管船舶行驶的黄头郎时，与文帝梦中人相符而被宠幸，官至上大夫，许其自铸钱。4 铸钱之禁：指禁止私人铸钱的法令。

译文

到孝文帝时，榆荚钱越来越多了，但是分量很轻，就改铸四铢钱，钱面上标着“半两”的字样，让百姓可以自己随便造钱。因此，吴王虽然只是一个诸侯，因为靠近铜山而采矿铸钱，富得可以和皇帝相比，以致后来造反了。邓通，是一个大夫，也靠铸铜钱发财，富得超过诸侯王。所以当时吴国、邓通铸的钱几乎遍及全国，于是朝廷禁止私人铸钱的法令就产生了。

匈奴数侵盗北边，屯戍者多，边粟不足给食当食者。[1]于是募民能输及转粟于边者拜爵，爵得至大庶长[2]。

孝景时，上郡以西旱，亦复修卖爵令，而贱其价以招民；及徒复作得输粟县官以除罪[3]。益造苑马以广用，而宫室列观舆马益增修矣。[4]

注释

1 北边：北部边境。给食（sì）：供养。食，通“饲”。当食者：此指屯戍的士卒。2 大庶长：汉代爵位名，共二十等，此为十八等。3 徒复作：对判刑之人，因遇赦令而免除其罪犯身份，但仍令在官府服役之人。《史记新证》陈直按：“复作之名，男女兼称。”县官：朝廷。4 造苑马：造苑养马。广用：扩大用度。列观：各种宫殿台观。舆：车。增修：得以增加和修建。

译文

匈奴多次侵犯掠夺北部边境地区，汉朝驻扎在边境的士兵非常多，边境的粮食供应不足。于是，朝廷招募百姓向边境驻军运输粮食，运送了粮食的人可以得到爵位，最高的可以得到大庶长爵位。

孝景皇帝在位的时候，上郡以西的地区发生干旱，又重新修订了卖爵位的法令，并且降低爵位价格用来吸引人们购买；判了劳改的犯人可以通过向朝廷交纳粮谷赎罪。又增加修建牧场养马以便增加军国用度，同时，殿屋居室各种宫观建筑以及马拉的车舆等修造得也越来越多了。

至今上即位数岁，汉兴七十余年之间，国家无事，非遇水旱之灾，民则人给家足，都鄙廪庾皆满，而府库余货财。[1]京师之钱累巨万，贯朽而不可校。[2]太仓

之粟陈陈相因[3]，充溢露积于外，至腐败不可食。众庶街巷有马，阡陌之间成群，而乘字牝者傧而不得聚会。[4]守闾阎者食粱肉，为吏者长子孙，居官者以为姓号。[5]故人人自爱而重犯法，先行义而后绌耻辱焉[6]。当此之时，网疏而民富，役财骄溢，或至兼并豪党之徒，以武断于乡曲。[7]宗室有土公卿大夫以下，争于奢侈，室庐舆服僭于上，无限度。[8]物盛而衰，固其变也。

注释

1 都鄙：京城和边邑。鄙，边远的地方。廪庾（lǐn yǔ）：泛指各种粮食仓库。廪，米仓。庾，露天之谷仓。府：古时国家收藏文书或财物的地方。2 巨万：《史记集解》引韦昭曰："巨万，今万万。"贯：穿钱的绳索。3 太仓：朝廷设在京师的粮仓。陈陈相因：陈粮覆盖着陈粮，层层积累。4 众庶：庶民，百姓。阡陌（qiān mò）：本指田间小路，南北方向者为阡，东西方向者为陌。此泛指田野。字牝（pìn）：雌畜、母马。字，生育，养育。牝，雌，和"牡"相对应。傧：通"摈"，排斥。5 闾阎：里巷之门。粱：细粮，精美的饭食。为吏者长子孙：《史记集解》引如淳曰："时无事，吏不数转，至于子孙长大而不转职任。"《史记新证》陈直按："高惠时任职最久者，有滕公官太仆三十五年，武帝时有郭广意官光禄大夫至六十一年之久。"居官者以为姓号：《史记集解》引如淳曰："仓氏，庾氏是也。"6 先行义：提倡（首务）言行正义之事。绌：贬斥，鄙视。7 网疏：法网宽疏。役财骄溢：凭仗财富而更加骄横放纵。豪党：植党成帮，把持地方的豪族。武断于乡曲：《史记索隐》："谓乡曲豪富无官位，而以威势主断曲直，故曰武断也。"乡曲，乡里。8 宗室：与皇帝同宗的贵族。有土：有封邑的列侯。舆服：车辆服饰。僭（jiàn）：超越本分。

译文

当今皇上即位数年后，汉朝建国已有七十多年，国家没有战争太平无事，没有遇上水旱灾害，百姓就人人自给，家家富足，国都和边镇的粮仓都装满了粮食，国库也剩余大量钱财。京城国库的钱积累上亿，穿钱的绳子都腐烂了使钱多得没法计数。国家粮仓的谷物年年堆积，粮库堆满以后又装不下，只得在外边露天堆积，以致腐烂不能吃了。普通百姓家大街小巷都养有马，田野中间牛马成群，有人骑母马做客就会被排斥，不能参加聚会。守大门的人都吃细粮肉食，做官吏的，儿子孙子都长大了还在继续做原官，有的官吏就用官名作为自己的姓氏或称号了。因此，人人都自爱而不轻易触犯法律，人人都讲道义做好事而鄙视去干那些耻辱的勾当。在这个时期，法网宽疏而百姓富有，有的倚仗钱财而更加骄横放纵，有的豪强恶霸甚至兼并土地，倚仗势力在乡里独断专行。从皇帝宗亲到有封地的诸侯和公卿大夫以下，争着比奢侈，房室、车马、衣服的享受规格都超越本分，没有限度。事物达到鼎盛就会衰败，这是必然的规律呀。

自是之后，严助、朱买臣等招来东瓯，事两越，江淮之间萧然烦费矣。[1]唐蒙、司马相如开路西南夷，凿山通道千余里，以广巴蜀，巴蜀之民罢焉。[2]彭吴贾灭朝鲜，置沧海之郡，则燕齐之间靡然发动。[3]及王恢设谋马邑，匈奴绝和亲，侵扰北边，兵连而不解，天下苦其劳，而干戈日滋。[4]行者赍，居者送，中外骚扰而相奉，百姓抏弊以巧法，财赂衰耗而不赡。[5]入物者补官，出货者除罪，选举陵迟，廉耻相冒，武力进用，法严令具。[6]兴利之臣[7]自此始也。

注释

1 严助：本名庄助，汉武帝时宠臣。朱买臣：汉武帝侍从宠臣。东瓯：越族之一支，因都东瓯（今浙江温州市）故名。两越：即南越和闽越。萧然：骚动不安的样子。2 唐蒙：西汉大臣，曾为番阳令，武帝派他以中郎将出使夜郎。司马相如：西汉著名辞赋家，武帝曾派他出使西南夷。罢：通“疲”。3 彭吴贾灭朝鲜：《史记索隐》载，彭吴是人的姓名，“彭吴始开其道而灭之也”。其人生平不详。据前人考证“贾”为“穿”之误，即“通”之意。“灭”字繁体为“滅”，乃为“穢（秽）”字之误。“秽”即“秽貊”，活动于今辽宁省东部及朝鲜半岛一部族。沧海之郡：公元前109年汉武帝派兵灭朝鲜，并于此置沧海郡。靡然发动：像风靡一样受到震动骚扰。4 王恢：西汉大臣，汉武帝时为大行，曾设谋伏兵马邑击匈奴，谋泄而被杀。马邑：古地名，今山西朔州市。干戈：战争。干，盾。戈，戟。5 行者：此指从军出行的人。赍：携带。奉：奉养，供应。抏（wán）弊：疲弊穷困。《史记索隐》：“抏者，秏也，消耗之名。言百姓贫弊，故行巧抵之法也。”赡：足。6 选举：选拔任用官吏的制度。陵迟：衰败。廉耻相冒：廉耻不分。冒，顶替，冒充。7 兴利之臣：想方设法与民争利，好大喜功之臣。《史记集解》引韦昭曰：“桑弘羊、孔仅之属。”

译文

从这以后，严助、朱买臣等人招抚东瓯，发动会稽的军队向南越和闽越进军，江、淮一带动荡不安，大受损耗。唐蒙、司马相如开拓西南夷，凿山通道一千多里，用来扩展巴、蜀的疆域，巴、蜀地区的百姓因而疲惫不堪。彭吴开道进入秽貊、朝鲜，设置了沧海郡，燕齐一带因而纷扰不断。到王恢设计在马邑谋取单于，匈奴拒绝和亲，侵犯扰乱北部边境，兵事连续没有和解，普天下百姓对繁重的劳役感到痛苦，但是战争却在一天天扩大。行军出征的人带着干粮，后方居住的人还要负责继续运送，中原内外骚动而不断供应军需，百姓疲弊穷困，就弄虚作假进行逃避，国家的财货愈加缺乏。这样，朝廷便实行捐献物资的就可以充补官额，能出钱的就可以免除刑罪，选拔用人的制度逐渐名存实亡了，无耻的人冒充廉正，强暴的人被举荐任用，法条严苛，律令完备。一批专门为国家开辟财路的人开始出现了。

其后，汉将岁以数万骑出击胡，及车骑将军卫青取匈奴河南地，筑朔方。[1]当是时，汉通西南夷道，作者数万人，千里负担馈粮，率十余钟致一石，散币于邛僰以集之。[2]数岁道不通，蛮夷因以数攻，吏发兵诛之。悉巴蜀租赋不足以更之，乃募豪民田南夷，入粟县官，而内受钱于都内。[3]东至沧海之郡，人徒之费拟[4]于南夷。又兴十万余人筑卫朔方，转漕甚辽远，自山东咸被[5]其劳，费数十百巨万，府库益虚。乃募民能入奴婢得以终身复，为郎增秩，及入羊为郎，始于此。[6]

注释

1 车骑将军：将军名号，一般战时委任。卫青：西汉名将，汉武帝卫皇后弟。河南地：今内蒙境内黄河以南地区。朔方：郡名，治所朔方（今内蒙鄂尔多斯市杭锦旗北），辖境相当于今内蒙古河套西北部及后套地区。2 作者：参加服役之人。馈：运送。率：大约、大致。钟：古容量单位，六石四斗为一钟。致：送到。散币：散发财物。币，泛指用作礼物的玉、马、皮、帛、钱币等。邛（qióng）：我国古代西南部族名，活动于今四川邛崃市一带。僰（bó）：我国古代西南部族名，活动于今四川宜宾市一带。集：通“辑”，安定。3 悉：尽，全部。更：抵偿。田：种田。入粟县官：此指向相当于今四川境内各郡、县交纳粮食。都内：官职名。西汉大司农之属官有都内令、丞，主国家币帛财货。《史记新证》陈直按:《汉书·张安世传》云:“诏都内别藏张氏无名钱以百万数。”足证都内主藏钱货，颜说（《汉书注》）是也。又都内藏钱，亦见《王嘉传》。4 人徒之费：民众人事之费。拟：相当。5 被：遭受。6 入奴婢：捐献奴婢入官，即把奴婢交给国家服役。复：免除赋税徭役。为郎增秩：当了郎官的可以再升级。入羊为郎：民众捐献羊可以当郎官。如汉代的牧主卜式即如此。

译文

此后，汉朝将领每年率领几万骑兵出关打击匈奴，等到车骑将军卫青夺回被匈奴强占的河南地区，就在那里设置了朔方郡。正当这个时候，汉朝在开辟通往西南夷的道路，参加劳役的有几万人，从千里以外挑着担子去运送粮食，起运时约有六七十石，等运到就只剩一石，于是就花钱在邛僰一带收集粮食。经过许多年，往西南夷的道路还不通，蛮夷部族趁机屡次发动进攻，当地官府发兵诛杀他们。拿出全部巴蜀的租赋收入也不够用来抵偿这些费用，就招募强豪的百姓去南夷屯田耕种，收获的粮食交给当地官府，而在内地向京都内府支取粮款。又向东开辟通往沧海郡的道路，人工徒奴的劳务费用和开拓南夷差不多。又发动十万多人修筑城池保卫朔方郡，车运水运十分遥远，从崤山以东都蒙受这种劳苦，耗费几十亿上百亿巨资，国库越来越空虚了。于是，招募百姓凡能向国家交奴婢的可以终身免除赋税徭役，做郎官的人交奴婢可以提高品级，向朝廷交羊可以做郎官，就是从这时候开始的。

其后四年，而汉遣大将将六将军、军十余万击右贤王，获首虏万五千级。[1]明年，大将军将六将军仍再出击胡，得首虏万九千级。捕斩首虏之士受赐黄金二十余万斤，虏数万人皆得厚赏，衣食仰给县官；[2]而汉军之士马死者十余万，兵甲之财转漕之费不与焉[3]。于是大农陈藏钱经秏，赋税既竭，犹不足以奉战士。[4]有司言："天子曰'朕闻五帝之教不相复而治，禹汤之法不同道而王，所由殊路，而建德一也。北边未安，朕甚悼之。日者，大将军攻匈奴，斩首虏万九千级，留蹛无所食。[5]议令民得买爵及赎禁锢免减罪[6]'。请置赏官，命曰武功爵，级十七万，凡直三十余万金。[7]诸买武功爵官首者试补吏，先除；[8]千夫如五大夫[9]；其有罪又减二等；爵得至乐卿[10]：以显军功。"军功多用越等，大者封侯卿大夫，小者郎吏。[11]吏道杂而多端，则官职秏废。[12]

注释

1 大将：此指卫青。"大将"即"大将军"，遇战时临时委任的高级军事统帅。首虏：斩敌人的首级和俘虏。2 虏：即指匈奴俘虏。仰给县官：依靠朝廷供给。3 兵甲：兵器、盔甲。不与（yù）焉：不计算在此之内。与，参加，计算。4 大农：即大司农，官名，汉九卿之一，掌管国家财政收支。秏：同"耗"，消耗。奉：供给。5 日者：过去，从前。留蹛：囤积。6 赎禁锢免减罪：换取免除禁锢、免罪、减罪。7"命曰武功爵"三句：据《史记集解》引《茂陵中书》云，武功爵分十一级，分别为造士、闲舆卫、良士、元戎士、官首、秉铎、千夫、乐卿、执戎、左庶长、军卫。每级卖十七万，共值三十余万金。此计算有误。《史记索隐》云："一金，万钱也。"直，价值。8 官首：武功爵之第五级。除：任命、授职。9 千夫如五大夫：武功爵中之第七级等同于汉旧二十爵位中第九级之五大夫。10 爵得至乐卿：买爵最高只能买到第八级乐卿这一级。11 越等：跳级，越级提拔。郎吏：泛指低级官员。12 吏道：当官的途径。官职：官吏之职守。秏废：荒废，失去作用。

译文

又过了四年，汉朝派大将军卫青率领六位将军、军卒十多万人，攻击匈奴右贤王，斩获敌人一万五千多。第二年，大将军卫青统领六位将军再次出关攻击匈奴，斩获敌人一万九千多。捕获俘虏和斩杀敌首的士兵受到赏赐的黄金共有二十多万斤，俘虏的几万人也都得到优厚的赏赐，他们的衣食全靠国家供给；但是汉朝军队的战士、马匹死亡的有十多万，兵器、盔甲的费用和车转水运的耗费还不算在内。于是，大司农报告，国库里存的钱已经用完了，赋税收入已经用光了，还不够用来供应战士的需要。主管官员建议说："天子说'我听说五帝的教化不互相重复但是天下也都治理得很好，大禹、商汤的治国方法不同，却都能在天下称王，他们选择的路子不同，但是都建立了伟大的功业。北方边境没有安宁，我对此很忧心。以前，大将军攻打匈奴，斩获敌人一万九千，富人囤积谷物，穷人没有粮食吃。提议让百姓出粮买爵位和花钱赎禁锢、免罪、减罪'。请允许设置一种赏官，称作'武功爵'，每级卖十七万，总共价值三十多万金。那些买武功爵第五级'官首'以上的，可以试用为候补官吏，优先授用；买第七级武功爵'千夫'的，相当于过去爵位制度的'五大夫'级别；他们有罪又可以减轻二等；爵位最高可买到'乐卿'：用这种方式来显扬从军立功的人。"实际上从军有功的人大多都是越级授予爵位，功大的封侯或是卿大夫，功小的也当了郎官或其他官吏。从此，做官的途径又多又杂，官吏的职守也日益丧失了。

自公孙弘以《春秋》之义绳臣下取汉相，张汤用峻文决理为廷尉，于是见知之法生，而废格沮诽穷治之狱用矣。[1]其明年，淮南、衡山、江都王谋反迹见，而公卿寻端治之，竟其党与，而坐死者数万人，长吏益惨急而法令明察。[2]

注释

1 公孙弘：西汉大臣，年四十乃学《春秋》杂说，熟习文法吏事，后为丞相，封平津侯。事详《平津侯列传》。绳：本为木工用墨线，引申为准则。此为要求、约束。张汤：西汉大臣，历任廷尉、御史大夫。事详《酷吏列传》。峻文：严峻的法律条文。决理：断狱，判案。廷尉：官职名，九卿之一，掌刑狱。见知：知情不举。《史记集解》："吏见知不举劾为故纵。"废格：阻止，搁置。《史记新证》陈直按：《盐铁论·刺复篇》亦云："而见知废格之法起。"废格即废阁之假借，谓搁置公文也。阁，通"搁"。沮（jǔ）诽：败坏、诽谤。穷治：追根到底，严厉制裁。2 淮南：即淮南王刘安。衡山：衡山王刘赐。江都王：即刘建。见：发现。端：理由、借口。竟：追究。党与（yǔ）：朋党。长吏：此指审理案件的官吏。

译文

自从公孙弘用《春秋》的义理约束臣僚下属取得丞相职位，张汤使用严峻的法律条文判决处理案件当了廷尉后，就产生了"知情不举报"的法律，因而依据搁置天子命令、沮败诽谤朝廷等的罪名而追根刨底审讯的案子就多起来了。第二年，淮南、衡山、江都王阴谋造反的事被发现，公卿们寻根究底审理此案，穷追其党羽，受牵连处死的有几万人，官吏执法办事更加严刻峻急，法令也就更加严密细琐了。

当是之时，招尊方正贤良文学[1]之士，或至公卿大夫。公孙弘以汉相，布被，食不重味，为天下先。[2]然无益于俗，稍骛[3]于功利矣。

其明年，骠骑[4]仍再出击胡，获首四万。其秋，浑邪王率数万之众来降，于是汉发车二万乘迎之。[5]既至，受赏，赐及有功之士。是岁费凡百余巨万。

注释

1 方正贤良文学：汉代选拔官吏的科目之一，亦称贤良文学、贤良方正，或统称贤良。2 布被：盖布被。重味：多样菜。先：表率。3 稍：逐渐。骛（wù）：追求。4 骠骑：指骠骑将军霍去病，西汉名将。骠骑将军，西汉将帅名号。5 浑邪（yé）王：当时匈奴主要的两个部落首领之一。乘（shèng）：一车四马为一乘。

译文

正当这个时候，朝廷又招揽尊崇方正、贤良、文学等士人，有的被任命为公卿大夫。公孙弘身为汉朝宰相，盖着粗布被子，只食用简单的菜肴，想成为天下人的表率。但是，对扭转奢侈的风俗并没有什么作用，反倒使社会上的人愈加追逐功利了。

第二年，骠骑将军霍去病又出塞抗击匈奴，斩杀敌人四万。这年秋天，浑邪王率领几万人来投降，于是汉朝出动二万辆车迎接他们。匈奴人来到首都长安以后，受到朝廷奖赏，还赏赐了骠骑将军部下有功的将士。这一年，耗资总共一百多亿。

初，先是往十余岁河决观，梁楚之地固已数困，而缘河之郡堤塞河，辄决坏，费不可胜计。[1]其后番系欲省底柱之漕，穿汾、河渠以为溉田，作者数万人；[2]郑当时为渭漕渠回远，凿直渠自长安至华阴，作者数万人；[3]朔方亦穿渠，作者数万人：各历二三期，功未就，费亦各巨万十数。[4]

注释

1 观：古地名，在今河南清丰县东南。一说“观”应断为下句，因黄河决口当时在瓠子口（今河南濮阳市西南）。“观”通“灌”，即“灌梁楚之地”。梁楚之地，即战国时魏、楚所在地区，主要指今河南省。缘：沿着。辄（zhé）：总是，常常。2 番（pó）系：人名，武帝时为河东郡太守。省：免去，免除。底柱：即底柱山，亦名三门山，因屹立于黄河急流之中，似柱子一般，故名。在今河南三门峡市北黄河中。汾：汾河，今山西境内。3 郑当时：武帝时大臣，曾为大司农。渭漕渠：渭水漕运的渠道。回远：曲折绕远。华阴：县名，在今陕西华阴市东、华山北。4 期（jī）：整年。巨万：万万，极言数目之多。

译文

早在十多年前，黄河在观县决口，梁楚一带地区本来就已经多次遭受灾害，沿河一带郡县修堤坝堵塞河水，修好后又总是被冲坏，所耗费的钱财没法计算。这以后，番系为避免三门山一带漕运出现危险，建议修通汾水和黄河的渠道，用来灌溉田地，动用了几万人；郑当时认为渭水船运水渠曲折绕远，建议开凿一条直渠从长安到华阴，又动用了几万人；朔方也修水渠，动用了几万人：各项工程用了两三年时间，还没完成，耗费极大。

天子为伐胡，盛养马，马之来食长安者数万匹，卒牵掌者[1]关中不足，乃调旁近郡。而胡降者皆衣食县官，县官不给，天子乃损膳，解乘舆驷，出御府禁藏

以赡之。[2]

其明年，山东被水灾，民多饥乏，于是天子遣使者虚郡国仓廥以振贫民[3]。犹不足，又募豪富人相贷假[4]。尚不能相救，乃徙贫民于关以西，及充朔方以南新秦中[5]，七十余万口，衣食皆仰给县官。数岁，假予产业，使者分部护之，冠盖相望。[6]其费以亿[7]计，不可胜数。

注释

1 牵掌者：马夫。2 损膳：减少饭食。乘舆：皇帝所坐之车。驷：此指御马。御府禁藏：皇帝私人府库之蓄藏。《史记新证》陈直按："禁藏为少府之钱，见应劭《汉官仪》及《汉书·贾捐之传》，盖为帝王之私积。" 3 郡国：各郡和诸侯王国。廥（kuài）：粮仓。振："赈"的本字，救济。4 相贷假：指富者借贷给贫者。相，此指一方向另一方，无互相之义。假，借。下同。5 关：函谷关。新秦中：地区名，秦汉人亦简称为"新秦"。因为秦蒙恬击匈奴所得之地，故名，今内蒙古河套地区。6 护：监领，管理。冠盖相望：指使者络绎不绝。冠，礼帽。盖，车盖。7 亿：古时以十万为一亿。此泛指甚多。

译文

天子为了讨伐匈奴，大力提倡养马，在长安一带养的马就有几万匹，最后，关中的马卒不够用，就征调附近郡县的百姓。同时，匈奴来投降的人都由政府供给衣食，政府供应不上，天子就减少膳食费用，减少御用的车马，拿出皇宫的储蓄用来供养他们。

第二年，崤山以东地区遭受水灾，百姓贫困挨饿，于是天子派遣使者，尽取郡国仓库的粮食来赈济百姓。结果还不够用，又征募豪门富户人家的粮食借给灾民。还是不能解救水灾饥民，于是又迁移灾民到函谷关以西去居住，或者充实到朔方以南的新秦中地区，迁移的有七十多万人口，他们的衣服食物都靠政府供给。在头几年里，政府借给他们生产工具和土地耕种，派出使者分区编组管理他们，官吏一批接着一批往来不断。所耗费的钱财上亿，根本无法计算。

于是县官大空，而富商大贾或蹛财役贫，转毂百数，废居居邑，封君皆低首仰给。[1]冶铸煮盐，财或累万金，而不佐国家之急，黎民重困。于是天子与公卿议，更钱造币以赡用，而摧浮淫并兼之徒。[2]是时禁苑有白鹿而少府多银锡[3]。自孝文更造四铢钱，至是岁四十余年，从建元以来，用少，县官往往即多铜山而铸

钱，[4]民亦间盗铸钱，不可胜数。钱益多而轻[5]，物益少而贵。有司言曰："古者皮币，诸侯以聘享。[6]金有三等，黄金为上，白金为中，赤金为下。今半两钱法重四铢，而奸或盗摩钱里取鋊，[7]钱益轻薄而物贵，则远方用币烦费不省。"乃以白鹿皮方尺，缘以藻缋，为皮币，直四十万。[8]王侯宗室朝觐聘享，必以皮币荐璧，然后得行。[9]

注释

1 转毂（gǔ）：运货之车。废居：《史记集解》引徐广曰："废居者，贮畜之名也。有所废，有所畜，言其乘时射利也。"《史记索隐》引刘氏云："废，出卖；居，停蓄也。"是出卖于居者为废。居邑：《史记集解》："骃案：'居谷在都邑中。'如淳曰：'居贱物于邑中，以待贵也。'" 2 摧：毁坏、打击。浮淫：淫佚不法。3 禁苑：皇家园林。少府：官职名，九卿之一，掌管皇室财用收支、宫廷服务和手工业。银锡：《史记新证》陈直按：" 银用以铸龙、马、龟三种银货，锡用以和赤铜铸三铢钱。" 4 建元：汉武帝刘彻的第一个年号，公元前140年—前135年。即多铜山：就近处多产铜之山。5 轻：贬值，不值钱。6 皮币：皮制之币。聘享：聘问献纳。聘，指诸侯与诸侯、国与国之间遣使访问。享，诸侯向天子进献贡物。7 法：法定，标准。摩：摩擦，磨损。里：指钱背。古代铜钱有字一面称"文"，无字的一面称"里"。鋊（yù）：铜屑。8 缘：边饰，缝边。藻缋（huì）：彩画。藻，文彩。缋，通"绘"，绘画。直：通"值"，价值。下文同此。9 朝觐：古代侯王或称臣之属国定期朝见天子。朝，原特指春天朝见天子。觐，原特指秋天朝见天子。后来泛指朝见帝王。荐：垫。

译文

这样国库就空虚了，但富裕的奸商大贾有的趁机囤积钱物，操纵奴役贫穷的百姓，转运几百辆车买进卖出，受皇上封赏的诸侯也要低头向他们借钱。他们冶铜铸钱、烧水煮盐，有的积累了万金，但是不肯帮国家解决急难，百姓更加困苦不堪了。于是天子和公卿们商议，重造货币来满足需要，同时打击巧取豪夺吞并他人财物的商人。这个时候，皇上游猎的宫苑有白鹿，而且供应皇上日用的少府有许多银锡。从孝文帝铸造四铢钱到这时已经四十多年了，从建元年间以来，国家缺少钱用，便开始在产铜的山里去开矿铸钱，民间也偷偷私自造钱，钱多得无法计算。钱越多就越贬值，东西越少就越贵。主管官员建议说："古代的皮钱，诸侯将其进贡给皇帝。金有三个等级，黄金是上等的，白银是中等的，红铜是下等的。现在的半两钱法定重量是四铢，有些奸商却偷着打磨钱背，取铜屑再造钱，这样，钱就越来越轻而东西越来越贵了，并且远方的诸侯用钱进贡送礼也很麻烦，太耗费。”于是用白鹿皮一尺见方，四边绣上文彩图案，制成皮币，价值四十万。规定王侯宗室朝见天子进贡的时候，一定要用这种皮币垫着璧玉献上才行。

又造银锡为白金。以为天用莫如龙，地用莫如马，人用莫如龟[1]，故白金三品：其一曰重八两，圜之，其文龙，名曰“白选”，直三千[2]；二曰以重差小，方之，其文马，直五百[3]；三曰复小，椭之，其文龟，直三百[4]。令县官销半两钱，更铸三铢钱，文如其重。盗铸诸金钱罪皆死，而吏民之盗铸白金者不可胜数[5]。

注释

1 人用莫如龟：《史记索隐》：“《礼》曰‘诸侯以龟为宝也’。”2 其一曰……直三千：《史记索隐》：“顾氏案：《钱谱》：‘其文为龙，隐起，肉好皆圜，文又作云霞之象。’”“肉好”，古代圆形有孔的钱币，孔外叫“肉”，孔内叫“好”。圜（yuán），圆，特指钱币。3 重差小：重量较轻。差，较。《史记索隐》引《钱谱》：“肉好皆方，隐起马形。肉好之下又是连珠文也。”4 复小：更轻一些。椭：椭圆形。《史记索隐》引《钱谱》：“肉圆好方，为隐起龟甲文。”5《史记新证》陈直按：“汉武帝所铸龙文银货，重八两，直三千，币价高于通常银价三倍，故民盗铸者多，《盐铁论·错币篇》所谓‘民多巧新币’是也。”

译文

同时又把银锡合在一起冶铸成“白金”。因为天上飞的没有什么能比得上龙，地上跑的没有什么比得上马，人间使用的东西没有什么比得上龟，因此白金分成三等：第一等重八两，圆形，上面的图案是龙，名叫“白选”，每枚价值三千钱；第二等因为重量稍轻，做成方形，上面的图案是马，价值五百钱；第三等又小一些，做成椭圆形，上面的图案是龟，价值三百钱。下令官府销毁以前用的半两钱，改铸成三铢钱，面值和实际重量相等。规定私自偷偷铸钱的都是死罪，但是官吏和百姓中偷铸白金的人数还是不可胜数。

于是以东郭咸阳、孔仅为大农丞，领盐铁事；[1] 桑弘羊以计算用事，侍中。[2] 咸阳，齐之大煮盐，孔仅，南阳大冶，皆致生累千金，故郑当时进言之。[3] 弘羊，

雒阳贾人子，以心计[4]，年十三侍中。故三人言利事析秋豪矣[5]。

注释

1 东郭咸阳：《史记索隐》：“东郭，姓；咸阳，名也。按：《风俗通》：‘齐大夫，东郭牙，咸阳其后也。’”孔仅：西汉时人，善冶铸，生平不详。大农丞：大农令（汉武帝改为大司农）之属官。领：管理。2 桑弘羊：西汉大臣，商人出身，官至治粟都尉、大司农、御史大夫。计算：计较，盘算。用事：执政，当权。侍中：侍从于皇帝周围。3 南阳：地名，今河南南阳市。致生：获得生财产业。进言：此指向皇帝推荐。4 心计：善于动脑筋。5 利事：赢利生财之事。析：剖析。秋豪：即秋毫，本指鸟兽秋天新长出的细毛，后比喻细微。

译文

于是武帝任命东郭咸阳、孔仅做大农丞，主管盐铁方面的事务；桑弘羊凭着善于计算当了官，侍奉于皇帝左右。东郭咸阳是齐地最大的煮盐商，孔仅是南阳最大的炼铁商，他们都有价值千金的产业，所以郑当时向皇上推荐他们。桑弘羊，是雒阳商人的儿子，由于有心计，十三岁就跟在皇上左右。所以这三个人谈论生财的事，可谓是明察秋毫。

法既益严，吏多废免。兵革数动，民多买复及五大夫，征发之士益鲜。[1]于是除[2]千夫五大夫为吏，不欲者出马；故吏皆適令伐棘上林，作昆明池。[3]

注释

1 数（shuò）：多次，屡次。复：即复其身。指解除其身所受役赋负担。一说此“复”，当为“爵”，是买取爵位而不是免除徭役赋税。及：达到。五大夫：汉代二十等爵中的第九等，达此等爵位方可免除役赋。鲜：少。2 除：本意为任用，此有强制要求意。3 適（zhé）：通“谪”，责令。上林：上林苑，皇帝射猎之苑囿。在今陕西西安市西南一带。昆明池：池名，在今西安市西南。《史记索隐》：“《黄图》云‘昆明池周四十里，以习水战’。又荀悦云‘昆明池居滇河中，故习水战以伐之也’。”

译文

法律日益严苛，官吏中许多人因犯罪被免职。战争屡次发动，百姓中许多人出钱买到五大夫爵位以免除赋税劳役，结果能征调的士卒越来越少了。于是朝廷强制有千夫、五大夫爵位的人为吏，不愿意干的就得交马；责令被罢免的官吏一律到上林苑里伐木除草，修建昆明池。

其明年，大将军、骠骑大出击胡，[1]得首虏八九万级，赏赐五十万金，汉军马死者十余万匹，转漕车甲之费不与焉。是时财匮，战士颇不得禄矣。

有司言三铢钱轻，易奸诈，乃更请诸郡国铸五铢钱，周郭其下，令不可磨取鋊焉。[2]

注释

1 其明年：元狩四年。大将军：指卫青。骠骑：骠骑将军，指霍去病。2 周郭：古钱之轮廓，在钱之周边有突起的外框。下：即上文之“里”。令：使。《史记新证》陈直按：“《汉书·食货志》作‘周郭其质’，本文作‘周郭其下’，因五铢周围皆有边，不独其下有边，疑为‘周郭其文’之误字。”

译文

第二年，大将军卫青、骠骑将军霍去病率军大举出塞打击匈奴，斩获敌人八九万，赏赐有功将士五十万金，汉朝军队光马匹就死了十多万匹，车转船运战车盔甲的费用还不算在里面。当时国家财政匮乏，参军的将士常常得不到俸禄。

主管货币的官员说三铢钱较轻，容易被奸商伪造，于是请求让各郡国改铸五铢钱，钱背的外沿有一道边，让人不能磨取铜屑再重新造钱了。

大农上盐铁丞[1]孔仅、咸阳言：“山海，天地之藏也，皆宜属少府，陛下不私，以属大农佐赋[2]。愿募民自给费，因官器作煮盐，官与牢盆。[3]浮食奇民欲擅管山海之货，以致富羡，役利细民。[4]其沮事[5]之议，不可胜听。敢私铸铁器煮盐者，釱左趾[6]，没入其器物。郡不出铁者，置小铁官，便属在所县。[7]”使孔仅、东郭咸阳乘传举行[8]天下盐铁，作官府，除故盐铁家富者为吏。吏道益杂，不选，而多贾人矣。

注释

1 大农：即大司农。上：奏上。盐铁丞：大司农之属官，主管盐业、冶铁。2 佐赋：补贴赋税收入。3 因官器作：用国家的器具。牢盆：煮盐之大铁盆。《史记新证》陈直按："'牢盆'二字，向无确解，余谓当作牢固之盆解。"4 浮食：不事耕作而获食之人。指商贾。奇民：谓奇邪之民。指豪强贵族。擅管：垄断。富羡：富饶。役利：役使取利。细民：小民、百姓。5 沮（jǔ）事：反对破坏已成之事。6 釱（dì）左趾：用铁钳束左脚。釱，铁钳，如后世之脚镣。7 小铁官：汉代在不出产铁矿之郡所设官职，主管铸旧铁。便属在所县：便于管辖所在各县。8 传（zhuàn）：驿车。举行：全面巡行视察。

译文

大农令呈上主管盐铁的官员孔仅、东郭咸阳的建议说："山海，是天地赐给我们的宝库，都应该归少府管辖以供皇帝私用，皇上不占为私有，把它交给大农令以补贴赋税收入的不足。我们建议招募百姓自己出钱，借用公家的器具煮盐，由官府提供煮盐的盆。不耕而食的商贾和豪强贵族，企图擅自垄断盐铁资源，以求富有，奴役剥削平民百姓。他们肯定会说出许多阻止官营盐铁的话，多得听都听不过来。我们建议，胆敢私自铸造铁器和煮盐的人，钳住他们的左脚，没收他们的器具物品。各郡不出产铁的，设置小铁官，便于掌管所在的县。"于是武帝派孔仅、东郭咸阳乘着驿车，视察全国的盐铁生产，又设置官府，任用那些过去因经营盐铁生产而致富的人当官。这样官场就更杂了，不经过选举而当官的商人多起来了。

商贾以币之变，多积货逐利。于是公卿言："郡国颇[1]被灾害，贫民无产业者，募徙广饶之地。陛下损膳省用，出禁钱以振元元，宽贷赋，而民不齐出于南亩，商贾滋众。[2]贫者畜积[3]无有，皆仰县官。异时算轺车贾人缗钱皆有差，请算如故。[4]诸贾人末作贳贷卖买，居邑稽诸物，及商以取利者，虽无市籍，各以其物自占，率缗钱二千而一算。[5]诸作[6]有租及铸，率缗钱四千一算。非吏比者三老、北边骑士，轺车以一算；[7]商贾人轺车二算；船五丈以上一算。匿不自占，占不悉[8]，戍边一岁，没入缗钱。有能告者，以其半畀[9]之。贾人有市籍者，及其家属，皆无得籍名田[10]，以便农。敢犯令，没入田僮[11]。"

注释

1 颇：多次，频繁。2 振：救济。元元：民众。齐：都，皆。南亩：向阳的田地，此泛指田地。3 畜积：积蓄。畜，积聚。4 算轺（yáo）车：征收小型轻便之车税。算，本义为计算，此为“征收赋税”之名称。轺车，小而轻便之车。缗（mín）钱：成串的铜钱，贯钱。后又成为计算商人资产的单位。缗，贯钱之绳。5 末作：即末业，工商业。贳（shì）：赊。稽：囤积。市籍：商贾在市内营业之户籍。占：估算。《史记新证》陈直按：“算收的范围，有车马、田宅及奴婢三大类。所谓各以其物自占者，谓自报家资总数也。”率：一概、一律。一算：一百二十文。6 诸作：各种手工业。7 吏比者：与官吏并列之人，即无官职但需照顾之人。三老：乡里掌教权之乡官。北边骑士：在北部边郡做骑士者。8 悉：全部。9 畀（bì）：给予，赏赐。10 籍名田：登记占有田地。11 僮：僮仆、奴隶。

译文

商人趁着货币改铸的机会，囤积许多货物追逐暴利。于是公卿建议说：“郡国常常遭受灾害，许多无法生活的贫苦百姓被迁移到了广阔富饶的地方去生活。皇上减少膳食标准，节省费用，拿出少府的积蓄钱用来赈济天下百姓，放宽放贷利率和赋税等级，但是许多百姓并不从事农业生产，经商做买卖的人一天比一天多了。贫穷的人一点儿积蓄也没有，全部仰仗政府供应。过去按轺车纳税，按商人的资金纳税，都有比例等差，建议还实行这种方法。许多从事工商业中赊贷买卖的人，囤积各种货物待时而卖，和经商谋取利益的人，即使他们没有在市场上登入商人名册，也要把他们的财产估计上报，一律按缗钱二千征收一算。各种手工行业有租税和从事铸造业的，一律按缗钱四千征收一算。不能与官吏相比的三老、北方边境骑士，一辆轺车征收一算；经商做买卖的人一辆轺车征收二算；有船五丈以上的征收一算。隐瞒而不自己估定申报或者不全部申报的，一经发现，罚守边一年，没收资产。有能告发的人，拿出被告财产的一半奖给他。在市场登记注册的商人和他的家人家属，都没有资格购买田产，以保护农民的利益。谁敢违背这条法令，就没收他的田产和僮仆。”

天子乃思卜式之言，召拜式为中郎，爵左庶长，[1] 赐田十顷，布告天下，使明知之。

初，卜式者，河南人也，以田畜为事。[2] 亲死，式有少弟，弟壮，式脱身出分[3]，独取畜羊百余，田宅财物尽予弟。式入山牧十余岁，羊致千余头，买田宅。而其弟尽破其业，式辄复分予弟者数矣[4]。是时汉方数使将击匈奴，卜式上书，愿输[5]家之半县官助边。天子使使问式：“欲官乎？”式曰：“臣少牧，不习仕宦，不愿也。”使问曰：“家岂有冤，欲言事[6]乎？”式曰：“臣生与人无分争[7]。式邑

人贫者贷之，不善者教顺之，所居人皆从式，式何故见冤于人！[8]无所欲言也。”使者曰：“苟如此，子何欲而然？”式曰：“天子诛匈奴，愚以为贤者宜死节于边，有财者宜输委，如此而匈奴可灭也。[9]”使者具[10]其言入以闻。天子以语丞相弘。弘曰：“此非人情[11]。不轨之臣，不可以为化而乱法，愿陛下勿许。”于是上久不报式，数岁，乃罢[12]式。式归，复田牧。岁余，会军数出，浑邪王等降，县官费众，仓府空。其明年，贫民大徙，皆仰给县官，无以尽赡。卜式持钱二十万予河南守[13]，以给徙民。河南上富人助贫人者籍[14]，天子见卜式名，识之，曰：“是固前而欲输其家半助边。”乃赐式外繇[15]四百人。式又尽复予县官。是时富豪皆争匿财，唯式尤欲输之助费。天子于是以式终长者，故尊显以风百姓。[16]

注释

1 卜式：西汉大臣。少时以田畜为业，因捐公助边，武帝赐爵关内侯，官至御史大夫。中郎：官职名，无定职，侍从皇帝左右的高级郎官。左庶长：汉二十等爵第十级。2 河南：郡名，治雒阳（今河南洛阳市东北）。田畜：种田放牧。3 脱身出分：抽身摆脱分家自过。4 辄：总是。数（shuò）：多次。5 输：缴纳。6 言事：打官司，告状。7 分争：争端。分，通“纷”。8 教顺：教导之使和顺。见冤于人：被人冤枉。9 死节：为贞节大义而死。输委：运送财物给国家。10 具：详细。11 人情：人之常情。12 罢（bà）：遣返，遣归。13 守：郡守。14 籍：簿籍，名册。15 外繇：《史记集解》：“《汉书音义》曰：‘外繇谓戍边也。一人出三百钱，谓之过更。式岁得十二万钱也。一说，在繇役之外得复除四百人。”《史记新证》陈直按：“汉人指更卒正卒为内徭，指戍卒为外徭，盖为习俗语。”16 终长者：始终是为人厚道、有德行的人。尊显：尊贵显达。风：教化、诱导。

译文

天子又想起了卜式的建议，召来卜式，任命他做中郎，赐爵左庶长，赏赐良田十顷，颁布通告天下，让人们都知道这事。

起初，卜式原是河南人，以种田、畜牧为业。父母死时，卜式有一个小弟弟，弟弟成人后，卜式和弟弟分了家，他只留给自己一百多头羊，田地住宅财物等全都给了弟弟。卜式进山放牧羊群十多年，羊达到一千多头，置买了田地、住宅。但是他的弟弟败尽了分得的全部家产，卜式就数次分给弟弟东西。这时候汉朝正多次派将出击匈奴，卜式给天子上书，希望拿出家产的一半资助国家的边防。天子派使者问卜式：“你是想要当官吗？”卜式说：“我从小牧羊，没有学过做官，不想当官。”使者又问：“你家难道有冤案，想要申诉吗？”卜式说：“我活到现在，和人们没有纠纷争斗。我乡邑的人，谁贫穷我就借贷给他，不善良的人我就教导他向善，我住在哪里，那里的人都愿听从我的话，我卜式有什么理由被人冤屈呢？我没有什么要申诉的。”使者又问：“既然这样，您这样做是为什么呢？”卜式说：“天子讨伐匈奴，我认为贤能的人应该在边疆尽忠效死，有钱的人应该捐献钱粮支援国家，都像这样做，那么匈奴就可以消灭了。”使者回到朝廷把卜式的话原原本本地讲给天子听。天子又把这些话对丞相公孙弘讲了。公孙弘说：“这不合乎人的常情。他是不守本分越轨办事的人，我们不可以因他而乱了正常的法度，希望陛下不要准许他。”于是皇上很久不答复卜式的请求，几年以后，才让他离开京城。卜式回到家乡，继续耕种田地、放牧牛羊。一年多，赶上军队屡次出征，浑邪王等匈奴人来投降，国库耗费太多，粮仓钱库都空了。第二年，受灾的贫民大规模迁移，全仰仗政府供给，政府不可能完全满足供应。卜式拿出二十万钱给河南太守，用来补助移民之费。河南太守向朝廷报告富人资助贫民的名册，天子看到卜式的名字，还记得他，说：“这就是从前要捐献他家一半财产资助边防的那个人。”就赏赐卜式相当于四百人的劳役费。卜式又把这些钱全部交给了政府。这个时候，富豪们都争着隐瞒藏匿财产，只有卜式一再要捐献钱财帮助国家。于是天子认为卜式是个忠厚有德的人，因此尊崇表彰他，以带动百姓效仿。

初，式不愿为郎[1]。上曰：“吾有羊上林中，欲令子牧之。”式乃拜为郎，布衣屩[2]而牧羊。岁余，羊肥息[3]。上过，见其羊，善之。式曰：“非独羊也，治民亦犹是也。以时起居；恶者辄斥去，毋令败群。[4]”上以式为奇，拜为缑氏令[5]试之，缑氏便之。迁为成皋令，将漕最。[6]上以为式朴忠，拜为齐王太傅[7]。

而孔仅之使天下铸作器，三年中拜为大农，列于九卿。[8]而桑弘羊为大农丞，管诸会计事，稍稍置均输以通货物矣。[9]

始令吏得入谷补官[10]，郎至六百石。

注释

1 郎：皇帝侍从官侍郎，中郎、郎中等的统称。2 屩（juē）：草鞋。3 息：繁殖。4 恶者：坏种或有病的。辄：立刻。斥去：排弃，淘汰。5 缑（gōu）氏令：缑氏县县令。缑氏，古县名，在今河南偃师市东南。6 成皋：县名，在今河南荥阳市汜水镇西。将漕：

管理水运。最：成绩最佳。7 太傅：诸侯王国高级官员，掌辅导、监督国王。8 铸作器：铸造铁器。列于九卿：孔仅拜为大农令为正九卿之一，在元鼎二年（前 115）。不当言为“列于九卿”。9 丞：副职。会计：即管理朝廷的财物赋税并按年月进行统计。稍稍：逐渐。均输：在大农下置均输官，令各地百姓向均输官交纳贡赋，官运至他处卖之。实为官营运输。10 入谷补官：缴纳粮食，升迁高官。

译文

当初，卜式不愿意做郎官。皇上说：“我有羊在上林苑里，想要你去放。”卜式这才上任做郎官，穿着麻布衣服和草鞋放羊。一年多，羊长得又肥壮，繁殖得又多。皇上路过，看见了他放的羊，夸奖他。卜式说：“不单是牧羊，治理百姓也同牧羊一样。让他们按时劳作，按时休息；出现坏种就立刻淘汰，不要让他带坏了一大群。”皇上认为卜式是个奇人，任命他做缑氏县令，结果缑氏县的人都喜欢他。又调他任成皋县令，结果那里的漕运成为全国最好的。皇上认为卜式朴质忠厚，就任命他做齐王的太傅。

孔仅倡导天下铸造铁器，三年中升为大农令，列于九卿。桑弘羊做了大农丞，主管各种计算统计的事务，逐渐设置均输官以使货物流通。

从这时起，已试为吏的可以通过交谷物而做官，要做郎官的也可以通过交谷物升到六百石那一级。

自造白金五铢钱后五岁，赦吏民之坐盗铸金钱死者数十万人。[1] 其不发觉相杀者[2]，不可胜计。赦自出[3]者百余万人。然不能半自出，天下大抵无虑皆铸金钱矣。[4] 犯者众，吏不能尽诛取，于是遣博士褚大、徐偃等分曹循行郡国，举兼并之徒守相为利者。[5] 而御史大夫张汤方隆贵用事，减宣、杜周等为中丞，义纵、尹齐、王温舒等用惨急刻深为九卿，而直指夏兰之属始出矣。[6]

注释

1 五岁：当作“三岁”。自元狩四年冬造白金，至元鼎元年赦天下，前后四年，故只可言后三岁。坐：因……而犯罪。2 不发觉相杀者：没有被天子发现而遭杀的人。3 自出：自首。4 不能半自出：自首者不到一半。大抵：大凡、大致。无虑：大约、差不多。5 褚大：汉代博士，胡毋生弟子，治《公羊春秋》。徐偃：汉代博士，申公弟子，治《鲁诗》。分曹：分别不同职务。曹，政府机构名，实为尚书属员。循行：巡视。循，通“巡”。守相：

郡守、诸侯国相。6 隆贵：兴隆显贵。减宣、杜周：西汉武帝时官员，官至御史中丞，以酷吏著称。事均见《酷吏列传》。中丞：御史中丞，御史大夫之属官。义纵、尹齐、王温舒：西汉武帝时官员，以酷吏见闻，后均官至九卿。事均见《酷吏列传》。直指：绣衣直指之省称，武帝时政府特派官员，衣绣衣，持斧仗节，有权诛杀。亦称直指使者。夏兰：人名，武帝时酷吏。

译文

自从造白金和五铢钱以来的五年中，因私自偷铸白金、五铢钱而被判为死罪又得到皇上赦免的吏民就有几十万人。那些有罪该死而未被发现的人，无法计算。由于自首而赦免的罪犯有一百多万人。然而自己出来自首的还不够半数，天下差不多人人都私铸钱币。犯罪的人多，官吏不可能把他们全部逮捕杀头，于是派博士褚大、徐偃等分别职司按权限到各郡国巡视，检举揭发那些兼并他人财产和太守、国相中非法获利的人。而御史大夫张汤正处兴隆显贵时期，职掌大权，减宣、杜周等人做御史中丞，义纵、尹齐、王温舒等人因为执法残酷严厉而被升为九卿，于是专门纠察办案的“直指”像夏兰一伙人开始出现了。

而大农颜异诛。初，异为济南亭长[1]，以廉直稍迁至九卿。上与张汤既造白鹿皮币，问异。异曰：“今王侯朝贺以苍璧[2]，直数千，而其皮荐反四十万，本末不相称。”天子不说[3]。张汤又与异有郤，及人有告异以它议，事下张汤治异。[4]异与客语，客语初令下有不便者，异不应，微反唇。[5]汤奏当异九卿见令不便，不入言而腹诽，论死。[6]自是之后，有腹诽之法比[7]，而公卿大夫多谄谀取容矣。

注释

1 济南亭长：济南郡所属之亭长。济南，郡名，治所在今山东济南市章丘区西。亭长，西汉时十里设一亭，亭有亭长，掌当地治安、民事。2 苍璧：深蓝色的玉。3 说：通“悦”。4 郤：通“隙”，嫌隙。治：审理。5 初令下：刚下达之法令。微反唇：嘴唇微动但未言。反，翻动。6 当：判罪，意即处以相当的刑罚。论：定罪。据《汉书·百官公卿表》，颜异被诛于元狩六年（前 117）。7 比：指有判例可比照、参照。

译文

大农令颜异被诛杀。当初，颜异任济南亭长，因为廉洁正直逐渐升到九卿的位置。皇上和张汤制造出白鹿皮币后，询问颜异的看法。颜异说："现在诸侯王朝见天子献礼用苍璧，价值只不过几千钱，但是璧下面垫着的皮币反而价值四十万，本末倒置，太不相称了。"天子听了不高兴。张汤又和颜异有嫌隙，恰好有人因为其他问题告发颜异，案子交给张汤审理。颜异跟客人谈话，客人说开始颁发的某一法令中有些不便利的地方，颜异不回答，稍微动了动嘴唇。张汤便上奏天子说，颜异身为九卿，发现法令有不妥当的地方，不在朝廷上讲，却在心里诽谤，应当判处死罪。从这以后，便有了"腹诽"这条罪名，于是公卿大夫们大都开始对皇上谄媚阿谀，只求保命、保官了。

天子既下缗钱令而尊卜式，百姓终莫分财佐县官，于是杨可告缗钱纵[1]矣。

郡国多奸铸钱，钱多轻，而公卿请令京师铸钟官赤侧，[2]一当五，赋官用非赤侧不得行。白金稍贱，民不宝用[3]，县官以令禁之，无益。岁余，白金终废不行。

是岁[4]也，张汤死而民不思。

其后二岁，赤侧钱贱，民巧法用之，不便，又废。于是悉禁郡国无铸钱，专令上林三官[5]铸。钱既多，而令天下非三官钱不得行，诸郡国所前铸钱皆废销[6]之，输其铜三官。而民之铸钱益少，计其费不能相当，唯真工大奸乃盗为之。[7]

注释

1 纵：放纵，放任。2 奸铸钱：《史记索隐》："谓多奸巧，杂以铅锡也。"钟官：汉代职掌铸钱之官府，始属水衡都尉，后属少府，设有令、丞。赤侧：以赤铜为钱之外郭，故名赤侧。《史记集解》引《汉书音义》曰："俗所谓紫绀钱也。"3 宝用：珍重使用。4 是岁：指元鼎二年，即公元前115年。《史记索隐》引乐产云："诸所废兴，附上罔下。皆自汤，故人不思之也。"5 上林三官：西汉水衡都尉所属钟官、辨铜、技巧（一说为均输、钟官、辨铜）三官署之合称，而均设在上林苑中，故名。6 销：熔化金属。7 不能相当：不合算，亏本。真工：技术绝妙之人。大奸：财势雄厚之豪富。

译文

天子颁布了缗钱令并且尊崇卜式以来，百姓们还是没有分出财产帮助政府，于是杨可所主持的告发商人隐瞒财产的所谓告缗案就盛行起来了。

郡国大都不依法令铸钱，钱的重量大多都很轻，公卿请求下令京都铸造钟官赤侧钱，一文赤侧钱相当于其他铜钱五文，交赋税的官署不允许使用赤侧钱以外的其他钱。白金的价格就比较贱，百姓不重视，政府用法令强制干预，也无济于事。一年多时间，白金最终被废止不用了。

元鼎二年，张汤死了，但是老百姓都不思念他。

又过了二年，赤侧钱也贬值了，百姓们巧妙地使用它，对国家不利，又作废不用了。于是国家全面禁止郡国铸造钱币，专门命令上林苑所属的三官铸造钱币。三官所铸的钱多起来后，朝廷就颁布命令，在全国范围内不是三官所铸造的钱不能流通，那些郡国先前所铸造的钱币全都作废而被熔化，把那些铜上交给上林苑的三官。百姓中铸造钱币的越来越少了，因为成本高，不合算，只有真正善于铸钱的工匠、大奸商才能偷着制造这种钱。

卜式相齐，而杨可告缗[1]遍天下，中家以上大抵皆遇告。杜周治之，狱少反[2]者。乃分遣御史廷尉正监[3]分曹往，即治郡国缗钱，得民财物以亿计，奴婢以千万数，田大县数百顷，小县百余顷，宅亦如之。于是商贾中家以上大率破，民偷甘食好衣，[4]不事畜藏之产业，而县官有盐铁缗钱之故，用益饶矣。

益广关，置左右辅。[5]

注释

1 杨可：人名，汉武帝时一酷吏。告缗：此为主持告缗事。2 反：翻，翻案。3 御史：汉时亦称侍御史，是由御史大夫下属之御史中丞统领之官员，有员十五人，分别负责监察百官，掌管符玺、治书、弹劾等事宜。廷尉正监：汉时廷尉下属有廷尉正和廷尉左、右监，为廷尉之副职和助理。4 大率：大都。偷：苟且。5 益广关：更加扩大中央在关中的直属领地。元鼎三年（前 114），将函谷关（原在河南灵宝市东北）向东迁移三百里，至今河南新安县东。置左右辅：新设置了左冯（píng）翊（yì）、右扶风两个行政区划，此二辅和原来之京兆尹合称为三辅，共分关中地并起辅卫京师之作用。

译文

卜式任齐相国的时候，杨可主持的“告缗”令颁行于天下，中等财产以上的人家大体上都遭到告发。杜周审理这类案件，案子很少有能翻过来的。这时朝廷又派遣御史廷尉正监分批去各地，就地处理各郡国的告缗案，没收的钱财物资以亿来计，没收的奴婢用千万来计，没收的田产，较大的县有几百顷，较小的县有一百多顷，没收的房子也有这样多。于是，经商做买卖的中等以上的人家大都破产了，老百姓都开始苟且偷生了，吃好的穿好的，没有人再从事能够获得积蓄储藏的产业了，但是政府因为有盐铁和算缗告缗收入的原因，变得越来越富足了。

元鼎三年，把函谷关迁到新安东界以扩大关中地盘，设置了京都左右辅都尉。

初，大农管盐铁官布多，置水衡，欲以主盐铁；[1] 及杨可告缗钱，上林财物众，乃令水衡主上林。上林既充满，益广。是时越欲与汉用船战逐，乃大修昆明池，列观环之。[2] 治楼船，高十余丈，旗帜加其上，甚壮。于是天子感之，乃作柏梁台[3]，高数十丈。宫室之修，由此日丽。

注释

1 布：《史记索隐》："谓泉布。"即货币。《史记新证》陈直按："武帝时有钱之称，无布之称，旧注皆非也，盖谓大农所管盐铁官分布甚多。"水衡：即水衡都尉，元鼎二年（前115）置，管理上林苑及皇室财政收入，后兼掌国家铸钱。2 战逐：战斗驰逐。昆明池：在今西安市西南。《史记索隐》："昆明池有豫章馆。豫章，地名，以言将出军于豫章也。"观：楼、台一类的建筑。3 柏梁台：汉武帝时所建台名。一说因以"香柏为之"故名；一说因以"百头梁"所作，故名。

译文

起初，大农令主管的盐铁官分布太广，数量太多，就设置水衡都尉，让他主管盐铁事务；等到杨可主持的告缗令在全国推行后，上林的钱财物品就多了，于是下令水衡都尉主管上林。上林装满后，又想要扩充它的规模。这时候汉朝要与南越进行水战，于是扩大修建昆明池，一排排台观环列于池边。又修造楼船，高十多丈，各种旗帜插在船上，十分壮观。于是天子受到感动，就建造柏梁台，高几十丈。宫殿房室的修建，从这时候开始愈来愈豪华富丽。

乃分缗钱诸官，而水衡、少府、大农、太仆各置农官，往往即郡县比没入田田之。[1] 其没入奴婢，分诸苑养狗马禽兽，及与诸官。诸官益杂置多，徒奴婢众，而下河漕度四百万石，及官自籴乃足。[2]

所忠[3]言："世家子弟富人或斗鸡走狗马，弋猎博戏，乱齐民。[4]"乃征诸犯令，相引数千人，命曰"株送徒"。[5]入财者得补郎，郎选[6]衰矣。

注释

1 太仆：官职名，九卿之一，管理皇家车马及官府畜牧业。往往：常常。即：就近。比：刚。2 杂置：设置了各种名目的官员。徒奴婢：没入官府之奴婢有如囚徒，故云。下河：指潼关以东的黄河。度（duó）：估计。籴（dí）：买粮。3 所忠：人名，武帝时近臣。4 世家：世代为官之家。走狗马：赛狗、赛马。弋（yì）：射猎。博戏：赌博。齐民：平民。5 征：拘捕。引：牵连、告发。株送徒：即"株连犯"。6 郎选：选拔郎官之制度。

译文

于是又把缗钱分给各个官署，因而水衡、少府、大农、太仆都分别设置农官，常常让就近的郡县组织人到刚没收来的田土上去耕种。所没收来的奴婢，分派到皇家各园苑中去养狗马、飞禽走兽，或分给各官署使用。设置的官署越来越杂，也越来越多，罪徒奴婢众多，经由黄河水运来的粮食每年估计有四百万石，但还需要各官署自己去采购粮食才够用。

所忠向皇帝建议说："一些贵族子弟和有钱人，有的斗鸡走狗跑马游玩，有的打猎赌博戏要，扰乱平民的生活。"于是皇帝下令逮捕这类人，他们互相牵连供出的总共有几千人，称他们为"株送徒"。捐献钱财的人可以补做郎官，于是郎官的选拔制度杂乱，而所选郎官的素质也越来越差了。

是时山东被河灾[1]，及岁不登数年，人或相食，方一二千里。天子怜之，诏曰："江南火耕水耨，令饥民得流就食江淮间，欲留，留处。"[2]遣使冠盖相属[3]于道，护之，下巴蜀粟以振之。

注释

1 是时山东被河灾：指元鼎二、三年间之事，见《汉书·武帝纪》。2 诏：此系元鼎二年诏令文字。流：指流散。欲留：想留在江淮的。留处：留下来安置。3 相属：络绎不绝。

译文

这时候崤山以东遭受黄河水害，连年没有收成，有些地方甚至人吃人，灾区方圆一二千里。天子很怜悯他们，下令说："江南一带火烧野草种田，水灌田地耕作，让挨饿的百姓流散到江淮一带就地取食谋生，想留在那里的人，就留在那里加以安置。"朝廷派遣一批又一批官员沿途管理贫民迁移，并运来巴蜀的粮食用来赈济灾民。

其明年[1]，天子始巡郡国。东度河，河东守不意行至，不辨，自杀。[2]行西逾陇，陇西守以行往卒，天子从官不得食，陇西守自杀。[3]于是上北出萧关，从数万骑，猎新秦中，以勒边兵而归。[4]新秦中或千里无亭徼，于是诛北地太守以下，而令民得畜牧边县，官假马母，三岁而归，及息什一，以除告缗，用充仞新秦中。[5]

既得宝鼎，立后土、太一祠，公卿议封禅事，而天下郡国皆豫治道桥，缮故宫，及当驰道县，县治官储，设供具，而望以待幸。[6]

注释

1 其明年：指元鼎四年（前113）。2 度：通"渡"。下同。河东：郡名，治所在今山西夏县西北。意：想到，料到。不辨：未做好迎接准备工作。辨，同"办"，治理，办理。3 陇：陇山，绵延于今陕西、甘肃二省交界地方。陇西：郡名，治所在今甘肃临洮县。卒（cù）：通"猝"，突然。4 萧关：关隘名，在今宁夏固原市东南。勒：训练、检阅。5 亭徼（jiào）：边塞上的防御工事。亭，亭障。徼，边塞。北地：郡名，治所在今甘肃庆阳市西北。息什一：收取十分之一的利息。除告缗：《史记新证》陈直按："除告缗谓不再采取告讦方式，不等于废除缗钱令。"充仞：充实。仞，通"牣"，充满。6 得宝鼎：指元鼎四年（前113）六月，在山西汾阴得宝鼎。后土：指后土祠，祭地神。太一：即泰一。泰一祠，祭北极神，或云天神。泰畤（祠）建在甘泉山。豫：预先。当驰道县：驰道所经过的各县。驰道，专供帝王通过之道。官储：准备行宫陈设。供具：供帐用具。幸：皇帝通过或居住。

译文

第二年，皇上开始巡视各郡国。东行渡过黄河，河东太守没有预料到天子会来到，没有办好接待事务，自杀了。皇上又向西越过陇山，陇西太守因为天子到来得突然，随从官员吃不上饭，也自杀了。于是皇上北出萧关，跟随着几万骑兵，在新秦中打猎，检阅了边防军队以后回京。新秦中有的地方千里之内没有岗亭哨塞关卡，于是皇上杀了北地太守以下官吏，并且下令百姓可以在边境地区各县养畜放牧，公家借给母马，三年以后归还，等到繁殖生息十匹上交一匹，为充实新秦中，皇上下令在那里不实行告缗令。

获得宝鼎以后，元鼎四年，在汾水建立后土祠，五年建立太一祠，公卿商议封禅的事，因而天下各郡国都预先修道建桥，维修旧有的宫殿，尤其是那些天子要路过的县，都加紧准备行宫陈设，置办供天子使用的器具，盼望等待着天子的驾临。

其明年，南越反，西羌侵边为桀。[1] 于是天子为山东不赡，赦天下，因南方楼船卒二十余万人击南越，数万人发三河以西骑击西羌，又数万人度河筑令居。[2] 初置张掖、酒泉郡，而上郡、朔方、西河、河西开田官，斥塞卒六十万人戍田之。[3] 中国[4] 缮道馈粮，远者三千，近者千余里，皆仰给大农。边兵不足，乃发武库工官兵器以赡之。[5] 车骑马乏绝，县官钱少，买马难得，乃著令，令封君以下至三百石以上吏，以差出牝马天下亭，亭有畜牸马，岁课息。[6]

注释

1 其明年：指元鼎五年（前112）。南越反：其事详《南越列传》。西羌：当时活动于今青海、甘肃一带的部族。桀（jié）：凶暴，肆虐。2 赦天下：疑为“赦天下囚”，译文径改。因：意为凭借。三河：即河内、河南、河东三郡。令（lián）居：城名，在今甘肃永登县西北。3 张掖：郡名，治所在今甘肃张掖市西北。酒泉：郡名，治所在今甘肃酒泉市。上郡：郡名，治所在今陕西榆林市东南。西河：郡名，治所在今内蒙准格尔旗西南。河西：地区名，指今河西走廊一带。开田官：在以上四地区临时设置的开垦田地之官。斥塞卒：开拓边塞之士卒。4 中国：中原。5 边兵：边塞武器。武库：储藏兵器的仓库，长官为武库令。工官：掌管制造武器，设在外郡，输于京师。6 车骑马：供战车和骑兵所用之马匹。著令：制定法令。以差：按照等级。畜牸（zì）马：畜养母马。牸，雌畜。岁课息：每年以马驹作为征收的利息。课，按规定缴纳赋税。

译文

第二年，南越反叛，西羌侵犯边境逞暴。崤山以东闹灾荒收成也不好，于是赦免天下的囚犯，凭借南方楼船军队二十多万人打击南越，发动几万人从三河向西用骑兵打击西羌，又派几万人渡过黄河修建令居城。开始设置张掖郡、酒泉郡，而在上郡、朔方郡、西河郡、河西地区设立开田官，在边境负责侦察警戒的斥塞卒六十万人，在那里一边驻守一边种田。中原地区修筑道路运输军需粮饷，远的三千里，近的一千多里，开销都由大农令供给。边境武器不够用，就拿出国家武库及外郡工官打造的兵器来满足需要。战车骑兵用马缺乏，国家钱少，买马很难办到，于是制定法令，规定从封君以下至三百石以上的官吏，按等级向天下乡亭缴纳母马，乡亭都有畜养的母马，每年要向国家交马驹作为赋税。

齐相卜式上书曰："臣闻主忧臣辱。南越反，臣愿父子与齐习船[1]者往死之。"天子下诏曰："卜式虽躬耕牧，不以为利，有余辄助县官之用。今天下不幸有急，而式奋愿父子死之，虽未战，可谓义形于内。[2]赐爵关内侯[3]，金六十斤，田十顷。"布告天下，天下莫应。列侯以百数，皆莫求从军击羌、越。至酎，少府省金，而列侯坐酎金失侯者百余人。[4]乃拜式为御史大夫。

式既在位，见郡国多不便县官作盐铁，铁器苦恶，贾贵，或强令民卖买之。[5]而船有算，商者少，物贵，乃因孔仅言船算事。上由是不悦卜式。

注释

1 习船者：善于掌船者。2 奋愿：奋不顾身，自觉自愿。义形于内：大义从内心显现出来。3 关内侯：汉二十等爵的第十九级，仅次于列侯。列侯有封邑，而关内侯一般没有。4 至酎（zhòu）：到八月祭宗庙时。酎，醇酒。汉律，每年八月，天子以酎酒祭宗庙，诸侯王、列侯须按规定献金助祭，名"酎金"。省（xǐng）：查看、检查。5 苦恶：粗制滥造，不坚固。苦，粗劣。贾（jià）：通"价"，价格。卖买：此指买。

译文

齐相国卜式给天子上书说："我听说主上有忧虑就是臣子的耻辱。南越反叛，我愿意和我儿子以及齐地熟习驾船的人一起去与南越决一死战。"皇上下诏令说："卜式早先虽然亲自种田放牧，但不以此谋私利，有剩余就捐助给国家使用。现在天下不幸有了急难，而卜式父子自愿去与敌决一死战，他们虽然没有参战，但他们内心的忠义已经表现出来了。赏赐给他关内侯的爵位，黄金六十斤，良田十顷。"通告全国，全国人没有谁响应。全国的列侯有几百人，没有谁要求参军出击西羌、南越的。等到八月诸侯朝见献酎金时，少府检查诸侯进贡的金子成色，因为进贡的酎金分量不足而失去侯爵的有一百多人。于是皇上任命卜式做御史大夫。

卜式上任后，发现郡国多数人认为政府制作盐铁不便利，百姓深受铁器质量不好的苦，卖的价格又贵，有的还强行命令百姓买卖。因为船有算赋，商人用船运货就少了，物价昂贵，于是卜式就通过孔仅向皇上反映船只征收算赋的问题。皇上因此而不怎么喜欢卜式了。

汉连兵三岁[1]，诛羌，灭南越。番禺以西至蜀南者置初郡十七，且以其故俗治，毋赋税[2]。南阳、汉中以往郡，各以地比给初郡吏卒奉食币物，传车马被具。[3]而初郡时时小反，杀吏，汉发南方吏卒往诛之，间岁[4]万余人，费皆仰给大农。大农以均输调[5]盐铁助赋，故能赡之。然兵所过县，为以訾给毋乏而已，不敢言擅赋法矣。[6]

注释

1 三岁：指自元鼎五年至元封元年（前112—前110）。2 番（pān）禺：古地名，在今广州市。初郡十七：新郡十七处。《史记集解》引晋灼曰："元鼎六年，定越地，以为南海、苍梧、郁林、合浦、交趾、九真、日南、珠崖、儋耳郡；定西南夷，以为武都、牂（zāng）柯、越巂、沈犂、汶山郡；及《地理志》《西南夷传》所置犍为、零陵、益州郡，凡十七也。"3 汉中：郡名，治所在今陕西安康市西北。以往：此地以南。各以地比给初郡：各按其地比较接近的供给初设之郡。比，挨着，靠近。奉食：俸禄、食物。币物：财物。传（zhuàn）车马被具：驿站所用的车、马、幔饰等器具。被，车幔、车盖等。4 间岁：相隔一年。5 均输：统一运输。调：调剂。6 訾给：供给。訾，通"资"。擅赋法：《史记会注考证》引何焯曰："擅赋法，谓常法正供外，擅取诸民，以訾给所过军也。"

译文

汉朝连续出兵三年，打败了西羌，灭亡了南越，从番禺以西到蜀地南方一带设置新郡十七处，并且根据那里原来的风俗加以治理，不征收赋税。南阳、汉中以南各郡，各自根据地理位置，就近供给新郡的官吏士卒俸禄、粮食、货币、物资，以及驿传所用的车马和被物器具等。但新郡时常有小规模的叛乱，政府官吏经常被杀害，汉朝发动南方的吏卒去镇压叛乱，隔一年就得去一万多人，费用开支全靠大司农提供。大司农根据均输法调整盐铁收入补贴税收，因此能够供应这笔费用。然而军队所经过的各县，只能勉强保证供给不缺少罢了，再也不敢巧立名目搜刮百姓了。

其明年，元封元年，卜式贬秩为太子太傅。[1] 而桑弘羊为治粟都尉[2]，领大农，尽代仅管天下盐铁。弘羊以诸官各自市，相与争，物故腾跃，而天下赋输或不偿其僦费，乃请置大农部丞数十人，分部主郡国，各往往县置均输盐铁官，令远方各以其物贵时商贾所转贩者为赋，而相灌输。[3] 置平准于京师，都受天下委输。[4] 召工官治车诸器，皆仰给大农。大农之诸官尽笼[5] 天下之货物，贵即卖之，贱则买之。如此，富商大贾无所牟大利，则反本，而万物不得腾踊。[6] 故抑天下物，名曰"平准"。天子以为然，许之。于是天子北至朔方，东到太山，巡海上，並北边以归。[7] 所过赏赐，用帛百余万匹，钱金以巨万计，皆取足大农。

注释

1 元封元年：即公元前 110 年。元封为汉武帝第六个年号。贬秩：降职。秩，官吏的品级次第。太子太傅：皇太子辅臣，负责辅导、翼护太子。2 治粟都尉：又名搜粟都尉，官名。管理全国租税及盐铁事务。3 市：经商、买卖。腾跃：物价上涨。赋输：赋税收入。僦（jiù）费：运费。《史记索隐》引服虔云："雇载云僦，言所输物不足偿其雇载之费也。"大农部丞：大司农之属官。分部主郡国：划分区域主管各郡国之赋税。灌输：调剂，运输。4 平准：即平准令，丞，掌管全国物资调拨，平抑物价。属大农。委输：储存运输。委，积。5 笼：收罗，垄断。6 牟：求取。反本：返回搞农业。7 太山：即泰山。並（bàng）：沿着。並，通"傍"。

译文

第二年，即元封元年，卜式被贬为太子太傅。而桑弘羊担任治粟都尉，主管大司农的事务，取代孔仅管理全国盐铁。因为诸多官府各自买卖，互相争利，物价因此飞涨不定，而各地送交的赋税物资有的还不够用来补偿运输的费用，桑弘羊于是奏请设置大司农部丞几十人，分别主管各郡国的大司农事务。大多数县又都设置了均输官、盐铁官，让偏远地方把它们那里出产的在别处价格高而易被商人转贩的货物充当赋税运往京城，由政府再调配转运各地。并在京城设置平准令，统一管理全国各地输送来的物资。召集工官制造车子和各种器具，费用都由大司农提供。大司农所属的各官署掌握着国家全部的货物，货物在市场上价格贵了，国家就卖出；价格贱了，国家就买入。这样，富商大贾没有牟取暴利的机会了，就回去务农，而所有物价便不会忽高忽低了。这样就可以稳定全国物价，所以称这种做法为“平准”。天子认为这样有道理，允许实行“平准法”。于是天子北到朔方，东到泰山，巡行海上，沿着北方边境走了一趟后回京。一路上的赏赐，用去帛一百多万匹，钱币、黄金用亿来计算，全部由大司农提供。

弘羊又请令吏得入粟补官，及罪人赎罪。令民能入粟甘泉各有差，以复终身，不告缗。[1]他郡各输急处，而诸农各致粟，山东漕益岁六百万石。[2]一岁之中，太仓[3]、甘泉仓满。边余谷诸物均输帛五百万匹[4]。民不益赋而天下用饶。于是弘羊赐爵左庶长，黄金再百斤焉。[5]

是岁小旱，上令官求雨。卜式言曰：“县官当食租衣税而已，今弘羊令吏坐市列肆[6]，贩物求利。亨[7]弘羊，天乃雨。”

注释

1 甘泉：此指甘泉仓，国家粮仓。复：免除赋税。2 急处：急需之处。《史记索隐》：“谓他郡能入粟，输所在急要之处也。”诸农：指诸农官。 益岁：每年增加。3 太仓：国家粮仓。4 边余谷诸物均输帛五百万匹：此句意为：“边余谷及诸物，由均输法折合约为帛五百万匹。”5 左庶长：二十等爵之第十级。再：二。6 坐市列肆：坐于街市做买卖。肆，店铺。7 亨（pēng）：“烹”之本字。

译文

桑弘羊又奏请让官吏可以通过捐献粮食补官，犯罪的人交纳粮食可以赎罪。让百姓能缴纳粮食到甘泉宫仓库的，按照各种等级差别，可以免除终身赋税徭役，不在告缗的范围内。其他郡各自运粮到急需的地方，而各农业部门也各自送来粮食，崤山以东漕运数额增加到每年六百万石。一年当中，太仓、甘泉宫的粮仓就装满了。边境有了多余的粮谷和物资，按均输折算合帛五百万匹。老百姓不增加赋税，天下的用度就宽裕起来了。于是皇帝赏赐给桑弘羊左庶长的爵位，赏给他黄金二百斤。

这一年有小旱，皇上命令官员求雨。卜式建议说：“国家官吏应当是靠租税维持吃穿用度，现在桑弘羊让做官的人坐在市场中，买卖货物，谋求利润。烹了桑弘羊，天就会下雨。”

太史公曰：农工商交易之路通，而龟贝金钱刀布之币兴焉。[1]所从来久远，自高辛氏之前尚矣，靡得而记云。[2]故《书》道唐虞之际，《诗》述殷周之世，安宁则长庠序，先本绌末，以礼义防于利；[3]事变多故而亦反是[4]。是以物盛则衰，时极而转，一质一文，终始之变也。[5]《禹贡》九州，各因其土地所宜，人民所多少而纳职焉。[6]汤武承弊易变，使民不倦，各兢兢所以为治，而稍陵迟衰微。[7]齐桓公用管仲之谋，通轻重之权，徼山海之业，以朝诸侯，用区区之齐显成霸名。[8]魏用李克，尽地力，为强君。[9]自是之后，天下争于战国，贵诈力[10]而贱仁义，先富有而后推让。故庶人之富者或累巨万，而贫者或不厌[11]糟糠；有国强者或并群小以臣诸侯，而弱国或绝祀[12]而灭世。以至于秦，卒并海内。虞夏之币，金为三品，或黄，或白，或赤；或钱，或布，或刀，或龟贝。及至秦，中一国之币为二等，黄金以溢名，为上币；[13]铜钱识[14]曰半两，重如其文，为下币。而珠、玉、龟、贝、银、锡之属为器饰宝藏[15]，不为币。然各随时而轻重[16]无常。于是外攘夷狄，内兴功业，海内之士力耕不足粮饷，女子纺绩不足衣服。[17]古者尝竭天下之资财以奉其上，犹自以为不足也。无异故云，事势之流，相激使然，曷足怪焉。[18]

注释

1 龟贝：即龟甲、贝壳，古代曾用作货币。金：此指黄金、白银、铜，后均铸成一定的形状，作货币流通。钱：此指铜铸环钱，秦国最早实行。刀：指刀币，最早流行于齐国，铜铸，因形似刀，故名。布：即泉布，古以布为币，所谓“抱布贸丝”。后来“布”又指仿照农具“鎛（tuán）”的形状铸造的一种金属货币，因“鎛”形似铲，又名铲币，主要流通于春秋时之周王室及晋。2 高辛氏：指帝喾。尚：通“上”，上古，久远。靡：无，没有。3 长（zhǎng）：尊敬、尊重。庠（xiáng）序：古代地方学校名。殷曰庠，周曰序。先本绌末：看重农业而排斥工商业。本，农业。绌，通“黜”，排除，排斥。末，工商业。4 反是：与此相反。5 转：转化。质：质朴（朴素）。文：文采（奢侈）。6《禹贡》：《尚书》中之篇名，中国最早的历史地理著作。因相传禹别九州，定其贡物，故称。所：之，的。纳职：纳贡。职，贡献，贡物。7 汤武：商汤、周武王。兢兢：小心谨慎，勤勉的样子。陵迟：衰颓。8 通轻重之权：随着形势的变化实行管仲的轻重之法。轻重，出自《管子·轻重》篇，后成为管子的一种经济理论，即根据时代的发展变化调节商品、货币流通和控制物价。权，权变，视权宜而变化。徼（yāo）：通“邀”，求取，开发。9 李克：应为李悝（kuī），战国时魏文侯相，在魏实行改革。尽地力：尽量挖掘土地之潜力。10 诈力：欺诈与武力。11 厌：通“餍”，饱。

12 绝祀：断绝祭祀活动，即灭亡。13 中一：折中、统一。溢：通“镒”，二十两为一镒。14 识（zhì）：标记，指钱币上之文字。15 宝藏（zàng）：宝物、财宝。16 轻重：此指贱、贵。17 士：此指男子。纺绩：纺织。绩，纺线搓绳。18 无异故：没有别的原因。事势之流：事物之趋向。相激：互相冲击。此指事物发展之趋势与人为政策的抵触。

译文

太史公说：农、工、商业之间互相贸易，龟、贝、金、钱、刀、布各种货币也就产生了。这种情况由来已久了，自高辛氏以前年代太远，没有办法得到资料加以记述。所以《尚书》记载唐尧、虞舜的时代，《诗》叙述殷商、周代的社会情况，若世道安定太平就会尊重教育，重视农业而排斥工商业，用礼义来约束人们争利；若世道不太平，情况也就与此相反了。所以物盛则衰，物极必反，有时重质朴，有时重文采，这都是循环变化的。《禹贡》记载的九州，都是按当地的出产和人民收入的多少交纳贡赋。商汤和周武王接着末世的衰败局面进行变革，致使百姓不疲弊倦乏，小心谨慎地把天下治理得很好，但之后还是慢慢地衰败了。齐桓公采纳管仲的谋略，通过对物价贵贱的控制，开发山海资源物产，使得诸侯前来朝拜，凭着小小的齐国，成就了霸业。魏国任用李悝，充分开发土地资源，使魏文侯成为强有力的国君。从这以后，天下处于战国时代，互相争斗，尊崇欺诈和武力而轻视仁义道德，推崇占有财富而贬黜讲究辞让。所以平民百姓中富有的人有的累积上亿，而贫穷的人有的连糟糠都吃不饱；强大的诸侯国兼并那些小的诸侯，使他们称臣服从，而弱小的诸侯国有的断绝了祖宗的祭祀，国家也灭亡了。这样一直到秦代，终于统一了天下。虞舜和夏朝时的货币，金属类分为三等，有黄金、白银、红铜；此外还有钱、布币、刀币、龟甲、贝壳。到了秦代，把全国的货币统一为两种，黄金用镒作单位，是一等货币；铜钱上的文字标记是“半两”，实际重量和所示的分量相同，是二等货币。珠、玉、龟、贝、银、锡一类的东西，作为装饰物和收藏品，不作为货币使用。尽管这样，各种货币的价值都是随着时代变化的。于是国外征伐夷狄，国内开展各种建设，天下的男人努力耕作却不能提供足够的粮饷，天下的女人纺线织布却不能提供足够的衣服。古时候曾有倾尽全天下的物资钱财供奉皇上还不够的事。这没有别的缘故，就是由于事物发展之趋势与人为政策的抵触造成的，有什么好奇怪的呢！

史记 世家

世家是《史记》的重要组成部分。决不可全然以刘知幾所说“诸侯曰世家”来看待世家的本意,必须注意司马迁自己在《太史公自序》中所说:“二十八宿环北辰,三十辐共一毂,运行无穷,辅拂股肱之臣配焉,忠信行道,以奉主上,作三十世家。”这是在承认天子所象征的天下统一的基础上,强调臣民“拱辰共毂”的意义与作用。因此,三十世家所叙并不都是诸侯,了解这一点,对认识司马迁的思想特别重要。三十世家可分五类:一、十六篇诸侯世家,分别展示春秋、战国时重要诸侯国的发展大势;二、《孔子世家》,颂扬孔子在周王室衰微时为维护其天子地位在礼制上所做的贡献;三、《陈涉世家》,肯定陈涉为汉家天子的立国起了开路先锋的作用;四、汉初五篇勋臣世家,自然是“忠信行道,以奉主上”的;五、汉室、皇后、宗亲七篇世家,吴王濞、淮南王、衡山王不在其列。世家形式上有编年记事的,亦有撰为传记的,并非一律。二、三、四类世家,多为人们所注意。

孔子世家

导读

本篇主要据《论语》等文献，第一次系统地整理了孔子的生平事迹及其言行。文中通过记述孔子周游列国及其所经受的困苦、遭遇，表现出春秋末期事势的发展和社会风气，说明了儒学的创设及其不为现实所用的原因和历史背景，同时表现出孔子坚韧不拔的学术精神，从而塑造出孔子的高大形象。

本篇是《史记》中学术发展史的重要文籍，它表明儒学是夏、商、周以来社会政治制度发展的系统总结，是历史变迁的必然产物。然晏婴之对齐景公说，则表明儒学在春秋末期，其自身已不适应时局的变化发展；以鲁堕三都之引起冲突及陈蔡大夫之围孔子于野，表明儒学的实施，“所刺讥皆中诸侯之疾”，触犯了各国统治贵族的利益而遭到反对；黎鉏之对齐景公及令尹子西之对楚昭王，表明儒学之执政受封会导致现有国家政局发生变化，而使相关的国家受到威胁或破坏其国自身的长久稳定，而最终不为当权者所采纳、接受。在这些叙述中，儒学的本质特征及其社会效应被清楚地表述出来。

在叙述了孔子的经历后，本篇还专门记述了孔子的学术思想及其在古代文献整理方面所创造的成就。孔子之整理《尚书》《礼记》《诗》《易》，在我国文化发展史上做出了重要贡献。孔子之开创私家讲学，他的教学思想、原则、方法，都给后人以不少启迪。尤其是孔子所作之《春秋》，能使“天下乱臣贼子惧”的思想和精神，对我国后来史学的发展产生了潜移默化的影响。这些记述表明，司马迁认为孔子的成就是不可低估、不可忽视的。论赞极力称许孔子，表明了司马迁对孔子无限的崇敬和怀念之情。“学者宗之”“言六艺者折中于夫子”的认识，在司马迁的思想中深深地扎下了根。他称赞孔子为“至圣”，又以“当代孔子”自居，其向往之心始终贯穿于《史记》的撰述之中。

孔子生鲁昌平乡陬邑[1]。其先宋人[2]也，曰孔防叔。防叔生伯夏，伯夏生叔梁纥[3]。纥与颜氏女野合而生孔子，祷于尼丘得孔子。[4]鲁襄公二十二年[5]而孔子生。生而首上圩顶[6]，故因名曰丘云。字仲尼[7]，姓孔氏。

注释

1 昌平乡：乡名，亦名“昌衍”，在今山东曲阜市东南。陬（zōu）邑：邑名，在今山东曲阜市东南。昌平乡又在陬邑之东南。此邑之东有座尼丘山。《史记索隐》：“孔子居鲁之邹邑昌平乡之阙里也。”《史记正义》：“夫子生在邹，长徙曲阜，仍号阙里。”2 其先宋人：《史记索隐》：“《家语》：‘孔子，宋微子之后。宋襄公生弗父何，以让弟厉公。弗父何生宋父周，周生世子胜，胜生正考父，考父生孔父嘉，五世亲尽，别为公族，姓孔氏。孔父生子木金父，金父生睪夷。睪夷生防叔，畏华氏之逼而奔鲁。'故孔氏为鲁人也。"孔子之祖先乃由宋奔鲁，《史记志疑》以为"奔鲁者乃孔子五代祖木金父，防叔之祖也"。3 叔梁纥（hé）：人名，孔子之父。4 颜氏女：据《家语》，名"徵在"。野合：非据礼制而成婚，或谓私奔。祷（dǎo）：向神祈求。5 鲁襄公二十二年：即周灵王二十一年，公元前 551 年。6 圩（wū）顶：《史记索隐》："圩音乌，顶音鼎。圩顶言顶上窳也，故孔子顶如反宇。反宇者，若屋宇之反，中低而四傍高也。"7 仲尼：孔子之字。仲，排行第二。据《家语》，孔子有异母兄名"孟皮"。

译文

孔子生在鲁国昌平乡陬邑。他的祖先是宋国人，叫孔防叔。防叔生了伯夏，伯夏生了叔梁纥。叔梁纥和一位颜氏女子未按礼制手续结合并生下了孔子，他们是在尼丘山向神祈求后才生下孔子的。鲁襄公二十二年孔子出生。他生下来时头顶上中间低四周高，以此给他取名叫丘。字仲尼，姓孔。

丘生而叔梁纥死，葬于防山[1]。防山在鲁东，由是孔子疑其父墓处，母讳之也。[2]孔子为儿嬉戏，常陈俎豆，设礼容。[3]孔子母死，乃殡五父之衢，盖其慎也。[4]郰人輓父之母诲孔子父墓[5]，然后往合葬于防焉。

孔子要绖，季氏飨士，孔子与往。[6]阳虎绌[7]曰："季氏飨士，非敢飨子也。"孔子由是退。

注释

1 防山：防邑之山。防邑，在陬邑之东北，在今山东曲阜市东。2 孔子疑其父墓处：古代墓葬不堆土成坟丘，故难确识其处。讳（huì）：隐瞒，避忌。3 陈：陈设，陈列。俎（zǔ）豆：古代祭祀用以载牲的礼器。有青铜制的，也有木制漆饰的。礼容：礼制仪容。4 殡（bìn）：殓而未葬。其时可长达三年，然后择吉日而葬。五父之衢：地名，在今曲阜市东北。《史记正义》以为是"鲁城内衢道"。慎：慎重。5 郰：即"陬"，或作"邹"。诲：指教，告知。6 要绖（dié）：服丧期间腰间系有麻带。要，"腰"的本字。绖，丧服中的麻带。飨：用酒食款待人。与（yù）往：前往参加。与，参与，参加。7 阳虎：季氏家臣。绌：通"黜"，排除，贬退。《史记正义》："阳虎以孔子少，故折之也。"

译文

孔丘生下不久叔梁纥就死去了，葬在防山。防山在鲁国东部，由于这种情况，孔子搞不清楚他父亲安葬的地方，母亲避而不谈这件事。孔子小时候嬉玩游戏，常常摆设出祭祀的俎豆等礼器，学做祭祀的礼仪动作。孔子的母亲死后，孔子将其灵柩停在五父之衢，可见他是非常慎重的。郰地人輓父的母亲告知孔子他父亲的坟地在防山后，孔子才把他的母亲的灵柩送到了防山，与他的父亲合葬在一起。

孔子腰间系着服丧的麻带，季氏设宴款待当地的士人，孔子也前往参加。阳虎贬退他说："季氏设宴款待名士，并不想款待您呀。"孔子因此就退回来了。

孔子年十七，鲁大夫孟釐子病且死[1]，诫其嗣[2]懿子曰："孔丘，圣人[3]之后，灭于宋。其祖弗父何始有宋而嗣让厉公。[4]及正考父佐戴、武、宣公，三命兹益恭，[5]故鼎铭云：'一命而偻，再命而伛，三命而俯，循墙而走，亦莫敢余侮。[6]饘于是，粥于是，以糊余口。[7]'其恭如是。吾闻圣人之后，虽不当世，必有达者。[8]今孔丘年少好礼，其达者欤？吾即没[9]，若必师之。"及釐子卒，懿子与鲁人南宫敬叔[10]往学礼焉。是岁，季武子卒，平子代立。[11]

注释

1 孟釐子病且死：据《左传》，孟釐子死于鲁昭公二十四年，即公元前518年，时孔子年三十四，非止"十七"。2 嗣：继承人。此指儿子。3 圣人：指弗父何及正考父。4 宋湣公共去世，弟弟炀公熙继位。湣公庶子鲋祀弑炀公，欲立湣公世子弗父何，何让不受，鲋祀继位为厉公。5 正考父：弗父何之曾孙。佐：辅佐。戴、武、宣公：三人均宋国国君。三命：三次受命。兹益：更加。同义词连用。6 偻（lóu）、伛（yǔ）、俯：均为表示恭敬的状貌。俯恭于伛，伛恭于偻。循墙：避免走道路中间。走：小步快走，表示恭敬。莫敢余侮：即"莫敢侮余"。侮，侮慢。7 饘（zhān）于是：在这个鼎中熬稠粥。饘，厚粥。是，指这座鼎。粥：稀粥。糊口：本是吃粥的意思。比喻生活艰难，勉强度日。8 当世：做国君。达：显贵。9 即没：如果死了。10 南宫敬叔：与懿子同为孟釐子之子，《史记索隐》以为"不应更言'鲁人'"。11 季武子：时为鲁国执政。平子：季武子之孙。

译文

孔子十七岁的时候，鲁大夫孟釐子病重将死，告诫他的嗣子懿子说："孔丘，是圣人的后代，他的祖先在宋国败灭。他的祖父弗父何开始时本来可以掌管宋国，却让位给厉公。等到正考父辅佐宋戴公、武公、宣公，三次受命而越发恭敬，所以正考父庙中鼎上的铭文说：‘第一次被任命，鞠躬而受；第二次被任命，弯腰而受；第三次被任命，俯首而受，顺着墙根小步快走，也没有谁敢欺侮我。在这个鼎内熬稠粥，在这个鼎内熬稀粥，我用这些粥来糊口。’他恭敬到这种程度。我听说圣人的后代，虽然不能做国君，但必定有显贵的人。如今孔丘年纪小却好礼，他不就是显贵的人吗？我如果死了，你一定要拜他做老师。”等到釐子去世，懿子和南宫敬叔就前往孔子那里学礼。这一年，季武子去世，平子接替了他的职位。

孔子贫且贱。及长，尝为季氏史，料量平；尝为司职吏而畜蕃息。[1] 由是为司空[2]。已而去鲁，斥乎齐，逐乎宋、卫，困于陈蔡之间，于是反鲁。[3] 孔子长九尺有六寸，人皆谓之“长人”而异之。[4] 鲁复善待，由是反鲁。

注释

1 史：《史记志疑》：“《索隐》云一本作‘委吏’，是也，与《孟子》合，朱子《序说》亦从之。委吏，掌管委积仓库的小官。”料：计算。量：称量。平：公平，准确。司职吏：管理牧场的小官。畜：牲畜。蕃息：繁殖兴旺。2 司空：官名，掌管工程建造。3 斥：被排斥。逐：被驱赶。困：困迫，困厄。4 九尺有六寸：有，通“又”。以周制，一尺约为当今六寸略少，九尺六寸约当今之一米九十。长人：高个子。

译文

孔子小时候贫穷且地位低贱。等到长大，曾经做过管理仓库的小官，计算称量都很准确；曾经做过管理牧场的小官，能使牲畜繁殖兴旺。因此他做了司空。不久他离开鲁国出游，但被齐国排斥，被宋国、卫国驱逐，在陈国、蔡国之间的地带遭遇困厄，于是返回鲁国。孔子高有九尺六寸，人们都叫他“高个子”，认为他很特别。鲁国重新给予他很好的待遇，因此他才返回了鲁国。

鲁南宫敬叔言鲁君曰：“请与孔子适[1]周。”鲁君与之一乘车，两马，一竖子俱，适周问礼，盖见老子云。[2] 辞去，而老子送之曰：“吾闻富贵者送人以财，仁人[3]者送人以言。吾不能富贵，窃[4]仁人之号，送子以言，曰：‘聪明深察而近于死者，好议人者也。博辩广大危其身者，发人之恶者也。为人子者毋以有己，为

人臣者毋以有己。’[5]”孔子自周反于鲁，弟子稍益进焉[6]。

注释

1 适：往，到……去。2 竖子：小子，童仆。问礼：《老子韩非列传》亦记此事，可参。3 仁人：有仁德之人。4 窃：冒充，借用。此作谦意。5 近于死者：指经常受到威胁，接近于死亡的人。恶：丑恶，坏事。毋以有己：不要心存自己。6 稍：渐渐。进：增多。

译文

鲁国南宫敬叔向鲁君进言说：“请让我和孔子一道去周王室。”鲁君给了他一辆车，两匹马，还派一名童仆和他们同行，前往周王室询问礼制的事，这次他大概是见到了老子。孔子告辞要离去，而老子送他的时候说：“我听说富贵的人给人家送的是财物，有仁德的人给人家送的是言论。我不是富贵之人，但窃得仁人之名，就送给你几句话吧，这就是：‘聪明深察经常受到威胁而接近于死亡的人，是因为他是喜好议论人的人。博辩广大常常会危害自身的人，是因为他是揭发人家坏事的人。做人儿子的不要想着自己而要想着父母，做人臣子的不要想着自己而要想着君主。’”孔子从周王室返回鲁国，来向他求学的弟子渐渐增多了。

是时也，晋平公淫，六卿擅权，东伐诸侯；[1]楚灵王兵强，陵轹中国[2]；齐大而近于鲁。鲁小弱，附于楚则晋怒；附于晋则楚来伐；不备于齐，齐师侵鲁。

注释

1 是时：指孔子年十七之时，为公元前535年，晋平公之二十三年，楚灵王之六年。六卿：晋国的范氏、中行氏、智氏、韩氏、赵氏、魏氏六大家族。2 陵轹（lì）：欺压。中国：中原各国。

译文

在这个时候，晋平公淫乱，六卿专权，往东去攻打其他诸侯国；楚灵王军队强大，欺压中原各国；齐国地盘大又接近鲁国。鲁国地盘小又虚弱，依附于楚国则晋国发怒；依附于晋国则楚国来攻打；不防备齐国，则齐国军队要侵犯鲁国。

鲁昭公之二十年[1]，而孔子盖年三十矣。齐景公与晏婴来适鲁，景公问孔子

曰："昔秦穆公国小处辟[2]，其霸何也？"对曰："秦，国虽小，其志大；处虽辟，行中正。身举五羖，爵之大夫，起累绁之中，与语三日，授之以政。[3]以此取之，虽王可也，其霸小矣。"景公说。

注释

1 鲁昭公之二十年：即公元前522年。时为齐景公之二十六年。2 辟：通"僻"。3 身举：亲自举荐。五羖（gǔ）：指五羖大夫百里奚，以其用五张黑公羊皮赎来，故称。事详《秦本纪》。累绁（xiè）：同"缧绁"，绑人的绳索，引申为拘禁。

译文

鲁昭公二十年，这时孔子大概有三十岁了。齐景公和晏婴来到鲁国，景公询问孔子："从前秦穆公国家小且处在偏僻地带，可他为什么能称霸呢？"孔子回答说："秦国，国家虽然小，但他的国君志向远大；地势虽然偏僻，但行政措施却恰到好处。秦缪公亲自举荐百里奚，封给他大夫爵位，将他从拘禁的境遇中加以起用，和他交谈三天，授给他国政大权。以这样的政绩来评判秦缪公，即使他在天下称王都是可以的，称霸算不了什么。"景公很高兴。

孔子年三十五，而季平子与郈昭伯以斗鸡故得罪鲁昭公，昭公率师击平子，平子与孟氏、叔孙氏三家共攻昭公，昭公师败，奔于齐，齐处昭公乾侯。[1]其后顷之，鲁乱。孔子适齐，为高昭子家臣[2]，欲以通乎景公。与齐太师语乐，闻《韶》音，学之，三月不知肉味，齐人称之。[3]

注释

1 斗鸡：杜预曰："季平子、郈昭伯二家相近，故斗鸡。"事详《鲁周公世家》昭公二十五年所记及其注文。三家：季孙氏、孟孙氏、叔孙氏鲁国三家贵族，时季平子专权。乾（gān）侯：本为春秋时乾侯之邑。在今河北成安县东南。2 高昭子：齐国贵族。家臣：幕僚。3 太师：乐官。《韶》：歌颂舜帝美德的乐曲。三月不知肉味：言其学习专心专意，而获得无限满足。称：称赞。

译文

孔子三十五岁的时候，季平子由于和郈昭伯斗鸡的缘故得罪了鲁昭公，昭公率领军队袭击季平子，季平子和孟氏、叔孙氏三个家族共同进攻昭公，昭公的军队失败，逃奔到齐国，齐国把昭公安置在乾侯这个地方。此后不久，鲁国内乱。孔子前往齐国，做了高昭子的家臣，想通过高昭子见到齐景公。孔子和齐国乐官谈论音乐，听到了《韶》的乐曲，就学习它，因为太全神贯注，他三个月内尝不出肉的味道，齐国人称赞他。

景公问政孔子，孔子曰："君君[1]，臣臣，父父，子子。"景公曰："善哉！信如君不君，臣不臣，父不父，子不子，虽有粟，吾岂得而食诸！[2]"他日又复问政于孔子，孔子曰："政在节财[3]。"景公说，将欲以尼谿田封孔子。晏婴进曰："夫儒者滑稽而不可轨法；倨傲自顺，不可以为下；崇丧遂哀，破产厚葬，不可以为俗；游说乞贷，不可以为国。[4]自大贤之息，周室既衰，礼乐缺有间。[5]今孔子盛容饰，繁登降之礼，趋详之节，累世不能殚其学，当年不能究其礼。[6]君欲用之以移齐俗，非所以先细民[7]也。"后，景公敬见孔子，不问其礼。异日，景公止孔子曰："奉子以季氏，吾不能，以季孟之间待之。"[8]齐大夫欲害孔子，孔子闻之。景公曰："吾老矣，弗能用也。"孔子遂行，反乎鲁。

注释

1 君君：国君要像个做国君的样子。亦即依照礼制国君要尽到应有的职责。下文臣臣、父父、子子，句式同此。《史记集解》引孔安国曰："当此之时，陈恒制齐，君不君，臣不臣，故以此对也。"2 君不君：国君不像个国君的样子。亦即依照礼制国君没有尽到应有的职责。下文臣不臣、父不父、子不子，句式同此。《史记集解》引孔安国曰："言将危也。陈氏果灭齐。"3 节财：节约财政费用。4 滑稽（gǔ jī）：指能言善辩，圆转多变。轨法：用法律加以规范。倨傲：傲慢不恭。自顺：自以为是。为下：做臣下，服从别人。崇：推崇。遂哀：极尽悲哀之情。乞贷：乞求官禄。为国：治理国家。5 大贤：指周文王、周公等人。息：通"熄"，灭。有间：时间已经很久。6 盛：特别讲究。繁：繁琐。登降：指上下朝。趋：快走。详：审慎。节：礼节。累世：几代。殚（dān）：穷尽。当年：毕生。究：终极。7 先：倡导，引导。细民：平民百姓。8 止：留住。以季孟之间待之：《史记集解》引孔安国曰："鲁三卿，季氏为上卿，最忠；孟氏为下卿，不用事。言待之以二者之间也。"

译文

齐景公询问孔子如何为政，孔子说："国君要像个国君，臣子要像个臣子，父亲要像个父亲，儿子要像个儿子。"景公说："好啊！果真要是做国君的不像个国君，做臣子的不像个臣子，做父亲的不像个父亲，做儿子的不像个儿子，即使有很多的粮食，我怎么能吃得着呢？"另一日，景公又再次向孔子询问如何为政，孔子说："处理国家政事最重要的在于节约财政费用。"景公很高兴，想把尼谿的田地封给孔子。晏婴前来劝阻说："凡是儒生都能言善辩圆转多变，不可用法律来规范他们；傲慢不恭自以为是，不可成为别人的臣下；推崇丧事极尽悲哀，破败家产来行隆重葬礼，不可让他们所办的丧礼成为风俗；驰骋游说乞求官禄，不可让他们治理国家。自从大贤圣们相继下世以后，周王室随之衰落下去，礼乐制度残缺不全已经很久了。如今孔子特别讲究容貌装饰，把上下朝的礼仪搞得特别繁琐，刻意于快步行走的规矩，好几代都不能穷尽他的学问，毕生也不能终极他的礼仪。您想任用他来改变齐国的习俗，不是用来引导百姓的好办法。"后来，景公虽然很有礼貌地接见了孔子，但再也不向他询问礼制的事了。又一天，景公留住孔子说："想让我给您像季氏那样的待遇，那是不可能的，我给您低于季氏而高于孟氏的待遇。"齐国的大夫有人想害孔子，孔子听说了。景公说："我已经老了，不能任用你了。"孔子于是离开了齐国，返回鲁国。

孔子年四十二，鲁昭公卒于乾侯，定公立。定公立五年，夏，季平子卒，桓子嗣立[1]。季桓子穿井得土缶，中若羊，问仲尼，云得狗。[2]仲尼曰："以丘所闻，羊也。丘闻之，木石之怪夔、罔阆，水之怪龙、罔象，土之怪坟羊。[3]"

注释

1 嗣立：继承职位。2 土缶（fǒu）：小口大腹的陶器。《史记索隐》："《家语》云'桓子穿井于费，得物如土缶，其中有羊焉'是也。"得狗：《史记集解》引韦昭曰："获羊而言狗者，以孔子博物，测之。"3 怪：非常见，故曰怪。夔（kuí）：传说中的一种奇异动物，如龙，一足。罔阆：即"魍魉"，同"罔两"，传说中的精怪，好学人声而迷惑人。龙：传说中的神兽。罔象：传说中吃人的怪兽，一名"沐肿"。坟羊：还未分出雌雄的怪物。

译文

孔子四十二岁的时候，鲁昭公在乾侯去世，定公继位。定公继位五年，夏天，季平子去世，桓子继承职位。季桓子挖井得到一件口小腹大的陶器，中间像只羊，询问仲尼的时候说是得到了一只狗。仲尼说："依我所听说的，是羊。我听说，木石的怪物有夔、魍魉，水中的怪物有龙、罔象，土中的怪物有坟羊。"

吴伐越，堕会稽，得骨节专车。[1] 吴使使问仲尼："骨何者最大？"仲尼曰："禹致群神于会稽山，防风氏后至，禹杀而戮之，[2] 其节专车，此为大矣。"吴客曰："谁为神？"仲尼曰："山川之神，足以纲纪天下，其守为神，社稷为公侯，皆属于王者。[3]"客曰："防风何守？"仲尼曰："汪罔氏之君守封、禺之山[4]，为釐姓。在虞、夏、商为汪罔，于周为长翟，今谓之大人。"客曰："人长几何？"仲尼曰："僬侥氏三尺，短之至也。[5] 长者不过十之[6]，数之极也。"于是吴客曰："善哉圣人！"

注释

1 堕：通"隳"，毁坏。会（kuài）稽：越国都城，以有会稽山而得名。在今浙江绍兴市。骨节专车：一节骨头长满一车。《史记集解》引韦昭曰："骨一节，其长专车。专，擅也。" 2 群神：此指掌管各地山川的君长即部落首领。神，山川之神，代指山川。防风氏：一部落首领名。违命迟到。戮（lù）：陈尸示众。3 足以纲纪天下：谓名山大川能兴云致雨以利天下。其守为神：指负责监守当地山川并按时祭祀的即是神。社稷为公侯：《史记集解》引王肃曰："但守社稷无山川之祀者，直为公侯而已。"属：隶属。4 汪罔氏：上古部落名。封、禺：封山和禺山。二山在今浙江德清县西南。5 僬（jiāo）侥（yáo）氏：矮人部落名。《史记集解》引韦昭曰："僬侥，西南蛮之别名也。"至：极点。6 十之：十倍。此指三丈。

译文

吴国攻打越国，毁坏了会稽城，得到一节有一辆车长的骨头。吴国派出使者询问仲尼："什么样的骨头最大？"仲尼说："大禹招来群神到会稽山，防风氏违命迟到，大禹杀了他陈尸示众，他的一节骨头有一辆车长，这是最大的了。"吴国客人说："谁是神？"仲尼说："山川的神灵，足以兴云致雨造福天下，负责监守当地山川并按时祭祀的就是神，只守卫社稷不负责山川祭祀的是公侯，他们都隶属于王者。"客人说："防风氏监守什么地方？"仲尼说："汪罔氏的君长监守封山、禺山，是釐姓。在虞、夏、商三代叫汪罔，在周朝叫长翟，如今称呼他叫大人。”客人说：“他们的人有多高？”仲尼说：“僬侥氏是高三尺，算最矮的了。最高的人也不能超过十倍，顶多也就三丈，这已是极限了。”于是吴国客人说：“了不起呀圣人！”

桓子嬖臣曰仲梁怀，与阳虎有隙。[1] 阳虎欲逐怀，公山不狃[2]止之。其秋，怀益骄，阳虎执[3]怀。桓子怒，阳虎因囚桓子，与盟而醳[4]之。阳虎由此益轻季氏。季氏亦僭于公室，陪臣执国政，[5] 是以鲁自大夫以下皆僭离于正道。故孔子不仕，退而修诗书礼乐，[6] 弟子弥众，至自远方，莫不受业焉。

注释

1 嬖臣：宠幸之臣。隙：嫌隙，隔阂。2 公山不狃：《论语》作“公山弗扰”，季氏家臣。3 执：拘执，拘囚。4 醳：通“释”，释放。5 僭：超越本分。陪臣：重臣，臣子的臣子。季氏对天子而言为陪臣。6 仕：做官，参政。退而修诗、书、礼、乐：《史记志疑》：“时为定公五年（前505），恐未曾修诗、书、礼、乐也，疑衍。”

译文

季桓子有个宠臣叫仲梁怀，和阳虎之间有隔阂。阳虎想要驱逐仲梁怀，公山不狃阻止了他。这年秋天，仲梁怀更加骄纵了，阳虎把仲梁怀拘禁起来。桓子发怒，阳虎借机囚禁了桓子，直到桓子认输立下盟约，阳虎才释放了他。阳虎从此更加轻视季氏。季氏也超越本分侵害公室，作为陪臣却执掌国家政权，由此鲁国自大夫以下都超越本分，背离了礼制的正道。所以孔子不愿意在鲁国做官，退闲在家研修整理诗、书、礼、乐，弟子更加多了，有的甚至来自遥远的地方，没有谁不虚心向孔子求教。

定公八年，公山不狃不得意于季氏，因阳虎为乱，欲废三桓之適，更立其庶孽阳虎素所善者，遂执季桓子。[1] 桓子诈之，得脱。定公九年，阳虎不胜，奔于齐。是时孔子年五十。

公山不狃以费畔[2]季氏，使人召孔子。孔子循道弥久，温温无所试，莫能己用，曰：“盖周文武起丰镐而王，今费虽小，傥庶几乎！”[3] 欲往。子路不说，止孔子。孔子曰：“夫召我者岂徒哉？如用我，其为东周[4]乎！”然亦卒不行。

其后定公以孔子为中都宰，一年，四方皆则之。[5] 由中都宰为司空，由司空为大司寇[6]。

注释

1 三桓：季孙、叔孙、孟孙三家贵族均为鲁桓公之后，故称。适：通"嫡"，嫡长子。庶孽：即"庶子"，指妾媵之子。执季桓子：依《左传》，囚季桓子在定公五年，此八年为阳虎将杀季氏于蒲圃，非执之也。2 费（bì）：亦作"鄪"，季氏封邑，在今山东费县西北。畔：叛。3 循道：探索所依循的治世之道。弥久：已经很久。弥、久，二字同义。温温：受到压抑。无所试：无处施展才能。傥：也许，或者。庶几：差不多。《史记索隐》："检《家语》及孔氏之书，并无此言，故桓谭亦以为诬也。"《史记志疑》引《史记疑问》曰："迁以孔子欲费与不狃为可以文、武乎？是从叛也，何妄之甚。"4 东周：《史记集解》引何晏曰："兴周道于东方，故曰东周也。"5 中都：鲁邑名，在今山东汶上县西。宰：长官。四方：《史记索隐》："《家语》作'西方'。王肃曰：'鲁国近东，故西方诸侯皆取法则焉。'"6 大司寇：官名，掌刑狱、纠察等事。地位属卿。

译文

定公八年，公山不狃在季氏家中不能称心如意，借着阳虎发动变乱，想废掉三桓的嫡长子，改而扶立他们的庶子中和阳虎向来相友善的人，就拘囚起季桓子。桓子用计欺骗他，得以逃脱。鲁定公九年，阳虎没能取胜，逃奔到齐国。这个时候孔子是五十岁。

公山不狃凭借费邑背叛季氏，派人召唤孔子。孔子探究所依循的治国之道已经很久了，因为受到压抑无处展示才能，没有谁来任用自己，说："大概周文王、武王起于丰、镐才称的王，如今费邑虽然很小，也许差不多可以成事哩！"于是想前往应召。子路不高兴，阻止孔子。孔子说："召唤我的人会让我白白地跑一趟吗？如果任用我，我将在东边兴起一个周王朝一样的国家来！"然而最终也没有成行。

此后，鲁定公任命孔子做中都邑的长官，结果一年间大见成效，各地地方官都来向他取经。后来他由中都邑长官升任司空，再由司空升任为大司寇。

定公十年春，及齐平[1]。夏，齐大夫黎鉏言于景公曰："鲁用孔丘，其势危齐。"乃使使告鲁为好会，会于夹谷。[2] 鲁定公且以乘车好往[3]。孔子摄相事，曰：

“臣闻有文事者必有武备，有武事者必有文备。[4]古者诸侯出疆，必具[5]官以从。请具左右司马[6]。”定公曰：“诺。”具左右司马。会齐侯夹谷，为坛位，土阶三等，以会遇之礼相见，揖让而登。[7]献酬[8]之礼毕，齐有司趋而进曰：“请奏四方之乐。”景公曰：“诺。”于是旍旄羽袚矛戟剑拨鼓噪而至[9]。孔子趋而进，历阶而登，不尽一等，[10]举袂而言曰：“吾两君为好会，夷狄之乐何为于此！请命有司！”有司却之，不去，则左右视晏子与景公。景公心怍，麾而去之。[11]有顷，齐有司趋而进曰：“请奏宫中之乐。”景公曰：“诺。”优倡侏儒为戏而前[12]。孔子趋而进，历阶而登，不尽一等，曰：“匹夫而营惑[13]诸侯者罪当诛！请命有司！”有司加法焉，手足异处[14]。景公惧而动，知义不若，归而大恐，告其群臣曰：“鲁以君子之道辅其君，而子独以夷狄之道教寡人，使得罪于鲁君，为之奈何？”有司进对曰：“君子有过则谢以质[15]，小人有过则谢以文。君若悼[16]之，则谢以质。”于是齐侯乃归所侵鲁之郓、汶阳、龟阴之田以谢过。[17]

注释

1 平：和好。2 好会：友好相会。夹谷：古地名，一名“祝其”。在今山东莱芜市南。一说在今山东淄博市淄川西南。3 好往：不带武备前往。4 摄：代理。相事：傧相即司仪的职事。文事：文治之事，指外交。武事：武功之事，指战争。5 具：备。6 司马：官名，掌军政、军赋的高级武官。7 坛：盟坛。位：坛上席位。等：级。揖让：宾主相见的礼节。揖，拱手为礼。登：沿阶升坛。8 献酬：主人向宾客敬酒。酬，劝酒；先自饮，再请宾客饮，为酬。9 旍（jīng）：同“旌”，竿头缀旄牛尾，下有五彩析羽，用以指挥或开道。袚（fú）：《史记索隐》：“袚音弗，谓舞者所执，故《周礼》乐有袚舞。”拨（fá）：大楯。鼓噪：喧扰，起哄。欲以执鲁君。10 历阶而登：一脚登一级快步而上。依礼，两脚登上一级才能再登上另一级。不尽一等：还有一级没有登上。11 怍（zuò）：惭愧。麾：通“挥”，指挥。12 优倡：乐舞艺人。侏儒：乐队中供取乐的矮人。戏：戏谑。13 营（yíng）惑：亦作“荧惑”，迷惑，炫惑。14 手足异处：谓施以斩刑。15 质：指具体、实在的东西。16 悼：痛心，悔愧。17 郓（yùn）：古邑名。春秋时鲁国有二郓邑：一在今山东沂水县东北，一在今山东郓城县东。汶阳：地名，因在汶水之北而得名，在今山东泰安市西南一带。龟阴：地名，在龟山北，故名，在今山东新泰市西南。

译文

鲁定公十年春天，同齐国和好。夏天，齐国大夫黎鉏向景公进言说：“鲁国任用孔丘，势必危害齐国。”就派遣使者告知鲁国要进行友好会晤，定在夹谷相会。鲁定公将要乘着车不带武备前往。孔子代理司仪事务，说："我听说凡是进行外交活动的必定要有武力防备，进行武事活动的必定要有外交配合。古时候诸侯走出国界，必定配备武官随从。请求配备左右司马官。"定公说："行。"配备了左右司马官。在夹谷和齐侯相会，设置了盟坛和席位，土坛的台阶是三级，用会遇的礼仪相见，拱手恭让沿阶登至坛上。主人敬酒的礼仪结束，齐国的主事官员快步上前说："请演奏四方的乐曲。"景公说："好。"于是持着旍旄羽袚矛戟剑拨的舞士喧扰地一拥而上。孔子快步上前，一脚一级地登上台阶，还差一级台阶站住了，举起衣袖并进言说："我们两国的国君进行友好相会，为什么要表演这样一些夷狄的乐曲！请命令办事官员让他们撤下去！"主事官员叫乐队退下，他们却不肯离去，孔子于是左右看看晏子和景公。景公心里惭愧，指挥他们撤下去。过了一会儿，齐国的主事官员快步上前说："请演奏宫中的乐曲。"景公说："好。"歌舞艺人和取乐的矮人上前来进行戏谑式表演。孔子快步上前，一脚一级地登上台阶，还差一级台阶站住了，说："匹夫小人凡敢来戏弄炫惑诸侯国君的，其罪当被诛杀！请命令办事官员给他们以惩处！"主事官员只好依法行事，对这些人处以腰斩。景公畏惧且大为震动，知道齐国在道义上不如鲁国，回国后非常恐慌，告诉他的群臣说："鲁国用君子的道义辅佐他的国君，而你们唯独用夷狄的办法教导寡人，让我得罪了鲁君，这该怎么办？"主管官员上前回答说："君子有过错就用实际具体的东西以示悔改，小人有过错则用言辞虚礼去敷衍。您如果感到过意不去，就用实际具体的东西好了。"于是齐侯就把所侵占鲁国的郓邑、汶阳、龟阴的田地归还来表示歉疚。

定公十三年夏，孔子言于定公曰："臣无藏甲，大夫毋百雉之城。[1]"使仲由为季氏宰，将堕三都[2]。于是叔孙氏先堕郈[3]。季氏将堕费，公山不狃、叔孙辄率费人袭鲁。公与三子[4]入于季氏之宫，登武子之台。费人攻之，弗克，入及公侧。孔子命申句须、乐颀[5]下伐之，费人北。国人追之，败诸姑蔑[6]。二子奔齐，遂堕费。将堕成[7]，公敛处父[8]谓孟孙曰："堕成，齐人必至于北门。且成，孟氏之保鄣[9]，无成，是无孟氏也。我将弗堕。"十二月，公围成，弗克。

注释

1 甲：此指兵器。雉：《史记集解》引王肃曰："高丈长丈曰堵，三堵曰雉。"2 堕：通

“隳”，拆毁。三都：指季孙氏、叔孙氏、孟孙氏三家邑地的城墙。《史记志疑》以为“堕三都”之说系史公信《左传》《公羊》而出，后为《家语》因袭，似成实情，“但考《左传》，侯犯以郈叛，公山不狃以费叛。郈、费之堕，叔、季自堕之，郈、费不叛，则二氏方欲资为保障，即欲堕之，其将能乎？观围成弗克，可见已。……谓孔子堕三都之城，并堕成邑，误甚”。3 郈（hòu）：叔孙氏邑名，在今山东东平县东南。4 三子：指季孙氏、孟孙氏、叔孙氏。5 申句须、乐颀（qí）：二人鲁大夫。6 姑蔑：古邑名，在今山东泗水县东。7 成：孟孙氏邑名，在今山东泗水县西北。8 公敛处父：孟孙氏家臣，成的地方长官。9 鄣：同“障”。

译文

定公十三年夏天，孔子向定公进言说：“臣子不能有收藏的武器，大夫不能有百雉的城墙。”派仲由去做季氏家臣，将要拆毁季孙、叔孙、孟孙三家邑地的城墙。于是叔孙氏先拆毁了郈邑城墙。季氏将要拆毁费邑的城墙，公山不狃、叔孙辄率领费邑人袭击鲁公。定公和季孙、叔孙、孟孙都进入季氏的宫中，登上了武子台。费人去进攻，不能攻下，但进到了定公的侧面。孔子命令申句须、乐颀下台去进攻他们，费邑人败北而逃。鲁国都城的人去追逐他们，在姑蔑把他们打败了。公山不狃、叔孙辄逃奔齐国，于是拆毁了费邑城墙。将要拆毁成邑的城墙，公敛处父对孟孙氏说：“拆毁了成邑城墙，齐国人必将进逼我们的北大门。而且成邑的城墙，是孟氏的保障，没有了成邑城墙，这就是没有了孟氏。我们不应该将它拆毁。”十二月，定公派人包围成邑，没有能取胜。

定公十四年，孔子年五十六，由大司寇行摄相事，有喜色。[1] 门人曰：“闻君子祸至不惧，福至不喜。”孔子曰：“有是言也。不曰‘乐其以贵下人[2]’乎？”于是诛鲁大夫乱政者少正卯。与闻国政三月，粥羔豚者弗饰贾，[3] 男女行者别于涂，涂不拾遗；四方之客至乎邑者不求有司，皆予之以归[4]。

注释

1 定公十四年：公元前 496 年。行摄相事：担任代理相职位。相，处理政务的最高行政官。2 贵：指身居高位。下人：礼贤下士。3 与闻：参与。粥（yù）：同“鬻”，卖。饰贾：漫天要价。贾，通“价”。4 皆予之以归：《史记索隐》：“《家语》作‘皆如归’。”谓都给予了细心照顾，使有宾至如归的感受。

译文

鲁定公十四年的时候，孔子五十六岁，从大司寇担任代理相的职位，有些喜形于色。他的弟子说："听说君子祸难临头不恐惧，福气到了不欣喜。"孔子说："是有这样的话。不是也有说'因为身处高位且能礼贤下士而高兴'的吗？"于是诛杀了扰乱政事的鲁国大夫少正卯。参与处理国家政事三个月，出卖羊羔、生猪的不再漫天要价，男女出行的人各走各的路不相混杂，道不拾遗；四方的宾客来到鲁国城邑的不需要再送礼给政府官员，都能得到照顾而有宾至如归的感受。

齐人闻而惧，曰："孔子为政必霸，霸则吾地近焉，我之为先并矣。盍[1]致地焉？"犁鉏曰："请先尝沮之；沮之而不可，则致地，庸迟乎！"[2]于是选齐国中女子好者八十人，皆衣文衣而舞《康乐》，文马三十驷，遗鲁君。[3]陈女乐文马于鲁城南高门外。季桓子微服往观再三，将受，乃语鲁君为周道游，[4]往观终日，怠于政事。子路曰："夫子可以行矣。"孔子曰："鲁今且郊，如致膰乎大夫，则吾犹可以止。[5]"桓子卒受齐女乐，三日不听政；郊，又不致膰俎于大夫。孔子遂行，宿乎屯[6]。而师己[7]送，曰："夫子则非罪。"孔子曰："吾歌可夫？"歌曰："彼妇之口，可以出走；彼妇之谒，可以死败。[8]盖优哉游哉，维[9]以卒岁！"师己反，桓子曰："孔子亦何言？"师己以实告。桓子喟然[10]叹曰："夫子罪我以群婢故也夫！"

注释

1 盍（hé）：何不。2 犁鉏：上文作"黎鉏"，齐国大夫。沮（jǔ）：阻挠，败坏。此指破坏君臣之间的关系。庸：岂。3 好：漂亮。文衣：华丽的衣服。《康乐》：舞曲名。文马：身披彩色装饰的马。驷：一车四马。遗（wèi）：赠送。4 微服：改变身份、着平民服装暗中察访。为周道游：在四处道路上游动巡行，借以出城观看齐国的女子乐舞。5 郊：郊祭。在南郊祭天。膰（fán）：祭祀用的烤肉。祭毕分送给大夫，得到致送的人会感觉受到了尊重。6 屯：地名，在鲁国南部。7 师己：鲁乐师名。8 谒：请谒，进见。此指受到宠爱。死败：指国家。9 维：只有。10 喟（kuì）然：很有感慨的样子。

译文

齐国人听说了就感到畏惧，说："孔子主持政事，鲁国必定会称霸，鲁国称了霸，那么我国的土地靠它最近，我国会被它先兼并了。何不向鲁国赠送些土地呢？”犁鉏说：“请能先尝试着破坏他们的君臣关系；要是破坏不能成功，那样再去赠送土地，难道还会晚吗？”于是选择了齐国国内漂亮的女子八十人，给她们都穿上华丽的衣服并教会她们跳《康乐》舞蹈，又用披着彩色装饰的马一百二十匹，赠送给鲁君。把女子乐舞队和装饰着的马陈列在鲁国都城南面高门的外边。季桓子穿着平民服装暗中前往观看了多次，准备接收它，就说服鲁君在四处的道路上游动巡行，整日地前往观看，鲁君也就把政事荒怠了。子路说：“老师可以离开鲁国了。”孔子说：“鲁国如今将要郊祭了，如果能把祭祀用的烤肉分送给大夫，那么我还可以留下来。”桓子终于接受了齐国的女子乐舞队，三日不上朝处理政事；郊祭以后，又不把祭祀用的烤肉和盛肉的俎器分送给大夫。孔子这才离开了鲁国，住宿在屯地。乐师师己来送他，说：“先生是没有过错的。”孔子说：“我唱一首歌可以吗？”于是唱道：“那些妇人的言论，害得我不得不出走；那些妇人受到了宠爱，国家因此可能灭亡破败。从此我能轻松快活悠闲自得呀，只有这样才会安度余生！”师己返回，桓子说：“孔子又说了些什么？”师己如实告诉了他。桓子很有感触地叹息说：“先生是怪我接受了那一群齐国女子呀！”

孔子遂适卫，主[1]于子路妻兄颜浊邹家。卫灵公问孔子：“居鲁得禄几何？”对曰：“奉粟六万[2]。”卫人亦致粟六万。居顷之，或谮[3]孔子于卫灵公。灵公使公孙余假一出一入[4]。孔子恐获罪焉，居十月，去卫。

注释

1 主：寓居在人家，即以其家人为主人。2 奉：通“俸”。粟：小米。六万：《史记正义》：“六万小斗，计当今二千石也。周之斗升斤两皆用小也。”3 谮（zèn）：说坏话，诋毁。4 一出一入：指持着兵器进出，表示威胁孔子。

译文

孔子就前往卫国，寄居在子路妻子的哥哥颜浊邹家中。卫灵公询问孔子：“居住在鲁国得到的俸禄是多少？”孔子回答说：“俸禄为小米六万小斗。”卫国人也给他小米六万小斗。过了没有多久，有人在卫灵公面前说孔子的坏话。灵公派公孙余假操着兵器到了孔子住处一进一出威胁他。孔子担心在这里惹出罪祸，住了十个月，就离开了卫国。

将适陈，过匡，颜刻为仆，以其策指之曰："昔吾入此，由彼缺也。"[1]匡人闻之，以为鲁之阳虎。阳虎尝暴匡人，匡人于是遂止孔子。孔子状类阳虎，拘焉五日。颜渊后，子曰："吾以汝为死矣。"颜渊曰："子在，回何敢死！"匡人拘孔子益急，弟子惧。孔子曰："文王既没，文不在兹乎[2]？天之将丧斯文也，后死者不得与于斯文也[3]。天之未丧斯文也，匡人其如予何！"孔子使从者为甯武子[4]臣于卫，然后得去。

注释

1 匡：卫邑名，在今河南长垣县一带。颜刻：人名，曾为阳虎（即阳货，有谓阳虎字货）驾过车。仆：驾车人。缺：进攻时的突破缺口。《史记正义》引《琴操》云："孔子到匡郭外，颜渊举策指匡穿垣曰：'往与阳货正从此入。'匡人闻其言，告君曰：'往者阳货今复来。'乃率众围孔子数日，乃和琴而歌，音曲甚哀，有暴风击军士僵仆，于是匡人有知孔子圣人，自解也。" 2 文：文化，指周代的礼乐制度。兹：此。指孔子自己。3 后死者：亦指孔子自身。与：参与。引申为了解，掌握。4 甯武子：人名。《史记志疑》以为甯武子仕卫在鲁僖公年间，至孔子被围于匡时已历百五六十年，甯氏族灭已久，或此别为一人乃可。

译文

孔子将要前往陈国，经过匡邑，颜刻是孔子的赶车人，他拿着马鞭指着说："从前我们进入过这座城，是从那个缺口处突破的。"匡邑人听说了，认为孔子是鲁国的阳虎。阳虎曾经残暴地对待匡邑人，匡邑人于是就围困了孔子。孔子的状貌像阳虎，他被拘禁了五天。颜渊行进中落在后面，孔子说："我以为你已经死了。"颜渊说："您在，我颜回怎么敢死！"匡邑人围攻孔子越来越急，弟子们害怕了。孔子说："文王已经去世了，周代有关礼乐制度的文化不就在我这里吗？上天要是想让这种文化绝灭，在文王后死的我就不会掌握这种文化。上天要是没想让这种文化绝灭，匡邑人又能把我怎么样呢！"孔子派随从留在卫国去做甯武子的臣属，这以后才得以离去。

去即过蒲[1]。月余，反乎卫，主蘧伯玉[2]家。灵公夫人有南子者，使人谓孔子曰："四方之君子不辱欲与寡君为兄弟者，必见寡小君。[3]寡小君愿见。"孔子辞谢，不得已而见之。夫人在絺帷[4]中。孔子入门，北面稽首[5]。夫人自帷中再拜，

环佩玉声璆然[6]。孔子曰："吾乡为弗见，见之礼答焉。"子路不说。孔子矢之曰："予所不者，天厌之！[7]天厌之！"居卫月余，灵公与夫人同车，宦者雍渠参乘，出，使孔子为次乘，招摇市过之。[8]孔子曰："吾未见好德如好色[9]者也。"于是丑之，去卫，过曹。是岁，鲁定公卒。

注释

1 蒲：卫邑名，与匡邑邻近。在今河南长垣县。2 蘧（qú）伯玉：卫大夫，名瑗。3 不辱：不以为辱。寡小君：谦称本国国君的夫人。时南子掌握卫国实权。4 絺（chī）帷：细葛布帐子。5 稽（qǐ）首：叩头至地。6 璆（qiú）然：美玉相击发出的声音。璆，美玉。7 所：如果。不（fǒu）：同"否"，《论语·雍也》正作"否"。不好，不对，指做事不合于礼。厌：厌弃。8 参乘：居车右陪乘。次乘：跟在后面的第二辆车。招摇：张扬炫耀。9 好德如好色：像喜好女色一样喜好道德。《史记集解》引何晏曰："疾时薄于德，厚于色，故发此言也。"引李充曰："使好德如好色，则弃邪而反正矣。"

译文

离开匡邑后随即路过蒲邑。一个多月以后，返回卫国，寄居在蘧伯玉家中。灵公的夫人有个叫南子的，派人对孔子说："四方来的君子不以和寡君结为兄弟为耻辱，必定来拜见寡小君。寡小君愿意接见。"孔子本来想推辞谢绝，后来不得已才出来拜见她。夫人坐在细葛布帐子里面。孔子进门，面朝北叩头。夫人从帷帐中一再拜谢，只听到她环身佩带的美玉互相撞击发出叮当的清脆声响。事后孔子说："我向来不想去拜见她，现在已经见了就得以礼答谢她。"子路听了不高兴。孔子发誓说："我如果做了什么不好的事，上天就厌弃我吧！上天就厌弃我吧！"在卫国住了一个多月，灵公和夫人同坐一辆车，让宦者雍渠在车右陪乘，出了宫门，让孔子坐在后面第二辆车上，张扬炫耀地从市面经过。孔子说："我没有见过喜好德性能像喜好女色一样的人。"于是感到灵公的行为丑恶，离开了卫国，经过曹国。这一年，鲁定公去世了。

孔子去曹适宋，与弟子习礼大树下。宋司马桓魋欲杀孔子[1]，拔其树。孔子去。弟子曰："可以速矣。"孔子曰："天生德于予[2]，桓魋其如予何！"

注释

1 桓魋（tuí）欲杀孔子：据《曲礼·子贡问解》，孔子责备桓魋奴役工匠为自己造石椁，桓魋怀恨在心，故起杀意。2 天生德于予：上天使我具有圣德。《史记集解》引包氏曰："天生德者，谓授以圣性，德合天地，吉无不利，故曰其如予何。"

译文

孔子离开曹国前往宋国，和弟子们在一棵大树底下演习礼仪。宋国的司马桓魋想杀了孔子，拔掉了这棵树。孔子要离开这个地方。弟子们说："可以加快速度了。"孔子说："上天让我怀有圣德，桓魋他又能把我怎么样呢？"

孔子适郑，与弟子相失，孔子独立郭东门。[1] 郑人或谓子贡曰："东门有人，其颡似尧，其项类皋陶，其肩类子产，然自要以下不及禹三寸，累累若丧家之狗。[2]"子贡以实告孔子。孔子欣然笑曰："形状，末[3]也。而谓似丧家之狗，然哉！然哉！"

注释

1 相失：走散，失掉联系。郭：外城。2 颡（sǎng）：额头。项：颈的后部。要（yāo）："腰"的本字。不及：少，短。累累（léi léi）：通"羸羸"，瘦瘠疲惫貌。丧家之狗：《史记集解》："王肃曰：'丧家之狗，主人哀荒，不见饮食，故累然而不得意。孔子生于乱世，道不得行，故累然不得志之貌也。'《韩诗外传》曰'丧家之狗，既敛而椁，有席而祭，顾望无人'也。"3 末：不重要，轻微不足道。

译文

孔子前往郑国途中，和弟子们全都走散了，孔子独自一人站在外城的东门。郑国有人对子贡说："东门有个人，额头像尧，后颈像皋陶，肩膀像子产，然而从腰以下比大禹短了三寸，瘦瘠疲惫得像一只丧家狗。"子贡把这些话如实告诉孔子。孔子高兴得笑着说："议论我的形状，是微不足道的事。至于说我像只丧家狗，说得对！说得对！"

孔子遂至陈，主于司城贞子家。岁余，吴王夫差伐陈，取三邑而去。赵鞅伐朝歌。楚围蔡，蔡迁于吴。吴败越王句践会稽。

有隼集于陈廷而死，楛矢贯之，石砮，矢长尺有咫。[1]陈湣公使使问仲尼。仲尼曰：“隼来远矣，此肃慎[2]之矢也。昔武王克商，通道九夷百蛮，使各以其方贿来贡，使无忘职业。[3]于是肃慎贡楛矢，石砮，长尺有咫。先王欲昭其令德，以肃慎矢分大姬，配虞胡公而封诸陈。[4]分同姓以珍玉，展亲；分异姓以远方职，使无忘服。[5]故分陈以肃慎矢。”试求之故府[6]，果得之。

孔子居陈三岁，会晋楚争强，更伐陈，及吴侵陈，陈常被寇。[7]孔子曰：“归与，归与！吾党之小子狂简[8]，进取不忘其初。”于是孔子去陈。

注释

1 隼（sǔn）：鸟纲、隼科各种类的通称。猛禽。集：栖止。楛（hù）：树名。砮（nǔ）：箭镞。咫（zhǐ）：长度单位，周制八寸。2 肃慎：古族名。周时处于今乌苏里江两岸我国东北东部和俄罗斯东部沿海地区。后来为女真族。3 九夷百蛮：泛指各少数民族。方贿：方物，地方土特产。贿，财物。职业：进贡之事。职，进贡，贡献。业，事。4 昭：表彰，显扬。令：美。大姬：武王长女。虞胡公：陈之始封者胡公满为虞帝舜的后代，故名。5 展亲：重视亲族。展，重。忘服：忘记服从。6 故府：过去收藏各地方物的仓库。7 更：轮流，更替，交替。寇：侵害，掠夺。8 吾党：指我的故乡鲁国。党，亦作“邮”。古以五族（五百家）为党。狂简：志向远大而行为粗率。

译文

孔子就到了陈国，寄居在司城贞子家中。一年多，吴王夫差攻打陈国，夺取了三座城邑撤走了。赵鞅攻打朝歌。楚国包围蔡国，蔡国迁到了吴地。吴国在会稽打败了越王句践。

有只隼栖止在陈国的宫廷而死去了，它的身体被楛箭射穿了，这箭用了石制箭镞，箭杆有一尺八寸长。陈湣公派使者询问仲尼。仲尼说：“这只隼是从很远的地方飞来的，射它的是肃慎部族的箭。从前周武王战胜殷商，沟通了和九夷百蛮的关系，让他们各用自己的土特产来进贡，以便使他们不会忘记职责和义务。于是肃慎部族进贡了楛木箭杆，还有石制箭镞，长一尺八寸。先王为了表彰诸侯的美德，把肃慎进贡的箭分给了武王的长女大姬，把她许配给虞胡公，将陈地封给虞胡公。把珍贵的玉器分给同姓诸侯，表示重视亲族关系；把远方进贡的地方特产分给异族诸侯，让他们不要忘记服从周王室。所以把肃慎贡献来的箭杆分给了陈国。”湣公派人到过去收藏各地方物的仓库中去寻求，果然找到了。

孔子住在陈国三年，正遇上晋楚两国争霸，他们轮番攻打陈国，等到吴国来侵犯陈国，陈国常常遭遇掠夺。孔子说："回去吧，回去吧！我家乡的这班学生志向远大而行为粗疏，但他们都有进取心，也没有忘记自己的初衷。"于是孔子离开了陈国。

过蒲，会公叔氏以蒲畔，蒲人止孔子。弟子有公良孺者，以私车五乘从孔子。其为人长贤，有勇力，谓曰："吾昔从夫子遇难于匡，今又遇难于此，命也已。吾与夫子再罹难，宁斗而死。[1]"斗甚疾[2]。蒲人惧，谓孔子曰："苟毋适卫，吾出子。"与之盟，出孔子东门。孔子遂适卫。子贡曰："盟可负邪？"孔子曰："要盟[3]也，神不听。"

注释

1 罹（lí）：遭受。宁斗而死：《史记索隐》："《家语》云'我宁斗死。挺剑而合众，将与之战，蒲人惧'是也。"2 疾：猛烈。3 要（yāo）盟：通过要挟订立的盟约。

译文

经过蒲邑，正遇上公叔氏依据蒲邑背叛卫国，蒲邑人扣留了孔子。孔子的弟子中有个叫公良孺的人，用自己的五乘私车跟从着孔子。他这个人高大贤能，勇敢有气力，对孔子说："我从前跟从先生在匡邑遇到祸难，如今又在这里遇到祸难，是命中注定的了。我和先生一再地遭受危难，宁愿战斗而死去。"战斗非常猛烈。蒲邑人惧怕，对孔子说："假若不前往卫国，我们就放您出城。"和他们订立盟约，放孔子出了东门。孔子就前往卫国。子贡说："订立的盟约可以违背吗？"孔子说："是在要挟下订立的盟约，神灵不会听从。"

卫灵公闻孔子来，喜，郊迎。问曰："蒲可伐乎？"对曰："可。"灵公曰："吾大夫以为不可。今蒲，卫之所以待晋楚也，以卫伐之，无乃不可乎？[1]"孔子曰："其男子有死之志，妇人有保西河之志。[2]吾所伐者不过四五人[3]。"灵公曰："善。"然不伐蒲。

灵公老，怠于政，不用孔子。孔子喟然叹曰："苟有用我者，期月而已，三年有成。[4]"孔子行。

注释

1 待：防备，防御。无乃：恐怕。2 死：此指宁死也不听从投靠他国。《史记集解》引王肃曰："公叔氏欲以蒲适他国，而男子欲死之，不乐适他。"西河：地区名，卫国所属的黄河西岸。在今河南内黄县至浚县一带。《史记集解》引王肃曰："妇人恐惧，欲保西河，无战意也。"3 四五人：指本与公叔氏一同叛卫的人。4 期（jī）月：一整年。成：成效，成就。

译文

卫灵公听说孔子来到，很高兴，到郊外来迎接。他询问孔子说："蒲邑可以去攻打吗？"孔子回答说："可以。"灵公说："我的大夫们认为不可以。如今的蒲邑，是卫国防备晋、楚二国的地方，用卫国的军队去攻打，恐怕不可以吧？"孔子说："蒲邑的男人们有宁死不投靠他国的志向，妇女有保住西河不想开战的志向。我们所要攻打的只不过是跟着公叔氏搞背叛的四五个人。"灵公说："好。"然而他也没有去攻打蒲邑。

灵公老了，懒得处理政务，所以不任用孔子。孔子很有感触地叹息说："假若有任用我的国家，一整年就差不多了，三年就会大有成效。"孔子只好离开。

佛肸为中牟宰[1]。赵简子攻范、中行，伐中牟。佛肸畔，使人召孔子。孔子欲往。子路曰："由闻诸夫子，'其身亲为不善者，君子不入也'。今佛肸亲以中牟畔，子欲往，如之何？"孔子曰："有是言也。不曰坚乎，磨而不磷；不曰白乎，涅而不淄。[2]我岂匏瓜[3]也哉，焉能系而不食？"

孔子击磬[4]。有荷蒉[5]而过门者，曰："有心哉，击磬乎！硁硁[6]乎，莫己知也夫而已矣！"

注释

1 佛肸（xī，或 bì）：晋大夫范中行的家臣。中牟（mù）宰：中牟邑的长官。中牟，范氏的私邑。在今河南鹤壁市西。2 磷（lìn）：薄。涅（niè）：本为可做黑色染料的矾石，此处意为"染黑"。淄（zī）：通"缁"，黑色。3 匏（páo）瓜：瓠子，有一种味苦的不能食用，只可系在腰间作泅渡用。4 磬（qìng）：用玉或石制成的打击乐器。5 荷：担负。蒉（kuì）：盛土的草包。6 硁硁（kēng）：击磬声。

译文

佛肸任中牟邑的地方长官。赵简子进攻范氏、中行氏，攻打中牟邑。佛肸背叛，派人来召唤孔子。孔子有意前往。子路说："我听先生说过，'其人亲自做过不好的事，君子不会去到他那里'。如今佛肸依据中牟邑背叛，您想前往，这是为什么？"孔子说："有过这样的话。不是也说过坚硬的东西，再磨也不会变薄；不是也说过雪白的东西，再用黑颜料染也不会变黑。我难道是条苦味的瓠子，怎么能像它那样老是系在腰上而不去吃呢？"

孔子敲击磬。有位担负着盛土草包的人经过他的门前说："有心思呀，敲击着磬呢！硁硁地响着，没有谁赏识自己，那就算了罢！"

孔子学鼓琴师襄子，十日不进。[1]师襄子曰："可以益矣。"孔子曰："丘已习其曲矣，未得其数[2]也。"有间[3]，曰："已习其数，可以益矣。"孔子曰："丘未得其志[4]也。"有间，曰："已习其志，可以益矣。"孔子曰："丘未得其为人[5]也。"有间，曰有所穆然深思焉，有所怡然高望而远志焉。[6]曰："丘得其为人，黯然而黑，幾然而长，眼如望羊，[7]如王四国，非文王其谁能为此也！"师襄子辟席再拜，曰："师盖云《文王操》也。"[8]

注释

1 鼓琴：弹琴。师襄子：鲁人，击磬官，善弹琴。进：指增加乐曲内容。2 数：指弹奏的技术、方法。3 有间：过了一段时间。4 志：指乐曲的情感意蕴。5 为人：指为人的品格。6 曰：应为衍文，不译。穆然：静默。穆，通"默"，沉默。怡然：安适愉快的样子。7 黯然：暗淡，淡黑。幾（qí）：通"颀"，身长的样子。望羊：一作"望洋"，远望。8 辟：通"避"。《文王操》：相传为周文王所作的琴曲名。

译文

孔子向师襄子学习弹琴，十日没有增加新的乐曲。师襄子说："可以学习新乐曲了。"孔子说："我已经熟习新曲了，但还没有熟练地掌握弹奏的技法。"过了一段时间，师襄子说："已经熟习弹奏的技法了，可以学习些新曲了。"孔子说："我还没能掌握乐曲的情感意蕴。"过了一段时间，师襄子说："已经熟习乐曲的情感意蕴，可以再学些新曲了。"孔子说："我还没有掌握作曲人的气质品格。"过了一段时间，有所静默沉思的样子，有所安适愉快地抬头仰望显示出志向远大的样子。他说："我琢磨出了作曲人的气质品格，他有黝黑的皮肤，高高的身躯，眼神远望而深邃，好像在统治着四方的诸侯国家，不是周文王难道还有谁能够这样吗？"师襄子避开坐席再次拜揖，说："我老师原来说过这乐曲是叫《文王操》。"

孔子既不得用于卫，将西见赵简子。至于河而闻窦鸣犊、舜华之死也，临河而叹曰："美哉水，洋洋乎[1]！丘之不济此，命也夫！"子贡趋而进曰："敢问何谓也？"孔子曰："窦鸣犊、舜华，晋国之贤大夫也。赵简子未得志之时，须[2]此两人而后从政；及其已得志，杀之乃从政。丘闻之也，刳胎杀夭则麒麟不至郊，竭泽涸渔则蛟龙不合阴阳，覆巢毁卵则凤皇不翔。[3]何则？君子讳伤其类[4]也。夫鸟兽之于不义也尚知辟之，而况乎丘哉！"乃还息乎陬乡，作为《陬操》以哀之。[5]而反乎卫，入主蘧伯玉家。

他日，灵公问兵陈[6]。孔子曰："俎豆之事则尝闻之，军旅之事未之学也。"明日，与孔子语，见蜚[7]雁，仰视之，色不在孔子。孔子遂行，复如陈。[8]

注释

1 洋洋：盛大的样子。2 须：需要。3 刳（kū）：剖挖。麒麟：传说中一种象征吉祥的兽。涸（hé）：枯竭。蛟龙：《史记索隐》："有角曰蛟龙。龙能兴云致雨，调和阴阳之气。" 4 类：同类。以上分别指陆上、水里、空中的动物。5 息：停息。《陬操》：琴曲名。6 陈：同"阵"。兵阵，即军旅之事。7 蜚：通"飞"。8《史记索隐》以为孔子此次离开卫国，事在鲁哀公二年，即公元前 493 年。

译文

孔子不能得到卫国重用，将要往西去拜见赵简子。到达黄河岸边听到了窦鸣犊、舜华的死亡消息，面对着黄河叹息说："美好的黄河水呀，是那样盛大的流淌着呢！我不能从这里渡过去，是命中注定吧！"子贡快步上前说："请问老师说的是什么意思？"孔子说："窦鸣犊、舜华，是晋国的两位贤大夫。赵简子还没有得志的时候，依靠这两个人才得以从政；等他得志了，却杀了他们来执掌政权。我听说过，要是剖胎杀夭，那么麒麟就不会出现在郊野；要是把水抽干把鱼捕尽，那么蛟龙就不会兴云致雨来调和阴阳；要是覆巢毁卵，那么凤凰就不会回旋飞翔。为什么呢？君子最忌讳的是伤害他们的同类。鸟兽这些不懂得仁义的动物尚且知道回避这一点，更何况是我呢？”孔子就回转到陬乡停息，写作了一首《陬操》的乐曲用以表示哀悼。再返回到卫国，进入蘧伯玉家中寄居。

有一天，灵公询问排兵布阵的事。孔子说：“俎豆这样的祭祀礼仪的事我曾经是听说了的，运兵作战的事我还从没有学习过。”第二天，灵公和孔子谈话，看见空中有飞行的大雁，抬头仰视，神色一点也不在孔子身上。孔子就离开了，重新来到了陈国。

夏，卫灵公卒，立孙辄，是为卫出公。六月，赵鞅内太子蒯聩于戚[1]。阳虎使太子絻，八人衰绖，[2]伪自卫迎者，哭而入，遂居焉。冬，蔡迁于州来[3]。是岁鲁哀公三年[4]，而孔子年六十矣。齐助卫围戚，以卫太子蒯聩在故也。

夏，鲁桓、釐庙燔[5]，南宫敬叔救火。孔子在陈，闻之，曰：“灾必于桓釐庙乎？”已而果然。

注释

1 内：同“纳”。纳入，送回去。《卫康叔世家》记：“赵简子欲入蒯聩，乃令阳虎诈命卫十余人衰绖归，简子送蒯聩。卫人闻之，发兵击蒯聩。蒯聩不得入，入宿而保，卫人亦罢兵。”是其事，“内”，正作“入”。戚：卫邑名，又名“宿”，在今河南濮阳市北戚城。2 絻（wèn）：丧服之一，去冠，用布包裹发髻。衰绖（cuī dié）：丧服。胸前当心处缝长六寸宽四寸的麻布，名“衰”，这种衣叫“衰衣”。围在头上或缠在腰间的散麻绳叫“首绖”或“腰绖”。3 州来：都邑名，即“下蔡”，在今安徽凤台县。4 鲁哀公三年：即公元前 492 年。5 鲁桓、釐：鲁桓公、鲁釐公。釐，或作“僖”。燔（fán）：被烧毁。

译文

夏天，卫灵公去世，他的孙子辄继位，这就是卫出公。六月，赵鞅把卫国太子蒯聩送回戚邑。阳虎让太子佩带絻式丧服，又由八个人穿戴衰绖丧服，假装从卫国来接太子回去奔丧，哭着进入戚邑，就住下来。冬天，蔡国把国都迁到了州来。这一年是鲁哀公三年，孔子正是六十岁了。齐国帮助卫国围困戚邑，是因为卫太子蒯聩在这里的缘故。

夏天，鲁国桓公、釐公的庙被烧毁，南宫敬叔去救了火。孔子这时正在陈国，听说了这件事，说：“火灾必定是发生在桓公、釐公的庙吧？”随后证实果真是这样。

秋，季桓子病，辇[1]而见鲁城，喟然叹曰：“昔此国几兴矣，以吾获罪于孔子，故不兴也。”顾谓其嗣康子曰：“我即死，若必相鲁；相鲁，必召仲尼。”[2]后数日，桓子卒，康子代立。已葬，欲召仲尼。公之鱼[3]曰：“昔吾先君用之不终，终为诸侯笑。今又用之，不能终，是再为诸侯笑。”康子曰：“则谁召而可？”曰：“必召冉求[4]。”于是使使召冉求。冉求将行，孔子曰：“鲁人召求，非小用之，将大用之也。”是日，孔子曰：“归乎归乎！吾党之小子狂简，斐然成章，吾不知所以裁之。[5]”子赣知孔子思归，送冉求，因诫曰“即用，以孔子为招”云。[6]

注释

1 辇（niǎn）：乘车。2 顾：回过头来。即：如果。3 公之鱼：鲁大夫。4 冉求：孔子弟子，字子有，曾为季氏家臣。5 斐（fěi）然：有文采的样子。章：文采，文章。裁：裁制，节制。6 子赣：孔子弟子。招：招请。

译文

秋天，季桓子重病，乘车望见了鲁城，很有感触地叹息说：“从前这个国家几乎要兴盛了，是因为我得罪了孔子，所以没有兴盛起来。”回过头来对他的继承人康子说：“我如果死了，你必定会任鲁国相；任了鲁国相以后，一定要把仲尼召回来。”过了几天，桓子去世，由康子接替职位。康子已经安葬了桓子，就想召回仲尼。公之鱼说：“从前我们的先君任用他不能有始有终，最后被各诸侯国耻笑。如今又任用他，还是不能有始有终，这样会再次被各诸侯国耻笑。”康子说：“那么召谁才可以呢？”公之鱼说：“一定要召冉求。”于是派使者去召冉求。冉求将要前来，孔子说：“鲁国人召冉求，不只是小用他，将会对他大加重用。”这一日，孔子说：“回去吧回去吧！我家乡的这班学生志向远大而行为粗疏，文采虽然很好，但我真不知道怎样节制他们才好。”子赣知道孔子思念故国想回去，送别冉求的时候，乘机叮嘱他说“如果你被任用，就把孔子接回去”之类的话。

冉求既去，明年，孔子自陈迁于蔡。蔡昭公将如吴，吴召之也。前昭公欺其臣迁州来，后将往，大夫惧复迁，公孙翩射杀昭公[1]。楚侵蔡。秋，齐景公卒[2]。

明年，孔子自蔡如叶[3]。叶公问政，孔子曰：“政在来远附迩[4]。”他日，叶公

问孔子于子路，子路不对。孔子闻之，曰："由，尔何不对曰'其为人也，学道不倦，诲人不厌，发愤忘食，乐以忘忧，不知老之将至云尔[5]'？"

注释

1 昭公：以上三"昭公"，皆当作"昭侯"。杀昭侯，事在鲁哀公四年，即公元前491年。2 齐景公卒于鲁哀公五年，即公元前490年。故下"明年"二字，当在前"秋"字之上。3 叶（shè）：邑名，在今河南叶（yè）县。4 政：治国。来：招徕。附：使归服。迩（ěr）：近。5 云尔：如此而已，如此罢了。

译文

冉求已经离去，第二年，孔子从陈国迁居到蔡国。蔡昭侯将要去到吴国，是吴国召他去的。这以前昭侯因为亲吴而欺骗他的臣子把国都从新蔡迁到了州来，这次他将前往吴国，大夫们惧怕再次迁都，公孙翩就射杀了昭侯。楚国侵犯蔡国。第二年秋天，齐景公去世。

这一年，孔子从蔡国到达了叶邑。叶公询问治国的事。孔子说："治理国家要能招徕远方的民众，使邻近地区的民众归服。"有一天，叶公向子路询问孔子的为人，子路不知道怎么回答。孔子听说了，说："仲由，你何不回答说'他做人的特点是，学习道理不知疲倦，教诲别人全不厌烦，发愤起来忘记了吃饭，高兴起来忘记了忧愁，不知道衰老就要到来而已'？"

去叶，反于蔡。长沮、桀溺耦而耕，孔子以为隐者，使子路问津焉。[1]长沮曰："彼执舆[2]者为谁？"子路曰："为孔丘。"曰："是鲁孔丘与？"曰："然。"曰："是知津矣[3]。"桀溺谓子路曰："子为谁？"曰："为仲由。"曰："子，孔丘之徒与？"曰："然。"桀溺曰："悠悠者天下皆是也，而谁以易之？[4]且与其从辟人之士，岂若从辟世之士哉！[5]"耰而不辍[6]。子路以告孔子，孔子怃然曰："鸟兽不可与同群。天下有道，丘不与易也。"[7]

注释

1 长沮（jū）、桀溺：楚国的两名隐者。耦（ǒu）：两人各持一耜（sì，农具）并肩而耕。津：渡口。2 执舆：执辔，拉着马的缰绳。此时子路下车问路，缰绳暂由孔子拉着。3 是知津矣：一以讥讽孔子多次周游列国，应该熟悉道路；一以讥讽孔子应认识形势，迷途知返。4 悠悠：《论语·微子》作“滔滔”。滔滔，大水奔流的样子，比喻社会纷乱。以：与。易：改变。5 辟人：避开无道之君。士：指孔子。辟世之士：指长沮、桀溺自己。辟世，逃避现实的隐士。6 耰（yōu）：用土覆盖播下去的种子。辍（chuò）：停止。7 怃（wǔ）然：怅然若失的样子。鸟兽不可与同群：指孔子不愿隐居山林和鸟兽同群。

译文

孔子离开叶邑，返回到蔡国。长沮、桀溺二人在一起耕地，孔子认为他们是不做官而隐居起来的人，让子路去问渡口在哪里。长沮说：“那个拉着缰绳的人是谁？”子路说：“是孔丘。”长沮说：“这就是鲁国的孔丘吗？”子路说：“对。”长沮说：“那他应该知道渡口在哪儿。”桀溺对子路说：“您是谁？”子路说：“是仲由。”桀溺说：“您是孔丘的门徒吗？”子路说：“对。”桀溺说：“整个天下都像洪水泛滥似的动乱不安，你能和谁去改变它？而且与其跟从避开无道国君的那种人，还不如跟着逃避现实的人哩！”一边说着一边不停地用土覆盖播下去的种子。子路把这些话告诉孔子，孔子怅然若失地说：“不能甘于和鸟兽一起生活。天下要是政治清明，我就不会到处奔波想去改变世道了。”

他日，子路行，遇荷蓧丈人[1]，曰：“子见夫子乎？”丈人曰：“四体不勤，五谷不分，孰为夫子！[2]”植其杖而芸[3]。子路以告，孔子曰：“隐者也。”复往，则亡[4]。

注释

1 荷：肩负。蓧（diào）：竹制除草用的田具。丈人：老人。2 四体：两手两脚。五谷：黍、稷、菽、麦、稻。3 植：树，插。杖：拐杖。芸：通“耘”，除草。4 亡：外出，不在家。《史记集解》引孔安国曰：“子路反至其家，丈人出行不在。”

译文

有一天，子路在行进中，遇见一位用拐杖肩负着除草工具的老人，说：“您看见我的老师吗？”老人说：“四肢不劳动，五谷分不清，哪里算是老师呢！”说完就把拐杖立在田边除草去了。子路把这个情况告诉孔子，孔子说：“这是一位隐者。”再次前去见他，就已经不在家了。

孔子迁于蔡三岁，吴伐陈。楚救陈，军于城父。[1]闻孔子在陈蔡之间，楚使人聘[2]孔子。孔子将往拜礼，陈蔡大夫谋曰："孔子贤者，所刺讥[3]皆中诸侯之疾。今者久留陈蔡之间，诸大夫所设行[4]皆非仲尼之意。今楚，大国也，来聘孔子。孔子用于楚，则陈蔡用事[5]大夫危矣。"于是乃相与发徒役[6]围孔子于野。不得行，绝粮。从者病，莫能兴[7]。孔子讲诵弦歌[8]不衰。子路愠，见曰："君子亦有穷乎？"[9]孔子曰："君子固穷，小人穷斯滥矣。[10]"

子贡色作[11]。孔子曰："赐，尔以予为多学而识[12]之者与？"曰："然。非与？"孔子曰："非也。予一以贯之[13]。"

注释

1 楚救陈：在鲁哀公四年，即公元前 491 年。城父：楚邑名，在今河南襄城县西南。2 聘：聘请，延请。3 刺讥：讽刺。刺，指责，常用作讥讽之意。故此处刺、讥二字同义。疾：弊病。4 设行：行事。设，设施，亦即行事。5 用事：当权。6 徒役：服劳役的人。7 兴：站起。8 讲诵弦歌：讲解、朗读（诗）、弹琴、歌唱。或以为诵即陈述，弦歌即"弦诵"，存参。9 愠（yùn）：怨恨，恼怒。穷：窘迫，困厄。10 固：坚守节操。滥：严重为非作歹。《史记集解》引何晏曰："滥，溢也。君子固亦有穷时，但不如小人穷滥溢为非。"11 色作：变脸色。12 识（zhì）：强记。13 一：此指孔子的忠恕之道。详见《论语·里仁》。贯：贯串，贯通。

译文

孔子迁居到蔡国的第三年，吴国攻打陈国。楚国援救陈国，驻在城父。听说孔子住在陈、蔡二国之间的地带，楚国派人去延请孔子。孔子将要前去敬受聘礼，陈、蔡两国的大夫谋划说："孔子是个贤圣的人，他所讽刺的事情都刺中了各个诸侯的弊病。如今他长时间留在陈、蔡二国之间的地带，各位大夫所做的一些事都不符合仲尼的心意。如今楚国是个大国，来延请孔子。孔子要是被楚国任用，那么陈、蔡两国当权的大夫就危险了。"于是就相互发动服劳役的人把孔子包围在野外。孔子不能够行动，粮食也断绝了。跟从他的学生有人饿出了病，不能站起来。孔子还是照常讲解、朗读、弹琴、唱歌而不衰竭。子路心里怨恨，去见他说："君子也有走投无路的时候吧？"孔子说："君子遭受困厄能坚守节操，小人要是窘迫那就会严重为非作歹了。"

子贡的脸色也变了。孔子说："赐，你认为我是博学强记的人吧？"子贡说："是的。难道不是吗？"孔子说："不是的。我是用一个忠恕的根本思想把学说贯通起来了。”

孔子知弟子有愠心，乃召子路而问曰：“《诗》云‘匪兕匪虎，率彼旷野’。[1]吾道非邪？吾何为于此？”子路曰：“意者[2]吾未仁邪？人之不我信也。意者吾未知邪？人之不我行也。”孔子曰：“有是乎！由，譬使仁者而必信，安有伯夷、叔齐？[3]使知者而必行，安有王子比干[4]？”

子路出，子贡入见。孔子曰：“赐，《诗》云‘匪兕匪虎，率彼旷野’。吾道非邪？吾何为于此？”子贡曰：“夫子之道至大也，故天下莫能容夫子。夫子盖少贬焉[5]？”孔子曰：“赐，良农能稼而不能为穑，良工能巧而不能为顺。[6]君子能修其道，纲而纪之，统而理之，而不能为容。[7]今尔不修尔道而求为容。赐，而志不远矣！”

子贡出，颜回入见。孔子曰：“回，《诗》云‘匪兕匪虎，率彼旷野’。吾道非邪？吾何为于此？”颜回曰：“夫子之道至大，故天下莫能容。虽然，夫子推而行之，不容何病[8]？不容然后见君子！夫道之不修也，是吾丑[9]也。夫道既已大修而不用，是有国者之丑也。不容何病？不容然后见君子！”孔子欣然而笑曰：“有是哉颜氏之子！使尔多财，吾为尔宰[10]。”

注释

1《诗》：此处见《小雅·何草不黄》。匪：通“非”。兕（sì）：雌犀牛。率：循，沿。2 意者：大概，或者。3 譬使：假使。伯夷、叔齐：商末孤竹君的长子和次子。不满武王伐纣拒食周粟而死。详见《伯夷列传》。4 王子比干：商纣王之叔父，因屡谏被剖心而死。详见《殷本纪》。5 盖（hé）：通“盍”，何不。少：稍，略微。贬：贬损，降低。6 稼（jià）：播种五谷。穑（sè）：收获谷物。《史记集解》引王肃曰：“种之为稼，敛之为穑。言良农能善种之，未必能敛获之。”顺：顺遂，顺心，顺意。《史记集解》引王肃曰：“言良工能巧而已，不能每顺人之意。”7 纲而纪之：治理国家。容：接纳。8 病：损害。9 丑：耻辱。10 宰：指掌管财务的人。

译文

孔子知道弟子们有怨恨情绪，就召来子路询问说：“《诗》里面讲‘不是犀牛不是虎，为啥旷野常出入’。我们的学说不对吗？我们为什么会落到这个地步？”子路说：“或者我们的仁德还不够吧？人家因此不信任我们。或者我们的智谋还不够吧？人家因此不让我们通行。”孔子说：“有这样的事吗？仲由，假使有仁德的人都必能让人信任，哪里还会有伯夷、叔齐呢？假使有智谋的人都必能畅行无阻，哪里还会有王子比干呢？”

子路出去，子贡进来拜见。孔子说：“赐，《诗》里面讲‘不是犀牛不是虎，为啥旷野常出入’。我们的学说不对吗？我们为什么会落到这个地步？”子贡说：“先生的学说是非常博大的，所以天下人没有谁能接纳得了先生。先生何不在这方面略微降低一下要求呢？”孔子说：“赐，一个好农夫能种好庄稼，但不一定能有好的收获；一个好工匠能做出巧妙的器物，但不一定能顺遂人家的心意。君子能够修明自己的学说，使它可以治理国家，统理天下，但不一定能被人所接纳。如今你不是尽心去修明你的学说，而是刻意追求让人家接纳。赐，你的志向太不远大了！”

子贡出去，颜回进来拜见。孔子说：“回，《诗》里面讲‘不是犀牛不是虎，为啥旷野常出入’。我们的学说不对吗？我们为什么会落到这个地步？”颜回说：“先生的学说是非常博大的，所以天下人没有谁能接纳得了先生。虽说是这样，先生努力去把它推广施行，不被接纳又有什么伤害？不被接纳这才显示出是真正的君子！如果学说没有得到修明，这是我们的耻辱。要是学说既然已经得以修明却不被人采用，这是做国君之人的耻辱。不被接纳又有什么伤害？不被接纳这才显示出是真正的君子！”孔子显得特别高兴而笑着说：“有这样的讲法呀颜家的子弟！如果让你有很多的财富，我愿意替你管财。”

于是使子贡至楚。楚昭王兴师迎孔子，然后得免。

昭王将以书社[1]地七百里封孔子。楚令尹[2]子西曰：“王之使使诸侯有如子贡者乎？”曰：“无有。”“王之辅相有如颜回者乎？”曰：“无有。”“王之将率[3]有如子路者乎？”曰：“无有。”“王之官尹有如宰予者乎？”曰：“无有。”“且楚之祖封于周，号为子男[4]五十里。今孔丘述三五之法，明周召之业，王若用之，则楚安得世世堂堂方数千里乎？[5]夫文王在丰，武王在镐，百里之君，卒王[6]天下。今孔丘得据土壤[7]，贤弟子为佐，非楚之福也。”昭王乃止。其秋，楚昭王卒于城父。

楚狂接舆歌而过孔子，曰：“凤兮凤兮，何德之衰！往者不可谏兮，来者犹可追也！已而已而，今之从政者殆而！”[8]孔子下，欲与之言。趋而去，弗得与之言。

于是孔子自楚反乎卫。是岁也，孔子年六十三，而鲁哀公六年[9]也。

注释

1 书社：将社人记入名册。《史记索隐》："古者二十五家为里，里则各立社，则书社者，书其社之人名于籍。盖以七百里书社之人封孔子也，故下冉求云'虽累千社而夫子不利'是也。" 2 令尹：楚官名，即国相。3 将率：即将帅。4 子男：五等爵名，公、侯、伯、子、男。《楚世家》："熊绎当周成王之时，举文、武勤劳之后嗣，而封熊绎于楚蛮，封以子男之田，姓芈氏，居丹阳。"是其事。5 三五：指三皇五帝。世世堂堂：世世代代。6 王（wàng）：君临，治理。7 土壤：土地，指封地。8 狂：狂人，疯子。此系假装成狂人，欲以感动孔子。接舆：楚国隐士名。凤：凤凰。何德之衰：讥讽孔子在无道之世出来奔走游说。谏：挽救，挽回。已而：罢了。已，止。殆（dài）：危险。9 鲁哀公六年：公元前489年。

译文

于是，孔子派子贡去楚国求救。楚昭王派兵来迎接孔子，孔子师徒才得以摆脱困境。

楚昭王将要将记录有社人名册的土地七百里封给孔子。楚国的令尹子西说："您的使者出使各诸侯国的人有像子贡这样的吗？"昭王说："没有。"子西说："您的辅佐大臣有像颜回这样的吗？"昭王说："没有。"子西说："您的将帅有像子路这样的吗？"昭王说："没有。"子西说："您的各主事官员有像宰予这样的吗？"昭王说："没有。"子西说："而且楚国的祖先是由周王室分封的，封号是子男，封地五十里。如今孔丘讲述三皇五帝的治国方法，申明周公旦、召公奭辅佐天子的事业，您如果任用他，那么楚国怎么能世世代代享有这纵横几千里的土地呢？再说文王在丰邑，武王在镐京，由一个百里土地的君主，最终成就了天下的王业。如今孔丘要是能占据土地，又有贤能弟子的辅佐，不是楚国的福音啊。"昭王于是打消了封孔子的念头。这年秋天，楚昭王在城父去世。

楚国狂人接舆唱着歌从孔子跟前经过，说："凤鸟呀凤鸟呀，您的德行为什么这样衰微！过去的已经不能挽回，没有到的还来得及改正！算了吧算了吧，如今参与政事的人太危险了！"孔子下车，想同他说话。接舆快步离开了，孔子没能和他说上话。

于是孔子从楚国返回到卫国。这一年，孔子六十三岁，是鲁哀公六年。

其明年，吴与鲁会缯，征百牢。[1]太宰嚭[2]召季康子。康子使子贡往，然后得已。

孔子曰："鲁卫之政，兄弟[3]也。"是时，卫君辄父不得立，在外，诸侯数以为让。[4]而孔子弟子多仕于卫，卫君欲得孔子为政。子路曰："卫君待子而为政，子将奚[5]先？"孔子曰："必也正名[6]乎！"子路曰："有是哉，子之迂[7]也！何其正也？"孔子曰："野[8]哉由也！夫名不正则言不顺，言不顺则事不成，事不成则礼乐不兴，礼乐不兴则刑罚不中，刑罚不中则民无所错手足矣[9]。夫君子为之必可名，言之必可行。君子于其言，无所苟[10]而已矣。"

注释

1 缯（zēng，又读 céng）：古国名，在今河南方城县一带；一说在山东兰陵县西北。百牢：百具祭祀用的牲畜。周礼规定上公用九牢，侯伯用七牢，子男用五牢。吴国征集百牢，不符合礼制。2 太宰嚭：吴国受宠幸之大臣。姓伯名嚭，任太宰。事详《吴太伯世家》。3 兄弟：鲁、卫的始封者周公、康叔，均周武王弟，本为兄弟。康叔和周公和睦，故其国之政亦如兄弟。4 卫君辄父：即蒯聩。已见上文。让：责备。5 奚：什么。6 正名：辨正名分。当时卫君辄拒绝其父回国，父子争夺君位，破坏了"君君，臣臣，父父，子子"的名分。孔子是针对这一情况提出来的。7 迂：迂阔，迂腐。8 野：粗野，粗鲁。9 中（zhòng）：得当。错：通"措"。摆，放。10 苟：马虎，随便。

译文

第二年，吴国和鲁国在缯地相会，向鲁国征集百具祭祀用的牲畜。吴国太宰嚭召唤季康子。季康子派子贡前往，这以后吴国才免征百牢祭品。

孔子说："鲁国和卫国的政治情况，差不多像兄弟一样。"这个时候，卫君辄的父亲不能够继位，居住在国都之外，诸侯们屡次就这件事进行责备。而孔子的弟子有很多人在卫国做官，卫君还想让孔子来处理政事。子路说："卫君请您去处理政事，您将把什么事放在首位？"孔子说："必定要辨正名分！"子路说："有这样的事吗，您太迂腐了！为什么要先辨正名分呢？"孔子说："粗鲁呀仲由！要是名分不正，那么说话就不顺当；说话不顺当，那么事就办不成；事办不成，那么礼乐制度就不能兴盛；礼乐制度不兴盛，那么刑罚就不会得当；刑罚不得当，那么民众就会坐立不安连手脚都不知道怎么摆才好。凡是君子要做的事必定符合名分，说出来的话必定能够实行。君子对于自己说的话，应该毫不马虎随便才好。"

其明年，冉有为季氏将师，与齐战于郎[1]，克之。季康子曰："子之于军旅，学之乎？性[2]之乎？"冉有曰："学之于孔子。"季康子曰："孔子何如人哉？"对曰："用之有名；播之百姓、质诸鬼神而无憾[3]。求之至于此道，虽累[4]千社，夫子不利也。"康子曰："我欲召之，可乎？"对曰："欲召之，则毋以小人固[5]之，则可矣。"而卫孔文子将攻太叔[6]，问策于仲尼。仲尼辞不知，退而命载而行，曰："鸟能择木[7]，木岂能择鸟乎！"文子固止。会季康子逐公华、公宾、公林，以币迎孔子，孔子归鲁。[8]

注释

1 郎：鲁邑名，在今山东鱼台县东北。2 性：天性，天赋。3 播：传扬，公布。质：对质。4 累：累计。5 固：阻碍。6 孔文子：卫卿，娶蒯聩女为妻。太叔：《左传》名"疾"。7 鸟：孔子喻已。木：喻所往之国。是说可以择主而事。8 逐：《左传·哀公十一年》之《疏》引《史记》云，"逐"一作"使"，姑从之。币：礼物。

译文

第二年，冉有替季氏率领军队，和齐国在郎邑交战，战胜了对方。季康子说："您能够指挥作战，是学来的呢？还是生下来就会呢？"冉有说："在孔子那里学来的。"季康子说："孔子是个什么样的人呢？"冉有回答说："任用他要符合名分；他的学说无论是传播给百姓，还是到鬼神面前去对质，都没有什么欠缺。我有了指挥作战的本领，即便累计起来可以得到千社的封赏，先生也会毫不动心的。"康子说："我想召他来，可以吗？"冉有回答说："想召他来，那就不要让小人阻碍他，就可以了。"而卫国大夫孔文子将要进攻太叔，向仲尼询问计策。仲尼推辞说不知道，说完话出来就让车载着他离开，说："鸟能够选择树林，树林怎么能选择鸟呢！"孔文子坚决挽留他。正遇上季康子派公华、公宾、公林，带着礼物来迎接孔子，孔子于是回到鲁国。

孔子之去鲁凡十四岁[1]而反乎鲁。

鲁哀公问政，对曰："政在选臣。"季康子问政，曰："举直错诸枉，则枉者直。[2]"康子患盗，孔子曰："苟子之不欲，虽赏之不窃。"然鲁终不能用孔子，孔子亦不求仕[3]。

注释

1 十四岁：依前文定公十四年离开鲁国，共计至此为十三年。依《鲁周公世家》所记，定公十二年离开鲁国，那么首尾共计十五年。2 举：举用，选拔。直：正直。错：通“措”，放置。枉：邪曲。3 不求仕：不主动企求做官。

译文

孔子离开鲁国十四年又返回到鲁国。

鲁哀公向孔子询问为政的道理，孔子回答说：“搞好政治最重要的是选好臣子。”季康子询问为政的道理，说：“选拔正直的人使其位于邪曲的人上面，那么邪曲的人也会变得正直了。”康子担心盗贼作案，孔子说：“假若您没有不正当的欲望，就算给人家奖赏，他也不会进行偷窃的。”然而鲁国最终不能任用孔子，孔子也不主动企求做官。

孔子之时，周室微而礼乐废，《诗》《书》缺。追迹三代之礼，序《书传》，上纪唐虞之际，下至秦缪，编次其事。[1] 曰：“夏礼吾能言之，杞不足征也[2]。殷礼吾能言之，宋[3]不足征也。足，则吾能征之矣。”观殷夏所损益，曰：“后虽百世可知也，以一文一质。周监二代，郁郁乎文哉。吾从周。”[4] 故《书传》《礼记》[5]自孔氏。

注释

1 序：次第，引申为按次序排列、区分。秦缪：秦缪公，春秋五霸之一。缪，通“穆”。2 杞（qǐ）：周武王所封夏禹后裔之国名，都于雍丘，在今河南杞县。详见《陈杞世家》。征：验证。3 宋：国名。周成王时，纣子武庚禄父叛乱后，封纣庶兄微子启以续殷祀，国于宋，都于商丘，在今河南商丘市。详见《宋微子世家》。4 损益：增减。文：指文采。质：指质朴。监：同“鉴”，借鉴，参考。二代：指夏、殷。郁郁：丰富多采。5《礼记》：儒家经典之一，讲礼的书，重思想说明。今本为西汉戴圣编纂，亦称《小戴礼记》。

译文

孔子生活的那个年代，周王室衰微而礼崩乐坏，《诗》《书》残缺。孔子探究夏、商、周三代的礼制，按次序整理了《书传》，记述上起唐尧虞舜时代，下至秦缪公在位，依次编排了当时的事迹。他说：“夏代的礼制我能说得出来，但是杞国的文献不足以验证。殷代的礼制我能说得出来，但是宋国的文献不足以验证。如果文献充足，我就能将它们一一加以验证了。”在仔细考察了殷商和夏代对礼制的增减以后，孔子说：“以后即使是上百世的礼仪是怎样的我也可以推知了，它变化的规律是一个时期注重文采，一个时期又注重质朴。周代借鉴了夏殷的长处，使礼制丰富而盛大，极具文采。我遵从周代的礼制。”所以《书传》《礼记》是由孔子整理编定的。

孔子语鲁大师[1]：“乐其可知也。始作翕如，纵之纯如，皦如，绎如也，以成。[2]”“吾自卫反鲁，然后乐正，《雅》《颂》[3]各得其所。”

古者《诗》三千余篇，及至孔子，去其重，取可施于礼义，上采契、后稷，中述殷周之盛，至幽厉之缺，始于衽席，故曰“《关雎》之乱以为《风》始，《鹿鸣》为《小雅》始，《文王》为《大雅》始，《清庙》为《颂》始”。[4]三百五篇孔子皆弦歌之，以求合《韶》《武》《雅》《颂》之音。[5]礼乐自此可得而述，以备王道，成六艺。[6]

注释

1 大（tài）师：官名，主管音乐。大，通“太”。2 翕（xī）如：配合一致。如，词缀，与“然”同。纵（zòng）：放纵，展开。纯：和谐。皦（jiǎo）：分明，清晰。绎（yì）：连续不断。成：完成，结束。3《雅》：《诗经》的一部分，包括《小雅》《大雅》。《颂》：《诗经》的一部分，包括《周颂》《鲁颂》《商颂》。4 契（xiè）：传说中的殷商始祖。详见《殷本纪》。后稷（jì）：传说中周的始祖。详见《周本纪》。幽、厉指周幽王、周厉王。衽（rèn）席：床席。此指男女情爱。郑玄曰：“衽，寝卧之席也。”《关雎（jū）》：《诗经·国风》的第一篇。乱：乐曲的结尾一段。《风》：《诗经》中《风》《雅》《颂》三部分之一，指十五《国风》。《鹿鸣》：《诗经·小雅》首篇。《文王》：《诗经·大雅》首篇。《清庙》：《诗经·周颂》首篇。5 三百五篇：今本《诗经》三百篇，阙五篇。《韶》：舜乐名。《武》：也作《大武》，西周乐曲名。6 王道：夏、商、周三王治国的仁义之道。六艺：即六经，《易》《书》《诗》《礼》《乐》《春秋》。《乐》已遗佚，今为五经。

译文

孔子告诉鲁国的大师：“乐曲演奏的过程是可以解释清楚的。开始的时候要使发音配合一致，展开的时候就要音调和谐，明亮清晰，延续不断使它余音袅袅，然后结束。”“我从卫国返回鲁国，这以后致力于订正乐曲，使得《雅》乐和《颂》乐都恢复了原有面貌。”

古时候《诗》有三千多篇，等到了孔子的时候，除去其中的重复内容，选取可以施用于礼义的部分，最上采集歌颂契、后稷的，中间保存记述殷、周盛世的，直至周幽王、周厉王的政治缺失，而编排的顺序又首先是从男女情爱开始的，所以说“把《关雎》作为《国风》的开始，《鹿鸣》是《小雅》的开始，《文王》是《大雅》的开始，《清庙》是《颂》的开始”。孔子给这三百零五篇诗都配上乐曲来演奏，以求和《昭》《武》《雅》《颂》的音调相配合。礼乐从这时候起有了大致的轮廓，这是实行王道不可缺少的，并成为六艺之一。

孔子晚而喜《易》，序《彖》《系》《象》《说卦》《文言》。[1] 读《易》，韦编三绝[2]。曰："假我数年，若是，我于《易》则彬彬矣。[3]"

注释

1《易》：即《易经》，六经之首。序：解说。相传伏羲创八卦，周文王演绎为六十四卦，然后孔子作《十翼》进行解说，使这部古代主要用于占卜的经典能让人明白。《十翼》即《上彖》《下彖》《上象》《下象》《上系》《下系》《文言》《序卦》《说卦》《杂卦》，形成《易传》。见于今本《周易》。《彖（tuàn）》：即《彖传》，亦称《彖辞》，《十翼》中的两篇，内容为说明各卦的基本观念。《象》：即《象传》，亦称《象辞》，《十翼》中的两篇，内容为摹拟客观事物现象，并说明其中包含的吉凶休咎。《说卦》：《十翼》中的一篇，内容为解释八卦的性质及其象征。《文言》：《十翼》中的一篇，内容为专门解释“乾”“坤”二卦。2 韦：编联竹简的牛皮条。绝：断。3 假：借，“给与”之意。《论语·述而》作“加”。子曰：“加我数年，五十以学《易》，可以无大过矣。”彬彬：文质兼备貌，文辞与义理兼通。

译文

孔子晚年喜欢研读《易》书，写了解说性的著作《彖》《系》《象》《说卦》《文言》等篇。孔子读《易》很勤苦，编联竹简的牛皮条都多次断裂。他说：“如果再给我几年时间，像这样研究下去，我对于《易》的文辞和义理两方面能够更为通晓了。”

孔子以诗书礼乐教，弟子盖三千焉，身通六艺者七十有二人[1]。如颜浊邹[2]之

徒，颇受业者甚众。

孔子以四教：文，行，忠，信。[3] 绝四：毋意，毋必，毋固，毋我。[4] 所慎：齐，战，疾。[5] 子罕言利与命与仁。[6] 不愤不启，举一隅不以三隅反，则弗复也。[7]

注释

1 六艺：指礼、乐、射、御、书、数孔子的六项教学内容。七十有二人：《仲尼弟子列传》有七十七人，可参考。2 颜浊邹：卫人。不在身通六艺者七十二人之数。3 文：文化知识。行：社会实践。忠：忠心耿耿。信：坚守信约。4 绝：杜绝。意：通“臆”，凭空猜测。必：绝对肯定。固：拘泥固执。我：自以为是。5 齐：通“斋”，斋戒。战：战争。疾：疾病。6 罕：稀，少。利：功利。《孟子荀卿列传》：“嗟乎，利诚乱之始也！夫子罕言利者，常防其原也。”命：天命。《外戚世家》：“孔子罕称命，盖难言之也。”仁：仁德。《论语》中有五十八章提到“仁”，“仁”字出现一百零五次，为什么还说是“罕言”呢？“仁”是一个人最高的道义行为，所以孔子不轻易说。正因为不轻易说，一说出来就有弟子加以记录，与说其他的事不同，因而“仁”字就多了。一种意见的句读是“子罕言利，与命与仁”，后句解释为如果讲利就一定和命运、仁德联系起来。此不取。7 愤：苦苦思索还是未能想通。启：启发，开导。《论语·述而》此句后有“不悱不发”四字。悱（fěi），口里想说但不能明确说出。发，启发。隅（yú）：角落，一个方面的事理。反：推知出来。复：再去教他。

译文

孔子用诗、书、礼、乐来进行教学，弟子大概有三千人，其中完全通晓礼、乐、射、御、书、数六种技艺的有七十二人。像颜浊邹那样受过孔子的一些教导而不算正式学生的人就更多了。

孔子用四项必要的内容教育学生：文化知识，社会实践，忠心耿耿，坚守信约。杜绝四种态度：不凭空臆测，不绝对肯定，不拘泥固执，不自以为是。最谨慎对待的：斋戒，战争，疾病。孔子很少谈到功利、天命和仁德。学生不苦苦思索之前，不要过早地开导启发他，对于那些告诉他一个方面的事理而不能推知其他三个方面的学生，就不必再教育了。

其于乡党，恂恂似不能言者。[1] 其于宗庙朝廷，辩辩[2] 言，唯谨尔。朝，与上大夫言，訚訚如也；与下大夫言，侃侃如也。[3]

入公门，鞠躬如也；趋进，翼如也。[4]君召使傧，色勃如也。[5]君命召，不俟驾[6]行矣。

鱼馁，肉败，割不正，不食。[7]席[8]不正，不坐。食于有丧者之侧，未尝饱也。

是日哭，则不歌。见齐衰、瞽者，虽童子必变。[9]

“三人行，必得我师[10]。”“德之不修，学之不讲，闻义不能徙[11]，不善不能改，是吾忧也。”使人歌，善，则使复之，然后和之。

子不语：怪、力、乱、神。[12]

注释

1 乡党：家乡。古以一万二千五百家为乡，五百家为党。恂恂（xún）：温和恭顺。2 辩辩：《论语·乡党》作“便便”，雄辩健谈。3 上大夫：位同卿。訚訚（yín yín）：正直而恭敬。下大夫：指与孔子地位相当的人。侃侃（kǎn）：温和快乐。4 鞠躬：此指谨慎小心。趋进：快步行进。依《论语·乡党》，此指上朝经过国君座位以后出来下完了台阶时的舒展神情。翼：像鸟儿展翅一样。5 傧（bīn，旧读 bìn）：指接待宾客。色勃如：脸色变得庄重起来。6 俟（sì）：等待。驾：指驾好车马。7 馁（něi）：腐败。割：宰割。正：正确的方法。8 席：铺在地面上的席子。人坐在席子上，古时无凳无椅。9 齐衰（zī cuī）：用熟麻布做的缝边的丧服。瞽（gǔ）：眼睛瞎。变：指变得严肃，有礼貌。10 我师：我的老师。《论语·述而》此文下有“择其善者而从之，其不善者而改之”，即为“师”之意。11 徙：迁移。这里是见善则迁的意思。12 语：谈论。怪：怪异。力：勇力。乱：叛乱。神：鬼神。

译文

在家乡人面前，他温和恭敬得像是不会说话一样。他到了宗庙里朝廷上，就非常健谈，只是特别谨慎罢了。在朝堂上，和上大夫们说话，是正直而恭敬的样子；和下大夫们说话，是温和而快乐的样子。

进入朝廷的大门，是谨慎小心的样子；下了朝堂的台阶，快步走回原位，像鸟儿展翅一样的神情舒适。国君召唤他让他接待宾客，脸色就变得庄重起来。国君有命令召他，不等驾好车马就步行出发了。

腐烂的鱼，变味的肉，或好鱼好肉没有按规定切的，孔子都不吃。铺在地面的席子不摆正，他不去坐。身边只要有穿丧服的人，他吃饭就从来不会吃饱。

这一日他要是吊丧哭过，就不唱歌。见到穿丧服的和眼睛瞎了的，即使是小孩，他的脸色也会变得严肃庄重起来。

孔子说过："三人在一起走路，必定能够从中找到自己的学习榜样。""道德不加修养，学业不去讲习，听到好事不能向这方面靠拢，有过错不能改正，这是我所忧虑的。"让人唱歌，如果唱得好，就请他再唱一遍，然后自己和着一起唱。

孔子不谈论的有：怪异、勇力、叛乱、鬼神。

子贡曰："夫子之文章[1]，可得闻也；夫子言天道与性命，弗可得闻也已。"颜渊喟然叹曰："仰之弥高，钻之弥坚。[2]瞻之在前，忽焉在后。夫子循循然善诱人，博我以文，约我以礼，欲罢不能。[3]既竭我才，如有所立，卓尔。[4]虽欲从之，蔑由[5]也已。"达巷党人曰："大哉孔子，博学而无所成名。"[6]子闻之曰："我何执？执御乎？执射乎？我执御矣。[7]"牢曰："子云'不试，故艺'。"[8]

注释

1 文章：指渊博的诗、书、礼、乐等文化知识。2 弥：更。弥坚：指不可穷尽。3 循循然：有次序地。博：丰富。约：约束。罢：停止前进。4 竭：竭尽。卓尔：高高直立的样子。尔，后缀，犹"然"。5 蔑：不。由：途径。6 达巷：党名。无所成名：指没有可以树立名声的一技之长。7 执：专执，专心干的事。御：驾车。射：射箭。8 牢：子牢，孔子学生。试：用。指做官。艺：指学得许多技艺。

译文

子贡说："先生博大的知识，讲授时能够听得到；先生关于天道和性命的深刻见解，是不可能听到的。"颜渊深有感触地叹息着说："老师的道德学问，仰头看上去越看越高大，钻研起来又不可穷尽。看看好像是在眼前，忽然间觉得它又在后面。先生循序渐进善于诱导别人，扩大我们的知识面，用礼义来约束我们，想停止前进也是不可能的。已经竭尽了我的才能，又好像有一个高大直立的东西竖在前面。虽然想攀登上去，却找不到途径哩。"达巷党的人说："伟大呀孔子，虽然博学却没有一技之长可以成名。"孔子听到了说："我该专心于什么技艺呢？驾车吗？射箭吗？我还是驾车吧。"子牢说："孔子说过'我没有被国家任用，所以学到了许多技艺'。"

鲁哀公十四年春，狩大野。[1]叔孙氏车子鉏商[2]获兽，以为不祥。仲尼视之，

曰："麟也。"取之。曰："河不出图，雒不出书，吾已矣夫！[3]"颜渊死，孔子曰："天丧予！"及西狩见麟，曰："吾道穷矣[4]！"喟然叹曰："莫知我夫！"子贡曰："何为莫知子？"子曰："不怨天，不尤人，下学而上达，知我者其天乎！[5]"

"不降其志，不辱其身，伯夷、叔齐乎！"谓"柳下惠、少连[6]降志辱身矣"。谓"虞仲、夷逸隐居放言，行中清，废中权"。[7]"我则异于是，无可无不可。"

注释

1 鲁哀公十四年：公元前481年。时孔子七十一岁。狩：狩猎。大野：泽名，在今山东巨野县北。2 车子鉏（chú）商：车子指驾车的人。驾车的人地位低贱，故略其姓，其名为鉏商。王引之《经义述闻》以"子钮"为氏，"商"为名。3 河：黄河。图：指八卦图。相传伏羲时黄河中有龙马背负八卦图出现，预示着"圣王"将出现。雒：同"洛"，洛水。相传有神龟背负雒书，在雒水出现。4 吾道穷矣：麟本是仁兽，为圣人的象征，现在见到了死麟，孔子以为预示着自己的死亡，所要推行的政治主张不可能实现了。5 尤：怨恨，归咎。下学：指学人事。上达：指达天命。天命有穷有通，所以不怨天。人事有否有泰，所以不尤人。6 柳下惠：姓展，名获，字禽，鲁贤大夫。少连：又名"季连"，姓芊（qiān），善于守孝。7 虞仲、夷逸：二人春秋时隐者。放言：放置而不予谈论世务。放，置。中（zhòng）：符合。清：纯清洁白。废：自我废弃功名利禄。权：权变之道。

译文

鲁哀公十四年春天，在大野泽地周围狩猎。叔孙氏的驾车人鉏商获得了一只罕见的怪兽，认为不吉祥。仲尼去观看了，说："是一只麒麟。"就把它要了回来。孔子说："黄河不再出现龙马背负的图，雒水不再出现神龟背负的书，我已经快要完了呀！"颜渊死了，孔子说："上天要我的命呀！"等到往西去狩猎看见了麒麟，说："我的政治主张不可能实现了！"颇有感慨地叹息说："没有谁了解我呀！"子贡说："为什么说没有人了解您？"孔子说："不怨恨上天，不归咎别人，下学人事，上达天命，了解我的大概只有上天吧！"

孔子说："不降低自己的志向，不辱没自己的身份，这是伯夷、叔齐吧！"还说"柳下惠、少连是降低了志向，辱没了身份"。又说"虞仲、夷逸隐居起来不谈世事，其操行纯清洁白，自我废弃符合权变之道"。"我却和这些人不同，没有绝对的可以或不可以。"

子曰："弗乎弗乎，君子病没世而名不称焉[1]。吾道不行矣，吾何以自见于后世哉？"乃因史记作《春秋》[2]，上至隐公，下讫哀公十四年，十二公。据鲁，亲周，故殷，运之三代。[3]约其文辞而指博[4]。故吴、楚之君自称王，而《春秋》贬之曰"子"；践土之会[5]实召周天子，而《春秋》讳之曰"天王狩于河阳"：推此类，以绳当世贬损之义，后有王者举而开之。[6]《春秋》之义行，则天下乱臣贼子惧焉。[7]

孔子在位听讼，文辞有可与人共者，弗独有也。[8]至于为《春秋》，笔则笔，削则削，子夏之徒不能赞一辞。[9]弟子受《春秋》，孔子曰："后世知丘者以《春秋》，而罪丘者亦以《春秋》。[10]"

注释

1 病：担心。称：称颂。2 因：依据。史记：历史记载资料。当时各国都有"史记"，此指鲁国的史记。《春秋》：孔子所作一部编年记事的史著，上起鲁隐公元年（前 722），下至鲁哀公十四年，所历为隐、桓、庄、湣、釐、文、宣、成、襄、昭、定、哀鲁国十二公，共二百四十二年。3 据鲁：以鲁国历史为主。亲周：尊奉周王室为正统。故殷：借鉴殷代的旧制。运：承运。三代：夏、商、周。4 约：简约。指：通"旨"，意旨。5 践土之会：指公元前 632 年晋文公召周天子在践土会盟诸侯而称霸一事。详见《晋世家》。践土，郑邑名，在今河南原阳县西南。6 此句中华本标点为"推此类以绳当世，贬损之义"，文义不顺。绳：衡量，纠正。贬损：实指褒贬。举：称举。开：推广。7 义：义法。乱臣：叛君之臣。贼子：杀父之子。8 听讼：处理诉讼案件。与人共：和人一起商量斟酌。独有：独自决断裁定。9 笔：指依据义法该当记载的。削：指依据义法该当删除的。赞：增改，润色。10 知：认识，了解。罪：责备、怪罪。

译文

孔子说："不成呀不成呀，君子担心自己殁世以后名声不被称颂。我的政治主张不能实行了，我拿什么贡献让后世来称颂自己呢？"于是根据历史资料写作了《春秋》，上起鲁隐公元年，下至鲁哀公十四年，总共记了十二位国君在位期间的事。以鲁国历史为主，尊奉周王室为正统，借鉴殷朝的旧制，承运夏、商、周三代的法制。文辞简洁，意旨却很宏博。所以吴、楚两国的君主自称为王，但《春秋》却贬称他们叫"子"；践土的会盟实际是晋文公召来了周天子，但《春秋》忌讳地表述说"天王到河阳去巡狩"：依此类推，作为对当世事务进行褒贬的衡量原则，让后来做王的人能够倡导并加以推广。《春秋》所体现的道义原则推行了，那么天下的乱臣贼子是会对它感到恐惧的。

孔子在职位上处理诉讼案件，结案的措词是可以和别人一起斟酌商量的，不独自裁断决定。而在写作《春秋》这方面，该当记载的他就记载，该当删除的他就删除，子夏等一班弟子谁都不能参与增改和润色一个字。弟子们学习《春秋》，孔子说："后代的人了解我将根据《春秋》，而责备我也将根据《春秋》。"

明岁，子路死于卫。孔子病，子贡请见。孔子方负杖逍遥[1]于门，曰："赐，汝来何其晚也？"孔子因叹，歌曰："太山[2]坏乎！梁柱[3]摧乎！哲人萎[4]乎！"因以涕[5]下。谓子贡曰："天下无道久矣，莫能宗[6]予。夏人殡于东阶[7]，周人于西阶，殷人两柱间。昨暮予梦坐奠两柱之间，予始，殷人也。[8]"后七日卒。

孔子年七十三，以鲁哀公十六年四月己丑卒[9]。

注释

1 逍遥：悠闲自得。2 太山：即"泰山"，五岳之首，众山所仰。3 梁柱：大梁和木柱，房屋或桥梁的主要构件。《礼记》作"梁木"。4 哲人：指孔子自己。萎：枯槁。此指人之死亡。5 涕：眼泪。6 宗：宗奉，尊崇。7 殡（bìn）：殓而未葬，停柩。东阶：东厢台阶。8 坐奠：坐着受人祭奠。始：指始祖。9 鲁哀公十六年：公元前479年。己丑：十一日。

译文

第二年，子路死在卫国。孔子重病，子贡请求拜见他。孔子正柱着拐杖在门口悠闲散步，说："赐，你来得为什么这么迟呀？"孔子因而叹息，唱着歌说："太山崩坏了！梁柱折断了！哲人要死了！"因此伤感落泪。对子贡说："天下失去了道义已经很久了，没有谁能够尊崇我的政治主张。夏人死了，停柩在东厢台阶；周人死了，停柩在西厢台阶；殷人死了，停柩在厅堂的两柱之间。昨天晚上我梦见自己坐在厅堂两柱之间接受祭奠，我的始祖，原来是殷人。"过了七天他就去世了。

孔子享年七十三岁，在鲁哀公十六年四月己丑日去世。

哀公诔[1]之曰："旻天不吊，不憖遗一老，俾屏余一人以在位，茕茕余在疚。[2]呜呼哀哉！尼父，毋自律！[3]"子贡曰："君其不没于鲁乎！夫子之言曰：'礼

失则昏，名失则愆。[4]失志为昏，失所为愆。’生不能用，死而诔之，非礼也。称‘余一人’，非名也。”

注释

1 诔（lěi）：犹今之致悼辞，系上对下以表彰死者的德行。2 旻（mín）天：上天。吊：善。慭（yìn）：宁愿，暂且。老：老人，指孔子，鲁曾称孔子为国老。俾：使。屏（bìng）：通“摒”，弃。余一人：本天子自谓，此指哀公。茕茕（qióng）：孤独无依貌。亦作“嬛嬛”。疚：忧伤。3 尼父（fǔ）：孔丘字仲尼。父，对老年人的尊称，犹“甫”。律：法。4 昏：惑乱。愆（qiān）：罪过。

译文

鲁哀公致悼辞说：“上天不善，连这个老人也不给我留下，把我一个人留在位子上，孤零零的，我感到很忧伤。呜呼哀哉！尼父呀，我没有了自己的效法榜样！”子贡说：“主君大概不会终老在鲁国吧！先生说过：‘失掉了礼制就会惑乱，失掉了名分就会犯错。丧失了意志就会惑乱，失去了所宜就会犯错。’生前不能任用他，死了却来祭奠追悼他，就是不合礼法。以诸侯身份称‘余一人’，就是不合名分。”

孔子葬鲁城北泗上，弟子皆服三年。[1]三年心丧毕，相诀而去，[2]则哭，各复尽哀；或复留。唯子赣庐[3]于冢上，凡六年，然后去。弟子及鲁人往从冢而家者百有余室，因命曰孔里。鲁世世相传以岁时奉祠孔子冢，而诸儒亦讲礼乡饮大射于孔子冢。[4]孔子冢大一顷。故所居堂、弟子内，后世因庙，藏孔子衣冠琴车书，至于汉二百余年不绝。高皇帝过鲁，以太牢祠焉。[5]诸侯卿相至，常先谒[6]，然后从政。

注释

1 泗上：泗水之旁。服：服丧。2 心丧：心中悼念。诀（jué）：离别。3 庐：小屋。4 奉祠：供奉祭祀。讲礼：讲习礼仪。乡饮：乡学结业考察推荐的礼仪，称“乡饮酒礼”。5 高皇帝：汉高祖刘邦。太牢：牛、羊、猪三牲具备。6 谒：拜祭。

译文

孔子葬在鲁城北面泗水之旁，弟子们都服丧三年。三年服丧完毕，大家互相告别离去，分手时又哭了一场，都哭得很伤心；其中有人重新留下来守墓。只有子贡在墓边建了一座小屋，守了总共六年，然后才离去。孔子的弟子和鲁国人前往依傍着墓地而建了居室的有一百多家，因而给这个地方命名叫孔里。这个地区的人世代相传每年定时来供奉祭祀孔子的坟墓，而诸儒生也到孔子坟墓的场地上来进行讲习礼仪、乡饮酒礼、比试射箭等活动。孔子坟墓周边有一顷地范围大。从前孔子所居过的厅堂、弟子们的内室，都被后代改作庙，来收藏孔子的衣饰、帽、琴、车辆、书册，直到汉代时二百多年间没有废弃。高祖皇帝经过鲁地，用牛、羊、猪在这里进行祭祀。诸侯王、卿大夫、辅相们来到这里，常常是先去拜祭鲁庙，然后才去处理政务。

孔子生鲤，字伯鱼。[1] 伯鱼年五十，先孔子死。

伯鱼生伋[2]，字子思，年六十二。尝困于宋。子思作《中庸》[3]。

子思生白，字子上，年四十七。子上生求，字子家，年四十五。子家生箕，字子京，年四十六。子京生穿，字子高，年五十一。子高生子慎，年五十七，尝为魏相。

子慎生鲋，年五十七，为陈王涉博士[4]，死于陈下。

鲋弟子襄，年五十七。尝为孝惠皇帝博士，迁为长沙太守。[5] 长九尺六寸。

子襄生忠，年五十七。忠生武，武生延年及安国[6]。安国为今皇帝博士，至临淮太守，早卒。[7] 安国生卬，卬生驩。

注释

1 鲤：孔子之子，字伯鱼。《史记索隐》引《家语》曰："孔子年十九，娶于宋之并官氏之女，一岁而生伯鱼。伯鱼之生，鲁昭公使人遗之鲤鱼。夫子荣君之赐，因以名其子也。" 2 伋：音 jí。3《中庸》：《礼记》中的一篇，提倡中庸之道。后选为《四书》中的一种。4 陈王涉：秦末农民起义领袖陈涉建立"张楚"政权而称王。详见《陈涉世家》。博士：学官名，掌通古今。5 孝惠皇帝：刘邦之子汉惠帝。详见《吕太后本纪》。长沙：郡名，秦置，治所临湘，在今湖南长沙市。6 安国：汉代经学家，因整理孔子壁中文献而开创"古文学派"。7 今皇帝：指汉武帝。临淮：郡名，治所徐县，在今江苏泗洪县南。

译文

孔子生了鲤，字伯鱼。伯鱼享年五十岁，先于孔子而死。

伯鱼生了伋，字子思，享年六十二岁。曾经在宋国受困。子思写了《中庸》。

子思生了白，字子上，享年四十七岁。子上生了求，字子家，享年四十五岁。子家生了箕，字子京，享年四十六岁。子京生了穿，字子高，享年五十一岁。子高生了子慎，享年五十七岁，曾经任过魏国之相。

子慎生了鲋，享年五十七岁，他做了陈王涉的博士，死在陈县城下。

鲋的弟弟子襄，享年五十七岁。曾经做了孝惠皇帝的博士，后来迁升任长沙郡太守。身高九尺六寸。

子襄生了忠，享年五十七岁。忠生了武，武生了延年和安国。安国做了当今皇帝的博士，官至临淮太守，过早去世了。安国生了卬，卬生了驩。

太史公曰：《诗》有之："高山仰止，景行行止。"[1] 虽不能至，然心乡往之。余读孔氏书，想见其为人。适鲁，观仲尼庙堂车服礼器，诸生以时习礼其家，余祗回留之不能去云。[2] 天下君王至于贤人众矣，当时则荣，没则已焉。孔子布衣，传十余世，学者宗之。[3] 自天子王侯，中国言六艺者折中于夫子，可谓至圣矣！[4]

注释

1《诗》有之：引自《诗经·小雅·车辖》。仰：仰望，敬仰。止：语气助词，同"之"，无义。景行：大路。行：走。2 以时：按照规定的时令。祗（zhī）回：恭敬徘徊。3 布衣：没有官位，平民。宗：尊奉为宗师。4 折中：取正适度，事物准则。至圣：至高无上的圣人。

译文

太史公说：《诗经》里有这样的话："像高山一般令人敬仰，像大道一般让人遵循。"我虽然不能达到这么高的境地，然而内心却是向往着的。我读孔子的著作，心里总是想着他的为人。到了鲁地，参观了仲尼的庙堂、车服、礼器，还看见诸儒生按着规定的时令到这里演习礼仪，我怀着敬慕的心情徘徊流连真不愿离开。天下的君主王侯以至于贤人多得很呢，当他们活着的时候是无限的显贵荣耀，但一死就什么也都完了。孔子是个平民，他的声名学说已经流传了十几代，学者们都尊他为宗师。从天子王侯，以至整个中国谈论六经的人都以孔子的言论作为判断的标准，孔子可以称得上是至高无上的圣人了。

史记

列传

纪传体史书，均须有纪、有传，故列传在《史记》中占有非常重要的地位。《太史公自序》说："扶义俶傥，不令已失时，立功名于天下，作七十列传。"这就确立了司马迁选择立传人物的三个基本标准：一是政治道德上既符合"义"的原则，又有其不同的洒脱特征。二是需能乘"时"、顺"时"，强调人物行为的时代性及其判断力和主动性，不得其"时"，自然不足以作用于社会历史。三是立功且成其名：历史上如此多的过往人物，能让司马迁选入列传者自然是有名的，有名亦自然应是有功的，且其功必须关系"天下"，所以其人生价值应该是有褒贬意义上的重要作用和影响的。《自序》的概括很有意义。实际上，《史记》五种体裁，除表、书之外，本纪、世家与列传一样，也都是以记载人物事迹为主，通过记载人物事迹而表现社会历史内容。从人物传记的角度来说，这三部分是《史记》的中心内容，其实如《平准书》《封禅书》所记，又何尝不表现人物？但列传是人物传记的主体。从形式上，七十列传也可分为五类：一、独传：一个人物单列一传，一般来说这种人物对社会的作用比较大。二、合传：两个以上人物合著于一传，这当中有多种情况，诸多人物之合传司马迁均有其相关立意。三、类传：同一类人物合著于一传，《史记》有刺客、循吏、儒林、酷吏、游侠、佞幸、滑稽、日者、龟策、货殖十篇类传。类传之序提挈全篇思想主旨，是很深刻的评论文字。一部史书有些什么类传，往往表现其记载时代的社会特征。四、少数民族与域外国家的传：以传为名，实际是记一个少数民族或域外国家的产生、发展、演变及其与中原政权的相互交往、影响与联系，这就扩大了史书的记载范围，故《史记》实为一部当时可知领域的世界史。五、自序：用以亲自叙述作者的家世、经历、作史意图等，亦借以列出全书各篇的著述提要。就是这部分的提要内容，已经具备后代目录学的雏型，有其独特的意义。五类结合，较为集中地表现出司马迁主要的政治、经济、军事、文化、学术等各方面的观点，亦是研究《史记》著述宗旨"究天人之际，通古今之变，成一家之言""稽其成败兴坏之理"的重要篇卷，是《史记》中的重要部分，值得人们认真地研读。《史记》设立列传等体裁，是史书体例上突出以人物为社会历史主体的思想的一个重要发展，这同样是司马迁的首创，是他对史学的杰出贡献。

魏公子列传

导读

司马迁以其感情激动的笔触，热烈称赞魏公子无忌礼贤下士的真诚态度及其能急人之难、为国分忧的高尚品质，塑造了一个既具智勇又善顾全大局，敢于反抗暴秦侵犯，以维护东方诸侯权益的爱国主义贵族公子的优秀形象，而使人爱戴，为人传颂。本文评述突出"公子为人仁而下士，士无贤不肖皆谦而礼交之，不敢以其富贵骄士""当是时，诸侯以公子贤，多客，不敢加兵谋魏十余年"这个中心，将其喜接岩穴隐者，不耻下交，与效力国家，名冠诸侯，紧密联系起来，赋予他的"喜士"以重要的社会历史价值。所以全篇围绕"客"字加以铺叙。北境举烽，赵王恐惧释博；客得赵情，公子交博如故。亲近侯生，终谋窃符救赵；步访毛、薛，听劝趣驾救魏。因存赵意多骄矜有自功之色，客说立自责，使赵王不忍献五城；由救魏率兵逐秦军至威震天下，诸客进兵法，而世乃有《魏公子兵法》。初，魏王畏其贤能，不敢任以国政；终，秦王数施反间，使之再遭毁废。不得志，越四载竟病酒而卒；系国运，十八岁秦乃屠灭大梁。为置守冢，乃得岁时以奉祠；感叙无忌，亦颂高祖能知贤。文篇在反映战国晚期魏国不断变化、衰败以至于灭亡的同时，对战国四公子之一的信陵君的历史作用给予充分地肯定，并对他的不幸遭遇表示了深切地惋惜和同情。此传是《史记》中热情洋溢，甚寓赞叹之意的有名篇卷。

本篇之称述侯嬴、朱亥、毛公、薛公，与《孟尝君列传》之称述魏子、冯谖，和《平原君列传》之称述毛遂一样，表现了司马迁对舍人、食客，尤其是监门、屠者、处士等社会下层人物给予历史以积极影响的深刻认识，说明司马迁在观察人物的社会贡献时，其视野已经开始从注意帝王将相等大人物方面，转向注意于社会的各个阶层，从而包含着关注社会下层人物以及认为各种人物能共同为社会做出贡献的有益思想，这是值得充分肯定的。

魏公子无忌者，魏昭王少子而魏安釐王异母弟也[1]。昭王薨，安釐王即位，封公子为信陵[2]君。是时范雎亡魏相秦，以怨魏齐故，秦兵围大梁，破魏华阳下军，走芒卯。[3]魏王及公子患之。

公子为人仁而下士，士无贤不肖皆谦而礼交之，不敢以其富贵骄士。[4]士以此方数千里争往归之，致食客[5]三千人。当是时，诸侯以公子贤，多客，不敢加兵谋魏十余年。

注释

1 魏昭王：魏国国君，名遬，公元前295—前277年在位。魏安釐王：魏国国君，魏昭王之子，名圉，公元前276—前243年在位。2 信陵：《史记索隐》："《地理志》无信陵，或是乡邑名也。"《史记会注考证》引洪颐煊曰："《水经·汳水注》汳（biàn）水又东迳葛城北，故葛伯之国也。葛于六国属魏，魏襄王以封公子无忌，号信陵君，其地葛乡，即是城也，在宁陵县西十里。"信陵邑，在今河南宁陵县。3 范雎（jū）：字叔，一作范且。原魏国人，后入秦国，为秦国大臣。详见《范雎蔡泽列传》。魏齐：魏诸公子之一，当时为魏相。华阳：古地名，在今河南新郑市北，亦称华、华下。《史记志疑》："雎相秦在秦昭王四十二年，秦围大梁及破魏华阳二事在昭王三十二、四两年，其时穰侯相秦也，安得谓因雎怨魏齐而兴兵乎？误矣。"走：打退，吓跑。芒卯：当时魏军主将。4 下士：谦恭对待贤士，礼贤下士。下，降低自己的身份与人交往。无：无论。5 食客：寄食于富贵之家，并为之所用的门客。

译文

魏公子无忌，是魏昭王的小儿子，也就是魏安釐王的异母弟弟。昭王去世，安釐王就国君位，封公子做信陵君。这时候范雎逃离魏国，在秦国做了丞相，因为他怨恨魏齐的缘故，秦国军队包围了大梁，打败了魏国驻守在华阳城下的军队，吓跑了魏军主将芒卯。魏王和公子都忧患起来。

公子为人仁爱并礼贤下士，士人不论是贤能或不贤能，他都谦恭地以礼和人家交往，从不敢因为自己富足高贵就用骄傲的态度对待士人。因此，士人们不远千里来依附他，结果他门下的食客达到三千人。这时，各国诸侯因为公子贤明，又有很多食客，有十多年不敢进兵谋犯魏国。

公子与魏王博，而北境传举烽，言"赵寇至，且入界"。[1] 魏王释博，欲召大臣谋。公子止王曰："赵王田猎[2]耳，非为寇也。"复博如故。王恐，心不在博。居顷[3]，复从北方来传言曰："赵王猎耳，非为寇也。"魏王大惊，曰："公子何以知之？"公子曰："臣之客有能深得赵王阴事者，赵王所为，客辄以报臣，臣以此知之。[4]"是后魏王畏公子之贤能，不敢任公子以国政。

注释

1 博：下棋。举烽：点燃报警之烽烟。寇：指侵犯国境。2 田猎：打猎。3 居顷：过了不久。4 阴事：诡秘之事。辄：经常，总是。

译文

公子和魏王正在下棋，国境北部传来点燃烽烟报警的消息，说“赵国要来侵犯，即将进入国境”。魏王停止下棋，想要召集大臣们谋划。公子制止魏王说：“赵王只不过是打猎罢了，不是为了侵犯魏国而来的。”他们仍旧像无事一样继续博戏。魏王恐惧，心思不在博戏上。过了不久，又从北方传来消息说：“赵王只是打猎罢了，不是侵犯魏国。”魏王非常惊奇，问：“公子您怎么会知道呢？”公子说：“我的食客有人能够探听到赵王的诡秘事情，赵王所做的事，食客经常会向我报告，因此我就知道了。”这以后魏王害怕公子的贤能，不敢把国家政事委任给公子。

魏有隐士曰侯嬴，年七十，家贫，为大梁夷门监者[1]。公子闻之，往请，欲厚遗[2]之。不肯受，曰：“臣修身洁行[3]数十年，终不以监门困故而受公子财。”公子于是乃置酒大会宾客。坐定，公子从车骑，虚左，自迎夷门侯生。[4]侯生摄敝衣冠，直上载公子上坐，不让，欲以观公子。[5]公子执辔[6]愈恭。侯生又谓公子曰：“臣有客在市屠中，愿枉车骑过之。[7]”公子引车入市，侯生下见其客朱亥，俾倪，故久立与其客语，微察公子。[8]公子颜色[9]愈和。当是时，魏将相宗室宾客满堂，待公子举酒。市人皆观公子执辔。从骑皆窃骂侯生。侯生视公子色终不变，乃谢客就车。至家，公子引侯生坐上坐，遍赞[10]宾客，宾客皆惊。酒酣，公子起，为寿[11]侯生前。侯生因谓公子曰：“今日嬴之为[12]公子亦足矣。嬴乃夷门抱关者也，而公子亲枉车骑，自迎嬴于众人广坐之中，不宜有所过，今公子故过之。[13]然嬴欲就公子之名，故久立公子车骑市中，过客以观公子，公子愈恭。市人皆以嬴为小人，而以公子为长者[14]能下士也。”于是罢酒，侯生遂为上客。

注释

1 夷门：魏都大梁之东门，以其朝着城东之夷山而得名。一说，以其在夷山之上得名。监者：守门人。2 遗（wèi）：赠送。3 修身洁行（xíng）：修养自身的品德，纯洁个人的操行。4 虚左：空着左边的位置。古代乘车以左为尊。生：先生。5 摄：整理。敝：破旧。坐：同“座”。6 辔（pèi）：缰绳。7 市：市井。屠：屠宰牲畜的地方。枉：委屈，屈辱。8 俾倪（bǐ ní）：同“睥睨”，斜视，用余光偷看人。微察：暗中观察。9 颜色：面容，脸色。10 遍：普遍，全体。赞：称美。《史记索隐》：“赞者，告也。谓以侯生遍告宾客。”《史记正义》：“刘熙云：‘称人美曰赞。’赞，纂集其美而叙之。”11 为寿：为长者祝福。

12为：难为。13抱关：守门。关，门闩。过：拜访。14长者：宽宏厚道之人。

译文

魏国有位隐士叫做侯嬴，七十岁了，家中贫穷，在大梁城东门做看门人。公子听说了，派人前往拜见，想送他丰厚的财物。侯嬴不肯接受，说："我修养身心、注重操行已经几十年，不能因为做看门人的缘故而接受公子的财物。"公子于是就备办酒席大肆宴请宾客。宾客坐定以后，公子带着随从车骑，把自己左边的座位空着，亲自去城东门迎接侯生。侯生整理一下破旧的衣冠，径直上车坐在公子空出的贵宾座位上，毫不谦让，想观察公子的表现。公子牵着缰绳更加恭谨。侯生又对公子说："我有个客人在屠宰集市上，还望您能屈尊驾车从那里经过。"公子引着车辆进入集市，侯生下车去见他的客人朱亥，斜着眼睛瞧着公子，故意在那里长时间站着和他的客人谈话，暗中观察公子的态度。公子面容越发温和。这时，魏国的将相和宗族人员以及宾客已经满堂，等待着公子举杯开宴。集市上的人都看到公子手拉缰绳替侯嬴驾车。随从的骑士都暗地里责骂侯生。侯生看到公子的面容始终没有改变，才与客人告辞重新上车。到了家中，公子带引侯生坐在贵宾座位上，向全体宾客赞扬侯生，宾客们都很惊异。酒兴正浓的时候，公子起身，到侯生面前为他祝福。侯生这才对公子说："今日我侯嬴太难为公子了。我只是一个在夷门掌门闩的人，但公子亲自屈尊驾车，到大庭广众当中来迎接我，我本来不该去集市拜访朋友，但公子还是屈尊驾车让我去拜访。然而我是想成就公子的名声，所以让公子的车骑长久停留在集市中，借拜访客人来观察公子，看到公子更加恭敬。集市上的人都认为我是一位小人，而认为公子是宽宏厚道而礼贤下士的人。"在这次酒宴结束以后，侯生就成了公子的贵客。

侯生谓公子曰："臣所过屠者[1]朱亥，此子贤者，世莫能知，故隐屠间耳。"公子往数请之，朱亥故不复谢，公子怪之。[2]

魏安釐王二十年，秦昭王已破赵长平军，又进兵围邯郸。[3]公子姊为赵惠文王弟平原君夫人[4]，数遗魏王及公子书，请救于魏。魏王使将军晋鄙[5]将十万众救赵。秦王使使者告魏王曰："吾攻赵旦暮[6]且下，而诸侯敢救者，已拔赵，必移兵先击之。"魏王恐，使人止晋鄙，留军壁邺，名为救赵，实持两端以观望。[7]平原君使者冠盖相属于魏，让魏公子曰："胜所以自附为婚姻

者，以公子之高义，为能急人之困。今邯郸旦暮降秦而魏救不至，安在公子能急人之困也！且公子纵轻胜，弃之降秦，独不怜公子姊邪？”[8] 公子患之，数请魏王，及宾客辩士说王万端[9]。魏王畏秦，终不听公子。公子自度终不能得之于王，计不独生而令赵亡，乃请宾客，约车骑百余乘，欲以客往赴秦军，与赵俱死。[10]

注释

1 屠者：屠夫。2 请：拜访。故：故意。复谢：答谢，回拜。3 魏安釐王二十年：即公元前 257 年。长平：古地名，在今山西高平市西北。4 赵惠文王：赵国国君，名何，公元前 298—前 266 年在位。平原君：战国四公子之一，赵国人，名赵胜，时为相。5 晋鄙：魏国将领。6 旦暮：早晚。谓时间短。7 壁：本指营垒，此用为动词，驻扎。邺：邺县，魏地名，近于赵，在今河北临漳县西南邺镇一带。两端：两头，两方面。此意为左右摇摆，拿不定注意。8 冠盖：帽子和车盖。此指戴着礼帽，坐着车子的使者。属（zhǔ）：接连。自附：自愿结交，自动依附。安在：在哪里。纵：纵然，即使。怜：爱。邪：表疑问语气。9 万端：种种理由。10 度（duó）：估计，考虑。计：决计，决定。约：凑集，结集。

译文

侯生对公子说：“我所去拜访的屠夫朱亥，是位贤人，社会上不了解他，所以隐居在屠宰人中罢了。”公子多次前往拜见他，朱亥故意不回谢，公子觉得他很奇怪。

魏安釐王二十年，秦昭王在长平打败了赵军，又进兵包围了邯郸。公子的姐姐是赵惠文王弟弟平原君的夫人，多次送信给魏王和公子，请求魏国援救。魏王派将军晋鄙领兵十万人去救赵国。秦王派使者告诉魏王说：“我早晚将拿下赵国，假若诸侯国有敢援救的，等攻占了赵国，一定转移军队先去攻击它。”魏王恐惧，派人止住晋鄙，让军队留在邺县坚壁驻扎，名义上去救援赵国，实际上是左右摇摆以便观望。平原君的使者接连不断地前往魏国，责备魏公子说：“我赵胜依附魏国并与魏国结成婚姻的原因，是由于公子有高尚的节义，能热心帮人解除危难。如今邯郸早晚要投降秦国，但魏国的救兵还不到来，哪里能显示公子是热心帮人解除危难的人呢！况且公子即使轻视我赵胜，抛弃了赵国让它降秦，难道公子不怜爱自己的姐姐吗？”公子感到忧虑，多次请求魏王，并派宾客辩士以种种情由去劝说魏王。魏王畏怕秦国，最终不听从公子的建议。公子估计最终不可能得到魏王的同意，决计自己不能单独活着而让赵国灭亡，就请求宾客，结集车骑一百多辆，想带领宾客们前往与秦军拼命战斗，和赵国一起死亡。

行过夷门，见侯生，具告所以欲死秦军状[1]。辞决[2]而行，侯生曰："公子勉之矣，老臣不能从。"公子行数里，心不快，曰："吾所以待侯生者备矣，天下莫不闻，今吾且死而侯生曾无一言半辞送我，我岂有所失[3]哉？"复引车还，问侯生。侯生笑曰："臣固[4]知公子之还也。"曰："公子喜士，名闻天下。今有难，无他端而欲赴秦军，譬若以肉投馁虎，何功之有哉？[5]尚安事客[6]？然公子遇臣厚，公子往而臣不送，以是知公子恨之复返也。"公子再拜，因问。侯生乃屏人间语，曰："嬴闻晋鄙之兵符常在王卧内，而如姬最幸，出入王卧内，力能窃之。[7]嬴闻如姬父为人所杀，如姬资[8]之三年，自王以下欲求报其父仇，莫能得。如姬为公子泣，公子使客斩其仇头，敬进[9]如姬。如姬之欲为公子死，无所辞，顾未有路耳。[10]公子诚一开口请如姬，如姬必许诺，则得虎符夺晋鄙军，北救赵而西却秦，此五霸之伐也。[11]"公子从其计，请如姬。如姬果盗晋鄙兵符与公子。

注释

1 具：详细，全部。状：情况。2 辞决：告辞、诀别。决，通"诀"。3 失：过失，错误。4 固：本来，原本。5 他端：别的办法。馁（něi）：饿。6 事客：侍奉宾客。事，侍奉。7 屏（bǐng）：除去，排除。间（jiàn）语：私语。兵符：军队中用的符印，是帝王授予臣下兵权或调发军队的信物。此符分为两半，一半在朝廷，一半在臣下，验合后才能生效。卧内：卧室内。力：一定。8 资：积蓄。此指含恨。9 进：进献。10 辞：推辞。顾：不过，只是。路：机会。11 诚：真的，果真。却：退。伐：功业。

译文

公子领着车骑经过夷门，见到侯生，详细告诉他为什么要去秦军赴死的情况。诀别后要继续前行，侯生说："公子努力干吧，老臣不能随从。"公子行进了几里路，心中总不痛快，说："我款待侯生的礼数已经很周备了，天下没有谁不知道，如今我将要去赴死而侯生却没有一言半语赠送给我，我难道有什么过失吗？"他于是带领着车骑返回，询问侯生。侯生笑着说："我原本就知道公子会返回的。"侯生接着说："公子喜好贤士，声名闻于天下。如今有了急难，想不出别的办法，却想去与秦军决战，这就像拿着肉投向饿虎，哪里能建功呢？那样何必要接待这么多宾客呢？然而公子对待我这么优厚，公子前行我却不相送，因此我知道公子会怨恨我而重新返回的。”公子又向侯生拜了一拜，乘势询问。侯生就请求屏退其他人单独说话，他说：“侯嬴听说委派晋鄙的兵符经常放在魏王卧室内，如姬最受魏王宠幸，可以随时从魏王卧室内出入，一定能偷到兵符。侯嬴听说如姬的父亲被人所杀，如姬怀恨在心已有三年，一直想从魏王以下的人中找到能为她报仇之人，但没能找到。如姬对公子哭泣，公子派宾客斩杀了她仇人的头颅，恭敬地进献给了如姬。如姬有想替公子去死的心意，会在所不辞，只是还没有找到机会。公子果真开口请求如姬帮忙，如姬一定会答应，那么就能得到虎符夺来晋鄙的军权，往北可援救赵国，往西可打退秦国，这就是像五霸一样的功业了。”公子听依从他的计谋，请求如姬帮忙。如姬果然偷到了晋鄙的兵符给了公子。

公子行，侯生曰：“将在外，主令有所不受，以便国家。公子即合符，而晋鄙不授公子兵而复请之，事必危矣。臣客屠者朱亥可与俱，此人力士。晋鄙听，大善；不听，可使击之。”于是公子泣。侯生曰：“公子畏死邪？何泣也？”公子曰：“晋鄙嚄唶宿将[1]，往恐不听，必当杀之，是以泣耳，岂畏死哉？”于是公子请朱亥。朱亥笑曰：“臣乃市井鼓刀[2]屠者，而公子亲数存之，所以不报谢者，以为小礼无所用。今公子有急，此乃臣效命之秋[3]也。”遂与公子俱。公子过谢侯生。侯生曰：“臣宜从，老不能。请数公子行日，以至晋鄙军之日，北乡[4]自刭，以送公子。”公子遂行。

注释

1 嚄唶（huò zè）：原意为大笑、大呼，此为威武、雄壮之意。宿将：有经验、有资格之老将。2 鼓刀：古时屠夫宰杀牲畜时敲击刀具作响，故曰鼓刀。3 秋：时刻，时机。4 乡：通“向”。

译文

公子要前行，侯生说：“将军领兵在外，君主的命令有所不受，以便利国家。公子到后即使验合了兵符，但晋鄙不授给公子兵权而要重新请示魏王，事情必定就危险了。我的朋友屠夫朱亥可以同您一起前往，这人是位大力士。晋鄙要是听从，当然好；要是不听从，可以让朱亥击杀他。”这时候公子哭了起来。侯生说：“公子害怕死吗？为什么要哭呢？”公子说：“晋鄙是个威武有经验的老资格将领，我去恐怕他不会听从，那他一定会被杀的，因此我哭起来了，哪里是怕死呢？”于是公子去请朱亥。朱亥笑着说：“我是集市上一个敲击刀具的屠夫，而公子多次亲自来慰问，我之所以不回应答谢，是认为小礼节没有什么用处。如今公子有急难，这才是我为您效命的时候。”朱亥就和公子一起前往。公子经过夷门向侯生辞行。侯生说：“我本当随从前往，因为老了做不到。我将计算公子行进的日数，待公子抵达晋鄙军队的那日，我将面向北自刎，以死报答公子。”公子就出发了。

至邺，矫[1]魏王令代晋鄙。晋鄙合符，疑之，举手视公子曰：“今吾拥十万之众，屯于境上，国之重任，今单车来代之，何如哉？”欲无听。朱亥袖四十斤铁椎，椎杀晋鄙，公子遂将晋鄙军。[2]勒[3]兵下令军中曰：“父子俱在军中，父归；兄弟俱在军中，兄归；独子无兄弟，归养。”得选兵八万人，进兵击秦军。秦军解去[4]，遂救邯郸，存赵。赵王及平原君自迎公子于界，平原君负韊矢为公子先引[5]。赵王再拜曰：“自古贤人未有及公子者也。”当此之时，平原君不敢自比于人。公子与侯生决，至军，侯生果北乡自刭。

注释

1 矫：假传。2 袖：袖内藏有。椎杀：用铁椎打死。3 勒：统率，约束。4 解去：解除包围而离去。5 韊（lán）矢：箭筒。韊，皮制筒，用以藏箭矢。先引：在前面引路。负韊矢先引，是古人的一种极隆重的礼节，表示对对方尊敬，自己甘居于奴仆地位。

译文

到了邺县，公子假托魏王命令他来替代晋鄙。晋鄙验合兵符以后，怀疑起来，就举起手直视公子说：“如今我统率十万军士，屯驻在国境上，这是国家的重任，如今您单独一人来替代我，这是怎么回事呢？”想不听从。朱亥袖里藏有四十斤重的铁椎，用铁椎击杀了晋鄙，公子就统率了晋鄙的军队。他向军中下达命令说：“父子都在军中的，父亲回去；兄弟都在军中的，哥哥回去；独生子因为没有兄弟，回去奉养父母。”这样选择了兵士八万人，进兵攻击秦军。秦军解围退去，救了邯郸，保存了赵国。赵王和平原君亲自到郊界来迎接公子，平原君背着箭筒在前面为公子引路。赵王一再拜谢说：“自古以来的贤人没有比得上公子的。”这时，平原君不敢拿自己和别人相比了。公子和侯生诀别，到了晋鄙军中的时候，侯生果真面向北自刎了。

魏王怒公子之盗其兵符矫杀晋鄙，公子亦自知也。已却秦存赵，使将将其军归魏，而公子独与客留赵。赵孝成王德[1]公子之矫夺晋鄙兵而存赵，乃与平原君计以五城封公子。公子闻之，意骄矜而有自功之色[2]。客有说公子曰："物[3]有不可忘，或有不可不忘。夫[4]人有德于公子，公子不可忘也；公子有德于人，愿公子忘之也。且矫魏王令，夺晋鄙兵以救赵，于赵则有功矣，于魏则未为忠臣也。公子乃自骄而功之，窃为公子不取也。"于是公子立自责，似若无所容者。[5]赵王埽除自迎，执主人之礼，引公子就西阶。[6]公子侧行辞让，从东阶上。自言罪过，以负[7]于魏，无功于赵。赵王侍酒至暮，口不忍[8]献五城，以公子退让也。公子竟留赵。赵王以鄗为公子汤沐邑，魏亦复以信陵奉公子。[9]公子留赵。

注释

1 赵孝成王：赵国国君，名丹，赵惠文王之子，公元前265—前245年在位。德：感谢。2 矜：夸耀。自功：自以为有功。3 物：事物，事情。4 夫：句首发语词。5 立：立刻。无所容者：无地自容的人。6 埽除：即扫除。埽，同"扫"。就西阶：就位于西阶。《礼记·曲礼上》："主人就东阶，客就西阶。客若降等，则就主人之阶。"7 负：违背，辜负。8 口不忍：口头上不好意思提出。9 鄗（hào）：赵邑名，在今河北柏乡县北。汤沐邑：春秋以前天子赐给诸侯上朝时斋戒自洁的地方，这里谦指那里的赋税收入只能供给公子做日常洗沐之用。信陵：此指信陵一地之赋税。奉：奉送。

译文

魏王对公子偷窃了他的兵符并假托君命杀死了晋鄙非常恼怒，公子对此也很清楚。他领军击退秦军保存了赵国后，就派将领统率军队回魏国，自己单独和门客留在赵国。赵孝成王感激公子夺了晋鄙的军权并保存了赵国，就和平原君商议用五座城邑封给公子。公子听说了，心生骄色而以有功者自居。门客中有人劝告公子说："事情有的可以遗忘，也有的不可以遗忘。如果人家对公子有恩德，公子不可以遗忘；公子对人家有恩德，希望公子把它遗忘。况且公子假托了魏王的命令，夺了晋鄙的军权来援救赵国，对赵国来说算是有功了，对魏国来说那就不是忠臣啊。公子以此而骄傲，我私下认为公子不应该这样。"公子立刻自责起来，好像无地自容一样。赵王扫除殿堂台阶亲自出门迎接，执行主人的礼节，引导公子登西边的台阶上殿。公子侧着身子前行推辞谦让，从东边台阶上殿。他说自己有罪过，愧对魏国，对赵国并无功劳。赵王侍奉公子饮酒一直到傍晚，口中不忍心说出要献给他五座城邑，是由于公子的谦让自责。公子最终留在赵国。赵王把鄗邑作为公子汤沐邑，魏国也用信陵之赋税来奉养公子。公子留在赵国。

公子闻赵有处士毛公藏于博徒，薛公藏于卖浆家，[1]公子欲见两人，两人自匿不肯见公子。公子闻所在，乃间步[2]往从此两人游，甚欢。平原君闻之，谓其夫人曰："始吾闻夫人弟公子天下无双，今吾闻之，乃妄从博徒卖浆者游，公子妄[3]人耳。"夫人以告公子。公子乃谢夫人去，曰："始吾闻平原君贤，故负魏王而救赵，以称[4]平原君。平原君之游，徒豪举[5]耳，不求士也。无忌自在大梁时，常闻此两人贤，至赵，恐不得见。以无忌从之游，尚恐其不我欲也，今平原君乃以为羞，其不足从游。[6]"乃装为去[7]。夫人具以语平原君。平原君乃免冠谢，固留公子。平原君门下闻之，半去平原君归公子，天下士复往归公子，公子倾[8]平原君客。

注释

1 处士：有才德而隐居不仕之人，亦即隐士。博徒：赌徒。浆：古时一种带酸味的饮料，后亦指酒。2 间（jiàn）步：秘密步行。3 妄：荒唐，诞妄。4 称（chèn）：称心，满足。5 徒：只，仅仅。豪举：声势显赫的举动。《史记会注考证》引中井积德曰："举，是举动之举。"引顾炎武曰："谓特积为豪杰举动，非欲求有用之士也。"引张文虎曰："谓徒以客众为豪耳。"6 不我欲：不愿意和我（游）。羞：耻辱。足：值得。7 装：整理行装。为去：做离开的准备。8 倾：使……倒向。

译文

公子听说赵国有两个有才德但隐居起来不做官的人，一个毛公藏在赌徒中，一个薛公藏在卖酒人家的店里，公子想见这两个人，两人躲起来不肯会见公子。公子听说他们在什么地方，就秘密步行前往和这两个人见面，交往甚欢。平原君听说了，对他的夫人说："当初我听说夫人的弟弟公子是天下无双，如今我听说，他竟荒唐地去跟赌徒和卖酒人交往，公子是个诞妄的人罢了。"夫人把这些话告诉公子。公子就向夫人告辞要离去，说："当初我听说平原君贤明，所以违背了魏王的意愿来援救赵国，以便平原君称心如意。平原君与人交往，只是一种表示声势显赫的举动，不是为了真正求得贤士。自我在大梁的时候起，就常常听说这两个人贤能，到了赵国，唯恐不能见到他们。我和他们交往，还恐怕他们不想理我呢，如今平原君却认为这是羞耻，可见他不值得结交。”就收拾行装准备离去。夫人把这些话全部说给平原君听。平原君脱了帽子来谢罪，坚决挽留公子。平原君门下宾客听说了，有一半人离开平原君归附公子，天下的士人又来归附公子，公子的宾客人数远远超过平原君。

公子留赵十年不归。秦闻公子在赵，日夜出兵东伐魏。魏王患之，使使往请公子。公子恐其怒之，乃诫门下：“有敢为魏王使通者，死。”宾客皆背魏之赵，莫敢劝公子归。毛公、薛公两人往见公子曰：“公子所以重于赵，名闻诸侯者，徒以有魏也。今秦攻魏，魏急而公子不恤，使秦破大梁而夷先王之宗庙，公子当何面目立天下乎？[1]”语未及卒，公子立变色，告车趣驾归救魏。[2]

注释

1 恤：顾及，关心。夷：铲平，毁灭。2 卒：结束。趣（cù）：赶快。

译文

公子留在赵国十年没有回国。秦国听说公子在赵国，日夜出兵往东去攻打魏国。魏王忧虑这件事，派出使者前往请公子回国。公子害怕魏王恼怒自己，就诫令门下：“有敢于替魏王使者通报的，处死。”宾客们就都背弃魏国到了赵国，没有谁敢劝公子回国。毛公、薛公两人前往会见公子说：“公子所以在赵国受到尊重，声名能传播到诸侯各国，只是因为有魏国存在。如今秦国进攻魏国，魏国形势紧急而公子毫不顾及，假若秦国攻破了大梁并夷灭了您的宗庙，公子当会有什么面目在天下立足呢？”话还没有来得及说完，公子马上改变神色，告诉门下赶紧准备车驾回去解救魏国。

魏王见公子，相与泣，而以上将军印授公子，公子遂将。魏安釐王三十年[1]，公子使使遍告诸侯。诸侯闻公子将，各遣将将兵救魏。公子率五国之兵破秦军于河外，走蒙骜。[2]遂乘胜逐秦军至函谷关，抑[3]秦兵，秦兵不敢出。当是时，公子威振天下，诸侯之客进兵法，公子皆名之，故世俗称《魏公子兵法》[4]。

注释

1 魏安釐王三十年：即公元前247年。2 河外：黄河以南，今陕西、河南交界地区。走：打败。蒙骜（ào）：秦国的著名将领。3 抑：按压。《史记索隐》："抑谓以兵蹙之。" 4《魏公子兵法》：《史记集解》："刘歆《七略》有《魏公于兵法》二十一篇，图七卷。"《汉书·艺文志》云："《魏公子》二十一篇，图十卷。"此书今已失传。

译文

魏王见到公子，相互痛哭，就把上将军的印章授给公子，公子便统领着魏国军队。魏安釐王三十年，公子派出使者遍告各国诸侯。诸侯们听说他做了魏军统帅，各派遣将军领兵援救魏国。公子率领五国的兵众在黄河以南打败了秦军，赶跑了蒙骜。便乘胜追逐秦军到了函谷关，把秦兵逼入函谷关以里，秦兵不敢出关了。这时，公子的威望震动天下，诸侯各国的宾客进献兵法，公子书写上自己的名字，所以世上叫它《魏公子兵法》。

秦王患之，乃行[1]金万斤于魏，求晋鄙客，令毁公子于魏王曰："公子亡在外十年矣，今为魏将，诸侯将皆属，诸侯徒闻魏公子，不闻魏王。公子亦欲因此时定南面[2]而王，诸侯畏公子之威，方欲共立之。"秦数使反间，伪贺公子得立为魏王未也。[3]魏王日闻其毁，不能不信，后果使人代公子将。公子自知再以毁废，乃谢病不朝，与宾客为长夜饮，饮醇酒，多近妇女。[4]日夜为乐饮者四岁，竟病酒而卒[5]。其岁，魏安釐王亦薨。

注释

1 行：使用，带着。2 南面：面向南，即称王。3 数（shuò）：多次。未：用在句末表示疑问，此处可译为"是否"。4 再：第二次。以毁废：因毁谤而被排斥。醇酒：浓烈美味之酒。5 病酒：因饮酒而患病。卒：《史记正义》："秦始皇四年（前243）。"

译文

秦王忧患起来，便使用万斤黄金在魏国行贿，寻求到晋鄙原来的门客，让他们在魏王面前毁伤公子说："公子逃亡在外十年了，如今做了魏国主将，诸侯各国的将领都归属他统率，诸侯们只听说魏国有个公子，不曾听说有个魏王。公子亦想借着这个时机做到面朝南坐而称王，诸侯们畏惧公子的威严，正想共同拥立他。”秦国多次使用反间计，假装来道贺公子是否已经被立为魏王。魏王每日都听到毁伤公子的言论，就不能不相信，后来果真派人替代公子统率军队。公子知道自己被再次诋毁，就借口有病不上朝，在家和宾客们整夜的饮宴，饮的是浓烈美味的酒，还常亲近女人。这样日夜寻乐畅饮了四年，终于因饮酒过度而去世了。这一年，魏安釐王也去世了。

秦闻公子死，使蒙骜攻魏，拔二十城，初置东郡[1]。其后秦稍蚕食魏，十八岁而虏魏王，屠大梁。[2]

高祖始微少时[3]，数闻公子贤。及即天子位，每过大梁，常祠[4]公子。高祖十二年，从击黥布还，为公子置守冢五家，世世岁以四时奉祠公子。[5]

注释

1 东郡：秦置郡名，治所濮阳，在今河南濮阳市西南。2 稍：逐渐。魏王：名假，景湣王之子，公元前227—前225年在位。3 高祖：即汉高祖刘邦。微少：年轻时地位低。4 祠：祭祀。5 高祖十二年：即公元前195年。黥布：即英布。守冢：守护坟墓的人。四时：四季。

译文

秦国听说公子死了，派蒙骜进攻魏国，夺取了二十座城邑，先设置为东郡。这以后秦国逐渐蚕食魏国，经过十八年，俘虏了魏王，屠灭了大梁城。

汉高祖刘邦当初年轻地位低贱的时候，多次听说公子贤能。等到他即位做了天子，每次经过大梁，总是要祭祀公子。高祖十二年，出击黥布回来的时候，替公子设置五户人家负责守墓，要求他们世世代代每年按照四季供奉祭祀公子。

太史公曰：吾过大梁之墟[1]，求问其所谓夷门。夷门者，城之东门也。天下诸公子亦有喜士者矣，然信陵君之接岩穴隐者，不耻下交，有以也。[2]名冠诸侯，不虚耳。高祖每过之而令民奉祠不绝也。

注释

1 墟：废墟，遗址。2 岩穴隐者：泛指隐士。岩穴，深山幽谷。以：道理，原因。

译文

太史公说：我经过大梁的遗址，访求那个所谓的夷门，才知道夷门原来是大梁城的东门。天下诸公子也有喜交士人的，然而像信陵君这样能够交结在山野隐居的人，不因为交结低贱身份的人而感到耻辱，是有道理的。声名远在各国诸侯之上，确实是名不虚传啊。高祖因此每次经过大梁都要命令民众供奉祭祀他。

廉颇蔺相如列传

导读

本篇是廉颇、蔺相如、赵奢、李牧四人合传，谱写出一曲爱国主义的赞歌。文篇极写蔺相如，通过完璧归赵、渑池之会、廉蔺交欢，赞扬蔺相如的智勇双全，不畏强秦的谋略、胆识，和“先国家之急而后私仇”的气度、品质，树立起一个高大的英雄形象，千百年来为人们所传颂。论赞对蔺相如给以高度评价，称其“一奋其气，威信敌国，退而让颇，名重太山”。司马迁这样的评许，表明他是在肯定一种优秀的民族精神、民族传统，以激励来者，企望后人。文篇还通过记叙廉颇之特备太子即位及陈兵边境，赵奢之言两鼠斗穴中勇者胜及破秦军阏与下，李牧之食士卒、习骑射、谨烽火及终灭襜褴，破东胡，降林胡，使单于奔走，肯定了智勇对历史上军事胜利的重要作用。司马迁提出“知死必勇，非死者难也，处死者难”的思想，认为将相大臣必须以维护国家利益作为自己处事，包括对待死亡的重要标准，这同时揭示了人们能产生智勇的力量源泉。

在处理国家和个人利益的关系时，司马迁特别肯定了“先国家之急而后私仇”的原则。因此除蔺相如之外，他特别赞扬了廉颇肯于负荆请罪的精神，同时也表彰了赵奢与平原君。赵奢所言“奉公如法则上下平，上下平则国强，国强则赵固”，只有“赵固”，才能有平原君之富足。按照这样的思想治理赵国，结果“国赋大平，民富而府库实”，这是从另一种意义上进一步阐述了国家与个人的关系。赵奢之妻进言赵孝成王勿任其子赵括为将，同样是“先国家之急”的一种真诚忧虑。国家利益放在首位，是将相和，上下平，国强民富以求得发达兴旺的重要思想条件和政治保证。

本篇还是外交与军事斗争应相互协调的经典例证，强调出色的外交斗争必须以雄厚的军事实力做后盾。渑池之会，在政治外交上秦终不能加胜于赵，有一个条件是“赵亦盛设兵以待秦，秦不敢动”，司马迁是认识到二者之间的相互关系的。从军事家传的角度看，司马迁还注意到两个方面：一是将领在战争行为中的主观能动性具有重要的意义。他们因时因地制宜决定的战略、战术方案，不应该因外力而随意变动，在这方面，军事将领的谋略、果决是值得充分肯定的。赵括之代廉颇，李牧之居代雁门，以及赵奢之令军中，均从正反的角度阐明了它的重要性。一是军事行动关系人民生命财产和国家存亡，应严肃对待，重视实战经验，不可轻忽视之，切忌纸上谈兵。明白这一点，对国君任用将领尤为关键，赵括之败于长平就是一个惨痛的教训。本文的记述表明，战国后期，赵国随着军事的胜败而兴盛以至于败亡，除表现军事将领的智勇以外，也反映了国君任用人才贤否的重要影响。最后，终因赵王迁之中反间，以赵葱及齐将颜聚代李牧而为秦所灭。

全篇合传，既以廉颇事迹贯穿前后，相互勾连，又以战事进程彼此衔接，不断推进。在总叙廉颇、蔺相如之后，写"其明年，赵奢破秦军阏与下"而续撰赵奢事迹。赵奢之传结尾亦言"其明年，赵乃以李牧为将而攻燕，拔武遂、方城"，而后续撰李牧之传以广其言行。《史记》之合传，其形式依实而言，千变万化。

廉颇者，赵之良将也。赵惠文王十六年，廉颇为赵将伐齐，大破之，取阳晋，拜为上卿，以勇气闻于诸侯。[1] 蔺相如者，赵人也，为赵宦者令缪[2]贤舍人。

注释

1 赵惠文王十六年：即公元前283年。阳晋：齐邑名，在今山东郓城县西。依《年表》，当作"淮北"，事在十五年。拜：授予官职。2 宦者令：宦官的头目。缪：姓，音miào。

译文

廉颇是赵国的优秀将领。赵惠文王十六年，廉颇为赵国领兵攻打齐国，大败齐军，夺取了阳晋，被任命为上卿，以有勇气而闻名于诸侯各国。蔺相如是赵国人，是赵国宦者令缪贤家中的门客。

赵惠文王时，得楚和氏璧[1]。秦昭王闻之，使人遗赵王书，愿以十五城请易璧。[2] 赵王与大将军廉颇诸大臣谋：欲予秦，秦城恐不可得，徒见[3]欺；欲勿予，即患[4]秦兵之来。计未定，求人可使报秦者，未得。宦者令缪贤曰："臣舍人蔺相如可使。"王问："何以知之？"对曰："臣尝有罪，窃计欲亡走燕[5]，臣舍人相如止臣，曰：'君何以知燕王？'臣语曰：'臣尝从大王与燕王会境[6]上，燕王私握臣手，曰"愿结友"。以此知之，故欲往。'相如谓臣曰：'夫赵强而燕弱，而君幸[7]于赵王，故燕王欲结于君。今君乃亡赵走燕，燕畏赵，其势必不敢留君，而束[8]君归赵矣。君不如肉袒伏斧质请罪[9]，则幸得脱矣。'臣从其计，大王亦幸赦臣。臣窃以为其人勇士，有智谋，宜可使。"于是王召见，问蔺相如曰："秦王以十五城请易寡人之璧，可予不[10]？"相如曰："秦强而赵弱，不可不许。"王曰："取吾

璧，不予我城，奈何？”相如曰：“秦以城求璧而赵不许，曲[11]在赵。赵予璧而秦不予赵城，曲在秦。均之二策，宁许以负秦曲。[12]”王曰：“谁可使者？”相如曰：“王必无人，臣愿奉[13]璧往使。城入赵，而璧留秦；城不入，臣请[14]完璧归赵。”赵王于是遂遣相如奉璧西入秦。

注释

1 和氏璧：楚国人卞和发现的一块璞，经雕琢而成一块宝玉，后人名之为“和氏璧”。《韩非子·和氏》篇中有记载。2 秦昭王：秦国国君，名则，一名稷，公元前 306—前 251 年在位。遗（wèi）：送。3 徒：白白地。见：被。4 即：则，又。患：担心。5 窃：私下。亡走：逃跑。6 境：指边境。7 幸：宠幸，宠爱。8 束：捆绑。9 肉袒：脱衣露出上体。斧质：古刑具，置人于砧板上以斧砍之。质，通“锧”，铁砧板。10 不：同“否”。11 曲：理亏，不在理。12 均：衡量。负：使……担当责任。13 奉：捧。 14 请：副词，本句话中表示请您允许我做某事。

译文

赵惠文王在位时，得到了楚国的和氏璧。秦昭王听说了，派人送信给赵王说，愿以十五座城换和氏璧。赵王与大将军廉颇等计议：若把和氏璧给秦国，秦国的十五座城恐怕得不到，只会被欺骗；若不把和氏璧给秦国，又担心秦兵来到。给还是不给，一时难以定下来，于是就想找一位可以出使秦国的使者，但没有找到。时任宦者令的缪贤说：“我的舍人蔺相如可以出使。”赵王问：“怎么知道他可以出使？”缪贤回答说：“臣曾经犯过罪，私下谋划逃往燕国，我的舍人蔺相如制止我，说：‘您凭什么了解燕王？’我对他说：‘我曾经跟从大王和燕王在边境上相会，燕王私下握着我的手，说“希望结为朋友”。凭这点儿我了解他，所以想到他那里去。’相如对我说：‘赵国强大而燕国虚弱，而您又受到赵王宠幸，所以燕王想结交您。如今您是从赵国逃亡到了燕国，燕国畏惧赵国，在这种形势下燕王一定不敢把您收留下来，而是要把您捆绑起来还给赵国。您不如袒露肩膊伏在砧板上请求赵王宽恕，或许会有幸得到赦免呢。’我听从了他的计策，大王也开恩赦免了我。我私下认为这个人是勇士，有智谋，派他出使应该是合适的。”于是赵王就召见蔺相如问道：“秦王拿十五座城来交换我的宝玉，可不可以给他？”相如说：“秦国强大而赵国弱小，不可以不答应他。”赵王说：“取走了我的宝玉，不给我城邑，怎么办？”相如说：“秦国拿城邑来求宝玉而赵国不答应，赵国理亏。赵国给了宝玉但秦国不给赵国城邑，秦国理亏。衡量一下这两种对策，最好是答应秦国，让他承担负约的责任。”赵王说：“哪个人可以派到秦国去？”相如说：“您若无人可派，我愿意捧着和氏璧出使秦国。秦国把城邑划给赵国，我就把宝玉留在秦国；若秦国没把城邑划给赵国，我会把和氏璧完好地带回赵国。”赵王于是就派遣蔺相如捧着和氏璧西去秦国。

秦王坐章台见相如，相如奉璧奏秦王。[1] 秦王大喜，传以示美人及左右，左右皆呼万岁。[2] 相如视秦王无意偿赵城，乃前曰：“璧有瑕，请指示王。”[3] 王授璧，相如因持璧却立，倚柱，怒发上冲冠，谓秦王曰：“大王欲得璧，使人发书至赵王，赵王悉召群臣议，皆曰秦贪，负[4]其强，以空言求璧，偿城恐不可得。议不欲予秦璧。臣以为布衣之交[5]尚不相欺，况大国乎！且以一璧之故逆[6]强秦之欢，不可。于是赵王乃斋戒五日，使臣奉璧，拜送书于庭。[7] 何者？严大国之威以修敬也[8]。今臣至，大王见臣列观，礼节甚倨；[9] 得璧，传之美人，以戏弄臣。臣观大王无意偿赵王城邑，故臣复取璧。大王必欲急臣，臣头今与璧俱碎于柱矣！”相如持其璧睨[10]柱，欲以击柱。秦王恐其破璧，乃辞谢固请，召有司案图，指从此以往十五都予赵。[11] 相如度秦王特以诈详为予赵城[12]，实不可得，乃谓秦王曰：“和氏璧，天下所共传宝也，赵王恐，不敢不献。赵王送璧时，斋戒五日，今大王亦宜斋戒五日，设九宾[13]于廷，臣乃敢上璧。”秦王度之，终不可强夺，遂许斋五日，舍相如广成传[14]。相如度秦王虽斋，决负约不偿城，乃使其从者衣褐，怀其璧，从径道亡，归璧于赵。[15]

注释

1 章台：秦国渭南离宫中的台观名。奏：进献。2 美人：指妃嫔、姬妾。左右：指秦王的近侍。3 偿：抵偿，补偿。瑕：玉上的小斑点。指示：指出来给人看。4 负：依仗。5 布衣之交：平民间的友谊交往。6 逆：违背，触犯。7 斋戒：古人为表示对神的虔诚，或对某事的重视，在举行祭祀前沐浴更衣，戒酒戒荤，并戒女色，总称斋戒。拜：叩拜。书：国书，赵王的复信。庭：通“廷”，朝廷。8 严：尊重。修：表示。9 列观：一般的台观。倨（jù）：傲慢。10 睨（nì）：斜视。11 辞谢：道歉。固请：一再请求。有司：有关部门主管官吏。案：审视，指划。12 度（duó）：推测，估计。特：只，不过。详：通“佯”。13 九宾：古代外交上最隆重的礼节。由九个迎宾礼官依次传呼，接引使者上殿，故云九宾。14 舍：让……住在。广成：接待外宾的馆驿名。传（zhuàn）：馆舍，驿站。15 负：背弃。衣褐：穿着粗布衣服。径道：小路，便道。

译文

秦王坐在章台上接见相如，相如捧着宝玉进献给秦王。秦王特别高兴，把宝玉传递给妃嫔姬妾和身边的近侍们观看，左右的人都呼喊着万岁。相如看出秦王没有把城邑抵偿给赵国的意思，就向前说："宝玉有小斑点，请允许我指给您看。"秦王授给他宝玉，相如于是手拿着宝玉站起来，退后几步倚靠着柱子，愤怒得头发往上竖起来冲动了帽子，对秦王说："大王想得到宝玉，送信到赵王那里，赵王把全体大臣都召在一起商议，都说秦国贪婪，仰仗它的强大，拿空话来求宝玉，抵偿的城邑恐怕不可能得到。商议着不想给秦国宝玉。我认为一般平民间的交往尚且不互相欺骗，更何况是大国呢！而且因为一块宝玉而触犯强大的秦国，是不应该的。于是赵王就斋戒了五天，派我捧着宝玉，叩拜着在朝堂上送出国书。为什么呢？尊重大国的威严来表示敬意呀。如今我来到秦国，大王在台观接见我，礼节上特别傲慢；得到了宝玉，传递给妃嫔姬妾们看，来戏弄我。我观察大王没有要把城邑抵偿给赵国的意思，所以我重新取回宝玉。大王一定想逼迫我，我的头如今要和宝玉一起都碎在这柱子上了！"相如手拿宝玉斜视柱子，想用它来击撞殿柱。秦王担心他毁坏了宝玉，就道歉着一再请求，召来有关部门的主管官员查看地图，指出把从这里到那里的十五个都邑划给赵国。相如估计秦王只不过是用欺诈手段假装给赵国城邑，实际上不可能得到，就对秦王说："和氏璧是天下共同传颂的宝物，赵王害怕，不敢不献出来。赵王送出宝玉的时候，斋戒了五天，如今大王也应该斋戒五天，在朝堂上设置九宾传呼的礼仪，我才敢献上宝玉。"秦王度量着，最终不能够强行夺取，就答应斋戒五天，把相如安排在广成驿馆住宿。相如估计秦王虽然答应斋戒，一定会违背约定不给抵偿城邑，就派他的随从穿着粗布衣服，怀藏着那块宝玉，从小路上逃走，把宝玉送回了赵国。

秦王斋五日后，乃设九宾礼于廷，引赵使者蔺相如。相如至，谓秦王曰："秦自缪公以来二十余君，未尝有坚明约束者也。[1]臣诚恐见欺于王而负赵，故令人持璧归，间至赵矣。[2]且秦强而赵弱，大王遣一介之使[3]至赵，赵立奉璧来。今以秦之强而先割十五都予赵，赵岂敢留璧而得罪于大王乎？臣知欺大王之罪当诛，臣请就汤镬，唯大王与群臣孰计议之。[4]"秦王与群臣相视而嘻[5]。左右或欲引相如去，秦王因曰："今杀相如，终不能得璧也，而绝秦赵之欢，不如因而厚

遇之，使归赵，赵王岂以一璧之故欺秦邪！”卒廷见相如，毕礼[6]而归之。

相如既归，赵王以为贤大夫使不辱于诸侯，拜相如为上大夫[7]。秦亦不以城予赵，赵亦终不予秦璧。

其后秦伐赵，拔石城[8]。明年，复攻赵，杀二万[9]人。

注释

1 缪（mù）公：即穆公。缪，通“穆”。坚明：坚决明确地遵守。约束：规约，盟约。2 见……于：被。负：辜负，对不起。间（jiàn）：间道，乘间。即偏僻的小路。3 一介之使：一个使臣。“一介”在这里表明使者的身份之低，和礼数之简，意即“只需要一个小小的使臣”。“介”，通“芥”，小草，表示微不足道。4 汤镬（huò）：开水锅，古代烹人的刑具。孰：同“熟”，仔细。5 嘻：《史记索隐》：“音希。乃惊而怒之辞也。”6 礼：指所设九宾之礼仪。7 上大夫：大夫中最高的一级爵位，仅次于卿。8 石城：赵邑名，在今河南林州市南。9 二万：《史记志疑》：“《表》作‘三万’。”

译文

秦王斋戒五天以后，就在朝堂上设置了九宾大礼，召见赵国使者蔺相如。相如来到，对秦王说：“秦国自从缪公以来的二十多位国君，未曾有过坚决明确地遵守盟约的表现。我实在是害怕被您欺骗而辜负了赵国，所以让人带着宝玉，抄偏僻小路回赵国去了。况且秦国强大而赵国弱小，大王派遣一个小小的使臣到赵国，赵国马上会把宝玉捧来。如今以秦国的强大而先割出十五座都邑给赵国，赵国难道敢留下宝玉而得罪大王吗？我知道欺骗大王的罪过应当被诛杀，我请下开水锅受烹煮的刑罚，希望大王和各位大臣仔细商量这件事。”秦王和群臣面面相觑并发出惊怒的声音。侍从中有人想把相如拉出去，秦王于是说：“如今杀了相如，终归不能得到宝玉，反而断绝了秦赵两国的交情，不如借这个机会优厚地款待他，让他回赵国去，赵王难道会因为一块宝玉的缘故欺骗秦国吗？”最终在朝堂上接见了相如，进行完全部礼仪后让他回去了。

相如回国以后，赵王认为他是一位贤能的大夫，出使秦国而没有使赵国蒙受耻辱，任命相如做上大夫。秦国也不把城邑划给赵国，赵国最终也没有给秦国宝玉。

这以后秦国攻伐赵国，攻下石城。第二年，秦国再次攻打赵国，杀了两万人。

秦王使使者告赵王，欲与王为好会于西河外渑池。[1]赵王畏秦，欲毋行。廉颇、蔺相如计曰："王不行，示赵弱且怯也。"赵王遂行，相如从。廉颇送至境，与王诀[2]曰："王行，度道里会遇之礼毕，还，不过三十日。三十日不还，则请立太子为王，以绝秦望。"王许之，遂与秦王会渑池。秦王饮酒酣，曰："寡人窃闻赵王好音，请奏瑟。"[3]赵王鼓瑟。秦御史[4]前书曰："某年月日，秦王与赵王会饮，令赵王鼓瑟。"蔺相如前曰："赵王窃闻秦王善为秦声，请奏盆缻[5]秦王，以相娱乐。"秦王怒，不许。于是相如前进缻，因跪请秦王。[6]秦王不肯击缻。相如曰："五步之内，相如请得以颈血溅大王矣！"左右欲刃相如，相如张目叱之，左右皆靡。[7]于是秦王不怿[8]，为一击缻。相如顾召赵御史书曰："某年月日，秦王为赵王击缻。"秦之群臣曰："请以赵十五城为秦王寿[9]。"蔺相如亦曰："请以秦之咸阳为赵王寿。"秦王竟酒[10]，终不能加胜于赵。赵亦盛设兵以待秦，秦不敢动。

注释

1 为好会：为了友好而进行会见。西河：指今陕西东南黄河以西一带。外：《史记索隐》："在西河之南，故云'外'。"渑（miǎn）池：秦邑名，在今河南渑池县西。2 诀（jué）：决绝，长别。赵王此行有可能遇险，故作此语。3 酣（hān，旧读 hán）：尽量饮酒而心情畅快。好（hào）音：喜好音乐。瑟：古弦乐器名。4 御史：职官名，战国时职掌图书文籍，记载国家大事，同后世之史官。5 盆缻（fǒu）：《史记集解》："《风俗通义》曰'缶者，瓦器，所以盛酒浆，秦人鼓之以节歌也'。"缻，同"缶"。6 前进：上前进献。请：此处表示请对方做某事。7 刃：杀。此处为动词。叱（chì）：喝骂。靡：后退，溃散。8 怿：高兴，痛快。9 寿：向人进酒或献礼。10 竟酒：直至酒宴完毕。

译文

秦王派出使者告诉赵王，想和赵王在西河南边的渑池城邑进行友好会见。赵王畏惧秦国，不想成行。廉颇、蔺相如计议："君王不成行，是表示赵国软弱而且胆怯。"赵王于是成行，相如跟从着。廉颇送到国境上，和赵王长别说："您成行，估计路程与相互会见的礼仪进行完毕，返回来，不会超过三十天。三十天不返回，就请允许我拥立太子为王，以便断绝秦国的妄想。"赵王答应了，就和秦王在渑池进行了会见。秦王饮酒到沉酣畅快的时候，说："寡人私下听说赵王喜好音乐，请弹瑟吧。"赵王弹了瑟。秦国的御史向前记下说："某年某月某日，秦王和赵王相会饮酒，令赵王弹了瑟。”蔺相如向前说：“赵王私下听说秦王擅长演奏秦地土乐，请让我给秦王进上盆缶，以互相娱乐。”秦王发怒，不答应。这时相如向前递上盆缶，趁势跪下请秦王敲击。秦王不肯敲击盆缶。相如说：“在五步的距离之内，我蔺相如能把颈项里的血溅到大王的身上了！”左右的侍从想杀相如，相如张大眼睛呵斥他们，左右侍从们都吓得倒退。秦王不高兴，只好敲击了一下盆缶。相如回过头召唤赵国的御史记下说：“某年某月某日，秦王为赵王敲击盆缶。”秦国的群臣说：“请拿赵国十五座城邑向秦王献礼。”蔺相如也说：“请拿秦国的咸阳向赵王献礼。”秦王一直到酒宴完毕，始终也没能在赵国面前取胜一筹。赵国又陈设了大量兵力来防备秦国，秦国不敢轻举妄动。

既罢归国，以相如功大，拜为上卿，位在廉颇之右[1]。廉颇曰：“我为赵将，有攻城野战之大功，而蔺相如徒以口舌为劳，而位居我上，且相如素贱[2]人，吾羞，不忍为之下。”宣言[3]曰：“我见相如，必辱之。”相如闻，不肯与会。相如每朝时，常称病，不欲与廉颇争列[4]。已而相如出，望见廉颇，相如引[5]车避匿。于是舍人相与谏曰：“臣所以去亲戚而事君者，徒慕君之高义[6]也。今君与廉颇同列，廉君宣恶言而君畏匿之，恐惧殊甚，且庸人[7]尚羞之，况于将相乎！臣等不肖[8]，请辞去。”蔺相如固止之，曰：“公之视廉将军孰与[9]秦王？”曰：“不若也。”相如曰：“夫以秦王之威，而相如廷叱之，辱其群臣，相如虽驽[10]，独畏廉将军哉？顾[11]吾念之，强秦之所以不敢加兵于赵者，徒以吾两人在也。今两虎共斗，其势不俱生。吾所以为此者，以先国家之急而后私仇也。”廉颇闻之，肉袒负荆[12]，因宾客至蔺相如门谢罪。曰：“鄙贱之人，不知将军宽[13]之至此也。”卒相与欢，为刎颈之交[14]。

注释

1 右：上。古代究竟以左为尊还是以右为尊，各个时期、各个国家并不一致。《史记索隐》引王劭按：“董勋《答礼》曰‘职高者名录在上，于人为右；职卑者名录在下，于人为左，是以谓下迁为左’。”《史记正义》：“秦汉以前用右为上。” 2 素：向来，本来。贱：指出身低贱。3 宣言：扬言。4 列：位次。5 引：导引。6 高义：高尚的品节、大义凛然的行为。7 庸人：一般人。8 不肖：不贤，没出息。9 孰与：在句中表示比较，即哪一个更厉害。10 驽（nú）：本指劣马，此引申为愚笨、无能。11 顾：但。12 负荆：背着荆条，表示愿受责罚。13 宽：宽宏大度。14 刎颈之交：急难时可以互相为之死的朋友。

译文

会见结束后赵王回到赵国，以相如功劳大，任命他为上卿，官位在廉颇之上。廉颇说："我担任赵国将领，有攻夺城邑旷野征战的大功劳，但蔺相如只是凭借口舌辩说立了点功劳，官位却处在我的上面，而且相如原本是个地位低贱的人，我感到羞耻，不能忍受处在他的下面。"还扬言说："我要是见到了相如，一定要侮辱他。"相如听说了，不愿意和他相会。相如在每次上朝的时候，常常称说有病，不想同廉颇争位次。不久相如外出，在途中望见了廉颇，相如就引车躲避起来。这时门客们共同规劝说：我们之所以离开亲属来侍奉您，只是因为仰慕您的高节大义。如今您位处廉颇之上，廉将军放出恶言，您却畏惧躲藏，惧怕得特别厉害，就是一般人都尚且感到羞愧，更何况是将军丞相呢！我们这些人没有才能，请允许我们告辞离去。"蔺相如坚决制止他们，说："依你们看廉将军和秦王哪个更厉害？"舍人说："不如秦王。"相如说："凭秦王的威势，相如却在朝堂上叱责他，羞辱他的大臣，相如虽说笨拙，唯独害怕廉将军吗？但我考虑到，强大的秦国不敢对赵国用兵的原因，只是因为我们两个人在呀。如今两虎争斗，情势发展必定不能共存。我之所以这样的忍让，是把国家的急难摆在前面而把个人的恩怨摆在后面呀。"廉颇听说了，裸露肩背，背着荆条，通过宾客到蔺相如的家门来道歉认罪。他说："我是个鄙俗低贱的人，想不到将军如此宽宏大量。"两个人终于交欢和好，结成了生死与共的朋友。

是岁，廉颇东攻齐，破其一军。居二年，廉颇复伐齐幾[1]，拔之。后三年，廉颇攻魏之防陵、安阳，拔之。[2]后四年，蔺相如将而攻齐，至平邑[3]而罢。其明年，赵奢破秦军阏与[4]下。

注释

1 幾：齐地名，在今河北大名县东南。《史记志疑》："幾是魏邑……此作'齐幾'，误。裴骃谓或属齐，非也。先是楼昌攻幾不能取，故云复伐。又'居二年'乃'居三年'之误。"2 后三年：《史记志疑》："当作'后一年'，乃惠文王二十四年事也。" 防陵：魏邑名，在今河南安阳市西南。安阳：魏邑名，又名宁新中，在今河南安阳市西南。3 平邑：齐邑名，在今河南南乐县东北。4 阏（yù）与：赵邑名，在今山西和顺县。

译文

这一年，廉颇往东去进攻齐国，打败了齐国一支军队。过了两年，廉颇又去攻打齐国的幾地，攻下了。以后三年，廉颇进攻魏国的防陵、安阳，攻下了。四年以后，蔺相如统领军队去进攻齐国，到了平邑就收兵了。第二年，赵奢在阏与城下打败了秦军。

赵奢者，赵之田部吏[1]也。收租税，而平原君家不肯出。赵奢以法治之，杀平原君用事者[2]九人。平原君怒，将杀奢。奢因说曰："君于赵为贵公子，今纵君家而不奉公则法削[3]，法削则国弱，国弱则诸侯加兵，诸侯加兵是无赵也，君安得有此富乎？以君之贵，奉公如法则上下平，上下平则国强，国强则赵固，而君为贵戚，岂轻于天下邪？[4]"平原君以为贤，言之于王。王用之治国赋，国赋大平，民富而府库实。

注释

1 田部吏：征收田赋的官吏。2 用事者：当权管事的人。3 纵：纵容，放纵。奉公：遵奉公家的税制。4 上下：此指贵族与平民。平：公平。轻：轻视，小看。

译文

赵奢是赵国征收田赋的下级官吏。在收取租税的时候，平原君家却不肯交纳租赋。赵奢根据法令加以惩治，杀了平原君家九个当权管事的人员。平原君发怒，将要杀死赵奢。赵奢趁机去劝告说："您在赵国是贵公子，如今纵容您家而不遵奉公家的税制，法令的权威就会被削弱，法令权威被削弱则国家会衰弱，国家衰弱则别国军队就会来侵犯，别国军队来侵犯则赵国就会灭亡，您怎么能够有这等富足呢？凭借您的高贵，奉公守法就会对待贵族平民一样公平，对待贵族平民一样公平就会使国家强盛，国家强盛就会使赵国稳固，而您作为贵戚，难道会被天下人轻视吗？"平原君认为他贤能，把他推荐给赵王。赵王任用他治理国家赋税，全国赋税的收取特别公平，民众富有且府库充实。

秦伐韩，军[1]于阏与。王召廉颇而问曰："可救不？"对曰："道远险狭，难救。"又召乐乘而问焉，乐乘对如廉颇言。又召问赵奢，奢对曰："其道远险狭，

譬之犹两鼠斗于穴中，将勇者胜。”王乃令赵奢将，救之。

兵去邯郸三十里，而令军中曰：“有以军事谏者死。”秦军军武安西，秦军鼓噪勒兵，武安屋瓦尽振。军中候[2]有一人言急救武安，赵奢立斩之。坚壁[3]，留二十八日不行，复益增垒。秦间[4]来入，赵奢善食而遣之。间以报秦将，秦将大喜曰：“夫去国三十里而军不行，乃增垒，阏与非赵地也。”赵奢既已遣秦间，乃卷甲[5]而趋之，二日一夜至，令善射者去阏与五十里而军。军垒成，秦人闻之，悉甲[6]而至。军士许历请以军事谏，赵奢曰：“内[7]之。”许历曰：“秦人不意[8]赵师至此，其来气盛，将军必厚集其阵以待之。不然，必败。”赵奢曰：“请受令。”许历曰：“请就铁质[9]之诛。”赵奢曰：“胥[10]后令邯郸。”许历复请谏，曰：“先据北山上者胜，后至者败。”赵奢许诺，即发万人趋之。秦兵后至，争山，不得上，赵奢纵兵击之，大破秦军。秦军解而走，遂解阏与之围而归。

注释

1 军：驻扎。2 候：侦察敌情的军吏。3 壁：营垒。4 间（jiàn）：间谍。5 卷甲：收起铠甲。6 悉甲：全军。7 内：同“纳”，接纳。8 不意：没料到。9 铁质：即“斧质”。铁，通“斧”。10 胥：通“须”，等待。《史记志疑》引钱官詹曰：“‘胥后令邯郸’是五字句。赵都邯郸，谓当待赵王之令也。”此解甚惬。

译文

秦国攻打韩国，驻扎在阏与。赵王召来廉颇询问说：“可不可以援救？”廉颇回答说：“道路遥远险峻狭窄，很难援救。”又召来乐乘询问这件事，乐乘的回答和廉颇的话是一样的。又召来赵奢询问，赵奢回答说：“那里道路遥远险峻狭窄，就像是两只老鼠在穴窟中争斗，只有勇猛的一方能够取胜。”赵王于是命令赵奢领兵，去援救阏与。

赵军离开邯郸三十里，赵奢就在军中下达命令说：“有对用兵作战的事进谏的要处死。”秦军驻扎在武安西面，秦军击鼓噪动统领的士兵，喊声使得武安城中的屋瓦全都震动起来。军队中有一个负责侦察敌情的小吏来说要紧急援救武安，赵奢马上把他斩了。加固营垒，留在原地二十八天不向前开行，又一次增强营垒。秦国的间谍混进来了，赵奢用好的饮食招待后放了他。间谍把看到的情况报告给秦将，秦将特别高兴说：“像这样离开国都三十里军队就不前行，还加强营垒，阏与不是赵国的土地了。”赵奢放走了秦国间谍以后，就卷起铠甲急速行军，两天一夜就到了，命令善于射箭的人在距离阏与五十里的地方驻扎下来。军中营垒刚刚建成，秦国人听说了，全军倾巢而至。军士许历请求进谏用兵作战的事，赵奢说："让他进来。"许历说："秦国人没有料到赵国军队会来到这里，其来势很盛，将军一定要集中兵力坚守阵地等待。不这样做的话，一定会失败。"赵奢说："我接受您的指教。"许历说："请把我处死。"赵奢说："应当等待赵王的命令。"许历再次请求进谏，说："最先占据北山顶上的一方会取胜，后到达的会失败。"赵奢答应去做，随即出动一万人急速上去。秦兵在后面到达，争夺山顶，但不能上去，赵奢指挥军队进行攻击，把秦军打得大败。秦军瓦解后撤退，赵军解除了秦军对阏与的包围而返回。

赵惠文王赐奢号为马服君，以许历为国尉[1]。赵奢于是与廉颇、蔺相如同位。

后四年，赵惠文王卒，子孝成王[2]立。七年，秦与赵兵相距长平，时赵奢已死，而蔺相如病笃，[3]赵使廉颇将攻秦，秦数败赵军，赵军固壁不战。秦数挑战，廉颇不肯。赵王信秦之间。秦之间言曰："秦之所恶[4]，独畏马服君赵奢之子赵括为将耳。"赵王因以括为将，代廉颇。蔺相如曰："王以名使括，若胶柱[5]而鼓瑟耳。括徒能读其父书传，不知合变也。[6]"赵王不听，遂将之。

注释

1 国尉：位次于将军的军官。2 孝成王：赵国国君，公元前 265—前 245 年在位。3 七年：《史记志疑》："乃'八年'之误。"距：通"拒"，对抗。长平：赵邑名，在今山西高平市西北。笃：重。4 恶：憎恨，畏忌。5 胶柱：用胶把瑟的弦柱粘死，无法调松紧。柱，指瑟上用以卷弦的短轴，调节音调高低。6 书传：书本。合变：应合变化。

译文

赵惠文王封赵奢为马服君，任命许历做国尉。赵奢从此和廉颇、蔺相如地位相等。

四年以后，赵惠文王去世，儿子孝成王继位。七年，秦国和赵国的军队在长平相持对抗，这时赵奢已死，蔺相如又病得很重，赵国派廉颇领兵攻打秦兵，秦兵多次打败了赵军，赵军加固营垒不出战。秦兵多次挑战，廉颇不肯应战。赵王相信秦国间谍散布的谣言。秦国间谍散布谣言说："秦国所忌恨的，只怕马服君赵奢的儿子赵括来做将军。"赵王因此任命赵括做将军，代替廉颇。蔺相如说：

"您根据虚名委派赵括，就好像用胶粘死弦轴来弹瑟。赵括只是能读他父亲的兵书，不懂得随机应变。"赵王不听从，还是委派赵括领兵。

赵括自少时学兵法，言兵事，以天下莫能当[1]。尝与其父奢言兵事，奢不能难，然不谓善。括母问奢其故，奢曰："兵，死地也，而括易言之。[2]使赵不将括即[3]已，若必将之，破赵军者必括也。"及括将行，其母上书言于王曰："括不可使将。"王曰："何以？"对曰："始妾事其父，时为将，身所奉饭饮而进食者以十数，所友者以百数，[4]大王及宗室所赏赐者尽以予军吏士大夫，受命之日，不问家事。今括一旦为将，东向而朝，军吏无敢仰视之者，王所赐金帛，归藏于家，而日视便利田宅可买者买之。[5]王以为何如其父？父子异心，愿王勿遣。"王曰："母置[6]之，吾已决矣。"括母因曰："王终遣之，即有如不称，妾得无随坐[7]乎？"王许诺。

注释

1 当：抵敌。2 兵：打仗，作战。死地：置人于死地；危险的事情。易：轻易，轻率。3 即：就，便。4 妾：古代妇女自称的谦词。奉：亲自送。所友者：结交的朋友。5 东向而朝：面向东而接受部下的参见。古代除正式坐殿升堂以南向为尊外，一般集会宴饮以东向为尊。便利：方便有利。6 置：搁置，放弃。7 随坐：连坐。

译文

赵括从年轻时就学习兵法，谈论起战事来，自认为天下没有谁能敌过他。他曾经和他父亲赵奢谈论用兵作战的事，赵奢不能难倒他，但是并不说他有本事。赵括的母亲问赵奢其中的缘故，赵奢说："作战，是把人置于死地的事，但是赵括把它说得太容易了。如果赵国不任用括为将也就罢了，假若一定任用他做将，打败赵军的一定是赵括了。"等到赵括将要领兵出行，他母亲给赵王呈上书说："不可以让赵括为将军。"赵王说："为什么？"赵括的母亲回答说："当初我侍奉他父亲，他父亲当时做将，多次亲自捧着饭菜和水送给士卒，结交了几百个朋友，把大王和宗室所赏赐给他的钱物都给了军吏和僚属，接受命令的时候，不过问家中事务。如今赵括刚一做了将军，就面向东坐着接见部下，军吏们没有一个敢抬头来看他的，您所赐的金帛，他都送到家中收藏起来，并且平日看到方便有利的田土屋宅可以购买的就买下来。您认为他哪里能与他父亲相比？父子二人的心地是不同的，希望您不要派他领兵。”赵王说：“老母亲放下这件事吧，我已经决定了。”赵括的母亲趁此问：“您最终要派遣他，假若他不称职，我能够不受连坐吗？”赵王答应了。

赵括既代廉颇，悉更约束，易置军史。[1]秦将白起闻之，纵奇兵，详败走，[2]而绝其粮道，分断其军为二，士卒离心。四十余日，军饿，赵括出锐卒自搏战[3]，秦军射杀赵括。括军败，数十万之众遂降秦，秦悉坑[4]之。赵前后所亡凡四十五万。明年，秦兵遂围邯郸，岁余，几不得脱。赖楚、魏诸侯来救，乃得解邯郸之围。赵王亦以括母先言，竟不诛也。

注释

1 约束：纪律，号令。易置：撤换。军史：所属下级军官。2 纵：派出。详：通“佯”。3 搏战：搏斗、作战。4 坑：活埋。

译文

赵括代替了廉颇以后，把原来的纪律号令全都变更了，原来的下级官吏也都撤换了。秦将白起听说了，派出奇兵，假装着失败逃跑，却断绝赵军的运粮通道，把赵括的军队分割成两部分，使他们的士卒军心涣散。经过四十多天，赵军饥饿，赵括出动精锐的士卒亲自领着去拼搏战斗，秦军射杀了赵括。赵括军队失败，几十万兵众投降了秦国，秦国把他们都活埋了。赵国前前后后所亡失的兵士总计四十五万。第二年，秦兵就包围了邯郸，一年多时间，几乎不能解围。依靠楚、魏等诸侯国前来援救，才得以解除对邯郸的包围。赵王也因为赵括母亲先前说的话，竟没有诛杀她。

自邯郸围解五年，而燕用栗腹之谋，曰“赵壮者尽于长平，其孤未壮”[1]，举兵击赵。赵使廉颇将，击，大破燕军于鄗[2]，杀栗腹，遂围燕。燕割五城请和，乃听之。赵以尉文封廉颇为信平君，为假相国。[3]

廉颇之免长平归也，失势之时，故客尽去。及复用为将，客又复至。廉颇曰：“客退矣！”客曰：“吁！君何见之晚也？[4]夫天下以市道交[5]，君有势，我则从君，君无势则去，此固其理也，有何怨乎？”居六年，赵使廉颇伐魏之繁阳[6]，拔之。

注释

1 五年：《史记志疑》案：乃“七年”之误。孤：指长平战中死士的遗孤。2 鄗（hào）：赵邑名，在今河北柏乡北。3 尉文：《史记索隐》：“徐广云：‘尉文，邑名。’按：《汉书》表有‘尉文节侯’，云在南郡。盖尉，官也；文，名也。谓取尉文所食之邑复以封颇，而后号为信平君。”假：代理。4 吁（xū）：感叹之词，表示不解。见：见解。晚：迟钝，落后。5 市道交：把市场上的商品买卖交换关系用到交朋友上。6 繁阳：魏邑名，在今河南内黄县西北。

译文

自从邯郸的围困解除五年，燕国采用栗腹的计谋，说“赵国的壮年人全都死在长平，这些人的遗孤还没有长成”，发兵攻击赵国。赵国派廉颇统兵，进击，在鄗邑把燕军打得大败，杀了栗腹，于是包围了燕国。燕国割出五座城邑请求讲和，赵国依允。赵王把尉文封给廉颇，称他为信平君，做了代理相国。

廉颇从长平免职回来，失掉权势的时候，从前的宾客全都离去。等到他重新被启用做了将军，宾客又再次来到。廉颇说：“客人们回去吧！”宾客说：“哎！您的见解为什么这样落后？天下的人都是按做生意的原则交朋友，您有权势，我就依从您，您没有权势就离去，这是理所当然的，有什么可怨恨的呢？”过了六年，赵国派廉颇攻打魏国的繁阳，攻下了。

赵孝成王卒，子悼襄王[1]立，使乐乘代廉颇。廉颇怒，攻乐乘，乐乘走。廉颇遂奔魏之大梁。其明年，赵乃以李牧为将而攻燕，拔武遂、方城。[2]

廉颇居梁久之，魏不能信用。赵以数困于秦兵，赵王思复得廉颇，廉颇亦思复用于赵。赵王使使者视廉颇尚可用否。廉颇之仇郭开多与使者金，令毁之。[3]赵使者既见廉颇。廉颇为之一饭斗米，肉十斤，被[4]甲上马，以示尚可用。赵使还报王曰：“廉将军虽老，尚善饭，然与臣坐，顷之三遗矢[5]矣。”赵王以为老，遂不召。

楚闻廉颇在魏，阴使人迎之。廉颇一为楚将，无功，曰：“我思用赵人[6]。”廉颇卒死于寿春[7]。

注释

1 悼襄王：赵国国君，公元前244—前236年在位。2 其明年：《史记志疑》：“当作‘后二年'，盖廉颇奔魏在孝成卒年，李牧攻燕在悼襄二年也。"武遂：燕邑名，在今河北保定市徐水区西遂城镇。方城：燕邑名，在今河北固安县。3 郭开：赵王宠臣。毁：诋毁，说坏话。4 被：通"披"。5 遗矢：拉屎。矢，通"屎"。6 思用赵人：想统帅赵国军队。7 寿春：楚邑名，后为楚都，在今安徽寿县。

译文

赵孝成王去世，儿子悼襄王继位，派乐乘代替廉颇。廉颇发怒，攻击乐乘，乐乘逃跑。廉颇就奔往魏国的大梁。第二年，赵国就任命李牧做将领去进攻燕国，攻占了武遂、方城。

廉颇居住在魏国很久了，魏国不信任他。赵国由于多次被秦兵所困，赵王想着重新得到廉颇，廉颇也想着重新在赵国受到任用。赵王派出使者去观察廉颇还可不可以任用。廉颇的仇人郭开送给使者不少金钱，让他说廉颇的坏话。赵国使者见到廉颇以后，廉颇一顿饭吃了一斗米，十斤肉，披着甲胄跨上马，以显示自己还可以被任用。赵国使者回来报告国王说："廉将军虽然老了，还很能吃饭，但是和我坐在一起，一会儿就拉了三次屎。"赵王认为他老了，就不召用他。

楚国听说廉颇在魏国，暗中派人迎接他。廉颇担任了楚国将领，没有功劳，说："我想统帅赵国士兵。"廉颇最后死在寿春。

李牧者，赵之北边良将也。常居代雁门[1]，备匈奴。以便宜置吏，市租皆输入莫府，为士卒费。[2]日击数牛飨士，习射骑，谨烽火，[3]多间谍，厚遇战士。为约曰："匈奴即入盗，急入收保，有敢捕虏者斩。"匈奴每入，烽火谨，辄入收保，不敢战。[4]如是数岁，亦不亡失。然匈奴以李牧为怯，虽赵边兵亦以为吾将怯。赵王让[5]李牧，李牧如故。赵王怒，召之，使他人代将。

岁余，匈奴每来，出战。出战，数不利，失亡多，边不得田畜[6]。复请李牧。牧杜门不出，固称疾。赵王乃复强起使将兵。牧曰："王必用臣，臣如前，乃敢奉令。"王许之。

注释

1 代雁门：即代地的雁门郡。《史记正义》："今雁门县在代地，故云代雁门也。"2 便（biàn）宜：按实际需要灵便处置。莫府：幕府。莫，通"幕"。3 飨（xiǎng）：用酒食款待人。谨：谨慎地察看，留意。4 辄（zhé）：立即。收保：收兵进入营垒。保，通"堡"，营垒。5 让：指责，责备。6 田畜：耕作和畜牧。

译文

李牧是赵国北部边境的优秀将领。经常驻守在代地的雁门郡，防备匈奴。他依据实际需要设置官吏，城市的租税都送到将军府署，作为士兵的费用。每日击杀几头牛犒劳士兵，练习骑马射箭，谨慎地察看烽火台，增加刺探情报的人员，优厚地对待作战的士兵。还立下规定说："匈奴如果进来抢夺，就迅速收兵进入营垒，有敢捕获敌兵的要斩首。"匈奴每次入侵，烽火台就谨慎报警，立即进入营垒守御，不出击战斗。像这样过了几年，也没有伤亡损失。然而匈奴认为李牧胆怯，即使是赵国边境的士兵也认为自己的统帅胆怯。赵王责备李牧，李牧依然如故。赵王发怒，召回他，派其他人代替他做将领。

一年多，匈奴每次来侵犯，就出营战斗。在作战中，多次失利，损失伤亡很多，边境不能够耕种放牧。赵王又请李牧复职。李牧闭门不出，一直称说有病。赵王又一次强令他统领兵众。李牧说："您一定要任用我，同意我采取原来的策略，这样我才敢接受任命。"赵王答应了。

李牧至，如故约。匈奴数岁无所得。终以为怯。边士日得赏赐而不用，皆愿一战。于是乃具选车得千三百乘，选骑得万三千匹，百金之士五万人，彀者十万人，悉勒习战。[1] 大纵畜牧，人民满野。匈奴小入，详北不胜，以数千人委之。[2] 单于闻之，大率众来入。李牧多为奇陈[3]，张左右翼击之，大破杀匈奴十余万骑。灭襜褴，破东胡，降林胡，单于奔走。[4] 其后十余岁，匈奴不敢近赵边城。

注释

1 选：精选。百金之士：曾获百金奖赏的士兵。《史记集解》引《管子》曰："能破敌擒将者赏百金。" 彀（gòu）者：能拉硬弓的射手。彀，拉满弓。勒：率领，组织。2 详：通"佯"。北：败退。委：抛弃，丢给。《史记索隐》："委谓弃之，恣其杀略也。" 3 陈："阵"之古字。4 襜褴（chān lán）：又名澹林，当时活动在代地以北的部族。东胡：当时活动在今辽宁西部、内蒙东部一带的部族。林胡：当时活动在今山西朔县北至内蒙一带的部族。

译文

李牧到了边境，执行像从前一样的规约。匈奴好几年没有得到什么。最终还是认为他胆怯。边境的士兵每日得到赏赐但没有用武的场所，都愿意进行一场战斗。李牧于是精选了一千三百辆战车，挑选了战骑一万三千匹，曾获百金奖赏的勇士五万人，能拉硬弓的射手十万人，都组织起来演习战法。把大量的牲畜引出去放牧，满山满野布设民众。匈奴小规模入侵，他们假装败退不能取胜，把几千人丢弃给匈奴。单于得知后，大规模地统率部众来入侵。李牧设置很多的奇妙阵法，张开左右两侧的军队攻击匈奴，把匈奴打得大败，杀死有十多万骑兵。灭掉了襜褴，打败了东胡，降服了林胡，单于逃跑。这以后十多年，匈奴不敢接近赵国的边境城邑。

赵悼襄王元年[1]，廉颇既亡入魏，赵使李牧攻燕，拔武遂、方城。居二年，庞煖破燕军，杀剧辛[2]。后七年，秦破杀赵将扈辄于武遂，斩首十万[3]。赵乃以李牧为大将军，击秦军于宜安，大破秦军，走秦将桓齮[4]。封李牧为武安君。居三年，秦攻番吾，李牧击破秦军，南距韩、魏[5]。

注释

1 赵悼襄王元年：即公元前244年。《史记志疑》："当作'二年'。" 2 居二年：《史记志疑》："'二'当作'一'。" 庞煖（xuān）：赵国将领。剧辛：原本赵国人，后为燕将。3 后七年：当作"后八年"。武遂：或作"武城"。4 宜安：赵邑名，在今河北藁城市西南。5 居三年：当作"居一年"。番（pó）吾：又名播吾，赵邑名，在今河北平山县东南。距：通"拒"。

译文

赵悼襄王元年，廉颇逃亡进入魏国以后，赵国派出李牧去进攻燕国，夺取了武遂、方城。过了两年，庞煖攻破燕军，杀了剧辛。这以后七年，秦国攻破武遂杀死了赵将扈辄，斩杀敌人十万。赵国就任命李牧为大将军，在宜安攻击秦军，把秦军打得大败，赶跑了秦将桓齮。赵王封李牧为武安君。过了三年，秦国进攻番吾，李牧攻击并打败了秦军，在南面和韩、魏两国相对抗。

赵王迁七年，秦使王翦攻赵，赵使李牧、司马尚御之。[1]秦多与赵王宠臣郭开金，为反间，言李牧、司马尚欲反。赵王乃使赵葱及齐将颜聚代李牧[2]。李牧

不受命，赵使人微[3]捕得李牧，斩之。废司马尚。后三月[4]，王翦因急击赵，大破杀赵葱，虏赵王迁及其将颜聚，遂灭赵。

注释

1 赵王迁七年：即公元年229年。赵王迁，赵国国君，公元前235—前228年在位。司马尚：赵国将领。2 赵葱：赵国王族成员。颜聚：原为齐将，后归赵。3 微：暗中。《史记志疑》："牧之死，《策》言其北面再拜，衔剑自刺，《史》言其不受命捕斩之，二说迥异……盖郭开、韩仓比共陷牧，而《列女传》又谓迁母谮牧，使王诛之也。"4 后三月：《战国策》作"后五月"。

译文

赵王迁七年，秦国派王翦进攻赵国，赵国派李牧、司马尚抵御秦军。秦国把很多黄金给了赵王的宠臣郭开，让他施行反间计，造谣说李牧、司马尚想造反。赵王就派赵葱和齐将颜聚替代李牧。李牧不接受命令，赵王派人暗中捕获了李牧，把他斩了。同时废免了司马尚。三个月以后，王翦趁机紧急攻击赵国，大败赵军，杀死了赵葱，俘虏了赵王迁以及将领颜聚，灭亡了赵国。

太史公曰：知死必勇，非死者难也，处死者难。[1]方蔺相如引璧睨柱，及叱秦王左右，势不过诛，然士或怯懦而不敢发。[2]相如一奋其气，威信敌国，退而让颇，名重太山，[3]其处智勇，可谓兼之矣！

注释

1 非：不是。处：处理，对待。2 方：当。引：取过来。发：发作，表现。3 威信（shēn）敌国：用威势震住或压住敌国。信，通"伸"。太山：即泰山。

译文

太史公说：明知要去死而勇敢地去面对，并不是去死是难事，如何对待死却是难事。当初蔺相如把璧玉取过来眼睛斜视着廷柱，同时叱责秦王的左右近侍，从形势上看也不过是被诛杀，然而有些士人因为胆怯懦弱就不敢把勇气表现出来。相如猛一振奋出他的刚强节气，就威慑了敌国，回国后又避让廉颇，因此声名比泰山还重，他正确地对待智谋和勇敢，可以称得上是智勇双全的人。

淮阴侯列传

导读

本篇从侧面表现了从秦末农民起义到楚汉相争、汉胜楚败，再到汉统一后与异姓诸侯王产生矛盾的历史发展进程。项羽、刘邦同是参加反秦起义的，都道出了“天下苦秦久矣”，但秦亡后，矛盾的性质发生转化，结果楚汉互相争斗。本文既叙述了刘邦战胜项羽的结局，又特别点明了汉胜楚败的主要原因，表明了人心向背所具有的历史意义，同时恰当地记述了韩信在这一历史转变中的地位与作用。项羽失败后，文篇则深入记述了韩信与刘邦之间关系的进一步发展。

文篇突出表现韩信是一位战略家。与写一般军事人物乃至于军事将领不同，此篇着重写出了韩信的战略战术思想：韩信有政治家的头脑，在楚汉相持时能洞悉天下事势，指出项羽必然失败的弱点所在，指导刘邦去争取战争的胜利；能在刘项中原相持之时，避开项羽的正面主力，避实就虚，开辟第二战场，从北面包抄至项羽后方，在战略上造成对项羽两面夹击的形势，以置项羽于死地；在具体战争中，不写韩信之勇，而通过下魏破代、取赵胁燕、击齐败楚，写出他用兵的谋略。其中也突出了他肯于虚心向“降虏”请教的高贵品质，及可“多多益善”而将兵的伟大才能。韩信是一位将《孙子兵法》运用于实际战争中的、军事艺术造诣甚深的杰出人才，司马迁对他颇为崇敬赞叹。

在具体表述韩信与汉家天子的关系时，本篇意在平反冤案，表明韩信并无谋反的心迹：武涉、蒯通说齐王，一疏一密，陈述了刘邦的不可信，说明韩信利用鼎足三立的举足轻重的作用而自王的必要，但韩信始终无叛汉之意；在整个战争中迫于形势的需要，亦由于刘邦有意抑制韩信的发展，四次削减他的兵力，他任刘邦调遣，毫不介意，说明并无发展自己势力的企图；云梦之游，韩信被擒之前，他不知道刘邦“实欲袭信”，虽曾想发兵反叛，但又“自度无罪”而作罢，故见其实无反意；与陈豨密谋事，留下许多破绽，更是写得不明不白；韩信死，高祖“且喜且怜之”，教韩信谋反的蒯通获释而无罪，更见蹊跷；论赞之言实为反语，表明韩信实力最强时并无反汉之意，怎么会“天下已集，乃谋畔逆”呢？写韩信谋反，揭露了一个政治规律：狡兔死，良狗亨；高鸟尽，良弓藏；敌国破，谋臣亡。韩信死的根本原因是刘邦“畏恶其能”，就是害怕有一个在军事、政治、谋略上都比自己高强的人在身旁会对自己的地位造成威胁，提出挑战。这样写表现了司马迁的政治勇气，因为韩信之死是刘邦定案的，刘邦是汉代开国之主，他做的结论司马迁表示怀疑是要冒风险的，所以文字写得隐蔽，寓论断于序事的手法更加突出，《史记》写成为什么要“藏之名山”，其意图更可想见了。

本篇还表现了人物的个性特征对其人事业成败的意义与作用。少年韩信的一怒、一报、一忍，指导他的一生。怒而不满现实的世态炎凉，要求改变自己的地位；报恩思想极重，使他感激刘邦而无意反叛，也说明刘邦政治上的成功；忍，说明他能退让以至于委曲求全，企图与刘邦相安共处。论赞表现他有追求爵禄的思想，以致锋芒毕露，冒犯了刘邦，留下隐患；加上他伐功矜能，更使刘邦接受不了而给他自己带来祸害。这都说明在“天下已集”的情况下，追求爵禄、伐功矜能，必然会造成统一与分裂的矛盾，而最终导致韩信被诛的悲惨结局。

淮阴侯韩信者，淮阴[1]人也。始为布衣时，贫无行，不得推择为吏，又不能治生商贾，[2]常从人寄食饮，人多厌之者。常数从其下乡南昌亭长寄食，数月，亭长妻患之，乃晨炊蓐食。[3]食时信往，不为具[4]食。信亦知其意，怒，竟绝去。

信钓于城下，诸母漂，有一母见信饥，饭信，竟漂数十日。[5]信喜，谓漂母曰："吾必有以重报母。"母怒曰："大丈夫不能自食，吾哀王孙[6]而进食，岂望报乎！"

注释

1 淮阴：古地名，在今江苏淮安市淮阴区西南。2 无行：没有好的品行。治生商贾（gǔ）：以做买卖维持生计。3 下乡：淮阴所属乡。南昌：下乡一亭名。秦十里设一亭，置亭长一人。晨炊蓐（rù）食：早上很早做饭，且端到床上吃掉。蓐，草垫子、草席。4 具：准备。5 母：对老年妇女的尊称，老太太。漂（piǎo）：在水里冲洗丝絮。竟：直到完结。6 王孙：古时对年青人的尊称，如同称"公子""少爷"。

译文

淮阴侯韩信是淮阴人。韩信还是平民的时候，家中贫困且品行不好，不能被推选去做小吏，又不会做生意来维持生计，常常去别人家蹭饭吃，许多人都讨厌他。他曾多次在下乡南昌亭长家寄食，几个月后，亭长的妻子对此感到头痛，就在天亮前早早做饭，在床上就把饭吃了。到吃饭时韩信去了，不给他准备饭食。韩信也知道她的意思，很生气，就再也不去她家了。

韩信在城墙下的河里钓鱼，有很多老太太在河里漂洗丝絮，一位老太太看见韩信饿着，就每日把饭食带给他吃，一直到几十天后漂洗丝絮结束。韩信很高兴，对漂洗的老太太说："我将来一定要重重地报答您老人家。"老太太生气地说："男子汉不能养活自己，我只是哀怜少爷才送饭给你吃，哪里是希望你报答呢！

淮阴屠中少年有侮信者，曰："若虽长大，好带刀剑，中情怯耳。"[1]众辱之曰："信能死[2]，刺我；不能死，出我袴[3]下。"于是信孰视之，俯出袴下，蒲

伏。[4]一市人皆笑信，以为怯。

注释

1 屠：以宰杀牲畜为业的人，即屠户。若：你。长（cháng）大：又高又大。中情：内心。2 能死：敢死，不怕死。3 袴：通“胯”，两腿间。4 孰：同“熟”，仔细，认真。蒲伏：同“匍匐”，爬行。

译文

淮阴城的屠户中有位年轻人侮辱韩信，说：“你虽然长得又高又大，喜欢佩带刀剑，内心却是胆怯的。”那人当众侮辱他说：“韩信你敢死，就用剑刺我；不敢死，就从我胯下爬过去。”于是韩信仔细地打量了这位年轻人一番，弯下身去，从他胯下爬了过去。整个集市上的人都讥笑韩信，认为他胆怯。

及项梁渡淮，信杖剑从之，居戏下，无所知名。[1]项梁败，又属项羽，羽以为郎中[2]。数以策干[3]项羽，羽不用。汉王之入蜀，信亡楚归汉，未得知名，为连敖。[4]坐法当斩，其辈十三人皆已斩，次至信，信乃仰视，适见滕公，[5]曰：“上不欲就[6]天下乎？何为斩壮士！”滕公奇其言，壮其貌，释而不斩。与语，大说之。言于上，上拜以为治粟都尉[7]，上未之奇也。

注释

1 杖：持，执。戏（huī）下：即麾下，帐下。戏，通“麾”，帅旗。2 郎中：官名，负责宿卫君王之小官。3 干：求，求见。4 汉王：即刘邦。刘邦在参加反秦起义胜利后，被项羽分封为汉王，故称。楚：此指项羽。项羽分封十八王时，封自己为西楚霸王，故时称楚。连敖：官名，负责管理粮仓。5 坐法：因违法而犯罪。辈：批，同类人。滕公：即刘邦将领夏侯婴，因秦时曾为滕县县令，故名。6 就：成就，得到。7 治粟都尉：官名，负责管理军中粮饷。

译文

等到项梁渡过淮水，韩信带着剑去依附他，在项梁麾下任职，谁也不知道还有他这个人。项梁失败，他又归属项羽部下，项羽任命他做郎中。他多次出计策求见项羽，项羽不采纳。汉王进入蜀地，韩信从楚王部下逃亡归顺汉王，还没有能让人知道他的名声的机会，做了个连敖官。因为违法犯罪应当处斩，同一批的十三个人都已被斩杀，依次轮到韩信受斩，韩信于是抬头仰视，正好看见了滕公，说："君上不是想成就天下大事吗？为什么要斩杀壮士！"滕公对他的言语感到惊奇，又看他的相貌威武雄壮，放了他不予处斩。滕公和他交谈，非常高兴。把他推荐给汉王，汉王委任他做治粟都尉，并没有觉得他有什么奇特之处。

信数与萧何语，何奇之。至南郑[1]，诸将行道亡者数十人，信度何等已数言上，上不我用，即亡。何闻信亡，不及以闻，自追之。人有言上曰："丞相何亡。"上大怒，如失左右手。居一二日，何来谒上，上且怒且喜，骂何曰："若亡，何也？"何曰："臣不敢亡也，臣追亡者。"上曰："若所追者谁？"何曰："韩信也。"上复骂曰："诸将亡者以十数，公无所追；追信，诈也。"何曰："诸将易得耳。至如信者，国士[2]无双。王必欲长王汉中，无所事信；[3]必欲争天下，非信无所与计事者。顾[4]王策安所决耳。"王曰："吾亦欲东耳，安能郁郁久居此乎？"何曰："王计必欲东，能用信，信即留；不能用，信终亡耳。"王曰："吾为公以为将[5]。"何曰："虽为将，信必不留。"王曰："以为大将。"何曰："幸甚。"于是王欲召信拜之。何曰："王素慢[6]无礼，今拜大将如呼小儿耳，此乃信所以去也。王必欲拜之，择良日，斋戒，设坛场[7]，具礼，乃可耳。"王许之。诸将皆喜，人人各自以为得大将。至拜大将，乃韩信也，一军皆惊。

注释

1 南郑：古地名，在今陕西汉中市南郑区。2 国士：国中的杰出人士。3 王（wàng）汉中：在汉中称王。事：用。4 顾：但，只是。5 吾为公以为将：我为了您而以他为大将。6 素慢：一向傲慢。7 坛场：举行典礼的场所。

译文

韩信多次和萧何交谈，萧何认为他很奇特。到了南郑，各个将领在行军的路上逃跑的有几十人，韩信估计萧何等人已经把他的情况对汉王谈过，汉王不重用他，他也就逃跑了。萧何听说韩信逃跑后，来不及向汉王报告，自己就去追了。有人来告诉汉王说："丞相萧何逃跑了。"汉王非常生气，就如同失去了左膀右臂。过了一两天，萧何来拜见汉王，汉王又生气又高兴，骂萧何说："你逃跑，是为什么？”萧何说：“我不敢逃跑，我是去追逃跑的人。”汉王说：“你所追的是什么人？”萧何说：“是韩信。”汉王又骂着说：“各将领逃跑的也有几十个，你不去追；说追韩信，是说慌。”萧何说：“其他将领都是很容易得到的。至于韩信，国中的杰出人士除了他没有第二个。您必想长期在汉中称王，没有用得着韩信的地方；必想争夺整个天下，除了韩信再没有可以同您一道谋划的人了。只看您的策略是怎么决定罢了。”汉王说：“我也想向东去发展的，怎么能不得志地长久停留在这里呢？”萧何说：“您考虑一定要向东去发展，能用得上韩信，韩信就会留下来；不能重用韩信，韩信最终还是会逃跑的。”汉王说：“我看着您的面子任命他做将军。”萧何说：“即使做了将军，韩信也不会留下。”汉王说：“任命他做大将军。”萧何说：“非常荣幸。”于是汉王想把韩信召唤过来委任他。萧何说：“您向来对人傲慢无礼，如今要委任大将就像呼唤小孩子一样似的，这就是韩信要离去的原因。您必想委任他，选择一个吉日良辰，先进行斋戒，设置一个坛场，举行完备的礼仪，才可以啊。”汉王答应了。各将领都很高兴，人人都认为自己会被委任做大将。到了委任大将的时候，一看原来是韩信，整个军队都感到惊讶。

信拜礼毕，上[1]坐。王曰：“丞相数言将军，将军何以教寡人计策？”信谢[2]，因问王曰：“今东乡争权天下，岂非项王邪？[3]”汉王曰：“然。”曰：“大王自料勇悍仁强孰与项王？”汉王默然良久，曰：“不如也。”信再拜贺[4]曰：“惟信亦为大王不如也。[5]然臣尝事之，请言项王之为人也。项王喑噁叱咤，千人皆废，然不能任属贤将，此特匹夫之勇耳。[6]项王见人恭敬慈爱，言语呕呕，人有疾病，涕泣分食饮，至使人有功当封爵者，印刓敝，[7]忍不能予，此所谓妇人之仁也。项王虽霸天下而臣诸侯，不居关中而都彭城[8]。有背义帝之约，而以亲爱王，诸侯不平。[9]诸侯之见项王迁逐义帝置江南[10]，亦皆归逐其主而自王善地。项王所过无不残灭者，天下多怨，百姓不亲附，特劫于威强耳[11]。名虽为霸，实失天下心。故曰其强易弱。今大王诚能反其道：任天下武勇，何所不诛！以天下城邑封功臣，何所不服！以义兵从思东归之士[12]，何所不散！且三秦王为秦将，将秦子弟数岁矣，所杀亡不可胜计，又欺其众降诸侯，至新安，[13]项王诈坑秦降卒二十余万，唯独邯、欣、翳得脱，秦父兄怨此三人，痛入骨髓。今楚强以威王此三人，秦民莫爱也。大王之入武关，秋豪无所害，除秦苛法，与秦民约，法三章耳，[14]秦民无不欲得大王王秦者。于诸侯之约，大王当王关中，关中民咸知之。大王失

职入汉中，秦民无不恨者。[15] 今大王举而东，三秦可传檄[16] 而定也。”于是汉王大喜，自以为得信晚。遂听信计，部署诸将所击。

注释

1 上：指汉王刘邦。2 谢：推辞。3 乡：通“向”。邪：表疑问语气。4 贺：赞许。5 惟：虽，即使。为：认为。6 喑噁（yīn wù）：发怒声。叱咤（chì zhà）：怒斥声。废：偃伏。任属（zhǔ）：信任，托付。特：只，只是。7 呕呕（xū）：和悦的样子。使人：任用人。印刓敝：官印都摩弄坏了。刓，通“玩”。8 彭城：古地名，在今江苏徐州市。9 有：通“又”。义帝之约：即诸将入关前，楚怀王曾和他们订立的“先入关中者王之”盟约。义帝，即项梁拥立的楚怀王孙心，后项羽尊他为义帝。以亲爱王：把自己的亲信和偏爱的人封为王。10 迁逐义帝置江南：项羽分封诸侯后，将义帝迁居长沙郴县，中途又令吴芮、黥布将其杀害。11 劫：被胁迫。强：勉强。12 思东归之士：指刘邦在南郑时，从关东和关中带来的士兵。13 三秦王：指项羽在关中所封的三位秦降将：雍王章邯，翟王董翳，塞王司马欣。因而如下文，关中又称为“三秦”。新安：地名，在今河南渑池县东南。14 武关：关名，在今陕西丹凤县东南。豪：通“毫”。与秦民约，法三章耳：即刘邦进驻咸阳后，与关中父老相约，订立三条法律，即“杀人者死，伤人及盗抵罪”。15 失职：失去应得官职和爵位。恨：遗憾。16 传檄：发布声讨的文书。

译文

委任韩信做大将的礼仪结束，汉王坐下来。汉王说：“丞相多次谈到将军，将军拿什么计策来教导寡人？”韩信推辞一番，借此询问汉王说：“如今向东去要争夺天下大权的人，难道不是项王吗？”汉王说：“是。”韩信说：“大王自己预料在勇敢、凶悍、仁厚、强力方面和项王相比谁强？”汉王沉默了好久，说：“不如项王。”韩信拜了两拜加以赞许地说：“我韩信也认为大王不如他。然而我曾经侍奉过他，请允许我说说项王的为人。项王盛怒呵斥时，吓得千人都要偃伏，然而他不能任用贤将，这只不过是一种匹夫之勇罢了。项王待人恭敬有礼，慈爱关怀，说起话来非常温和，别人有了病痛，他会流着眼泪把自己的食物分给人家吃，但到了用人立功应当封给爵位的，封爵的印拿在手上都玩得没有棱角了，仍然不忍心授给人家，这是所说的妇人般的仁爱。项王虽然称霸天下而让诸侯们臣服自己，但他不住在关中而建都在彭城。违背义帝订立的盟约，并且任用自己的亲信和所偏爱的人做王，诸侯们心中不平。诸侯们见到项王把义帝迁徙驱逐安置在江南，也都回去赶走了原来的君主而占据好地块自称为王。项王军队所经过的地方没有不被摧残毁灭的，这使天下很多人对他产生了怨恨，百姓不亲近归附他，只不过是被他的威势胁迫而勉强服从罢了。他名义上虽说是霸主，实际上失掉了天下人心。所以说他的强势容易转变为弱势。如今大王果真能反其道而行之：任用天下的英武勇猛的将士，没有什么敌人不可以诛杀！用天下的城邑来封赏有功的大臣，没有什么人才不来顺服！出动仁义之师并依靠想回到东方的士兵，没有什么势力不可以驱散！况且三位秦王原来都是秦将，统率秦地的子弟作战好几年了，被他们杀死加上逃亡的人多得数也数不清，又欺骗众多士兵投降诸侯，到达新安，项王用欺诈手段坑杀了秦朝投降的二十多万士兵，只有章邯、司马欣、董翳得以脱离灾难，秦地的父老兄弟怨恨这三个人，恨入骨髓。如今楚王凭借着威势，强行封这三个人做王，秦地民众没有谁会依附他们的。大王进入武关以后，秋毫都没有侵犯，废除了秦朝的苛法，和秦地民众相约，订立三条法律，秦地民众没有人不想让大王为秦王。在和诸侯的盟约中，大王应当做关中王，关中的民众都是了解的。大王失去了应有的职位进入汉中，秦地民众没有人不感到遗憾。如今大王发兵往东，三秦地区靠发布一道檄文就可以平定了。”于是汉王特别高兴，认为得到韩信太晚了。就听从韩信的计谋，部署给各个将领所要攻击的目标。

八月，汉王举兵东出陈仓，定三秦。[1] 汉二年，出关，收魏、河南，韩、殷王皆降。[2] 合齐、赵共击楚。[3] 四月，至彭城，汉兵败散而还。信复收兵与汉王会荥阳，复击破楚京、索[4] 之间，以故楚兵卒不能西。

注释

1 陈仓：古地名，在今陕西宝鸡市东。定三秦：公元前 206 年，刘邦采用韩信的计策，暗渡陈仓，击败雍王章邯，进入咸阳城，司马欣与董翳亦投降。2 汉二年：即公元前 205 年。关：函谷关。魏：指后来起义自立为魏王的魏豹。河南：指后来被项羽封为河南王的申阳。韩：指后来被项羽封为韩王的郑昌。殷：亦是后项羽所封的殷王司马卬。3 齐：指兼并而自立的齐王田荣。赵：指被张耳、陈余封立为赵王的赵歇。4 京：京县，古地名，在今河南荥阳市东南。索：亦名索亭，古地名，在今河南荥阳市。

译文

八月，汉王发兵经过陈仓向东进军，平定了三秦地区。汉二年，出函谷关，收服了魏王、河南王，韩王、殷王都来投降。会合齐王、赵王的兵力共同进击楚王。四月，到了彭城，汉王的军队失败溃散回来。韩信重新收集兵众在荥阳和汉王相会，再次在京县与索城一带打败楚军，因此楚军最终不能再向西进军。

汉之败却彭城，塞王欣、翟王翳亡汉降楚，齐、赵亦反汉与楚和。六月，魏王豹谒归视亲疾，至国，即绝河关反汉，与楚约和。[1]汉王使郦生[2]说豹，不下。其八月，以信为左丞相[3]，击魏。魏王盛兵蒲坂，塞临晋，信乃益为疑兵，陈船欲度临晋，而伏兵从夏阳以木罂缻渡军，袭安邑。[4]魏王豹惊，引兵迎信，信遂虏豹，定魏为河东郡[5]。汉王遣张耳与信俱，引兵东北击赵、代。[6]后九月，破代兵，禽夏说阏与。[7]信之下魏破代，汉辄使人收其精兵，诣荥阳以距[8]楚。

注释

1 谒归：请求回家。河关：即蒲津关，亦名临晋关，在今陕西大荔县东的黄河西岸。2 郦生：即刘邦之谋士郦食其。3 左丞相：领兵之虚衔。4 蒲坂：地名，在今山西永济市西南蒲州镇，隔河与蒲津关相对。夏阳：地名，在今陕西韩城市南。木罂（yīng）缻（fǒu）：木盆、木桶一类。安邑：地名，在今山西夏县西北。5 河东郡：汉新置郡名，治所为安邑。6 张耳：原为农民起义军将领，后归顺汉王。代：赵歇为赵王后，封陈余为代王，号成安君，后未赴任，又派夏说（yuè）为相国守代。7 后九月：汉承秦制，以十月为岁首，凡有闰月即置于年末，故有“后九月”，即闰九月。禽：通“擒”。阏与：地名，在今山西和顺县。8 距：通“拒”，抵御。

译文

汉王在彭城退败，塞王司马欣、翟王董翳就逃走投降楚王，齐王、赵王也反叛汉王与楚王和好。六月，魏王魏豹请求回家探望生病的父母，到了封地国境，就封闭黄河西岸的蒲津关反叛汉王，与楚王相约和好。汉王派出郦食其去游说魏豹，没有成功。这年八月，任命韩信做左丞相，出击魏王。魏王陈列众兵于蒲坂，堵住临晋渡口，韩信就更多地增设疑兵，摆列船只显出想要渡过临晋，但伏兵却从夏阳用木制的盆桶把军队偷偷渡过黄河，袭击安邑。魏王魏豹大惊，领兵迎接韩信，韩信因而俘虏了魏豹，平定魏地并设置为河东郡。汉王派遣张耳与韩信一道，领着军队往东北方向去进击赵王、代王。闰九月，他们打败了代兵，在阏与擒获了夏说。韩信攻下魏地击败代王，汉王就派人收集他的精兵，到荥阳去抵御楚王。

信与张耳以兵数万，欲东下井陉[1]击赵。赵王、成安君陈余闻汉且袭之也，聚兵井陉口，号称二十万。广武君李左车[2]说成安君曰："闻汉将韩信涉西河，虏魏王，禽夏说，新喋血阏与，[3]今乃辅以张耳，议欲下赵，此乘胜而去国远斗，其锋不可当。臣闻千里馈粮，士有饥色；樵苏后爨，师不宿饱。[4]今井陉之道，车不得方轨[5]，骑不得成列，行数百里，其势粮食必在其后。愿足下假臣奇兵三万人，从间道绝其辎重；[6]足下深沟高垒，坚营勿与战。彼前不得斗，退不得还，吾奇兵绝其后，使野无所掠，不至十日，而两将之头可致于戏下[7]。愿君留意臣之计。否，必为二子所禽矣。"成安君，儒者也，常称义兵不用诈谋奇计，曰："吾闻兵法十则围之，倍则战。今韩信兵号数万，其实不过数千。能千里而袭我，亦已罢[8]极。今如此避而不击，后有大者，何以加[9]之！则诸侯谓吾怯，而轻来伐我。"不听广武君策。广武君策不用。

注释

1 井陉（xíng）：即井陉口，地名，在今河北井陉县北井陉山上。2 李左车：赵国陈余之谋士，广武君为其封号。3 西河：即指黄河，因在赵国之西，故云。喋（dié）血：形容激战而血流得很多。4 馈：运送。樵：砍柴。苏：取草。爨（cuàn）：炊，做饭。宿饱：常饱。宿，平素。5 方轨：两车并行。方，本指两舟并行。轨，车子两轮间的距离，此指车。6 假：借，暂时拨给。间（jiàn）道：偏僻抄近的小道。辎重：军需物资，此指粮草。7 戏下：即麾下。8 罢：通"疲"。9 加：施加，对付。

译文

韩信和张耳带领几万士兵，想往东攻下井陉进击赵国。赵王和成安君陈余听说汉王将要袭击他们，就在井陉口聚集兵力，号称有二十万人。广武君李左车劝告成安君说："听说汉将韩信渡过西河，俘虏了魏王，擒获了夏说，刚刚在阏与血战过，如今又加上张耳的辅佐，计议要攻下赵国，这是乘胜离开本土去到远方战斗，他的锋芒不可阻挡。我听说千里运送粮草，士兵会要挨饿；临时砍柴割草来做饭，军队就不能经常吃饱。如今井陉的道路，狭窄得不能两车并行，骑兵不能排成行列，行进几百里，运送的粮食一定在队伍的最后。希望您暂时拨给我三万名奇兵，抄偏僻小路去断绝敌军的粮草供应；您挖出深沟筑起高高的营垒，坚守营寨不和敌军交战。他们往前不能战斗，想退又不能回头，我的奇兵断绝了敌军的后路，让他们在野外也掠取不到食物，不到十天，这两位将领的头颅就可以送到您的帐下。希望您留意我的计策。否则，一定会被这两个人所擒获了。”成安君，是一位儒生，常常称说仁义之师不需要采用欺诈的计谋和奇妙的策略，说：“我听兵法上说有十倍于敌方的兵力就去包围他，有一倍的兵力就进行战斗。如今韩信的军队号称有几万人，其实不超过几千人。能够跋涉千里路程来袭击我，也已经极度疲劳了。如今像您说的那样回避不去正面迎击，以后再有更大的军队来犯，怎么去对付呢！那么诸侯也会说我们胆怯，并轻易地来讨伐我们了。”不听从广武君的计策。广武君的计策没有被采用。

韩信使人间视，知其不用，还报，则大喜，乃敢引兵遂下。[1]未至井陉口三十里，止舍[2]。夜半传发，选轻骑二千人，人持一赤帜，从间道萆山[3]而望赵军，诫曰：“赵见我走，必空壁[4]逐我，若疾入赵壁，拔赵帜，立汉赤帜。”令其裨将传飧[5]，曰：“今日破赵会食！”诸将皆莫信，详[6]应曰：“诺。”谓军吏曰：“赵已先据便地为壁，且彼未见吾大将旗鼓，未肯击前行。恐吾至阻[7]险而还。”信乃使万人先行，出，背水陈[8]。赵军望见而大笑。平旦[9]，信建大将之旗鼓，鼓行出井陉口，赵开壁击之，大战良久。于是信、张耳详弃鼓旗，走水上军。水上军开入之，复疾战。赵果空壁争汉鼓旗，逐韩信、张耳。韩信、张耳已入水上军，军皆殊死[10]战，不可败。信所出奇兵二千骑，共候赵空壁逐利，则驰入赵壁，皆拔赵旗，立汉赤帜二千。赵军已不胜，不能得信等，欲还归壁，壁皆汉赤帜，而大惊，以为汉皆已得赵王将矣，兵遂乱，遁[11]走，赵将虽斩之，不能禁也。于是汉兵夹击，大破虏赵军，斩成安君泜水[12]上，禽赵王歇。

注释

1 间视：暗中窥探。乃：才。2 止舍：停止行军，驻扎下来。3 萆山：隐蔽在山上。萆，通“蔽”。4 空壁：倾巢出动使军营空虚。壁，军营。5 裨将：副将。传飧（sūn）：传令吃一点儿饭。飧，饭食。6 详：通“佯”。下同。7 阻：艰阻。8 陈：同“阵”，排开阵式。9 平旦：太阳刚出地平线。10 殊死：决死，拼命。11 遁：逃。12 泜（chí）水：古水名，即今槐河，源出于今河北赞皇县西南。

译文

韩信派人暗中窥探，得知他们不采用广武君的计策，回来报告，韩信听后特别高兴，才敢领兵迳直前行。还差三十里到井陉口，停下来驻扎。半夜传令出兵，选出轻锐骑兵二千名，让每人拿一枝赤色旗帜，从偏僻小道隐蔽在山上注视着赵军，告诫他们说："赵军见到我方逃跑，一定倾其守营的军队来追赶我们，这时候你们飞快地进入赵军营垒，拔掉赵军的旗帜，竖起汉军的赤色旗帜。"命令副将传令开一顿小餐，说："今天打败赵军后大会餐！"各个将领谁都不相信，假装答应说："是。"对军中下级官吏说："赵军已经先期占据有利地势筑了营垒，他们在还没有看见我方大将的旗帜和仪仗鼓吹时，是不肯攻击我军先头部队的。恐怕我们一到艰险的地方就得返回。"韩信就派一万人做先头部队，出了井陉口，背靠黄河摆开战斗行列。赵军望见以后就大笑起来。天刚亮，韩信竖起大将旗帜摆列仪仗鼓吹，吹打着走出井陉口，赵军打开营门出来迎击，双方大战了好长时间。这时，韩信、张耳假装丢弃旗鼓，逃往黄河岸边的列阵部队。列阵部队开放阵口放他们进去，重新和赵军激战。赵军果然倾巢出动来争夺汉军的鼓旗，追逐韩信、张耳。韩信、张耳进入岸边的列阵部队，士兵都拼死战斗，不能被打败。韩信所派出的二千轻骑兵，一起等候赵军倾巢出动追出来争夺战利时，就奔驰进入赵军营垒，把赵军的旗帜都拔下来，竖立起汉军的二千面赤色旗帜。赵军不能取胜，不能俘获韩信等人，就想回到营垒中去，看见营垒里都是汉军的赤色旗帜，大惊失色，认为汉军都已经俘获了赵王的将领，军队于是大乱，纷纷逃跑，赵将虽然要斩杀他们，也不能禁止住。于是汉兵进行夹击，大败赵军，并俘虏了许多士兵，在泜水旁斩杀了成安君，擒获了赵王歇。

信乃令军中毋杀广武君，有能生得者购[1]千金。于是有缚广武君而致戏下者，信乃解其缚，东乡坐，西乡对，师事之。[2]

诸将效首虏[3]，毕贺，因问信曰："兵法右倍山陵[4]，前左水泽，今者将军令臣等反背水陈，曰破赵会食，臣等不服。然竟以胜，此何术也？"信曰："此在兵法，顾[5]诸君不察耳。兵法不曰'陷之死地而后生，置之亡地而后存'[6]？且信非得素拊循士大夫也，此所谓'驱市人而战之'，其势非置之死地，使人人自为战；[7]今予之生地，皆走，宁[8]尚可得而用之乎！"诸将皆服曰："善。非臣所及也。"

注释

1 购：悬赏征求。2 戏下：麾下。乡：通“向”。3 效首虏：呈献首级俘虏。4 兵法：指兵法中讲到。倍：通“背”。《孙子·行军篇》中云：“丘陵堤防，必处其阳，而右背之。”杜牧在注此篇时曾云：“太公曰：‘军必左川泽而右丘陵’。”5 顾：而，不过。6 陷之死地而后生，置之亡地而后存：《孙子·九地篇》云：“投之亡地而后存，陷之死地然后生。”7 非得：没有得到。拊（fǔ）循：抚爱顺从，此引申为接受训练听从指挥。拊，抚慰。士大夫：此指一般的将士。市人：集市上的人，此喻为没有接受过训练的士兵。自为战：主动独立地为自己而战。8 宁：难道，怎么。

译文

韩信于是命令军中不要杀了广武君，有能将广武君活捉的奖赏千金。于是有人把广武君捆绑起来送到韩信帐下，韩信就给他解开绑绳，让他向东坐着，自己向西坐在对面，像对老师一样侍奉他。

诸将领来呈献首级俘虏，并表示祝贺，乘机询问韩信说：“兵法中讲行军布阵要右面和背面靠山，前面和左面临水，这次将军命令我们反而要背着水布阵，说打败了赵军以后会餐，我们心里不服。然而最终取得了胜利，这是什么战术啊？”韩信说：“这也在兵法上，只是各位没有仔细考察罢了。兵法上不是讲到‘把战士陷入要受死之地然后才能活下来，把部队布置在灭亡之地然后才得以保存’？况且我韩信没有得到机会在平素训练将士，让他们听从指挥，这就是所说的‘驱赶着集市上的人来投入战斗’，当时的形势非把他们置于死亡的境地，让他们人人去顽强地为自己的生存而作战；现在如果把他们放在有生路的地方，都会逃跑了，难道还能够用得上他们吗？”诸将领都心服口服地说：“真是良策。不是我们所能赶得上的。”

于是信问广武君曰：“仆欲北攻燕，东伐齐，何若而有功？[1]”广武君辞谢曰：“臣闻败军之将，不可以言勇；亡国之大夫，不可以图存。今臣败亡之虏，何足以权[2]大事乎！”信曰：“仆闻之，百里奚居虞而虞亡，在秦而秦霸，非愚于虞而智于秦也，用与不用，听与不听也。诚令成安君听足下计，若信者亦已为禽矣。[3]以不用足下，故信得侍[4]耳。”因固问曰：“仆委心归计[5]，愿足下勿辞。”广武君曰：“臣闻智者千虑，必有一失；愚者千虑，必有一得。故曰‘狂夫之言，圣人择焉’。顾恐臣计未必足用，愿效愚忠。夫成安君有百战百胜之计，一旦而

失之，军败鄗[6]下，身死泜上。今将军涉西河，虏魏王，禽夏说阏与，一举而下井陉，不终朝[7]破赵二十万众，诛成安君。名闻海内，威震天下，农夫莫不辍耕释耒，褕衣甘食，倾耳以待命者。[8]若此，将军之所长也。然而众劳卒罢[9]，其实难用。今将军欲举倦弊之兵，顿之燕坚城之下，欲战恐久力不能拔，情见势屈，旷日粮竭，而弱燕不服，齐必距境以自强也。[10]燕齐相持而不下，则刘项之权未有所分也。[11]若此者，将军所短也。臣愚，窃以为亦过矣。故善用兵者不以短击长，而以长击短。"韩信曰："然则何由[12]？"广武君对曰："方今为将军计，莫如案甲休兵，镇赵抚其孤，百里之内，牛酒日至，以飨士大夫醳兵，北首燕路，而后遣辩士奉咫尺之书，暴其所长于燕，燕必不敢不听从。[13]燕已从，使喧言者[14]东告齐，齐必从风而服，虽有智者，亦不知为齐计矣。如是，则天下事皆可图也。兵固有先声[15]而后实者，此之谓也。"韩信曰："善。"从其策，发使使燕，燕从风而靡[16]。乃遣使报汉，因请立张耳为赵王，以镇抚其国。汉王许之，乃立张耳为赵王。

注释

1 仆：自谦之辞。何若：如何，怎样。2 权：权衡，商议。3 诚：假如。禽：通"擒"。4 侍：侍奉。5 委心：倾心。归计：听从计策。6 鄗（hào）：鄗县，古地名，在今河北柏乡县北。7 不终朝：不到一个早晨。终朝，早晨。8 辍（chuò）：停止。耒（lěi）：古代的一种农具，形似木叉。褕（yú）衣甘食：漂亮的衣服，甘甜的食物。褕，美。倾：侧。9 罢：通"疲"。10 倦弊（bì）：疲倦困乏。顿：停顿，驻扎。情见势屈：实情显现，优势削弱。见，"现"的古字。距：通"拒"。11 燕齐：即燕国、齐国。刘项：即刘邦、项羽。权：秤锤，此指胜负各占的比重。12 由：遵循，采取。13 案甲：屯兵不动。案，通"按"。镇：安定。牛酒：牛和酒。古代用作馈赠、犒劳、祭祀的物品。飨：宴请。醳（yì）兵：以酒食犒劳士兵。首：向，对着。咫（zhǐ）：八寸。暴（pù）：显现。14 喧言者：辩士。喧，通"谖"，欺诈。15 声：造出声势。16 从风而靡：听到风声，立刻投降。靡，倒下。

译文

于是韩信询问广武君说："我想往北去进攻燕国，向东去攻打齐国，怎样做才能成功？"广武君推辞说："我听说败军的将领，不可以谈论勇敢；亡国的大夫，不可以谋划国家的生存。我是一个灭亡之国的大臣，怎么配得上议论战争的大事呢？"韩信说："我听说，百里奚住在虞国，但虞国灭亡了，他躲在秦国，却使秦国称了霸，不是他住在虞国就愚蠢而到了秦国就有智慧了，是用他不用他、听从他不听从他的原因。假如成安君听从了您的计策，我韩信也已经被您擒获了。因为成安君不采纳您的意见，所以我得以侍奉您了。”韩信仍然询问说：“我倾心听从计策，希望您不要推辞。”广武君说：“我听说智慧的人千次虑事，必定会有一次失误；愚蠢的人千次虑事，必定会有一次收获。所以说‘狂夫发表的意见，圣人可从中选择’。只恐怕我的计策未必值得采纳，只愿献出我的愚忠。成安君本来有百战百胜的计策，一旦失误了，军队在鄗下被打败，自身也死在泜水旁。如今将军渡过了西河，俘虏了魏王，在阏与擒获了夏说，一出师就夺下了井陉，不到一个早晨就打败了赵军二十万人，诛杀了成安君。声名闻于海内，威势震动天下，农夫们感到振奋，没有谁不是停止耕作放下农具，吃好的，穿好的，侧着耳朵等待您的命令。这是将军的优势。然而民众劳苦士卒疲惫，在实际上很难加以使用。如今将军欲出动疲倦困乏的兵士，驻扎在燕国坚固防守的城下，想开战又害怕时间拖久了不能将它攻下，实情显现，优势削弱，时日长久，粮食耗尽，而弱小的燕国不能降服，齐国必定在边境抗拒来增强自己。和燕国、齐国互相对峙不能攻下，那么刘、项双方谁胜谁负还是不能分辨清楚。这是将军的劣势了。我愚蠢，私下认为攻燕代齐的想法也是一种失策啊！所以善于用兵的不拿自己的劣势去攻击别人的优势，而应该拿自己的优势去攻击别人的劣势。”韩信说：“那么该采取什么办法呢？”广武君回答说：“现在替将军着想，不如按兵不动，停止军事行动，安定赵国，抚恤阵亡将士的遗孤，百里地界以内，每日送来牛和酒，用来宴请将士和犒劳兵众，面向北边摆出从大路上去进攻燕国的架势，然后派遣辩士带着短短的一封信，把汉之长处显现在燕国面前，燕国必定不敢不听从。燕国顺从后，再派出说客往东去通告齐国，齐国必定会闻风而降服，即使有睿智的人，也不知道怎样替齐国出主意了。这样去做，就可以谋划夺取整个天下了。作战本来就有先虚张声势而后采取实际行动的，说的就是这种情况。”韩信说：“好。”听从了他的计策，派出使者出使燕国，燕国闻风而降。于是派遣使者去禀报汉王，并请求立张耳为赵王，来镇抚赵国。汉王答应了，就封张耳为赵王。

楚数使奇兵渡河击赵，赵王耳、韩信往来救赵，因行定赵城邑，发兵诣汉。楚方急围汉王于荥阳，汉王南出，之宛、叶间，得黥布，走入成皋，楚又复急围

之。[1] 六月，汉王出成皋，东渡河，独与滕公俱，从张耳军修武[2]。至，宿传舍[3]。晨自称汉使，驰入赵壁。张耳、韩信未起，即其卧内上夺其印符，以麾召诸将，易置之。[4] 信、耳起，乃知汉王来，大惊。汉王夺两人军，即令张耳备守赵地，拜韩信为相国，收赵兵未发者击齐。

注释

1 宛（yuān）：古地名，在今河南南阳市。叶（shè）：古地名，在今河南叶县。黥布：即英布。详见《黥布列传》。成皋：古地名，在今河南荥阳市汜水镇西。2 修武：古地名，在今河南获嘉县。3 传（zhuàn）舍：客馆。4 上：指汉王。麾：指挥作战用的旗子。易置：调动官职。

译文

楚王多次派出奇兵渡过黄河攻击赵地，赵王张耳、韩信往来救援，并在行军中安定赵地城邑，派出兵众前去支援汉王。楚王正在荥阳紧紧地包围汉王，汉王向南突围，到达宛、叶一带，得到了黥布，奔入成皋，楚王又重新把他紧紧包围。六月，汉王从成皋突围，往东渡过黄河，和滕公一道，前往驻在修武的张耳军。到了以后，先住在客馆里。第二天早晨，自称是汉王的使者，驰马进入赵王的营垒。张耳、韩信还没有起床，汉王就在他们的卧室内夺取了他们的印信和兵符，用指挥旗召集诸将领，对将领的职位进行了调整。韩信、张耳起床，才知道汉王来了，大为震惊。汉王夺了他们两人的军队，立即命令张耳驻防在赵地，委任韩信做相国，收集赵地还没有发往荥阳去的兵士攻击齐国。

信引兵东，未渡平原，闻汉王使郦食其已说下齐，韩信欲止。[1] 范阳辩士蒯通[2] 说信曰："将军受诏击齐，而汉独发间使[3] 下齐，宁有诏止将军乎？何以得毋行也！且郦生一士，伏轼掉三寸之舌，下齐七十余城，将军将数万众，岁余乃下赵五十余城，为将数岁，反不如一竖儒之功乎？[4]"于是信然之，从其计，遂渡河。齐已听郦生，即留纵酒，罢[5] 备汉守御。信因袭齐历下军，遂至临菑。[6] 齐王田广以郦生卖己，乃亨之，而走高密，使使之楚请救。[7] 韩信已定临菑，遂东追广至高密西。楚亦使龙且[8] 将，号称二十万，救齐。

注释

1 平原：即平原津，在今山东平原县南。郦食其（yì jī）：刘邦之谋士，说齐归汉。2 蒯通：原名蒯彻，为避汉武帝刘彻讳而改，原为齐范阳（今山东梁山县西北）人，楚汉之有名的辩士。3 间使：密使。4 伏轼：伏在车前的横木上，此即指坐着车子。掉：摇，鼓弄。竖儒：鄙贱儒生。5 罢：撤除。6 历：地名，在今山东济南市。临菑：古地名，在今山东淄博市东北。7 亨（pēng）："烹"之本字，古代的一种酷刑，把人煮死。高密：地名，在今山东高密市西南。8 龙且（jū）：项羽部下之将领。

译文

韩信领兵向东行进，还没有渡过平原津，听说汉王派郦食其已经通过游说夺下了齐国，韩信就想停止前进。范阳地方的辩士蒯通游说韩信说："将军接受诏令攻击齐国，而汉王又单独派一个密使去夺下齐国，难道有诏令叫将军停止前进吗？为什么不前进呢？况且郦生只是一位士人，坐着车子鼓弄三寸不烂之舌，夺下了齐国七十多座城邑，将军统率几万兵众，一年多才攻下赵国五十多座城，担任将军好几年，反倒不如一个鄙贱儒生的功劳吗？"韩信认为他说得对，听从他的计策，就渡过黄河。齐王已经听从了郦食其的游说，就留下他一起纵情饮酒，撤除了防备汉军的工事。韩信乘机袭击齐国历城周围的部队，并到达了临菑。齐王田广认为郦食其出卖了自己，就烹杀了他，而逃跑到了高密，派出使者到楚王处请求援救。韩信已经平定了临菑，就往东追击田广到达高密城西面。楚王也派出龙且率领兵马，号称二十万人，前来援救齐国。

齐王广、龙且并军与信战，未合[1]。人或说龙且曰："汉兵远斗穷战[2]，其锋不可当。齐、楚自居其地战，兵易败散。不如深壁[3]，令齐王使其信臣招所亡城，亡城闻其王在，楚来救，必反汉。汉兵二千里客居，齐城皆反之，其势无所得食，可无战而降也。"龙且曰："吾平生知韩信为人，易与[4]耳。且夫救齐不战而降之，吾何功？今战而胜之，齐之半可得，何为止！"遂战，与信夹潍水[5]陈。韩信乃夜令人为万余囊，满盛沙，壅水上流，引军半渡，击龙且，详不胜，还走。[6]龙且果喜曰："固知信怯也。"遂追信渡水。信使人决壅囊，水大至，龙且军大半不得渡，即急击，杀龙且。龙且水东军[7]散走，齐王广亡去。信遂追北至城阳[8]，皆虏楚卒。

注释

1 合：交战。2 穷战：极尽全力攻战。3 深壁：深沟高垒，坚守不战。4 易与：容易对付。5 潍水：水名，南北走向，源于山东莒县西北潍山，北至昌邑市东北入海。6 壅：堵塞。详：通“佯”。还走：从原路败回。7 水东军：留在潍水东岸的军队。8 追北：追赶败退的士兵。北，败退。城阳：古地名，在今山东菏泽市东北。

译文

齐王田广、龙且两军联合和韩信作战，还没有开始交战。有人游说龙且说：“汉兵远来穷极全力作战，它的锋芒不可以阻挡。齐、楚两国处在自己的土地上交战，士兵容易失败溃散。不如深沟高垒坚守不战，让齐王派他的可靠臣子去招集已经亡失的城邑，失亡城邑中的民众听说他们的国王还活着，楚王又前来援救，必定会反叛汉王。汉兵行进二千里住在客地，齐国的城邑又都反叛，情势发展使他不可能得到粮食，可不交战就降服他。”龙且说：“我平生知道韩信的为人，他是容易对付的。再说来援救齐国不经过战斗就降服了它，我有什么功劳？如今交战并战胜了他，齐国的一半土地就可以得到了，为什么要停止战斗？”于是决定开战，和韩信夹着潍水摆开阵势。韩信在夜晚做了一万多条口袋，在当中满满地装上沙土，把潍水上游堵塞住，带领一半军队渡过潍水，攻击龙且，又假装打不赢，从原路败退。龙且果然高兴地说：“我原本就知道韩信胆怯。”就追击韩信渡过潍水。韩信派人去决开堵塞的沙袋，巨大的水流一下子就冲了下来，龙且的军队一大半不能渡过来，汉军急速攻击，杀死了龙且。龙且在潍水东岸的军队也溃散逃跑，齐王田广逃亡离去了。韩信就追击败退的士兵到达了城阳，把楚军的士卒全部俘获了。

汉四年[1]，遂皆降平齐。使人言汉王曰：“齐伪诈多变，反复之国也，南边[2]楚，不为假王以镇之，其势不定。愿为假王[3]便。”当是时，楚方急围汉王于荥阳，韩信使者至，发[4]书，汉王大怒，骂曰：“吾困于此，旦暮望若来佐我[5]，乃欲自立为王！”张良、陈平蹑[6]汉王足，因附耳语曰：“汉方不利，宁能禁信之王乎？不如因而立，善遇[7]之，使自为守。不然，变[8]生。”汉王亦悟，因复骂曰：“大丈夫定诸侯，即为真王耳，何以假为！”乃遣张良往立信为齐王，征其兵击楚。

注释

1 汉四年：即公元前203年。2 边：接近，临近。3 假王：王的代理人。4 发：打开。5 旦暮：早晚。若：指韩信。6 蹑（niè）：踩。7 遇：对待。8 变：变故，指背叛。

译文

汉四年，韩信平定了整个齐地。他派人向汉王上书说："齐国狡诈多变，是个反复无常的国家，南面和楚国临近，不设一个代理王来镇抚，它的局势不会稳定。我希望做个代理齐王，这样做有利。"这时，楚王正在荥阳紧紧包围着汉王，韩信派的使者到达，汉王打开并读了上书，大为恼怒，骂着说："我被困在这里，早晚盼望你来辅助我，你却竟然想自立为王！"张良、陈平踩汉王的脚，并附在汉王的耳边告诉说："汉军正处在不利的境地，难道能禁止韩信做王吗？不如乘机就封立他，礼遇他，让他自己镇守齐国。不这样做的话，会发生变乱。"汉王也醒悟过来。因而再次骂着说："大丈夫平定了诸侯，要做就做真王，何必做什么代理王！"就派遣张良前往封韩信做齐王，征集他的兵力来攻打楚王。

楚已亡龙且，项王恐，使盱眙[1]人武涉往说齐王信曰："天下共苦秦久矣，相与勠力[2]击秦。秦已破，计功割地，分土而王之，以休士卒。今汉王复兴兵而东，侵人之分，夺人之地，已破三秦，引兵出关，收诸侯之兵以东击楚，其意非尽吞天下者不休，其不知厌足如是甚也。[3]且汉王不可必，身居项王掌握中数矣，项王怜而活之，然得脱，辄倍约，[4]复击项王，其不可亲信如此。今足下虽自以与汉王为厚交，为之尽力用兵，终为之所禽[5]矣。足下所以得须臾[6]至今者，以项王尚存也。当今二王之事，权[7]在足下。足下右投则汉王胜，左投则项王胜。[8]项王今日亡，则次取足下。足下与项王有故，何不反汉与楚连和，参[9]分天下王之？今释此时，而自必于汉以击楚，且为智者固[10]若此乎！"韩信谢曰："臣事项王，官不过郎中，位不过执戟，言不听，画不用，故倍楚而归汉。[11]汉王授我上将军印，予我数万众，解衣衣我，推食食我，言听计用，故吾得以至于此。[12]夫人[13]深亲信我，我倍之不祥，虽死不易。幸[14]为信谢项王！"

注释

1 盱眙（xū yí）：古地名，在今江苏盱眙县东北。2 勠（lù）力：合力。有时亦写作"戮力”。3 分：职分，职掌范围内。厌：满足。4 不可必：不值得信赖。必，确信。掌握：握在手掌中。数（shuò）：多次。倍：通“背”，下同。5 禽：通“擒”。6 须臾：片刻。此指延缓、残喘之意。7 权：秤锤，砝码。比喻决定轻重的关键。8 右投：指依附刘邦。左投：指依附项羽。古代地理方向以西为右，以东为左，西为刘邦，东为项羽，故云。9 参（sān）：同“三（叁）”。10 固：本来。11 执戟：此与上句“郎中”为互文，即指低级官吏。画：谋划。12 解衣（yī）衣（yì）我：脱下衣服给我穿。推食（shí）食（sì）我：让出食物叫我吃。13 夫人：那个人。夫，指示代词。14 幸：希望。

译文

楚军已丧失了龙且，项王恐惧，派盱眙人武涉前去游说齐王韩信说：“天下人共同遭受秦朝暴虐的痛苦已经很久了，所以相互协力攻击秦王朝。秦王朝已被打败，计议功劳划割土地，分得国土后在那里称王，来休养士卒。如今汉王又发兵往东，侵犯别人的职分，抢夺人家的封地，已经攻破三秦地区，又领兵走出函谷关，收集各个诸侯的兵力往东攻击楚王，他的意志是不全部吞并天下就不罢休，他的不知满足达到了如此严重的程度。而且汉王是不可信赖的人，曾经他有好多次是握在了项王的手掌中，项王出于怜悯让他活了下来，然而他只要能逃脱，就违背约定，重新攻击项王，他是如此不可亲近信任！如今您虽然自认为和汉王有深厚交情，替他用尽全力带兵打仗，但最终是会被他所擒获的。您能够活到今天，是由于项王还存在。当今刘、项二王的事，轻重的关键全在于您。您投向右方，那么汉王就会获胜；投向左方，那么项王就会获胜。项王今日灭亡了，那么汉王下一个要解决的就是您。您和项王有旧交，为何不反叛汉王和楚国联合，将天下三分而自己来称王？如今放弃这个时机，而自己坚决信赖汉王来攻击楚王，作为一个明智的人该这样做吗？”韩信辞谢说：“我侍奉项王，官职不过是个郎中，地位不过是个执戟的卫士，项王不听从我的意见，不采用我的计谋，所以我背叛楚国而归顺汉王。汉王授给我上将军的印绶，拨给我几万兵众，解下自己的衣裳给我穿，分出自己的食物给我吃，听从我的意见采用我的计谋，所以我能够达到今天这个地位。汉王亲近信任我，我背叛他不吉祥，即使是会死也不改变。希望你替我辞谢项王！”

武涉已去，齐人蒯通知天下权在韩信，欲为奇策而感动之，以相人[1]说韩信曰：“仆尝受相人之术。”韩信曰：“先生相人如何？”对曰：“贵贱在于

骨法，忧喜在于容色，成败在于决断，以此参之，万不失一。[2]”韩信曰：“善。先生相寡人何如？”对曰：“愿少间[3]。”信曰：“左右去矣。”通曰：“相君之面，不过封侯，又危不安；相君之背，贵乃不可言。[4]”韩信曰：“何谓也？”蒯通曰：“天下初发难也，俊雄豪桀建号壹呼，天下之士云合雾集，鱼鳞杂遝，熛至风起。[5]当此之时，忧在亡秦而已。今楚汉分争，使天下无罪之人肝胆涂地，父子暴骸骨于中野，不可胜数。[6]楚人起彭城，转斗逐北，至于荥阳，乘利席卷，威震天下。然兵困于京、索之间，迫西山[7]而不能进者，三年于此矣。汉王将数十万之众，距巩、雒，阻山河之险，一日数战，无尺寸之功，折北不救，败荥阳，伤成皋，遂走宛、叶之间，此所谓智勇俱困者也。[8]夫锐气挫于险塞，而粮食竭于内府，百姓罢极怨望，容容无所倚。[9]以臣料之，其势非天下之贤圣固不能息天下之祸。当今两主之命县[10]于足下。足下为汉则汉胜，与楚则楚胜。臣愿披腹心，输肝胆，[11]效愚计，恐足下不能用也。诚能听臣之计，莫若两利而俱存之，参分天下，鼎足而居，其势莫敢先动。[12]夫以足下之贤圣，有甲兵之众，据强齐，从燕、赵，出空虚之地而制其后，因民之欲，西乡为百姓请命，则天下风走而响应矣，孰敢不听！[13]割大弱强[14]，以立诸侯，诸侯已立，天下服听而归德于齐。案齐之故，有胶、泗之地，怀诸侯以德，深拱揖让，则天下之君王相率而朝于齐矣。[15]盖闻天与弗取，反受其咎；时至不行，反受其殃。愿足下孰[16]虑之。”

注释

1 相人：给人看相。2 骨法：人体骨骼长相。容色：面容，气色。参：参酌，综合。3 愿少间：希望暂时回避一下，即屏退左右。间，空隙。4 面：双关语，本为面部，暗指面向刘邦。背：亦双关语，本为背部，暗指背叛刘邦。5 桀：通“杰”。建号壹呼：建立名号，一起呼应。杂遝（tà）：众多而杂乱。遝，通“沓”。熛（biāo）：迸发的火焰。6 涂：稀泥，引申为涂抹。暴（pù）：晒。中野：原野之中。7 西山：泛指京、索西南的山地。8 距：通“拒”，抵御，抵抗。巩：古地名，在今河南巩义市西南。雒（luò）：古地名，在今河南洛阳市东北。汉尚火德，忌水，遂改东都洛阳为雒阳，三国以后复改为洛阳。河：黄河。折北不救：受挫折败逃不能自救。智勇俱困：刘邦、项羽两败俱伤。智，指刘邦。勇，指项羽。9 内府：仓库。罢：通“疲”。容容：动荡不安的样子。倚：凭恃，依靠。10 县：同“悬”。11 披：披露。输：献出。12 参：同“三（叁）”。鼎足：鼎有三条腿，即指三分天下。13 西乡：指向西去制止楚、汉分争。乡，通“向”。响应：像回音一样响应。响，回音。14 割大弱强：分割大的、削弱强的诸侯国。15 案：通“安”，安定，安抚。故：旧有的。胶、泗之地：胶河和泗水两河流域，泛指今山东一带。怀：怀柔。深拱揖让：从容有礼，诚挚谦让。16 孰：同“熟”，仔细，周详。

译文

武涉已经离去，齐地人蒯通知道掌握天下轻重的关键是韩信，想找出一种奇妙的计策来感动他，就用给人看相的手法游说韩信说：“我曾经学习过给人看相的技艺。”韩信说：“先生给人看相怎么样？”蒯通回答说：“一个人的高贵卑贱在于骨骼，忧愁喜悦在于面色，成功失败在于决断，综合这三项给人看相，万无一失。”韩信说：“好。先生看我的相怎么样？”蒯通回答说：“希望其他人暂时回避一下。”韩信说：“左右的人员离去吧。”蒯通说：“看您的面相，不超过封侯，而且还有危险而不安全；看您的背相，高贵得不可言状。”韩信说：“怎么讲？”蒯通说：“天下刚开始向秦朝发难的时候，英雄豪杰建立名号一起呼应，天下的各种人士像云雾一样聚合起来，如同鱼鳞般又多又杂，火焰迸发，狂风骤起。这时，大家的忧虑只不过在于灭亡秦朝罢了。如今楚汉纷争，让天下没有罪过的人肝胆涂地，父子尸骨暴晒在旷野之中的情况，数也数不清。楚地人从彭城起兵，辗转战斗，追逐败兵，到达了荥阳，乘着胜利席卷而来，声威震动天下。然而军队困在京、索一带，被西山所迫不能再前进，这样已经三年了。汉王统率十万兵众，在巩县、雒阳抵御，凭着山河的险要，一日进行几场战斗，也没有尺寸的功劳，受挫败逃不能自救，在荥阳失败，在成皋受伤，于是逃跑到宛、叶之间，这就是所谓的智慧和勇敢的人一起受困顿了。让锐气在险塞面前受挫折，而仓库里的粮食也耗尽了，百姓们疲倦已极满怀怨恨，动荡不安无所依靠。凭我的预测，这样的形势，不是天下的贤圣人物，根本就不能平息天下的祸乱。当今这两位君主的命运悬在您的手里。您帮助汉王，那么汉王就胜利；和楚王结盟，那么楚王就胜利。我愿意披露腹心，献出肝胆，进献愚昧的计策，只恐怕您不会采用。您果真能听从我的计策，莫不如让两方都有利，使他们一齐保存下来，三分天下，鼎足而立，在这种形势下谁也不敢先动手。凭借您的贤圣，拥有众多的甲兵，占据强大的齐国，迫使燕、赵屈从，出兵到达刘、项双方之间的空虚地带并控制他们的后方，顺应民众的意愿，面向西替百姓请求保全性命，那么天下就会群起响应了，谁敢不听从！分割大的而削弱强的，用以分封诸侯，诸侯建立起来以后，天下就会顺服听命而把恩德归属给齐国。安抚齐国的故地，占有胶河和泗水流域，用恩德去怀柔诸侯，恭敬谦让，那么天下的君王就会相继而来朝拜齐国了。听说上天赐予而不收取，反而会受到惩罚；时机到来而不行动，反而会遭受祸殃。希望您仔细地考虑这件事。”

韩信曰：“汉王遇我甚厚，载我以其车，衣我以其衣，食我以其食。吾闻之，乘人之车者载人之患，衣人之衣者怀人之忧，食人之食者死人之事，吾岂可以乡利倍义乎！[1]”蒯生曰：“足下自以为善汉王，欲建万世之业，臣窃以为误矣。始常山王、成安君为布衣时，相与为刎颈之交，后争张黡、陈泽之事，二人相怨。[2]常山王背项王，奉项婴[3]头而窜逃，归于汉王。汉王借兵而东下，杀成安君泜水之南，头足异处，卒为天下笑。此二人相与，天下至欢也。[4]然而卒相禽者，何也？患生于多欲而人心难测也。今足下欲行忠信以交于汉王，必不能固于二君之相与也，而事多大于张黡、陈泽。故臣以为足下必汉王之不危己，亦误矣。大夫种、范蠡存亡越，霸句践，立功成名而身死亡。[5]野兽已尽而猎狗亨[6]。夫以交友言之，则不如张耳之与成安君者也；以忠信言之，则不过大夫种、范蠡之于句践也。此二人者，足以观矣。愿足下深虑之。且臣闻勇略震主者身危，而功盖天下者不赏。臣请言大王功略：足下涉西河，虏魏王，禽夏说，引兵下井陉，诛成安君，徇赵，胁燕，定齐，南摧楚人之兵二十万，东杀龙且，西乡以报，此所谓功无二于天下，而略不世出[7]者也。今足下戴[8]震主之威，挟不赏之功，归楚，楚人不信；归汉，汉人震恐：足下欲持是安归乎？夫势在人臣之位而有震主之威，名高天下，窃为足下危之。”韩信谢曰：“先生且休矣，吾将念[9]之。”

注释

1 载：承担。死人：为人而死。乡：通“向”。倍：通“背”。2 常山王：即张耳，曾被项王封为常山王。成安君陈余“年少，父事张耳，两人相与为刎颈交”（详见《张耳陈余列传》）。刎颈之交：即使割断脖子也不反悔的生死交情。张黡（yǎn）、陈泽之事：反秦起义后，张耳、陈余共同辅助赵歇为赵王。后张耳被秦将所围，陈余不敢救，张耳派其部将张黡、陈泽出城责陈余，陈余派五千人随此二人击秦军，结果全军覆没，张、陈二将被杀。张耳、陈余二人因此结仇。3 项婴：项羽派到张耳处的使者。4 相与：结交。至欢：最要好的朋友。5 霸句践：使句践称霸。死亡：杀死或逃亡。6 亨：“烹”之本字。7 略不世出：谋略世上不会再出现。8 戴：拥有……名声。9 念：考虑。

译文

韩信说："汉王对待我特别优厚，把他的车子给我坐，把他的衣服给我穿，把他的食物给我吃。我听说，坐了人家车子的要承担人家的患难，穿了人家衣服的要想着人家的忧虑，吃了人家食物的要为人家的事业去死，我难道可以图谋私利而背弃恩义吗？"蒯通说："您自己认为和汉王友好，想要建立流传万世的功业，我私下认为是错了。当初常山王、成安君都还是平民的时候，相互发誓要建立即使割断脖子也不反悔的生死交情，后来因为张黡和陈泽被杀的事发生争执，两人结怨。常山王背弃项王，捧着项婴的头逃窜，归顺到汉王名下。汉王借给他兵力向东进发，在泜水南岸杀死了成安君，使成安君头足分离，最终为天下人耻笑。这两个人结交，算是天下最要好的朋友，然而最终互相擒杀，是为什么呢？祸患产生于欲望多，且人心是很难料测的。如今您想通过奉行忠贞诚信来结交汉王，一定不可能比常山王、成安君的交情还要巩固，但所做的事大多比张黡、陈泽的事要大。所以我认为您觉得汉王一定不会危害自己，也是错的。大夫种、范蠡使将要灭亡的越国保存了下来，使句践称了霸，立了功，成了名，但却被杀或逃亡。野兽已经捕尽，那么猎狗就要被烹杀。如果按结交朋友来评说，那是不如张耳对于成安君；按忠贞诚信来评说，那是超不过大夫种、范蠡对于句践。成安君、文种这两个人，很值得您借鉴。希望您深加考虑。况且我听说勇敢谋略震主的人自身很危险，而功劳业绩盖过了天下的人得不到奖赏。请允许我说说大王的功劳谋略：您渡过西河，俘虏了魏王，擒获了夏说，领着兵往东攻占了井陉，诛杀了成安君，略取了赵地，胁迫燕国顺从，平定了齐国，往南打败了楚军二十万人，又去东边杀死了龙且，再回到西边呈报战绩，这就是所说的功劳之大在天下再没有第二人，而谋略之高在当代不可能再出现。如今您拥有震主的威名，拥有不可奖赏的功绩，归附楚国，楚国人不相信；归附汉国，汉国人感到震惊恐惧：您想秉持着这些归附到哪里去呢？再说，从形势上看，处在做臣子的地位却有震主的威权，名声比天下的人都高，我私下替您感到危惧。"韩信辞谢说："先生暂且说到这里吧，我将考虑考虑。"

后数日，蒯通复说曰："夫听者事之候也，计者事之机也，听过计失而能久安者，鲜矣。[1]听不失一二者，不可乱以言；[2]计不失本末者，不可纷以辞。[3]夫随厮养之役者，失万乘之权；[4]守儋石之禄者，阙卿相之位。[5]故知者决之断也，疑

者事之害也，审豪氂之小计，遗天下之大数，[6] 智诚知之，决弗敢行者，百事之祸也。故曰‘猛虎之犹豫，不若蜂虿之致螫[7]；骐骥之跼躅，不如驽马之安步；[8] 孟贲[9] 之狐疑，不如庸夫之必至也；虽有舜禹之智，吟而不言，不如瘖聋之指麾也’。[10] 此言贵能行之。夫功者难成而易败，时者难得而易失也。‘时乎时，不再来’。愿足下详察之。”韩信犹豫不忍倍汉，又自以为功多，汉终不夺我齐，遂谢蒯通。[11] 蒯通说不听，已详[12] 狂为巫。

注释

1 听：听取意见。候：指事物变化发展的征候。计：计虑思考。机：指把握事情成败的时机。鲜：少。2 不失一二：一点儿也不失误。乱：混乱，迷惑。3 不失本末：周到，全面。纷：纷扰。4 随：顺适，安心。厮养之役：下贱的差役。厮，砍柴。养，养马。万乘之权：即当君王的权势。5 儋石之禄：微薄的俸禄。儋，同“担”。石，古代重量单位，一百二十斤为一石。阙：通“缺”，失去。6 知：通“智”。审：详察，计较。豪氂（lí）：通“毫厘”。大数：大计，大事。7 虿（chài）：蝎子一类的毒虫。致螫（zhē，又读 shì）：用毒刺刺人。螫，毒刺。8 骐骥：良马。跼躅（jú zhú）：徘徊不前的样子。驽马：劣马。安步：稳步行走。9 孟贲（bēn）：古代勇士名。10 吟（jìn）：通“噤”，闭口。瘖（yīn）：哑巴。指麾：用手势比划。麾，通“挥”。11 倍：通“背”。谢：谢绝。12 详：通“佯”。

译文

过了几天，蒯通再次游说说：“听取意见就能了解事物发展变化的征候，计虑思考就能把握事情成败的时机，听取的意见有错误，计虑思考有失误，而能长久安全的，是很少的。听取意见一点儿也不失误的人，不可能用话语去迷惑他；计谋考虑周到全面的人，不可能用言辞去干扰他。要是安心下贱差役的人，会失去当君王的权势；死守微薄俸禄的人，会失去卿相的高位。所以智慧可以使决定时果断，疑惑就是办事情的祸害，计较毫厘的小得失，丢弃了天下的大事业，智谋上确实知道该怎么做，决定了却不敢付诸行动，是办一切事情的祸根。所以说‘猛虎要是犹豫不决，就不如黄蜂蝎子一类毒虫用毒刺刺人那样厉害；骐骥这样的良马徘徊不前，就不如劣马稳步行动那样有所前进；勇士孟贲狐疑不定，就不如庸夫实干那样一定能够达到目的；即使有虞舜夏禹一样的智谋，却闭口不说话，就不如哑巴聋子用手势比划那样能够表述’。这是说能够实行才是可贵的。事功很难成就却容易失败，时机很难得到却容易丢失。‘时机啊时机，不会再来’。希望您详细审察。”韩信犹豫迟疑，既不忍心背叛汉王，又自认为功劳很多，汉王最终不会夺取自己的齐国，就辞谢了蒯通。蒯通见游说的意见不被采纳，随后就假装疯癫去做了巫师。

汉王之困固陵，用张良计，召齐王信，遂将兵会垓下。[1]项羽已破，高祖袭夺齐王军[2]。汉五年正月，徙齐王信为楚王，都下邳。[3]

信至国[4]，召所从食漂母，赐千金。及下乡南昌亭长，赐百钱，曰："公，小人也，为德不卒[5]。"召辱己之少年令出胯下者以为楚中尉[6]。告诸将相曰："此壮士也。方辱我时，我宁不能杀之邪？杀之无名[7]，故忍而就于此。"

注释

1 固陵：古地名，在今河南太康县南。垓（gāi）下：古地名，在今安徽固镇县东北沱河南岸。2 袭夺：出其不意地夺取。军：此指军权。3 汉五年：即公元前 202 年。下邳：古地名，在今江苏睢宁县北。4 国：指都城，即下邳。5 为德不卒：做好事不能坚持始终。6 中尉：官职名，掌管巡城捕盗。7 无名：没有意义。

译文

汉王被困在固陵，采用张良的计策，召唤齐王韩信，韩信就统领军队到垓下会师。项羽被打败，高祖出其不意地夺取了齐王的军权。汉五年正月，改封齐王韩信做楚王，建都在下邳。

韩信到了国都，召来曾经分给他饭吃的漂洗丝絮的老太太，赐给她一千斤黄金。等到召来下乡南昌亭亭长，赐给他一百钱，说："您，是位小人，做好事不能有始有终。"召来曾经侮辱过他让他从其两腿间爬过去的那位年轻人，任命他做楚国的中尉。告诉各位将相说："这是一位壮士。当初侮辱我的时候，我难道不能杀了他吗？杀了他没有意义，所以一直忍耐下来才达到今天的地位。"

项王亡将钟离眛家在伊庐[1]，素与信善。项王死后，亡归信。汉王怨眛，闻其在楚，诏楚捕眛。信初之国，行县邑[2]，陈兵出入。汉六年，人有上书告楚王信反。高帝以陈平计，天子巡狩会诸侯，南方有云梦，发使告诸侯会陈："吾将游云梦。"[3]实欲袭信，信弗知。高祖且至楚，信欲发兵反，自度无罪，欲谒上，恐见禽。[4]人或说信曰："斩眛谒上，上必喜，无患。"信见眛计事。眛曰："汉

所以不击取楚，以眛在公所。若欲捕我以自媚于汉，吾今日死，公亦随手亡矣。”乃骂信曰：“公非长者[5]！”卒自刭。信持其首，谒高祖于陈。上令武士缚信，载后车[6]。信曰：“果若人言，‘狡兔死，良狗亨；高鸟尽，良弓藏；敌国破，谋臣亡。’天下已定，我固当亨！”上曰：“人告公反。”遂械系[7]信。至雒阳，赦信罪，以为淮阴侯。

注释

1 钟离眛（mò）：项羽手下之名将，曾数困刘邦，垓下战后改名潜逃。伊庐：古地名，在今江苏灌云县东北。2 行县邑：巡行视察下属各地。3 云梦：即云梦泽，在今洪湖、洞庭湖一带。陈：即陈县，在今河南淮阳县。4 度（duó）：考虑。见：被。禽：通“擒”。5 长者：德行高尚的人。6 后车：跟随皇帝出行的副车。7 械系：用刑具锁绑。

译文

项王的逃亡将领钟离眛的家在伊庐，一向和韩信友善。项王死了以后，他逃亡到韩信这里。汉王怨恨钟离眛，听说他在楚国，就诏令楚国捕捉钟离眛。韩信刚刚到达楚国，巡行视察下属各地，进进出出都陈列兵众。汉六年，有人上书告发楚王韩信谋反。高帝采纳陈平的计策，天子巡行视察的时候要会见诸侯，南方有个云梦泽，派出使者去告知诸侯到陈县聚会：“我将要游览云梦泽。”实际是想出其不意地拘捕韩信，韩信不知道。高祖将要到达楚国，韩信想要发动军队反叛，自己估计并没有罪过，想要进见皇上，又恐怕被擒获。有人劝告韩信说：“杀了钟离眛去进见皇上，皇上一定喜欢，不会有祸患。”韩信会见钟离眛商议这件事。钟离眛说：“汉王之所以不来攻击夺取楚国，是因为我钟离眛在您这里。您想逮捕我去向汉王献媚，我今日死去，您也会随后灭亡的！”就骂韩信说：“您不是一个德行高尚的人！”于是自刎身亡。韩信带着他的首级，在陈县拜见高祖。皇上命令武士捆缚韩信，押在随行的副车上面。韩信说：“果然像人们所说，‘狡兔死绝，良犬被烹；高鸟已尽，良弓收藏；敌国攻破，谋臣必亡’。天下已经平定，我是应当被烹杀！”皇上说：“有人告发您谋反。”就用刑具锁绑韩信。到了雒阳，皇上赦免韩信的罪过，改封他做淮阴侯。

信知汉王畏恶其能，常称病不朝从[1]。信由此日夜怨望，居常鞅鞅，羞与绛、灌等列。[2]信尝过[3]樊将军哙，哙跪拜送迎，言称臣，曰：“大王乃肯临[4]臣！”信

出门，笑曰："生乃与哙等为伍！"[5] 上常从容与信言诸将能不，各有差。[6] 上问曰："如我能将几何？"信曰："陛下不过能将十万。"上曰："于君何如？"曰："臣多多而益善耳。"上笑曰："多多益善，何为为我禽？"信曰："陛下不能将兵，而善将将，此乃信之所以为陛下禽也。且陛下所谓天授，非人力也。"

注释

1 朝从：参加朝会和随行侍从。2 鞅鞅（yāng，旧读 yǎng）：不高兴、不满意的样子。鞅，通"怏"。羞：以……为耻。绛：指绛侯周勃。灌：指颍阴侯灌婴。3 过：访，探望。4 临：居高位而视下臣。5 生：活着，一生。乃：竟。为伍：同列，共事。6 常：通"尝"，曾经。从容：闲暇无事。不（fǒu）：同"否"。差：差别。

译文

韩信知道汉王害怕并嫉妒他的才能，常常称说有病不参加朝会和随行侍从。韩信从此日夜怨恨，在家里常常闷闷不乐，认为和绛侯周勃、颍阴侯灌婴等人处在相同的地位是一种耻辱。韩信曾经探望过樊哙将军，樊哙跪拜着迎送，语言上称自己是臣子，说："大王竟肯光临我臣子家中！"韩信出门后，笑着说："一生竟和樊哙这般人为伍了！"皇上曾经闲暇无事时和韩信谈论各位将领的才能高下，认为互相间有差别。皇上询问说："像我能够统率多少人？"韩信说："陛下只不过能够统率十万人。"皇上说："那么你怎么样呢？"韩信说："我是多多益善。"皇上笑着说："既然多多益善，为什么又被我擒获呢？"韩信说："陛下不能统率兵众，却能统率将领，这就是我韩信被陛下擒获的原因。而且陛下是所说的上天授予，不光是人自身力量决定的。"

陈豨拜为钜鹿守[1]，辞于淮阴侯。淮阴侯挈其手，辟左右与之步于庭，[2] 仰天叹曰："子可与言乎？欲与子有言也。"豨曰："唯将军令之。"淮阴侯曰："公之所居，天下精兵处也；而公，陛下之信幸臣也。人言公之畔[3]，陛下必不信；再至，陛下乃疑矣；三至，必怒而自将。吾为公从中起[4]，天下可图也。"陈豨素知其能也，信之，曰："谨奉教！"汉十年[5]，陈豨果反。上自将而往，信病不从。阴使人至豨所，曰："弟[6] 举兵，吾从此助公。"信乃谋与家臣夜诈诏赦诸官徒奴，欲发以袭吕后、太子。[7] 部署已定，待豨报。其舍人得罪于信，信囚，欲杀之。舍人弟上变[8]，告信欲反状于吕后。吕后欲召，恐其党不就，乃与萧相国谋，诈

令人从上所来，言豨已得死，列侯群臣皆贺。[9] 相国绐信曰："虽疾，强入贺。"[10] 信入，吕后使武士缚信，斩之长乐钟室[11]。信方斩，曰："吾悔不用蒯通之计，乃为儿女子[12]所诈，岂非天哉！"遂夷[13]信三族。

注释

1 陈豨：梁人，初从刘邦封列侯，为将军，后反叛被斩。详见《韩信卢绾列传》。钜鹿：地名，时为郡，治所在今河北平乡县西南。2 挈（qiè）：携，拉着。辟：通"避"。3 畔：通"叛"。4 从中起：从京城起事。5 汉十年：即公元前197年。6 弟：但，只管。7 诸官徒奴：各官府所领有服苦役的罪犯和奴隶。太子：即刘邦的儿子刘盈，后来的汉惠帝，为吕后吕雉所生。8 上变：上书告发欲变之事。9 党：通"倘"，倘若，万一。已得死：捕获并且已经死了。10 绐（dài）：欺骗。虽：即使。强：勉强，挣扎。11 长乐：汉宫殿名。故址在今陕西西安市西北郊汉长安城东南隅。钟室：悬钟之室。12 儿女子：小妇女。此指吕后。13 夷：诛灭。

译文

陈豨被任命做钜鹿郡郡守，去向淮阴侯告辞。淮阴侯拉着他的手，避开左右侍从和他在庭院漫步，仰头朝天叹息说："可以同你说些私话吗？有私话想跟你说。"陈豨说："一切听从将军吩咐。"淮阴侯说："你去驻守的地方，是天下精兵所处的地区；而你，又是陛下亲信宠幸的大臣。有人来报告说你反叛，陛下一定会不相信；再来报告，陛下就会怀疑了；第三次来报告，陛下必定会发怒并自己统兵前去平定。我替你从京城起事，天下可以图谋夺取了。"陈豨一向了解韩信的才能，相信他，说："谨遵您的教导！"汉十年，陈豨果真反叛。皇上亲自统兵前往平定，韩信称说有病不随从。暗中派人到陈豨的驻地，说："只管起兵，我从这里帮助你。"韩信就谋划和家臣们在夜晚谎称有诏书赦免在各个官署服役的罪犯和奴隶，想发动他们去袭击吕后、太子。部署停当，只等着陈豨的消息。他的一位家臣得罪了韩信，韩信把他囚禁起来，想杀了他。家臣的弟弟上书说有变乱发生，向吕后告发韩信想要反叛的情状。吕后想召唤韩信，怕他倘若不就范会坏事，就和萧何相国商量，让人假说从皇上那儿来，说陈豨已经获罪处死，列侯群臣都来祝贺。相国欺骗韩信说："即使生病，也要强打精神进宫祝贺。"韩信进宫，吕后派武士把韩信捆绑起来，在长乐宫的钟室把他斩杀了。韩信被斩时，说："我后悔不采纳蒯通的计谋，才被这小女人所欺骗，这难道不是天意吗？"于是诛灭了韩信的三族。

高祖已从豨军来，至，见信死，且喜且怜之，问："信死亦何言?"吕后曰："信言恨不用蒯通计。"高祖曰："是齐辩士也。"乃诏齐捕蒯通。蒯通至，上曰："若教淮阴侯反乎?"对曰："然，臣固教之。竖子不用臣之策，故令自夷于此。如彼竖子用臣之计，陛下安得而夷之乎！"上怒曰："亨之。"通曰："嗟乎，冤哉亨也！"上曰："若教韩信反，何冤?"对曰："秦之纲绝而维弛，山东大扰，异姓并起，英俊乌集。[1]秦失其鹿[2]，天下共逐之，于是高材疾足者先得焉。跖[3]之狗吠尧，尧非不仁，狗因吠非其主。当是时，臣唯独知韩信，非知陛下也。且天下锐精持锋欲为陛下所为者甚众，顾力不能耳。[4]又可尽亨之邪?"高帝曰："置之。"乃释通之罪。

注释

1 纲绝而维弛：政权崩溃而法度废弛。纲，网上的大绳。维，系物的大绳。纲、维在此引申为政权、法度、纲纪等。山东：崤山以东。乌集：如乌鸦之飞集。2 鹿：指所要猎获的对象，常用以比喻政权。3 跖（zhí）：相传为柳下惠之弟，故又名"柳下跖"，春秋时奴隶起义的领袖，被统治者诬为"盗跖"。4 锐精持锋：磨快武器，拿着利剑。精，纯铁，精铁。锋，利刃。顾：但，不过。

译文

高祖已经从平定陈豨军队的前线回来，到了京城，看到韩信死去，又高兴又怜悯，问道："韩信死前说过什么话吗?"吕后说："韩信说悔恨不采纳蒯通的计谋。"高祖说："这是位齐国的辩士。"就下诏齐国捕捉蒯通。蒯通到了，皇上说："是您教唆淮阴侯谋反吗?"蒯通回答说："是，我确实教导过他。这小子不采纳我的计策，所以自己被诛灭在这里。如果那小子采纳我的计策，陛下怎么能够把他杀了呢?"皇上发怒说："我要烹杀了你。"蒯通说："唉呀，冤枉啊被烹杀！"皇上说："你教唆韩信谋反，有什么冤枉?"蒯通回答说："秦朝的政权崩溃而法度废弛，崤山以东地区大乱，异姓诸侯同时崛起，英雄豪俊像乌鸦一样飞集。秦王朝失去了政权，天下人共同来争夺它，于是才智高强行动快捷的人率先得到了它。盗跖的狗狂吠帝尧，帝尧并非是不仁德，狗对着帝尧狂吠是由于帝尧不是它的主人。那时，我只知道有个韩信，并不知道有陛下。况且天下磨快武器拿着利剑想做陛下所做的事的人很多，只是他们的力量不能达到而已。又能把他们都烹杀了吗?”高帝说：“饶了他。”就免除了蒯通的罪过。

太史公曰：吾如[1]淮阴，淮阴人为余言，韩信虽为布衣时，其志与众异。其母死，贫无以葬，然乃行营[2]高敞地，令其旁可置万家。余视其母冢，良然[3]。假令韩信学道谦让，不伐己功，不矜其能，则庶几哉，于汉家勋可以比周、召、太公之徒，后世血食矣。[4]不务出此，而天下已集，乃谋畔逆，[5]夷灭宗族，不亦宜乎！

注释

1 如：到，往。2 行营：寻找，谋求。3 良然：的确是这样。良，的确。4 学道谦让：学习道家功成身退的谦让精神。伐：夸耀，与下文“矜”同义。庶几：指贤者。周：周公姬旦。召：召公姬奭。太公：姜太公姜尚。血食：享受后代子孙的祭祀。5 务：致力于。集：通“辑”，安定，和睦。畔：通“叛”。

译文

太史公说：我到淮阴，淮阴的人们对我说，韩信是平民的时候，他的志向就和别人不一样。他母亲死了，家中贫困无法安葬，他却四处寻找地势高且宽敞的墓地，让墓地的旁边可以安置万户人家。我去看了他母亲的坟地，的确是这样。假若让韩信学习道家功成身退的谦让精神，不夸耀自己的功劳，不显示自己的才能，那他就是贤者了，对于汉家朝廷，他的功勋可以和周公、召公、太公一班人相比拟，享受后代子孙杀牲的祭祀了。不用心在这方面下功夫，而在天下已经安定的时候，反而图谋叛逆，结果使宗族被诛灭，不是罪有应得吗?

魏其武安侯列传

导读

本传写出了汉代文、景以至武帝初期朝廷政治的某些重要变化，诸如平定吴楚七国之乱对朝廷任命官吏的影响，诸侯王对中央最高权力的窥视与废立太子对各种势力的影响，地方豪强势力的上升，宾客说士性质与战国时的比较变化以及他们游离往返于权贵门下等的社会历史内容。尤为突出的是反映了以窦太后、王太后为主的外家势力对朝廷政务所开始施加的影响。汉代以孝治天下，在中央专制主义政权制度下，天子不敢违抗母后的意旨，以致使窦婴、田蚡等外戚势力抬头，占住丞相高位左右国家政事。司马迁以“见盛观衰”的眼光揭示出的情况，可以说明在西汉后期成为主要政治问题的外戚专权的严重局面，在这个时期就已显露了端倪。

此文揭露了中央专制主义集权朝廷内部的各种矛盾，比如天子与皇太后之间、天子与诸侯之间、外戚之间、中央与地方豪强之间、大臣之间、道家与儒家政治主张之间的各种争斗。全篇以戏许窦灌、使酒骂座、东朝廷辩三个场景为中心，着重批评了把整个国家朝廷事务当作家庭纠纷来处理的弊端，并对依仗权势的外戚和专横跋扈的地方豪强，投以犀利的锋芒。同时揭露了朝廷官员的伪善欺诈、鼠首两端等官僚行径。本传除主要人物如窦婴、田蚡、灌夫以及景帝、武帝等五人之外，还涉及窦太后、王太后、梁王、淮南王、条侯、高遂、桃侯、田胜、丞相绾、籍福、赵绾、王臧、许昌、庄青翟、韩安国、盖侯、颍阴侯、窦甫、临汝侯、程不识、汲黯、郑当时、石建等许多人，还及于李广，可以说当时各方面的重要人物都涉及到了，表现了他们在国家大事和政治矛盾面前的态度，以及其中一些人处事时丑恶的心理状态。当时宾客趋炎附势的丑态也历历在目。汉代社会仍有喜士之风，以士人宾客归附之多为荣。这些宾客寄人篱下，借以在政治上发挥一定的作用，以致汉武帝即位实由王太后掌握之时，“所镇抚多有田蚡宾客计策”。宾客的移门反映了权贵地位的消长变化。宾客中的一些人奔走于权贵之间牵线搭桥、为虎作伥、拨弄是非、干扰朝政。宾客实为时政的累赘及豪门的附庸。

本篇附传灌夫。其主要写作手法是以附传牵连合传，穿插勾系，波澜起伏，乳水交融，束笔点勒，织成一篇可观的文字，令人叫绝。

魏其侯窦婴者，孝文后从兄子也。[1] 父世观津人[2]。喜宾客。孝文时，婴为吴相，病免。孝景初即位，为詹事[3]。

梁孝王者，孝景弟也，其母窦太后[4]爱之。梁孝王朝，因昆弟燕饮[5]。是时上未立太子，酒酣，从容[6]言曰：“千秋之后传梁王。”太后欢。窦婴引卮酒[7]进上，曰：“天下者，高祖天下，父子相传，此汉之约也，上何以得擅传梁王！”太后由此憎窦婴。窦婴亦薄[8]其官，因病免。太后除窦婴门籍[9]，不得入朝请。

注释

1 孝文后：指窦太后。从兄：叔伯哥。2 世：世代。观津：县名，在今河北武邑县东。3 詹事：官名，掌皇后、太子家事，秩二千石。4 窦太后：名窦猗房，生长公主刘嫖、汉景帝、梁孝王。5 燕饮：宴饮，家宴。6 从容（cóng róng，旧读 cōng róng）：和缓而悠闲。7 卮（zhī）酒：杯酒。卮，古代盛酒的器皿。8 薄：轻视。9 门籍：进出宫门的牒籍。

译文

魏其侯窦婴，是孝文帝窦皇后堂兄的儿子。他的父辈世世代代都是观津人。窦婴喜欢结交宾客。孝文帝时，窦婴做吴王的国相，因为有病被免职。孝景帝刚登位时，窦婴任詹事。

梁孝王是孝景帝的弟弟，他母亲窦太后喜欢他。梁孝王入京朝见，以亲兄弟的身份一起宴饮。这时皇上还没有立太子，喝酒喝得正高兴，从容地说："我去世后把皇位传给梁王。"太后很高兴。窦婴拿起一杯酒献给皇上，说："天下，是高祖的天下，父子相传，这是汉朝的规定，皇上怎么能擅自传位给梁王呢！"太后从此憎恨窦婴。窦婴也不重视其官位，就托病辞职。太后开除了窦婴出入宫门的牒籍，不让他进宫朝见皇帝。

孝景三年，吴楚反，上察宗室诸窦毋如窦婴贤，乃召婴。[1] 婴入见，固辞谢病不足任。太后亦惭。于是上曰："天下方有急，王孙宁可以让邪[2]？"乃拜婴为大将军，赐金千斤。婴乃言袁盎、栾布诸名将贤士在家者进之。所赐金，陈之廊庑下，军吏过，辄令财取为用，金无入家者。[3] 窦婴守荥阳[4]，监齐赵兵。七国兵已尽破，封婴为魏其侯。诸游士宾客争归魏其侯。孝景时每朝议大事，条侯、魏其侯，诸列侯莫敢与亢礼。[5]

注释

1 孝景三年：即公元前154年。诸窦：指窦姓等外戚。2 王孙：《史记集解》："《汉书》曰：'窦婴字王孙。'"邪：语气助词。3 廊庑：堂前的廊屋。财取：即裁取，酌情取用。4 荥阳：汉县名，在今河南荥阳市东北。5 条侯：周亚夫。列侯：各被封侯爵的大臣。亢礼：即抗礼，谓以对等的礼节相待。亢，同"抗"，对等。

译文

孝景帝三年，吴、楚等七国反叛，皇上观察宗室和外家窦氏子弟中没有比窦婴贤能的，就召见窦婴。窦婴进宫拜见，坚决推辞，托称有病无法胜任。太后也感到惭愧。于是皇上说："天下正有急难，你难道可以推脱吗？"就任命窦婴做大将军，赐给他黄金一千斤。窦婴于是把袁盎、栾布等闲居在家的名将贤士推荐给景帝。把赏赐的黄金，摆放在廊檐下，小军官经过，就让他们酌量拿去用，他自己不拿一点黄金回家。窦婴驻守在荥阳，监督讨伐齐、赵的军队。七国军队全部被打败后，景帝封窦婴做魏其侯。那些游士、食客都争着投奔魏其侯。孝景帝时每逢朝廷上议论大事，那些列侯没有谁敢和条侯、魏其侯分庭抗礼。

孝景四年，立栗太子[1]，使魏其侯为太子傅。孝景七年，栗太子废，魏其数争不能得[2]。魏其谢病，屏居蓝田南山之下数月[3]，诸宾客辩士说之，莫能来。梁人高遂[4]乃说魏其曰："能富贵将军者，上也；能亲将军者，太后也。今将军傅太子，太子废而不能争；争不能得，又弗能死。自引谢病，拥赵女，屏闲处而不朝。[5]相提而论，是自明扬[6]主上之过。有如两宫螫将军，则妻子毋类矣。[7]"魏其侯然之，乃遂起，朝请如故。

桃侯[8]免相，窦太后数言魏其侯。孝景帝曰："太后岂以为臣有爱，不相魏其？魏其者，沾沾自喜耳，多易[9]。难以为相持重[10]。"遂不用，用建陵侯卫绾为丞相。

注释

1 栗太子：即汉景帝长子刘荣，栗姬所生，后废之，故书母姓。2 不能得：没有效果，无济于事。3 屏：隐退。蓝田：汉县名，在今陕西蓝田西。4 高遂：梁地人，窦婴之宾客。5 赵女：美女。古人以为"燕、赵多佳人"，故常用"燕姬""赵女"代指美女。闲处：犹言私处。6 自明：表明自己。扬：宣扬。7 两宫：即东宫和西宫。东宫代指太后，西宫代指皇上。螫（shì）：毒虫刺人，以喻毒害，整治。毋类：没有继承人，即被灭族。8 桃侯：指景帝丞相刘舍，袭父爵为桃侯。9 易：简慢，轻率。10 持重：担当重任。

译文

孝景帝四年，立了栗太子，让魏其侯任太子太傅。孝景帝七年，栗太子被废掉，魏其侯多次力争也无济于事。魏其侯借口有病，辞职隐居于蓝田南山下好几个月，许多宾客辩士去劝说他，没有人能让他回来。梁地人高遂于是劝魏其侯说："能够使将军富贵的，是皇上；能够亲信将军的，是太后。如今将军作为太子的老师，太子被废掉却不能力争；力争没有效果，又不能以身殉职。自己称有病引退，搂着赵地美女，隐居闲处而不肯入朝。把您做什么和不做什么相比较，您是在表明自己无过而在宣扬皇上的过错。假如皇上和太后都要整治将军，那您的妻子、孩子将会一个不留了。"魏其侯认为他说得对，于是就出山回来，照旧参加朝见。

桃侯被免除丞相职位后，窦太后多次向皇上提到魏其侯。孝景帝说："太后难道认为我舍不得，而不让魏其侯任丞相吗？魏其侯这个人，骄傲自满，办事轻率。他难以担当丞相之重任。"最终没有任用窦婴，而任用建陵侯卫绾做丞相。

武安侯田蚡者，孝景后同母弟也，生长陵。[1] 魏其已为大将军后，方盛，蚡为诸郎，未贵，往来侍酒魏其，跪起如子姓。[2] 及孝景晚节[3]，蚡益贵幸，为太中大夫。蚡辩有口，学《槃盂》诸书，王太后贤之。[4] 孝景崩，即日太子立，称制[5]，所镇抚多有田蚡宾客计策。蚡、弟田胜，皆以太后弟孝景后三年[6]封：蚡为武安侯，胜为周阳侯。

注释

1 孝景后：即汉景帝皇后王娡（zhì）。王娡，其母臧儿，其父王仲。王仲死后，臧儿改嫁田氏，生田蚡、田胜。王娡原为景帝美人，后因其子刘彻被立为太子，才被封为皇后。所以田蚡为王太后之同母异父弟。长陵：汉县名，在今陕西咸阳市东北。2 诸郎：泛指郎官。跪起：跪下和起立，代指行为举止。古代卑幼对尊长表示敬意的一种礼仪。子姓：子孙。3 晚节：晚年。4 辩有口：善辩论有口才。《槃盂》：《史记集解》引应劭曰："黄帝史孔甲所作铭也。凡二十六篇，书槃盂中，所为法戒。诸书，诸子文书也。"引孟康曰："孔甲《槃盂》二十六篇，杂家书，兼儒、墨、名、法。"王太后：此在孝景时，《汉书》作"王皇后"，是。5 称制：太后代替皇帝行使权力。6 孝景后三年：即汉景帝后元三年，公元前141年。

译文

武安侯田蚡是孝景帝皇后的同母异父的弟弟，出生在长陵。魏其侯当了大将军，正当显赫的时候，田蚡担任郎官，不显贵，常常往来于窦婴家陪从宴饮，举止完全像个晚辈。到孝景帝晚年，田蚡越来越显贵得宠，任太中大夫。田蚡口才很好，能言善辩，学过《槃盂》等书籍，王太后认为他贤能。孝景帝逝世，当天太子继位，王太后摄政，所采取的镇压、安抚措施有很多是由田蚡的宾客出谋策划的。田蚡和弟弟田胜，都因为是王太后的弟弟而在孝景帝后元三年受封：田蚡被封为武安侯，田胜被封周阳侯。

武安侯新欲用事为相，卑下宾客，进名士家居者贵之，欲以倾魏其诸将相。[1] 建元元年[2]，丞相绾病免，上议置丞相、太尉。籍福[3]说武安侯曰："魏其贵久矣，

天下士素归之。今将军初兴，未如魏其，即上以将军为丞相，必让魏其。魏其为丞相，将军必为太尉。太尉、丞相尊等耳，又有让贤名。”武安侯乃微言太后风上[4]，于是乃以魏其侯为丞相，武安侯为太尉。籍福贺魏其侯，因吊[5]曰：“君侯资性喜善疾恶，方今善人誉君侯[6]，故至丞相；然君侯且疾恶，恶人众，亦且毁君侯。君侯能兼容，则幸久；不能，今以毁去矣[7]。”魏其不听。

注释

1 用事为相：执政当相。用事，执政，当权。卑下：谦卑地对待。进：推荐。名士家居者：居家之名士。贵之：让他们显贵。倾：倾夺，压倒。2 建元元年：即公元前 140 年。3 籍福：一说为田蚡之宾客；一说为奔走于权门之食客。4 微言：委婉进言。风（fěng，旧读 fèng）：通“讽”，暗示。5 吊：本义为吊唁、安慰，此有警告、劝诫之意。6 君侯：古称列侯为君侯，秦汉以后多以列侯为丞相，故以此称丞相。后对尊贵者亦敬称之。7 今：马上，立刻。毁：毁谤。去：去职，丢官。

译文

武安侯田蚡新当权就想要当丞相，对宾客谦恭有礼，推荐那些闲居在家的知名人士，使他们显贵，想用这种办法来打压魏其侯等元老将相。建元元年，丞相卫绾因病被免职，皇上考虑要另外任命丞相、太尉。籍福劝田蚡说：“魏其侯显贵已经很长时间了，天下人士平素都归附他。如今将军您刚兴旺，比不上魏其侯，假如皇上任命您当丞相，您一定要让给魏其侯。魏其侯任丞相，您一定会当太尉。太尉、丞相的尊贵是相等的，您还有让贤的好名声。”武安侯于是委婉地告诉王太后，让她暗示皇上，因此皇上就任命魏其侯为丞相，武安侯为太尉。籍福去向魏其侯祝贺，顺便劝谏他说：“您的天性喜欢好人，憎恶坏人，如今好人颂扬您，所以您当上了丞相；可是您又憎恨坏人，坏人那么多，也将会毁谤您。您能够同时容纳好人坏人，那么您的丞相就可以长期做下去；如果不能，马上会遭到人家的毁谤而丢官。”魏其侯不听从。

魏其、武安俱好儒术，推毂赵绾为御史大夫，王臧为郎中令。[1]迎鲁申公，欲设明堂，令列侯就国，除关，以礼为服制，以兴太平。[2]举適诸窦宗室毋节行者，除其属籍。[3]时诸外家为列侯，列侯多尚公主，[4]皆不欲就国，以故毁日至窦太后。太后好黄老之言，而魏其、武安、赵绾、王臧等务隆推儒术，贬道家言，

是以窦太后滋不说魏其等。[5] 及建元二年，御史大夫赵绾请无奏事东宫。[6] 窦太后大怒，乃罢逐赵绾、王臧等，而免丞相、太尉，以柏至侯许昌为丞相，武强侯庄青翟为御史大夫。[7] 魏其、武安由此以侯家居。

武安侯虽不任职，以王太后故，亲幸，数言事多效，天下吏士趋势利者，皆去魏其归武安。武安日益横。建元六年，窦太后崩，丞相昌、御史大夫青翟坐丧事不办[8]，免。以武安侯蚡为丞相，以大司农韩安国为御史大夫。天下士郡诸侯愈益附武安。

注释

1 推毂（gǔ）：本指推车，此为推荐人才。赵绾：当时之名儒。王臧：当时之名儒。以上二人皆为申培的学生。2 鲁申公：即申培，鲁地人，当时之大儒，以治《诗经》见称。详见《儒林列传》。明堂：古代帝王宣明政教的地方。就国：返回自己的封国。除关：废除关禁。以礼：按照古代（周代）的礼仪。为服制：制订服饰器用制度。3 举適：揭举处罚。適，通“谪”，处罚。属籍：家族之名册。4 外家：外戚，皇帝的母族、妻族。尚：匹配。此处指娶公主为妻。5 隆推：竭力推崇提倡。滋：更加。说：通“悦”。6 建元二年：即公元前 139 年。无奏事东宫：不向皇太后奏事。东宫，指皇太后。7 许昌：人名，继承了其祖父许温的侯爵柏至侯。庄青翟：人名，继承了其祖父庄不识的侯爵武强侯。8 坐：因……获罪。丧事不办：丧事没有办好。

译文

魏其侯、武安侯都喜欢儒家学说，他们推荐赵绾任御史大夫，王臧任郎中令。还把鲁国的申公迎来，打算设置明堂，命令列侯们回到自己的封地去，拆除各诸侯国与朝廷领地之间的关禁，按照古礼来制定各种服饰器用制度，以表明现在是太平盛世。他们还让人检举窦氏子弟和皇家宗室中品行恶劣的人，开除他们的族籍。当时窦太后和王太后娘家的一些子弟都被封为列侯，列侯们很多都娶公主为妻，都不想回自己的封国，因此毁谤魏其侯等人的话每天都传到窦太后耳中。窦太后喜好黄老学说，而魏其侯、武安侯、赵绾、王臧等人竭力推崇儒家学说，贬斥道家言论，所以窦太后更加不喜欢魏其侯等人。到了建元二年，御史大夫赵绾奏请不要把政事禀奏居住在东宫的窦太后。窦太后十分生气，就罢免并驱逐赵绾、王臧等人，而免除了丞相、太尉的职务，任命柏至侯许昌为丞相，武强侯庄青翟为御史大夫。魏其侯、武安侯从此以侯爵的身份在家闲居。

武安侯虽然不担任官职，但因为王太后的缘故，仍旧得到亲幸，屡次向皇上进言，提议大多被采纳，天下趋炎附势的官吏和士人，都离开魏其侯而归附武安侯。武安侯一天比一天骄横。建元六年，窦太后去世，丞相许昌、御史大夫庄青翟因为没有办好丧事获罪，被免官。武帝任命武安侯田蚡为丞相，任命大司农韩安国为御史大夫。天下的士人、郡县和诸侯王国的官吏都更加趋附武安侯。

武安者，貌侵，生贵甚。[1] 又以为诸侯王多长，上初即位，富于春秋，蚡以肺腑为京师相，非痛折节以礼诎之，天下不肃。[2] 当是时，丞相入奏事，坐语移日[3]，所言皆听。荐人或起家[4]至二千石，权移主上。上乃曰："君除吏已尽未[5]？吾亦欲除吏。"尝请考工地益宅[6]，上怒曰："君何不遂取武库[7]！"是后乃退。尝召客饮，坐其兄盖侯南乡，自坐东乡，以为汉相尊，不可以兄故私桡。[8] 武安由此滋骄，治宅甲诸第[9]。田园极膏腴，而市买郡县器物相属于道。[10] 前堂罗钟鼓，立曲旃；[11] 后房妇女以百数。诸侯奉金玉狗马玩好，不可胜数。[12]

魏其失窦太后，益疏不用，无势，诸客稍稍自引而怠傲，唯灌将军[13]独不失故。魏其日默默不得志，而独厚遇灌将军。[14]

注释

1 貌侵：相貌丑陋。侵，同"寝"，丑陋。生贵甚：生下来就十分尊贵。田蚡出生前王娡就已得宠。2 富于春秋：年岁小，年轻。富，多，来日方长。肺腑：同"肺附"。比喻帝王的亲属或亲戚。京师相：朝廷丞相。京师，此指国家、朝廷。痛：狠狠地。折节：压制。此指打掉其架子和威风。诎：屈服。肃：收敛，顺从。3 移日：日影移位，表示时间长。4 起家：起于家居，指无职。5 除：任命。尽未：完了没有。未，用在句末表示疑问。6 考工地：少府考工室的地盘。益宅：扩建私宅。7 武库：朝廷储存武器的仓库。8 乡：通"向"。私桡（náo）：私自降低身份和尊严。桡，削弱。9 甲诸第：在所有的院落中为最好的。甲，第一。第，门第，院落。10 膏腴：肥沃。市买：购买。属（zhǔ）：连接。11 罗：罗列，排列。曲旃：用整幅帛制成的曲柄旌幡，按制为帝王使用。12 奉：献。狗马：游猎之物。玩好：赏玩嗜好的物品。13 灌将军：即下文所云"灌夫"。14 默默：郁闷不得意的样子。

译文

武安侯身材矮小，其貌不扬，从生下来就很尊贵。他又认为各诸侯王大多年纪大，皇上刚刚登位，年纪很轻，自己靠皇亲国戚的关系当了朝廷的丞相，不狠狠地杀一下他们的威风，用礼法来使他们屈服，天下就不会服帖。那时，丞相入朝向皇上奏事，坐在那里谈论很长时间，他所说的话皇上都听从。他所推荐的人有的从闲居一下子被提升到二千石，他的权力比皇上还大。因此惹得皇上有一次生气地说："你封官封完了没有？我也想委任官吏了。"他曾经请求把考工官署的土地划给他扩建住宅，皇上生气地说："你为什么不干脆把武器库也占去！"他这以后才稍为收敛。有一次他请客人宴饮，让他的哥哥盖侯朝南坐，自己面朝东坐，认为汉朝的丞相尊贵，不可以因为他是哥哥而私下降低了自己的身份。武安侯从此更加骄横，修建的住宅好过一切贵族的府第。田地庄园都很肥沃，而派出到各郡县去采购器具物产的人员络绎不绝。他的前厅摆设着钟鼓，竖着曲柄旃幡；后房的美女数以百计。各地诸侯奉送的金玉、狗马和玩物，多得数不清。

魏其侯失去窦太后这个靠山后，同皇上更加疏远而不被重用，没有权势，那些宾客渐渐离去，对他越来越轻慢，只有灌将军一人不改变原来的态度。魏其侯每天闷闷不乐，只对灌将军特别好。

灌将军夫者，颍阴[1]人也。夫父张孟，尝为颍阴侯婴舍人，得幸，因进之，至二千石，故蒙灌氏姓为灌孟。[2]吴楚反时，颍阴侯灌何为将军，属太尉，请灌孟为校尉。[3]夫以千人与父俱。灌孟年老，颍阴侯强请之，郁郁不得意，故战常陷坚，遂死吴军中。[4]军法，父子俱从军，有死事，得与丧[5]归。灌夫不肯随丧归，奋曰："愿取吴王若[6]将军头，以报父之仇。"于是灌夫被[7]甲持戟，募军中壮士所善愿从者数十人。及出壁门，莫敢前。独二人及从奴十数骑驰入吴军，至吴将麾下，所杀伤数十人。不得前，复驰还，走入汉壁，皆亡其奴，独与一骑归。夫身中大创十余，适有万金良药，故得无死。[8]夫创少瘳[9]，又复请将军曰："吾益知吴壁中曲折[10]，请复往。"将军壮义之，恐亡夫，乃言太尉，太尉乃固[11]止之。吴已破，灌夫以此名闻天下。

注释

1 颍阴：汉县名，在今河南许昌市。2 颍阴侯婴：即灌婴，汉初将领，因功封为颍阴侯。详见《樊郦滕灌列传》。蒙：冒。3 灌何：灌婴之子。《史记索隐》："何是婴子，《汉书》作'婴'，误也。"校尉：次于将军的武官。4 强：勉强。陷坚：攻打敌人最坚锐的部队或最顽固的阵地。5 与（yù）丧：操办丧事。与，参与。6 若：或者。7 被：通"披"。8 创：伤。

万金良药：贵重的好药。9 瘳（chōu）：痊愈。10 曲折：情况虚实。11 固：坚决。

译文

灌夫将军是颍阴人。他的父亲叫张孟，曾经做过颍阴侯灌婴的家臣，受到宠信，灌婴便推荐他，他当上了二千石级官员，所以就冒用了灌家的姓叫灌孟。吴、楚反叛时，颍阴侯灌何任将军，隶属于太尉周亚夫，他向太尉推荐灌孟做校尉。灌夫带着一千人和他父亲一同出征。灌孟年纪太大，颍阴侯硬要请他出战，所以他闷闷不乐，作战时总是有意冲击敌人的坚固阵地，终于战死在吴军中。按照军法，父子都参军的，有一人战死，另一人得回乡操办丧事。灌夫不肯跟随灵柩回去，他悲愤激昂地说："我一定要斩下吴王或吴国将军的头颅，为我父亲报仇。"于是灌夫身披铠甲，手持战戟，召集了军中平素同他要好并愿意跟随他的勇士几十人。等到走出营门，没有人敢前进。他只有两人和发配在他部下服军役的十几名囚徒骑兵冲入吴军中，冲到吴军的将旗下，杀死杀伤几十人。不能再向前，又飞马跑回，跑进汉军营中，跟随他的囚徒都死了，他只和一名骑兵回来。灌夫身上十几处受到重伤，正好有名贵的好药，所以没有死去。灌夫的伤势稍好些，又向将军灌何请求说："我现在更加了解吴军营地中的虚实情况，请让我再次前往。"灌何认为他勇敢有义气，恐怕灌夫战死，就向太尉报告，太尉于是坚决阻止他。等到吴军被打败后，灌夫也就天下闻名了。

颍阴侯言之上，上以夫为中郎将。数月，坐法去[1]。后家居长安，长安中诸公莫弗称之。孝景时，至代相。孝景崩，今上初即位，以为淮阳天下交，劲兵处，故徙夫为淮阳太守。[2] 建元元年，入为太仆[3]。二年，夫与长乐卫尉窦甫饮，轻重不得，夫醉，搏甫。[4] 甫，窦太后昆弟也。上恐太后诛夫，徙为燕相。数岁，坐法去官，家居长安。

注释

1 坐法去：因犯法而去官。2 今上：指当今皇上汉武帝。淮阳：汉郡名，治所陈县，在今河南淮阳县。交：交会之处。劲兵处：重兵驻守之地。3 太仆：官名，掌天子车马，传达王命。4 长乐卫尉：长乐宫禁卫部队长官。长乐，长乐宫，汉代主要宫殿之一，汉高祖时在秦兴乐宫的基础上改建而成。窦甫：窦太后弟。轻重不得：争论是非，意见不一。搏：殴打。

译文

颍阴侯向皇上称赞灌夫的行为，皇上任命灌夫做中郎将。几个月后，他因为犯法被免职。后来他住在长安，长安城中的贵族们没有不称道他的。孝景帝时，他做到了代国国相。孝景帝去世，当今皇上刚登位，认为淮阳是天下的交会之处，必须有强大的军队驻扎，所以调灌夫任淮阳太守。建元元年，调灌夫入京任太仆。建元二年，灌夫和长乐宫的卫尉窦甫一起饮酒，饮酒时争论是非，意见不一，灌夫醉了，打了窦甫。窦甫是窦太后的兄弟。皇上害怕太后要杀灌夫，就调他任燕国国相。几年后，他因为犯法被免官，在长安家中闲居。

灌夫为人刚直，使酒[1]，不好面谀。贵戚诸有势在己之右，不欲加礼，必陵之；[2]诸士在己之左，愈贫贱，尤益敬，与钧[3]。稠人广众，荐宠下辈。士亦以此多[4]之。

夫不喜文学，好任侠，已然诺。[5]诸所与交通，无非豪桀大猾。[6]家累数千万，食客日数十百人。[7]陂池田园，宗族宾客为权利，横于颍川。[8]颍川儿乃歌之曰："颍水清，灌氏宁；[9]颍水浊，灌氏族。"

注释

1 使酒：因酒使性。2 右：汉代以右为上、为尊；以左为下、为卑。加礼：施之以礼。陵：凌驾，冒犯。3 钧：通"均"，平等。4 多：推重、称赞。5 文学：文章经学。任侠：打抱不平。已然诺：兑现已经答应之事。6 诸所：各地。交通：交结往来之人。无非：没有不是。大猾：异常奸狡之人。7 累：累积的财产。食客：寄食于富贵之家并为之服务的门客。8 陂（bēi）池：池塘。为权利：仰仗权势。颍川：汉郡名，治所阳翟，在今河南禹州市。颍阴属此郡。9 颍水：河名，发源于今河南登封市境，流向东南汇入淮河。此河贯穿于当时的颍川郡。

译文

灌夫为人刚强直爽，因酒使性，不喜欢当面奉承人家。对那些地位比自己高的有权势的皇亲国戚，不但不格外敬重，反而要凌辱他们；对那些地位比自己低的士人，越是贫困低贱的，就越是尊敬他们，和他们平起平坐。他在大庭广众之中，推荐夸奖年轻人。因此士人都称颂他。

灌夫不喜好文章经学，喜欢仗义行侠，自己答应的事一定办到。他所结交往来的人，无非是豪杰大猾。家里积聚了几千万金，每天招待的食客有几十上百人。对于山林、水池、田地、园苑，灌夫的宗族宾客都仰仗权势，在颍川一带横行霸道。颍川的儿童就唱歌说："颍水清，灌氏宁；颍水浊，灌氏族。"

灌夫家居虽富，然失势，卿相侍中[1]宾客益衰。及魏其侯失势，亦欲倚灌夫引绳批根生平[2]慕之后弃之者。灌夫亦倚魏其而通列侯宗室为名高[3]。两人相为引重，其游如父子然。[4]相得欢甚，无厌，恨相知晚也。

注释

1 侍中：西汉时为加官，加此官即可入侍禁中，侍奉皇帝。2 引绳批根：意为打击、排斥。引绳，引墨绳纠曲。批根，用斧子砍削根节。生平：平素，一向。3 为名高：为了抬高声价。4 引重：拉引依靠。游：交往。

译文

灌夫家里虽然富有，可是由于他在政治上失势，所以过去那些和他往来的卿相、侍中一类有身份的人越来越少。到魏其侯失势的时候，他也想依靠灌夫去教训那些平素仰慕趋附自己后来又背弃自己的宾客。灌夫也要倚重魏其侯去交结列侯宗室来抬高自己的声望。两人互相倚仗，交往密切得像父子一样。彼此十分投机，没有一点隔阂，只恨相识得太晚了。

灌夫有服，过丞相。[1]丞相从容曰："吾欲与仲孺[2]过魏其侯，会仲孺有服。"灌夫曰："将军乃肯幸临况魏其侯，夫安敢以服为解！[3]请语魏其侯帐具，将军旦日蚤临。[4]"武安许诺。灌夫具语魏其侯如所谓武安侯[5]。魏其与其夫人益市牛酒，夜洒扫，早帐具至旦。[6]平明[7]，令门下候伺。至日中，丞相不来。魏其谓灌夫曰："丞相岂忘之哉？"灌夫不怿[8]，曰："夫以服请，宜往。"乃驾，自往迎丞相。丞相特前戏许灌夫，殊无意往。[9]及夫至门，丞相尚卧。于是夫入见，曰："将军昨日幸许过魏其，魏其夫妻治具，自旦至今，未敢尝食。[10]"武安鄂谢[11]曰："吾昨日醉，忽[12]忘与仲孺言。"乃驾往，又徐行，灌夫愈益怒。及饮酒酣，夫起舞属丞相，丞相不起，夫从坐上语侵之。[13]魏其乃扶灌夫去，谢丞相。丞相卒饮至夜，极欢而去。

注释

1 有服：有丧服在身，表示正在服丧期间，时灌夫为其姐服丧。过：拜访。2 仲孺：即灌夫，字仲孺。3 临：光临。况：通“贶”，恩赐，赏脸。解：解释。此引申为推脱。4 帐具：设置备办酒宴。旦日：第二天一早。5 具语：详细地告诉。如所谓武安侯：如同武安侯田蚡所说的那样。6 益市：隆重地加倍购买。牛酒：牛肉和酒菜，古代用作馈赠、犒劳、祭祀的物品。洒扫：打扫卫生。7 平明：天刚亮。8 怿：喜悦，高兴。9 特：只，仅仅。戏：开玩笑。许：答应。殊无：绝无。10 治具：置买备办。旦：“旦日”之省文。今：现在。11 鄂：通“愕”，惊愕。谢：道歉。12 忽：疏忽。13 属：邀请。坐：同“座”，座位。侵：讽刺，挖苦。

译文

有一次，灌夫丧服在身，去拜访丞相田蚡。丞相从容地说：“我想和你去访问魏其侯，碰巧你有丧服在身。”灌夫说：“将军竟然肯赏脸光顾魏其侯，我怎么敢因为有丧服而推辞呢？请让我告诉魏其侯，让他备好筵席，将军明天早点光临。”武安侯答应了。灌夫把武安侯要来拜访的事详细地转告魏其侯。魏其侯和夫人就买了很多酒肉，连夜将室内外打扫干净，很早就安排陈设筵席，一直忙到天亮。天刚亮，就命令家人到大门口去等候接待。到了中午，丞相武安侯还没来。魏其侯对灌夫说：“丞相难道忘记这事了吗？”灌夫不高兴，说：“我昨天丧服在身邀请了他，他不该不来，我再去看看。”就驾了车子，自己去迎接丞相。丞相昨天只是开玩笑答应了灌夫，一点都没有去的意思。等到灌夫到了丞相家门口，丞相还在睡觉。于是灌夫进去拜见，说：“将军昨天赏脸答应访问魏其侯，魏其侯夫妇准备东西，从一清早到现在，还不敢吃点什么。”武安侯吃惊地道歉说：“我昨天喝醉了，疏忽而忘记了和你讲的话。”于是驾车前去，在路上又慢慢地走，灌夫越发生气。在宴席上饮酒正酣时，灌夫起身跳舞，并邀请丞相也跳，丞相不肯起身，灌夫在座位上用话语讽刺他。魏其侯于是把灌夫扶出去，向丞相陪罪。丞相一直喝酒喝到夜晚，尽兴离去。

丞相尝使籍福请[1]魏其城南田。魏其大望[2]曰：“老仆虽弃，将军虽贵，宁可以势夺乎！”不许。灌夫闻，怒，骂籍福。籍福恶两人有郄，乃谩自好谢丞相曰：“魏其老且死，易忍，且待之。”[3]已而武安闻魏其、灌夫实怒[4]不予田，亦怒曰：“魏其子尝杀人，蚡活之。蚡事魏其无所不可，何爱数顷田？且灌夫何与[5]也？吾

不敢复求田[6]。”武安由此大怨灌夫、魏其。

注释

1 请：要求，索取。2 望：埋怨，责备。3 恶（wù）：不喜欢，不愿意。谩（mán）：欺骗。自好：自己编了一套好听的话。且：将。4 实怒：实际上十分恼怒。5 何与：为什么参与。6 不敢复求田：此句话是反语，即偏要去请田。

译文

丞相曾经派籍福向魏其侯请求要城南的一块田。魏其侯极其埋怨地说：“我老仆虽然被弃去不用，将军虽然尊贵，难道可以仗势侵夺吗？”没有答应。灌夫听说了，很生气，大骂籍福。籍福不愿意窦婴和田蚡两人结下仇怨，于是用好话欺骗丞相说：“魏其侯老得快要死了，您忍耐些时候，等他死了再说吧。”不久武安侯听说魏其侯、灌夫其实是愤怒而不把田给他，也发怒说：“魏其侯的儿子曾经杀了人，我救了他的命。我对待魏其侯什么事都肯干，他为什么吝惜这几顷田呢？况且灌夫为什么参与进来呢？我偏要和他要这块田。”武安侯因此十分怨恨灌夫、魏其侯。

元光四年春，丞相言灌夫家在颍川，横甚，民苦之。[1]请案[2]。上曰：“此丞相事，何请。”灌夫亦持丞相阴事，为奸利，受淮南王金与语言。[3]宾客居间[4]，遂止，俱解。

注释

1 元光四年：当作“元光二年”，即公元前133年。横：横行。2 案：查办。3 持：掌握。淮南王：即刘邦庶孙刘安，田蚡曾私誉淮南王当太子，王厚遗田蚡金。见下文，亦详见《淮南衡山列传》。4 居间：从中调解。

译文

元光四年春天，丞相向皇上揭发灌夫家人在颍川横行霸道，百姓受其侵扰。请求查办。皇上说：“这是丞相的事，何必请示我。”灌夫也抓着丞相的一些把柄，如非法谋取私利，接受淮南王的贿赂以及说了不该说的话等等。经过他们的宾客从中调解，他们才停止了相互攻击，双方的仇怨暂时得到和解。

夏，丞相取燕王[1]女为夫人，有太后诏，召列侯宗室皆往贺。魏其侯过灌夫，欲与俱。夫谢曰："夫数以酒失得过丞相，丞相今者又与夫有郄。"魏其曰："事已解。"强与俱。饮酒酣，武安起为寿，坐皆避席伏。[2]已魏其侯为寿，独故人避席耳，余半膝席[3]。灌夫不悦。起行酒，至武安，武安膝席曰："不能满觞。"[4]夫怒，因嘻笑曰："将军贵人也，属[5]之！"时武安不肯。行酒次至临汝侯，临汝侯方与程不识耳语，又不避席。[6]夫无所发怒，乃骂临汝侯曰："生平毁程不识不直一钱，今日长者为寿，乃效女儿呫嗫耳语！[7]"武安谓灌夫曰："程、李俱东西宫卫尉，今众辱程将军，仲孺独不为李将军地乎[8]？"灌夫曰："今日斩头陷匈[9]，何知程、李乎！"坐乃起更衣，稍稍去。[10]魏其侯去，麾[11]灌夫出。武安遂怒曰："此吾骄灌夫罪。"乃令骑留灌夫。灌夫欲出不得。籍福起为谢，案灌夫项令谢[12]。夫愈怒，不肯谢。武安乃麾骑缚夫置传舍，召长史曰："今日召宗室，有诏。"[13]劾灌夫骂坐不敬，系居室。[14]遂按其前事，遣吏分曹逐捕诸灌氏支属，皆得弃市罪。[15]魏其侯大愧，为资使宾客请，莫能解。武安吏皆为耳目，诸灌氏皆亡匿，夫系，遂不得告言武安阴事。

注释

1 取：通"娶"。燕王：指燕康王刘嘉。2 为寿：敬酒祝福。坐：同"座"。此指满座宾客。避席：离开座位。3 膝席：直身长跪席上。4 行酒：依次巡行敬酒。觞（shāng）：酒杯。5 属（zhǔ）：斟酒相劝，注入。这里有饮尽、喝掉之意。6 临汝侯：即灌婴之孙，名贤。程不识：将军，时为长乐宫卫尉。其事附见《李将军列传》。7 直：通"值"。呫嗫（chè niè）：附耳小语，嗫咕。8 李：李将军，即李广，西汉名将。详见《李将军列传》。地：余地，面子。9 匈：同"胸"。10 更衣：上厕所的委婉说法。稍稍：渐渐。11 麾：通"挥"。12 案：通"按"。项：脖子。13 传（zhuàn）舍：古代供宾客和往来人员休止住宿的场所。长史：官名，丞相、太尉等皆置，为所在官署掾属之长。14 不敬：汉代罪名之一，不尊诏命。系：囚禁。居室：拘囚犯罪官员的场所。15 分曹：分批，分班。弃市：杀头示众。

译文

这年夏天，丞相娶燕王刘嘉的女儿做夫人，有王太后的诏令，叫列侯宗室都去祝贺。魏其侯去探访灌夫，想和他一起去。灌夫推辞说："我曾多次因酒醉而得罪丞相，丞相如今又和我有仇怨。”魏其侯说：“事情已经和解了。”就强迫他一起去了。大家饮酒饮得正高兴，武安侯起身敬酒祝福，客人都离开席位伏在地上。过了一会儿魏其侯敬酒，只有一些老朋友离开席位罢了，其余一半的客人只是稍微欠身，跪在席上。灌夫不高兴。他起身敬酒，敬到武安侯时，武安侯欠身跪着说：“不能喝满杯。”灌夫发怒，于是嘲笑着说：“将军是贵人，请干了这一杯！”当时武安侯就是不肯。灌夫依次敬酒，轮到临汝侯，临汝侯正和程不识说悄悄话，又不离开席位。灌夫一肚子火无处发泄，就骂临汝侯说：“你平日把程不识诋毁得一钱不值，今天长者来向你敬酒，竟然学女孩子咬着耳朵说悄悄话！”武安侯对灌夫说：“程、李两位都是东西宫的卫尉，今天当众羞辱程将军，你难道不给李将军留点面子么？”灌夫说：“今天我准备杀头穿胸，哪里知道什么程、李呢！”客人于是都借口起来上厕所，渐渐都走掉了。魏其侯要离去，挥手让灌夫也出去。武安侯就发怒说：“这都是我平日太放任灌夫以致他今天这么放肆。”就下令武士扣留灌夫。灌夫想走而走不掉。籍福起来替灌夫谢罪，并且按住灌夫脖子让他谢罪。灌夫更加生气，不肯谢罪。武安侯于是指使武士把灌夫捆起来放在客馆里，召来长史说：“今天召请宗室，是奉太后的诏令。”于是他上书弹劾灌夫在席上骂人，犯大不敬罪，并把灌夫囚禁在居室。接着武安侯就查究他以前的罪行，派人分头追捕灌氏的各支宗族，把他们全都判处了死罪。魏其侯十分惭愧，出钱派宾客去求情，没能得到宽释。武安侯的属吏们都充当他的耳目，灌夫那些未被抓的党羽们也都逃亡躲藏起来，又因灌夫被拘禁，因此没法揭发武安侯的罪行。

魏其锐身[1]为救灌夫。夫人谏魏其曰：“灌将军得罪丞相，与太后家忤[2]，宁可救邪？”魏其侯曰：“侯自我得之，自我捐之，无所恨。[3]且终不令灌仲孺独死，婴独生。”乃匿[4]其家，窃出上书。立召入，具言灌夫醉饱事，不足诛。[5]上然之，赐魏其食，曰：“东朝[6]廷辩之。”

魏其之东朝，盛推灌夫之善，言其醉饱得过，乃丞相以他事诬罪之。武安又盛毁灌夫所为横恣，罪逆不道[7]。魏其度不可奈何[8]，因言丞相短。武安曰：“天下幸而安乐无事，蚡得为肺腑，所好音乐狗马田宅。蚡所爱倡优巧匠之属，不如魏其、灌夫日夜招聚天下豪桀壮士与论议，腹诽而心谤，不仰视天而俯画地，辟倪两宫间，幸天下有变，而欲有大功。[9]臣乃不知魏其等所为。”于是上问朝臣：

“两人孰是？”御史大夫韩安国[10]曰：“魏其言灌夫父死事，身荷戟驰入不测之吴军，身被数十创，[11]名冠三军，此天下壮士，非有大恶，争杯酒，不足引他过以诛也。魏其言是也。丞相亦言灌夫通奸猾，侵细民，家累巨万，横恣颍川，凌轹宗室，侵犯骨肉，此所谓‘枝大于本，胫大于股，不折必披’，丞相言亦是。[12]唯明主裁之。”主爵都尉汲黯是魏其[13]。内史郑当时是魏其，后不敢坚对。[14]余皆莫敢对。上怒内史曰：“公平生数言魏其、武安长短，今日廷论，局趣效辕下驹，吾并斩若属矣。[15]”即罢起入，上食[16]太后。太后亦已使人候伺，具以告太后。太后怒，不食，曰：“今我在也，而人皆藉吾弟，令我百岁后，皆鱼肉之矣。[17]且帝宁能为石人[18]邪！此特帝在，即录录[19]，设百岁后，是属宁有可信者乎？”上谢曰：“俱宗室外家，故廷辩之。不然，此一狱吏所决耳。”是时郎中令石建为上分别言两人事。

注释

1 锐身：锐意奋身，挺身而出。2 忤（wǔ）：抵触，对着干。3 捐：抛弃。恨：遗憾。4 匿：隐瞒，背着。5 醉饱：喝醉酒。足：值得。6 东朝：即东宫。7 罪逆不道：犯了大逆不道的罪。8 不可柰何：没有别的办法。柰，同“奈”。9 倡优：歌舞杂技艺人。俯画地：低头在地下规划。意为阴谋造反。辟倪：同“睥睨”，斜视窥探。欲有大功：《史记集解》：“张晏曰：‘幸为反者，当得为大将立功也。’瓒曰：‘天下有变谓天子崩，因变难之际得立大功。’”10 韩安国：将领、大臣名，字长孺。详见《韩长孺列传》。11 荷：扛、持。被：遭遇。12 细民：小民，百姓。凌轹（lì）：欺压。轹，本义为车轮碾轧。本：树干。胫：小腿。股：大腿。披：撕裂。13 主爵都尉：官名，掌封爵之事。汲黯：大臣名，好直谏廷争。详见《汲郑列传》。是：赞成，肯定。14 内史：官名，掌治京师。郑当时：大臣名，以正直敢言而名。详见《汲郑列传》。坚对：坚持自己的意见。15 局趣（cù）：同“局促”，受拘束，有顾虑。辕下驹：套在车辕下的小马。若属：你们。16 食（sì）：让……吃。17 藉（jí）：践踏，凌辱。令：假如。百岁后：指死后。18 石人：无感情、无动于衷之人。19 录录：同“碌碌”，无所作为，随声附和。

译文

魏其侯为了救灌夫挺身而出。他的夫人劝他说：“灌将军得罪了丞相，冒犯了太后家，难道可以救么？”魏其侯说：“侯爵是由我挣得的，由我丢失它，没有什么遗憾。况且我终究不能让灌夫一个人去死，而我独自存活。”于是就瞒着他的家人，偷偷上书给武帝。武帝立即召他进宫，他把灌夫喝醉了酒的事情全部告诉武帝，认为灌夫的行为不至于判死罪。皇上认为很对，留他在宫中吃饭，说："到东宫太后那里去辩白清楚这事。"

魏其侯到了东宫，极力称赞灌夫的优点，说他酒醉犯了错误，可是丞相就用别的事来诬陷他。武安侯也极力攻击灌夫所作所为骄横放肆，犯有大逆不道罪。魏其侯考虑没有别的办法，就揭发丞相的过失。武安侯说："幸好天下安乐无事，我能够成为皇上的心腹，我所喜好的是音乐、狗、马、田地、房舍。我喜欢的乐工演员能工巧匠之流，不像魏其侯、灌夫那样日夜招集天下豪杰壮士一起议论，对朝廷心怀不满，不是仰观天文，就是俯画地理，窥测于东、西两宫之间，希望天下发生变动，而想建立大功业。我真不明白魏其侯等人的所作所为。"于是皇上问大臣们说："两人谁对？"御史大夫韩安国说："魏其侯说灌夫的父亲为国而死，灌夫手持战戟冲进生死难测的吴军中，身受几十处伤，名声在全军数第一，这是天下的壮士，如果没有大的罪过，只是因为喝醉了发生争执，是不该援引别的过错来处死他。这么来看魏其侯说得对。丞相也说灌夫勾结豪强恶霸，欺压百姓，家里积敛有成千上万的财产，在颍川横行无忌，凌辱侵犯宗室亲族，这是所谓'树枝比树干还大，小腿比大腿还粗，不折断就一定会裂开'，这么来看丞相说的也对。希望英明的主上裁断这事。"主爵都尉汲黯认为魏其侯对。内史郑当时认为魏其侯对，可是后来又不敢坚持自己的意见。其他的人都不敢回答。皇上怒骂内史说："你平时多次谈论魏其侯、武安侯的好坏，今天在朝廷上议论，却吞吞吐吐像驾在车辕下的马驹，我要把你们这些人一并杀掉。"就罢朝起身进入宫内，去侍候太后用膳。太后也派人在朝廷上打探消息，探信的人已经把情况全都告诉了她。太后生气，不吃饭，说："如今我还活着，有人都敢作践我的弟弟，如果我死了，他们就会像宰割鱼肉那样宰割他了。况且皇帝难道能像石头人一样无动于衷吗？现在幸亏皇帝还活着，大臣就唯唯诺诺，假令皇帝过世以后，这些人还有可以相信的么？"皇上谢罪说："都是宗室和外家亲戚，所以才让他俩在朝廷上辩论。不然的话，这只要一个法官就能裁决了。"这时，郎中令石建把魏其侯、武安侯两人的事分别向武帝奏说。

武安已罢朝，出止车门[1]。召韩御史大夫载，怒曰："与长孺共一老秃翁，何为首鼠两端？[2]"韩御史良久谓丞相曰："君何不自喜[3]？夫魏其毁君，君当免冠解印绶归，曰'臣以肺腑幸得待罪，固非其任，魏其言皆是'。如此，上必多君

有让，不废君。魏其必内愧，杜门齰[4]舌自杀。今人毁君，君亦毁人，譬如贾竖女子争言，何其无大体也！[5]”武安谢罪曰：“争时急，不知出此。”

注释

1 止车门：宫禁之外门，官吏入宫，自此下车步行。2 共：共同对付。老秃翁：退职无势的老人，此指魏其侯窦婴。首鼠两端：畏首畏尾，瞻前顾后。3 何不自喜：《史记集解》苏林曰：“何不自解释为喜乐邪？”4 杜门：闭门。齰（zé）：用齿咬。5 贾（gǔ）竖：对商人的贱称。无大体：不识大局。

译文

武安侯退朝后，走出宫门。召韩安国和他一同坐车，生气地说：“我和你共同对付一个老秃翁，你为什么这样畏首畏尾呢？”韩安国过了好一会儿才对丞相说：“您为什么不爱重自己？魏其侯攻击您，您应当脱下官帽解下印绶回家去，说‘我以皇戚的身份，有幸当上丞相，本来是不胜任的，魏其侯说的都不错’。像这样做，皇上一定赞赏您有谦让的美德，不会免去您的相位。魏其侯一定会内心惭愧，关上门咬断舌头自杀。如今人家诋毁您，您也诋毁人家，就像商人、女人吵嘴一样，为什么那样不识大体呢！”武安侯谢罪说：“争辩的时候太性急了，没想到应该这样做。”

于是上使御史簿责魏其所言灌夫颇不雠，欺谩。[1]劾系都司空[2]。孝景时，魏其常受遗诏，曰“事有不便，以便宜论上”。及系，灌夫罪至族，事日急，诸公莫敢复明言于上。魏其乃使昆弟子上书言之，幸得复召见。书奏上，而案尚书大行[3]无遗诏。诏书独藏魏其家，家丞[4]封。乃劾魏其矫[5]先帝诏，罪当弃市。五年十月，悉论灌夫及家属。[6]魏其良久乃闻，闻即恚，病痱，不食欲死。[7]或闻上无意杀魏其，魏其复食，治病，议定不死矣。乃有蜚语为恶言闻上，故以十二月晦论弃市渭城。[8]

注释

1 御史：官名，属御史大夫管辖，负责监察百官。簿责：按记载追究。雠（chóu）：核实。2 都司空：主管外戚和皇族事务的宗正之属官，负责皇帝包办的案件。3 尚书：官名，职掌档案文书。此指档案文书。大行：死去的皇帝。此指景帝。4 家丞：侯国的管家头目。5 矫：假托。6 五年：当作“三年”。《史记志疑》：“窦婴、灌夫、田蚡之死皆在元光三年。夫以十月族，婴以十二月弃市，蚡以三月卒，决无可疑……《史》《汉》《侯表》称蚡为侯十年薨，当元光三年，故其子恬以元光四年嗣侯，斯为确证。”论：判决。7 恚（huì）：愤怒。痱（féi）：中风。8 蜚语：流言，谣言。晦：月末之日。渭城：秦时之咸阳城，在今陕西咸阳市东北。

译文

于是皇上派御史依据文簿记载查究魏其侯所说灌夫的罪状，发现有很多不能核实的地方，说他是欺骗皇上。魏其侯被弹劾，拘禁在都司空的狱中。孝景帝时，魏其侯曾接受过景帝临死时的遗命，说“有什么你觉得不利的事情，你可以直接向皇上启奏”。等到他自己被拘禁，灌夫的罪将要被灭族，事情一天比一天危急，大臣们没有人敢再向皇上说明这事。魏其侯于是让自己的侄子上书说明自己曾受过先帝的遗诏，希望能够再被召见。奏书送上，武帝派人查对尚书保管的档案，没有发现先帝的这份遗诏。诏书只藏在魏其侯家里，是由他的管家盖印封存的。于是武安侯等人又弹劾魏其侯假托先帝的遗诏，应该判处斩首示众。元光五年十月，灌夫和他的家属全都被处决。魏其侯过了很久才听说，听到就十分气愤，患了中风病，不吃饭，只想死。有人听说皇上没有杀魏其侯的意思，魏其侯又开始吃饭，开始治病，果然传出消息说是皇上不杀他了。但接着又有流言蜚语制造许多诽谤魏其侯的话，让皇上听到了，于是在当年十二月的最后一天，魏其侯在渭城被处死了。

其春，武安侯病，专呼服[1]谢罪。使巫视鬼者[2]视之，见魏其、灌夫共守，欲杀之。竟[3]死。子恬嗣。元朔三年，武安侯坐衣襜褕入宫，不敬。[4]

注释

1 专呼服：不断地呼喊服罪。2 巫视鬼者：即视鬼之巫。3 竟：终于，竟然。4 元朔三年：公元前 126 年。襜褕（chān yú）：一种直裾单衣的便服。不敬：此下缺“国除”二字。《史记集解》引徐广曰：“《表》云坐衣不敬，国除。”

译文

这年春天，武安侯患病，嘴里总是呼叫服罪的话。让能看见鬼的巫师去看他的病，巫师看见魏其侯、灌夫一同守着武安侯，要杀死他。武安侯竟然就这样死了。他的儿子田恬继承了爵位。元朔三年，武安侯田恬因穿短衣进宫，犯了不敬的罪，被废去了爵位。

淮南王安谋反觉，治。王前朝，武安侯为太尉，时迎王至霸上[1]，谓王曰："上未有太子，大王最贤，高祖孙，即宫车晏驾[2]，非大王立当谁哉！"淮南王大喜，厚遗金财物。上自魏其时不直[3]武安，特为太后故耳。及闻淮南王金事，上曰："使武安侯在者，族矣。[4]"

注释

1 霸上：亦作"灞上"，地名，在今陕西西安市东，因位于灞水之旁而名。2 宫车：此喻指皇帝。晏驾：本指车驾晚出，后用以讳言皇帝去世。3 不直：不以……为对。直，正确。4 使：假如。族：灭族。

译文

淮南王刘安谋反的事被发觉后，皇上要求追查这件事。查出淮南王前次来朝见，武安侯任太尉，当时到霸上去迎接淮南王，对淮南王说："皇上还没有太子，大王最贤明，是高祖的嫡孙，如果皇上驾崩，不是您继位还会是谁呢？"淮南王十分高兴，送给武安侯许多金银财物。皇上从魏其侯的事件发生时起就认为武安侯是不对的，只是碍着太后的缘故罢了。等到听说淮南王送给武安侯财物的事，皇上说："假如武安侯还活着，一定要将他灭族。"

太史公曰：魏其、武安皆以外戚重，灌夫用一时决策[1]而名显。魏其之举以吴楚，武安之贵在日月之际[2]。然魏其诚不知时变，灌夫无术而不逊，两人相翼，乃成祸乱。[3]武安负贵而好权，杯酒责望[4]，陷彼两贤。呜呼哀哉！迁怒及人，命亦不延。[5]众庶[6]不载，竟被恶言。呜呼哀哉！祸所从来[7]矣！

注释

1 一时决策：指灌夫因一时冲动而表现的果敢行为。2 日月之际：指汉武帝初即位，王太后临朝之际。3 诚：的确。逊：谦逊。翼：扶持袒护。4 责望：指责抱怨。5 迁怒：把怨恨转移到他人身上。延：延续，长久。6 众庶：百姓。7 所从来：指产生的根源。

译文

太史公说：魏其侯、武安侯都凭外戚身份被重用，灌夫因为一时下定决心冲杀进吴军而出了名。魏其侯的显贵是凭着讨伐吴、楚叛乱，武安侯的显贵是靠着皇上刚登位而太后掌权的时机。可是魏其侯实在是不懂得时势的变化，灌夫没有谋略而不知谦逊，两人互相庇护，终于酿成了灾祸。武安侯依仗显贵而喜欢玩弄权术，因为一杯酒而指责抱怨，陷害了那两位贤人。可悲啊！武安侯迁怒于别人，性命也不长久。百姓不拥护他，他最后又被加上勾结叛逆的罪名。可悲啊！灾祸的产生都是有缘由的！

货殖列传

导读

本篇记述了春秋以来，尤其是汉代经济发展的基本状况，是表现司马迁经济思想的重要篇章，创造了在我国史书中系统地记述生产经济的先例，其中关于商品经济的论说更具有重要意义。

我国古代长期奉行重农抑商的经济政策，至汉武时期，虽然商品经济有了发展，但却统制于中央的垄断政策之中，组织生产流通以“征发期会”为特征。这种将权力尽量集中于国家手中的状况，损害了社会财富的蓄积，不利于农、虞、工、商的协调发展。针对这种情况，司马迁提出“欲望论”，认为人们对美好生活的追求，迫使他们利用自然出产物去进行以农、虞、工、商为分工的生产活动，然后在商品流通的自然调节中，不需要任何国家行政的干预，就能使社会生产不停地进行下去。因此他同时也反对抑制人们的欲望而希望倒退到老死不相往来的原始状态，主张最好的方法是因循人们的这种欲望，去合理地组织社会生产，而国家利用垄断手段来组织生产流通的办法是一种最糟糕的“与民争利”的措施。与《平准书》联系起来看，“欲望论”正是对武帝时盐铁专卖、均输、平准政策的异议。

在“欲望论”的基础上，司马迁认为社会上从事各种职业的人所不学而会共同追求的就是富有。以农、工、商三者比较，商是人们致富的最好途径。有能力、有智谋的人会在商品生产的竞争中取胜，而使社会财富大量地转移到他们手中来。他不仅表彰了历史上因经商而礼抗万乘、名显天下的大富豪，而且记述了汉代一批以富著称的“贤人”，还特别将商人的生产活动与“伊尹、吕尚之谋，孙、吴用兵，商鞅行法”等同看待，极大地提高了商业活动的社会地位，认为专精于某项职业及其技术而以“奇”胜也很光荣。富足是讲究道德的基础，由于贫富的差别会产生社会奴役现象是合乎逻辑的自然之事，而且他认为“无岩处奇士之行，而长贫贱”，嘴上还喜欢谈论仁义的人是最为可耻的。我国传统儒学思想是崇仁义、贱功利，司马迁提倡“富利论”，全篇“富”字凡48见，如此赞颂“富”，宣扬“富”，就是对儒家安贫乐道思想的讥刺与批评。

尤其值得重视的是司马迁对汉代经济发展概况所进行的通观研究，他不仅能够将汉代全国依自然生产物划分为山西、山东、龙门碣石北与江南四大范围，而且能够依据商品生产的情势划分为关中、三河、齐鲁、越楚（内中又分东楚、西楚、南楚）、南阳五大区域。就每一个区域，司马迁又研究了其中的历史概貌与商品生产发展的关系，全国统一局面所形成的商品流通方向对其地社会财富积累的影响，中心城市的兴盛与它在商品生产发展中的作用，以至于民情风俗在商品生产发展中的意义，加上商品的性能、与农业生产的关系、商品流通的某些规律，以及商人应具有的品质等的分析认识，在整体上表现了他纵观天下大势的宏伟气魄及其敏锐的观察能力。司马迁对商品生产诸多方面的辨析，不仅在当时是前所未有的，而且在直到近代以前的漫长封建社会中，也很少有人能达到他这么高的水平。

本篇提出了“素封论”。司马迁运用比价观念，通过精细的计算，认为百万之家岁万息二千的庶民农工商贾，其收入可与千户的封君相等，因此生产经营之家的“衣食之欲，恣所好美”的状况，完全可以与这些有秩禄之奉、爵邑之入的千户侯相比拟。他最后得出结论：“由是观之，富无经业，则货无常主，能者辐凑，不肖者瓦解。千金之家比一都之君，巨万者乃与王者同乐。岂所谓‘素封’者邪？非也？”这是主张在商品生产已经发展起来的社会里，随着社会财富的转移，应该给予长期排斥在政权仕宦封爵之外的商人以正确的对待。司马迁歌颂富人，为商人树碑立传，并为他们争取合理的社会地位的要求呼唤。“素封论”，在当时是有利于社会生产发展的积极进步思想。

老子曰：“至治之极，邻国相望，鸡狗之声相闻，民各甘其食，美其服，安其俗，乐其业，至老死不相往来。”[1] 必用此为务，挽近世涂民耳目，则几无行矣。[2]

注释

1“至治之极”八句：以上引自老子《道德经》第八十章。原文为：“甘其食，美其服，安其居，乐其俗，邻国相望，鸡犬之声相闻，民至老死不相往来。”2用：以。务：追求，致力。挽：挽救。涂：涂抹，堵塞。几：几乎。无行：无法实行，不能实现。

译文

老子说：“美好政治的最高标准是，毗邻的国家隔界相望，鸡鸣狗叫都可相互听见，民众都认为自己所吃的食物是甘美的，自己所穿的衣服是漂亮的，习惯于自己的风俗，乐于从事自己的职业，即使到老到死也不互相往来。”若致力于这个目标，并企图以此来挽救近世的衰败，那几乎是不可能的。

太史公曰：夫神农[1]以前，吾不知已。至若《诗》《书》所述虞夏以来，耳目欲极声色之好，口欲穷刍豢之味，身安逸乐，而心夸矜埶能之荣。[2]使俗之渐民久矣，虽户说以眇论，终不能化。[3]故善者因之，其次利道之，其次教诲之，其次整齐之，最下者与之争。[4]

注释

1 神农：古代传说中的“三皇”之一，因发明了农业而名。一说即炎帝。2 极：极尽，极力享受。穷：穷尽，尝尽。刍（chú）豢（huàn）之味：此泛指各种肉食品及其他美味。刍，吃草的牲畜。豢，用饲料喂养的牲畜。矜：夸耀。埶能：权势和才能。埶，同“势”。3 使俗：习俗。中华本将“使”字置于上句“荣”之后，意思不通。渐：浸染。眇论：即妙论。《史记索隐》云：“上音妙，下如字。”一说眇通“渺”，渺小。眇论，即微不足道的理论。化：变化，开化。4 因：因循，顺着。利道：即利导。整齐：整顿，治理。

译文

太史公说：要说神农以前的事，我是无法知道了。至于《诗》《书》中所叙说的虞舜、夏禹以来的情况，人们都是耳目想要极力享受声色中最为美好的，口里想尝到最好的滋味，身体追求安逸快乐，而心里很喜欢夸耀权势和追求荣耀。人们在这种习俗中浸染已经很久了，即使是拿些精妙言论去挨家挨户进行劝说，最终也不能使他们发生变化。所以最好的政治措施是因循自然毫不干预，再下一等的办法是顺着形势略加诱导，再下一等的办法是实行教化，再下一等的办法是用法律刑罚加以约束，最糟糕的办法就是与民竞争。

夫山西饶材、竹、穀、纑、旄、玉石；[1]山东多鱼、盐、漆、丝、声色[2]；江南出楠、梓、姜、桂、金、锡、连、丹沙、犀、玳瑁、珠玑、齿革；[3]龙门、碣石北多马、牛、羊、旃裘、筋角；[4]铜、铁则千里往往山出棋置[5]：此其大较[6]也。皆中国人民所喜好，谣俗被服饮食奉生送死之具也。[7]故待农而食之，虞而出之，

工而成之，商而通之。[8] 此宁有政教发征期会哉？[9] 人各任其能，竭其力，以得所欲。故物贱之征[10]贵，贵之征贱，各劝其业，乐其事，若水之趋下，日夜无休时，不召而自来，不求而民出之。岂非道之所符，而自然之验邪？[11]

注释

1 山西：指崤山以西的广大地区。饶：丰富。榖（gǔ）：又称楮（chǔ），落叶乔木，皮可制纸。纑（lú）：纻麻一类植物，可用以织造麻布。旄：旄牛，其尾可用于做旗杆上的装饰物，或用于舞蹈。2 声色：音乐和美女。3 楠：楠木，其木材是贵重的建筑和造船原料。梓：梓树。木材可以制作器具。姜：即今之生姜、干姜。桂：亦名木犀，珍贵的芳香植物。连：通"链"，铅矿。丹沙：即朱砂。犀：犀牛，其角坚硬，可做器物，又可入药。玳瑁（dài mào）：似龟的爬行动物，甲壳可做装饰品。珠玑：各种珍珠。珠，圆的珍珠。玑，不圆的珠子。齿革：某些兽类的牙齿和皮革。4 龙门：亦称禹门口，在今山西河津市西北，陕西韩城市东北。黄河至此流过峭壁对峙的两岸，突然开阔。碣石：即碣石山，在今河北昌黎县北。旃：通"毡"。筋角：牲畜或野兽的筋和角，可用作弓弩等。5 往往：到处。山出：很多山出产。棋置：像棋子一样分布各处。6 大较：大略，大概。7 谣俗：风俗习惯。被服：衣被服饰。奉生：养生。奉，供养。具：器具，物品。8 虞：本指掌管山林水泽之官，此指渔夫、狩猎等搞副业的人。成：制造成。9 宁：难道。政教：政令。发征：征发，征调。期会：约期而会集。10 征：征兆。11 道：事理，规律。邪：表疑问语气。

译文

崤山以西地区盛产木材、竹子、楮木、纻麻、旄牛、玉石；崤山以东以区盛产鱼、盐、漆、丝、音乐和美女；长江以南地区盛产楠木、梓木、生姜、木犀、黄金、锡、铅、丹砂、犀牛、玳瑁、珠玑、兽牙和皮革；自龙门到碣石山一线以北地区盛产马、牛、羊、毡裘、筋角；铜、铁在全国各地都有出产和分布：这是一个大概的情况。这些出产物都是国人所喜好的，也是人们风俗习惯、衣被服饰、赖以生活、陪送死者的器具。所以，必须等待农民耕种来获取食物，渔夫猎人等去山林水泽中开发出来，再依靠工匠将它们加工制造，还需要商人将它们运往各地。这样的生产和流通的过程，难道需要有人来下命令征调，约定日期才能会集吗？人们都是各自发挥自己的才能，竭尽自己的力量，以求得到自己日常生活所需要的物品。所以物品价格低贱了就预示着要昂贵，昂贵了就预示着要低贱，他们各自勤勉地对待职业，高兴地从事工作，这种情况就像水流奔向下游，日日夜夜无休止的时候，不召唤就会生产出来，不特意责求民众就会制造加工。

这不是正符合事物的规律，体现了自然的法则吗？

《周书》[1]曰："农不出则乏其食，工不出则乏其事，商不出则三宝绝，虞不出则财匮少。[2]"财匮少而山泽不辟[3]矣。此四者，民所衣食之原[4]也。原大则饶，原小则鲜[5]。上则富国，下则富家。贫富之道，莫之夺予[6]，而巧者有余，拙者不足。故太公望封于营丘，地潟卤，人民寡，于是太公劝其女功，极技巧，通鱼盐，则人物归之，襁至而辐凑。[7]故齐冠带衣履天下，海岱之间敛袂而往朝焉。[8]其后齐中衰，管子修之，设轻重九府，则桓公以霸，九合诸侯，一匡天下；[9]而管氏亦有三归，位在陪臣，富于列国之君。[10]是以齐富强至于威、宣[11]也。

注释

1《周书》：《尚书》的一部分，主要记载周王朝之史事。据说史官们还将散佚的一部分周代的资料，编成了《逸周书》。但此处的引文在《周书》和《逸周书》中均未见到。2 事：使用的器皿工具。 三宝：指上文的"食""事"，以及下文的"财"。匮：匮乏，缺少。3 辟：开辟。4 原：源泉。5 鲜：少。6 莫之夺予：即莫夺之莫予之，没有谁能夺取它或给予它。7 太公望：即姜太公吕望。营丘：都邑名，在今山东淄博市临淄区西北临淄故城。潟（xì）卤：盐碱。劝：鼓励。女功：妇女纺织刺绣等工作。功，即工。极技巧：尽可能发挥其技艺工巧。襁（qiǎng）至：拖家带口地来到。襁，背婴儿用的宽带子。辐凑：像辐条一样归集于车轮中心。8 冠带衣履天下：冠带衣履供应于天下。海岱：沿海到泰山之间。岱，岱岳，泰山的别称。敛袂：整理衣袖。袂，衣袖。朝：朝拜。9 管子：即管仲。修：治理。轻重：古代的一种调剂商品、平抑物价的理论。九府：周代设置的掌管财政的九个官府。《史记正义》："夫治民有轻重之法，周有大府、玉府、内府、外府、泉府、天府、职内、职金、职币，皆掌财币之官，故云九府也。"桓公：即齐桓公。合：会合，盟会。匡：使……正。10 三归：管仲自筑的台名。一说为三处庭院。陪臣：重臣，天子臣子的臣子。春秋时诸侯国的大夫对周天子自称为陪臣。11 威、宣：指齐威王田因齐、齐宣王田辟疆。

译文

《周书》中说："农夫不耕种就会缺乏粮食，工匠不制造就会缺乏器物，商人不活动就会使东西无法流通，山林湖泽不开发就会使人们缺乏物资。"物资缺乏就是山林川泽没有得到开发。农、虞、工、商这四种职业是生产民众衣食的源泉所在。源泉大，财物就富足；源泉小，财物就稀少。上可以富国，下可以富家。

人们贫困或富有，没有人能夺走它，也没有人能给予它，但是智巧的人会财富有余，笨拙的人会出现不足。所以太公望封在营丘，这一带属盐碱土，民众也少，于是太公鼓励妇女们纺织刺绣，尽可能提高技巧，使鱼盐等出产物流通起来，因而人们都来归附他，拖家带口像辐条一样向他这里集中。所以齐国生产的冠带衣履供应整个天下，从沿海到泰山之间的诸侯都整理好衣袖前往朝拜它。后来齐国中途衰落，管仲加以整治，设置调剂商品、平衡物价的多个官府，桓公因而称霸，多次会盟诸侯，一度平定周朝的内乱；而管仲也自筑了三归台，他虽只是齐国之重臣，却比列国的君主还富足。因此齐国的富强一直延续到齐威王、齐宣王的时代。

故曰："仓廪实而知礼节，衣食足而知荣辱。"[1]礼生于有而废于无。故君子富，好行其德；小人富，以适[2]其力。渊深而鱼生之，山深而兽往之，人富而仁义附焉。富者得埶益彰，失埶则客无所之[3]，以而不乐。夷狄益甚。谚曰："千金之子，不死于市。"此非空言也。故曰："天下熙熙[4]，皆为利来；天下壤壤[5]，皆为利往。"夫千乘之王，万家之侯，百室之君，尚犹患贫，而况匹夫编户之民乎[6]！

注释

1"仓廪实而知礼节"二句：出自《管子·牧民》。廪，粮仓。2适：畅快。3无所之：即没有可去的容身之所。4熙熙：形容人来人往拥挤的样子。5壤壤：同"攘攘"，形容热闹吵嘈的样子。6匹夫：一般人，平常人。编户：编入户籍的平民。

译文

所以说："仓廪充实了才懂得礼节，吃饱穿暖了才知道荣辱。"礼仪产生于富有而废弃于贫穷。所以，君子富裕了，喜好施行恩德；小人富足了，会为所欲为。水越深的地方鱼越多，山越深的地方野兽越多，人们富裕了才会有仁义道德。富裕的人有了势力，名声更大，如果失势了，他原有的宾客就没有可去的容身之所，因而会不愉快。这种情况在夷狄地区更加严重。俗语说："家有千金的人，不会被处死在闹市。"这不是空话。所以说："天下人纷纷扰扰，都是为了财利而来的；天下人热闹嘈杂，都是奔着财利而去的。"那些拥有千乘财富的帝王，有万家封地的诸侯，有百室食邑的君主，尚且还怕贫穷，更何况是一个编入户籍的平民呢？

昔者越王句践困于会稽之上，乃用范蠡、计然。[1] 计然曰："知斗则修备，时用则知物，二者形则万货之情可得而观已。[2] 故岁在金，穰；[3] 水，毁；[4] 木，饥；[5] 火[6]，旱。旱则资[7]舟，水则资车，物之理也。六岁[8]穰，六岁旱，十二岁一大饥。夫粜，二十病农，九十病末。[9] 末病则财不出，农病则草不辟[10]矣。上不过八十，下不减三十，则农末俱利，平粜齐物，关市不乏，治国之道也。[11] 积著之理，务完物，无息币。[12] 以物相贸，易腐败而食之货勿留，无敢居贵[13]。论其有余不足，则知贵贱。贵上极则反贱，贱下极则反贵。[14] 贵出如粪土，贱取如珠玉。[15] 财币欲其行如流水[16]。"修之十年，国富，厚赂战士，士赴矢石，如渴得饮，遂报强吴，观兵中国，称号"五霸"。[17]

注释

1 会稽：会稽山，在今浙江绍兴市东南。范蠡：春秋末越国大臣。计然：《史记集解》引徐广曰："计然者，范蠡之师也，名研，故谚曰'研、桑心筭'。"筭（suàn），通"算"。又引《范子》曰："计然者，蔡丘濮上人，姓辛氏，字文子，其先晋国亡公子也。尝南游于越，范蠡师事之。"2 修备：修城置办兵器。时用：使用的季节。形：显露，对照。3 岁：岁星，即今之木星。金：古时用木、火、金、水来表示东、南、西、北四个方向。穰：丰收。4 水：北方。毁：减损，欠收。5 木：东方。饥：饥荒。6 火：南方。7 资：积累，准备。8 岁：此指年。9 粜：卖出米。二十：一斗二十钱。病：伤。末：商人。10 辟：开辟，铲除。11 上：最高。减：低。平粜：平价出售。齐物：调整物价。关市：关卡税收。市场交易。12 积著：即积贮。完物：完好靠得住的物品。息币：《史记索隐》："久停息货物则无利。"13 居贵：囤积等待高价。14 上极：最高点。反：同"返"，返回。下极：最低点。15 贵出如粪土：贵时卖出如同对待粪土一样，不必珍惜。贱取如珠玉：贱时买进如同珠玉一样，视如宝物。16 行如流水：如流水一般不停地流动。17 修：治理。厚赂：丰厚的待遇。士赴矢石：士兵敢在箭、石面前奔赴。五霸：春秋时五位称霸的诸侯王，即齐桓公、晋文公、楚庄公、吴阖闾、越句践。

译文

从前，越王句践被围困在会稽山上，就任用了范蠡、计然。计然说："知道要战斗就修城置办兵器，依据使用季节就了解物品的价值，将时与用两方面的加以对照，那么各种货物的供需情况就可以观测到了。所以岁星在金时，就会丰收；在水时，就会欠收；在木时，会发生饥荒；在火时，会发生旱灾。天旱了，要事先准备船只；发生洪水，要事先准备车子，这是商品供需的原则。六年一次丰收，六年一次旱灾，十二年一次大旱灾。卖出粮米，卖一斗二十钱，就会伤害农民；卖一斗九十钱，就会伤害商人。商人受到了伤害，那么钱财就不能流通到市场上；农民受到了伤害，那么田地里的荒草就不会被清除了。最高不超过一斗八十钱，最少不低于一斗三十钱，那么农民和商人都可以得到利益，平价出售稳定物价，市场上货物充足税收就不缺少，这是治国的好办法。积贮的原则，要致力于使物品性能完好，不要让资金停止流通。用商品进行交易，容易腐蚀的食品不要留下来，不要胆敢囤积等待高价。观察某一种商品在市场上是有剩余还是不足，就会知道它的贵贱。商品价格贵到了极点就会变贱，贱到了极点就会变贵。商品昂贵时，抛售出去要像扔粪土一样；商品变贱时赶紧收售，要像获得珠玉一般。财富增长和钱币运转要让它像流水一样的不停顿。”按照这种方法，越王治理越国十年，国家富足了，句践重赏士兵，士兵在弓箭、垒石阵前冲锋，像口渴得要寻找水饮一般，于是越国向吴国报了仇，越王北上中原向各诸侯国示威，最终成为“五霸”之一。

范蠡既雪会稽之耻，乃喟然[1]而叹曰：“计然之策七，越用其五而得意。[2]既已施于国，吾欲用之家。”乃乘扁舟浮于江湖，变名易姓，适齐为鸱夷子皮，之陶为朱公。[3]朱公以为陶天下之中，诸侯四通，货物所交易也。[4]乃治产积居，与时逐而不责于人。[5]故善治生者，能择人而任时。[6]十九年之中三致千金，再分散与贫交疏昆弟。[7]此所谓富好行其德者也。后年衰老而听子孙，子孙修业而息[8]之，遂至巨万。故言富者皆称陶朱公。

注释

1 喟（kuì）然：感慨的样子。2 计然之策七：《史记志疑》：“《吴越春秋》《越绝》皆作‘九术’，‘七’字与《汉传》‘十’字同误。”得意：得志。3 扁（piān）舟：小船。适：到。为：称为。鸱（chī）夷子皮：姓鸱夷，名子皮。鸱夷，本是用牛皮制成的盛酒的革囊，范蠡以此为姓。之：到……去。陶：邑名，在今山东菏泽市定陶区西北。4 诸侯：此指诸侯各国。所交易：交易之所。5 积居：囤积。与时逐：抓住时机逐利。6 治生：经营生计。任：凭依，掌握。7 千金：千斤黄金。再：两次。与：给。贫交：贫贱的朋友。疏：远。8 息：生息，使…生长、发展。

译文

范蠡在辅助句践洗雪了会稽山的耻辱以后，就感慨地叹息道："计然有七条策略，越王采用了其中的五条就得志称霸主。他已经将其运用于治国，我想把它用在发家上。"就乘着小船漂流在江湖，改变自己的姓名，到了齐国名叫鸱夷子皮，到了陶邑称作朱公。朱公认为陶邑处在天下的中心，可以从四方通往诸侯各国，是各种货物进行交易的理想场所。于是组织生产储藏货物，抓住时机买进卖出。所以善于经商的人，是能选择经商的人才和掌握商品售卖的时机。在十九年的时间内，他的财富三次达到了千金，又两次将这些财富施散给贫困的朋友和亲戚。这就是所说的富有了喜欢做好事的人。后来他老了，就放手让他的儿孙们干，他们继承并发展了他的事业，使家产上亿。所以人们谈论富豪时总要提到陶朱公。

子赣既学于仲尼，退而仕于卫，废著鬻财于曹、鲁之间，七十子之徒，赐最为饶益。[1] 原宪不厌糟糠，匿于穷巷。[2] 子贡结驷连骑，束帛之币以聘享诸侯，所至，国君无不分庭与之抗礼。[3] 夫使孔子名布扬于天下者，子贡先后之[4] 也。此所谓得埶而益彰者乎？

注释

1 子赣：即子贡。仕：为官。废著：出卖和囤积货物。废，出卖。著，同"贮"。鬻（yù）财：经商。曹：春秋诸侯国名，都今山东菏泽市定陶区西北。鲁：春秋诸侯国名，都今山东曲阜市。赐：子贡，名赐，姓端木。饶益：富有。2 原宪：即子思，孔子弟子。厌：通"餍"，饱。匿：隐居。3 结驷连骑：车前四马并进。驷，四匹马。束帛之币：泛指赠送的礼品。古代赠送慰问的礼品，帛五匹为一束。币，古代用作礼物的玉、马、皮、帛等均称为币。聘：拜访。享：给……享用。分庭与之抗礼：谓以平等的礼节相待。古时主、宾相见时，各站在庭院的东西两边相对行礼。抗，亦作"伉""亢"。4 先后之：前前后后为之出力。

译文

子贡跟从孔子学成以后，回来在卫国做官，他在曹国、鲁国一带地区售卖和储藏货物进行经商活动，在孔子七十多个门徒中，端木赐是最富有的。原宪连糟糠都吃不饱，隐居在穷困的巷子里。子贡却车前四马并进，带着赠送的礼品去拜访各国诸侯，所到之处，国君们没有哪个不将他奉为上宾。孔子的名声能够在天下传扬，主要是子贡前前后后为之出力。这就是人们所说的势力愈大而名声愈大的例子吧？

白圭，周[1]人也。当魏文侯时，李克务尽地力，而白圭乐观时变，故人弃我取，人取我与。[2]夫岁孰取谷，予之丝漆；[3]茧出取帛絮，予之食。[4]太阴在卯[5]，穰；明岁衰恶[6]。至午[7]，旱；明岁美。至酉[8]，穰；明岁衰恶。至子[9]，大旱；明岁美，有水。至卯，积著率岁倍[10]。欲长钱[11]，取下谷；长石斗，取上种。[12]能薄饮食，忍嗜欲，节衣服，与用事僮仆同苦乐，趋时若猛兽挚鸟之发。[13]故曰："吾治生产，犹伊尹、吕尚之谋，孙吴用兵，商鞅行法是也。[14]是故其智不足与权变[15]，勇不足以决断，仁不能以取予，强不能有所守，虽欲学吾术，终不告之矣。"盖天下言治生祖[16]白圭。白圭其有所试矣，能试有所长[17]，非苟而已也。

注释

1 周：战国初周考王分封的小诸侯国，都今河南洛阳市西，称"西周"。后又分裂出一个"东周"小国，都今河南巩义市西南。原东周王室所在又称"成周"，都今河南洛阳市东。故此周地当指今洛阳市周围一带。2 魏文侯：即战国初魏国的创建者魏斯，公元前445—前396年在位。李克：当为李悝，战国初政治家，法家代表人物，曾任魏相，是他推行了"尽地力"之教。尽地力：最大限度地利用土地的潜力。取：买入。与：卖出。3 孰：同"熟"，丰收。予：出售。4 茧出：蚕茧上市。食：粮食。5 太阴：指木星。卯：木星在天空中运行，每十二年为一周期，古人把木星每年在空间的位置用十二地支（子、丑、寅、卯、辰、巳、午、未、申、酉、戌、亥）来表示。卯，即木星在卯宫的方位上。6 衰恶：年景不好。7 午：午宫方位。8 酉：酉宫方位。9 子：子宫方位。10 率岁倍：大概是往年的一倍。11 长钱：增加收入。12 长石斗：增加产量。上种：良种。13 薄：减轻。用事：雇用。僮仆：奴仆。趋时：捕捉时机。挚鸟：凶猛之鸟。挚，通"鸷"。发：勃发迅疾。14 生产：经营。伊尹：商汤大臣。吕尚：即姜太公吕望。孙：孙武。吴：吴起。商鞅：白圭当魏文侯时，文侯死于公元前396年，商鞅辅佐秦孝公变法。孝公公元前361—前338年在位，距文侯死相差36—59年，似白圭不得提及商鞅。15 权变：权宜变化。16 祖：以……为典范。17 长：特长，专长。

译文

白圭是周地人。正当魏文侯的时候，李克致力于最大限度地利用土地的潜力，而白圭却喜欢观测时机的变化，别人抛售时，他则大量收购；别人正需要的时候，他则大量售出。当年收成好，他收取粮食，卖给农夫丝漆；蚕茧出来了，他收取帛絮，卖给养蚕人粮食。木星在卯宫方位，会丰收；明年会收成很坏。到了木星在午宫方位，会发生旱灾；明年会丰收。木星到了酉宫方位，会丰收；明年会收成很坏。木星到了子宫方位，会发生大旱灾；明年会丰收，有雨水。木星又到了卯宫方位，经过十二年，平均每年所积存货物的利润增长一倍。想增加钱币收入，就收售价格低廉的粮食；想使农夫增加产量，就收售良种。他能够减轻饮食，强忍嗜好欲望，节省衣服开支，和雇用的奴仆同甘共苦，但他发现商机时就像猛兽凶鸟一样迅疾地捕食猎物。所以他说："我从事商业经营，就像伊尹、吕尚那样有谋略，像孙武、吴起那样善于用兵，像商鞅那样善于执法。因而如果一个人的智慧不够随机应变，其勇敢不够当机立断，其仁德不能决定取舍，其强毅不能有所坚守，即使想学我这套办法，我也不会教给他。"大概天下谈论经营致富的是以白圭做典范。白圭大概对他的主张有所尝试，能够尝试成功是因为他这套主张有可取之处，而非只是随随便便的说说而已。

猗顿用盬盐[1]起。而邯郸郭纵以铁冶成业，与王者埒富。[2]

乌氏倮畜牧，及众，斥卖，求奇缯物，间献遗戎王。[3]戎王什倍其偿，与之畜，畜至用谷量马牛。[4]秦始皇帝令倮比封君，以时与列臣朝请。[5]而巴寡妇清，其先得丹穴，而擅其利数世，家亦不訾。[6]清，寡妇也，能守其业，用财自卫，不见[7]侵犯。秦皇帝以为贞妇而客之，为筑女怀清台。[8]夫倮，鄙人牧长，清穷乡寡妇，礼抗万乘，名显天下，岂非以富邪？[9]

注释

1 盬（gǔ）盐：在盬盐池制盐。盬，盐池名，在今山西运城市南。2 邯郸：都邑名，在今河北邯郸市。铁冶：冶炼铁矿。埒（liè）：等同。3 乌氏（zhī）：关塞名，即焉氏塞，在今甘肃平凉市西北。倮（luǒ）：人名。众：牲畜增多。斥卖：尽卖。缯（zēng）：泛指丝织品。间（jiàn）：秘密地。遗（wèi）：赠送。4 偿：偿还。《史记集解》引韦昭曰："满谷则具不复数。"量：计量。5 比封君：与封君等同。封君，接受帝王封爵或土地的臣子。以时：按时。朝请：朝见。6 丹穴：丹砂矿。擅：独有。不訾：不计其数。訾，通"赀"，计算估量。7 见：被。8 客之：以贵客待之。女怀清台：台名，在今重庆市长寿区南。9 鄙人：边民。鄙，边远之地。牧长：畜牧主。礼抗：即分庭抗礼。邪：通"耶"。

译文

猗顿因为熬制盐池的盐发家。而邯郸的郭纵由于冶炼铁矿发家，财富可以和诸侯王相比。

乌氏倮从事畜牧业，等到牲畜增多，全部卖掉，寻求奇异的丝织品，秘密地赠送给戎王。戎王偿还给他十倍的价钱，给了他牲畜，马牛多得用山谷来计算。秦始皇帝让乌氏倮有与封君相同的地位，可以按时和各位大臣参加朝见。而巴地的寡妇叫清的，她的先人占有丹砂矿，好几代独享这座矿的利益，家财也是不计其数。清是位寡妇，能坚守她的家业，用钱财来保护自己，使其免遭冒犯。秦始皇帝认为她是一位贞洁的妇女，以客礼对待她，替她建造了一座怀清台。那位乌氏倮，是一位边远地区的畜牧主，清是位穷乡僻壤的寡妇，居然让天子以客礼相待，从而名扬天下，难道不是因为他们富有吗？

汉兴，海内为一，开关梁，弛山泽之禁，是以富商大贾周流天下，交易之物莫不通，得其所欲，而徙豪杰诸侯强族于京师。[1]

注释

1 关梁：水陆交通要道。关，关卡。梁，津梁。弛：解除。周流：流通。豪桀：此指逞霸一方的豪强。桀，通“杰”。京师：京城，国都。

译文

汉代建立，海内统一，开通了水陆交通要道，废除了对山林川泽开发的禁令，因此富商大贾在整个天下活跃起来，所有能够交易的货物没有运转不通畅的，他们也大发横财，而朝廷又把豪杰和世家大族迁徙到了京城地区。

关中自汧、雍以东至河、华，膏壤沃野千里，自虞夏之贡以为上田，而公刘适邠，大王、王季在岐，文王作丰，武王治镐，故其民犹有先王之遗风，好稼穑，殖五谷，地重，重为邪。[1]**及秦文、德、缪居雍，隙陇蜀之货物而多贾。**[2]**献公徙栎邑，栎邑北却戎翟，东通三晋，亦多大贾。**[3]**孝、昭治咸阳，因以汉都，长安诸陵，四方辐凑并至而会，地小人众，故其民益玩巧而事末也。**[4]**南则巴蜀。巴蜀亦沃野，地饶卮**[5]**、姜、丹沙、石、铜、铁、竹、木之器。南御滇僰，僰**

僮。[6] 西近邛笮，笮马、旄牛。[7] 然四塞，栈道千里，无所不通，唯褒斜绾毂其口，以所多易所鲜。[8] 天水、陇西、北地、上郡与关中同俗，然西有羌中之利，北有戎翟之畜，畜牧为天下饶。[9] 然地亦穷险，唯京师要其道。[10] 故关中之地，于天下三分之一，而人众不过什三[11]；然量其富，什居其六[12]。

注释

1 汧（qiān）：县名，在今陕西陇县南。雍：县名，在今陕西凤翔县南。华（huà）：华山。膏壤：肥沃的土地。贡：赋税。公刘：周族之祖先。邠（bīn）：亦作豳，邑名，在今陕西彬县西北。大（tài）王：即周太王古公亶父。王季：即季历，文王之父。岐：邑名，亦名“周”，在今陕西岐山县东北。文王作丰：周文王兴建了丰京。丰，在今陕西西安市丰水西岸。镐：镐京，在今陕西西安市丰水东岸。稼穑：搞农业生产。稼，耕种。穑，收割。殖：种植。地重：以土地为重。重为邪：把干坏事看得很严重。2 秦文：指秦文公。德：即秦德公。缪：通“穆”，即秦缪公。隙：《史记集解》引徐广曰：“隙者，间孔也。地居陇蜀之间要路，故曰隙。”陇蜀：指今甘肃南部、四川北部一带。3 献公：秦献公。栎（yuè）邑：即栎阳，邑名，在今陕西西安市临潼区东北。却：防御。戎翟：即戎狄。三晋：韩、赵、魏三国。4 孝：秦孝公。昭：秦昭公。咸阳：都邑名，秦孝公建都于此，后秦始皇亦以此为国都。长安诸陵：秦始皇及汉初诸帝皆在长安（今西安）周围建置陵墓。玩巧：玩弄巧诈。5 饶：盛产。卮（zhī）：栀子，一种植物，可入药或作黄颜料。6 御：向，对着。僮：僰地多出僮仆。7 邛：即邛都夷。笮（zuó）：西南夷古族名，活动在今四川西昌地区。8 褒斜（yé）：即褒斜道，古道名，因此道通过褒水、斜水而名。褒水发源于秦岭而流入汉中附近的汉水；斜水发源于秦岭而北向流入渭河。两条河谷连结起来构成了关中通往川北的交通要道。绾（wǎn）毂（gǔ）：《史记索隐》云：“言褒斜道狭，绾其道口，有若车毂之凑，故云‘绾毂’也。”绾，控制。毂，车轮中心的圆木。易：交换。鲜：缺少。9 天水：郡名，治所平襄，在今甘肃通渭县。陇西：郡名，治所狄道，在今甘肃临洮县。北地：郡名，治所马岭，在今甘肃庆阳市西北。上郡：郡名，治所肤施，在今陕西榆林市南。羌：古部族名，活动于今川北、陇南及青海一带。翟：通“狄”。10 穷险：贫瘠而险要。要（yāo）：要挟，扼制。11 人众：人口数量。什三：十分之三。12 什居其六：占居十分之六。

译文

关中，从汧县、雍县以东直到黄河、华山，沃野千里，从虞舜夏禹的时候起都按上等田地交纳赋税，而公刘迁到邠邑，大王、王季定居在岐邑，文王兴建了丰京，武王兴建了镐京，所以这个地区的民众还有先王的遗风，喜好农耕，种植五谷，以土地为重，把干坏事看得很严重。等到秦国的文公、德公、穆公定居在雍邑，雍邑成为关中与陇蜀地区的物资集散地而商人众多。献公迁都到栎邑，栎邑北边防御着戎狄部族，东边和三晋相通，也有很多大商贾。孝公、昭公建都咸阳，汉代又将国都建于这一带，因此长安有各个帝王陵墓，四方的人像车辐朝向中心一样聚集于此，这里地少人多，所以这个地区的民众更加玩弄奇巧而从事商业。长安南边就是巴蜀。巴蜀也是肥沃的旷野，盛产卮、姜、丹沙、石材、铜、铁、竹、木等器物。巴蜀南边对着滇地的僰族，僰族中多出僮仆。西边接近邛地的笮族，笮族出产马、旄牛。巴蜀四面都有山，但山中有千里长的栈道，因而四通八达，褒斜道是巴蜀通往北方的要道，该地区的人常常通过这条要道把自己多余的东西卖出去，把自己缺少的东西买进来。天水、陇西、北地、上郡四个地区和关中习俗相同，然而其西部可与羌族贸易，其北部能与戎狄交易畜牧产品，因此这里的畜牧业在天下最为富饶。然而这四郡还比较贫瘠，京师是它们通往各地的要道。所以关中地区，面积占天下的三分之一，人众不超过十分之三；而这里的财富，占全国的十分之六。

昔唐人都河东，殷人都河内，周人都河南。[1] 夫三河在天下之中，若鼎足，王者所更居也，建国各数百千岁，土地小狭，民人众，都国诸侯所聚会，故其俗纤俭习事。[2] 杨、平阳陈西贾秦、翟，北贾种、代。[3] 种、代，石北也，地边胡，数被寇。人民矜懻忮，好气，任侠为奸，不事农商。[4] 然迫近北夷，师旅亟往，中国委输时有奇羡。[5] 其民羯羠不均，自全晋之时固已患其僄悍，而武灵王益厉之，其谣俗犹有赵之风也。[6] 故杨、平阳陈掾[7] 其间，得所欲。温、轵西贾上党，北贾赵、中山。[8] 中山地薄人众，犹有沙丘纣淫地余民，民俗懁急，仰机利而食。[9] 丈夫相聚游戏，悲歌慷慨，起则相随椎剽，休则掘冢作巧奸冶，多美物，为倡优。[10] 女子则鼓鸣瑟，跕屣[11]，游媚贵富，入后宫，遍诸侯。

注释

1 唐：此指陶唐氏远古部落，其领袖即尧。《史记集解》引徐广曰："尧都晋阳也。"河东：古地区名，泛指今山西南部黄河以东地区。河内：古地区名，泛指今河南省黄河以北地区。河南：古地区名，泛指今河南省西部黄河以南的地区。2 更（gēng）：交替。小狭：少而狭窄。都国：国都。纤俭：小气俭省。习事：熟习人情世故。3 杨：县名，在今山西洪洞县东南。平阳：县名，在今山西临汾市西南。陈：《史记索隐》："'陈'盖衍字。以下有‘杨平阳陈掾’，此因衍也。”贾：做买卖。种：古地名。《史记正义》：“种在恒州石邑县北，盖蔚州也。”4 石：即石邑，县名，在今河北石家庄市西南。被（pī）：遭遇。懻忮（jì zhì）：强直刚戾。5 亟（qì）：屡次，多次。中国：中原，或指朝廷。委输：运输。奇（jī）羡：剩余。奇，余数。羡，有余。6 羯羠（jié yí）：民性慓悍。一说为血统混杂。均：通“耘”，耕耘。全晋之时：指晋国尚未被韩、赵、魏瓜分时。僄悍：即慓悍。武灵王：即赵武灵王。厉：厉害。7 陈掾：犹经营驰逐。8 温：县名，在今河南温县西南。轵（zhǐ）：县名，在今河南济源市南。上党：郡名，治所长子，在今山西长子县西南。赵：原战国时赵国。中山：春秋国名，曾在今河北正定县建都。9 沙丘：台名，在今河北广宗县西北。商纣王曾在此筑台淫戏，赵武灵王、秦始皇均死于此。余民：后代。懁（xuān，又读 juān）急：急躁。仰机利：依靠投机谋利。10 慷慨：情绪激昂。起：行动时。椎剽：击杀而抢劫。作巧：干欺诈之事。奸冶：冶炼钱币。倡优：歌舞演戏艺人。
11 跕屣（tiē xǐ）：拖着鞋。

译文

从前，唐尧建都在黄河以东，殷朝建都在黄河以北，周朝建都在黄河以南。这个三河地区处在天下的中心地带，像是鼎足而立，帝王们交替在这里建都，每个朝代都有几百上千年，这里土地狭小，人口众多，是各国诸侯会聚的地方，所以该地区的习俗是小气俭省，熟习人情世故。杨县、平阳县西边和秦地、狄族做买卖，北边和种地、代地做买卖。种地、代地在石邑县北边，与胡地交界，经常遭受寇害。人们夸矜强直刚戾，好胜，仗义为侠进行奸诈，不去从事农业和商业。然而这里紧靠北边夷狄，军队多次出征，中原地区运送的物资总有些剩余，使当地人受益。这里的民众慓悍，不从事耕耘，从三家还没有分晋时别国就怕他们的这种慓悍，在赵武灵时就更加厉害，直到今天，这个地区的风俗还有赵国时代的风气。所以杨县、平阳县利用这种形势经营逐利，总能如愿以偿。温县、轵县西边和上党郡做买卖，北边和赵地、中山做买卖。中山地区土地贫瘠，人口众多，沙丘台一带，商纣曾吃喝玩乐，至今风气犹存，民间习俗急躁，依靠投机谋利。男子们相互聚在一起游戏，慷慨悲歌，行动时就相随着击杀抢劫，闲暇时就挖墓，干欺诈事，冶炼钱币，奇美的物品多，歌舞艺人多。女人就弹奏着琴瑟，拖着鞋子，游玩献媚于富贵人家，这里的女人还遍布各诸侯国的后宫。

然邯郸亦漳、河之间一都会也。[1] 北通燕、涿[2]，南有郑、卫。郑、卫俗与赵

相类，然近梁、鲁，微重而矜节。[3] 濮上之邑徙野王[4]，野王好气任侠，卫之风也。

注释

1 漳：即漳水，流经邯郸市南。都会：都市。2 涿：郡名，治所涿县，在今河北涿州市。3 微重：比较庄重。矜节：崇尚节操。4 濮上之邑徙野王：《史记正义》云："秦拔魏濮阳，徙其君于怀州野王。"野王，汉县名，在今河南沁阳市。

译文

邯郸也是漳水、黄河之间的一个都市。它向北通往燕地、涿郡，南边有郑地、卫地。郑地、卫地的习俗和赵地相似，然而因为接近梁地、鲁地，比较庄重，崇尚节操。战国时秦国攻拔魏国濮阳，把它的国君迁到了野王，野王一带的人之所以侠气仗义，是因为受到卫国的影响。

夫燕亦勃、碣[1]之间一都会也。南通齐、赵，东北边胡。上谷至辽东，地踔远，人民希，数被寇，大与赵、代俗相类，而民雕捍少虑，有鱼盐枣栗之饶。[2] 北邻乌桓、夫余，东绾秽貉、朝鲜、真番之利。[3]

注释

1 勃：即今渤海。碣：即碣石山。2 上谷：郡名，治所沮阳，在今河北怀来县东南。辽东：郡名，治所襄平，在今辽宁辽阳市。踔（chuō）远：辽远，遥远。希：通"稀"，稀少。雕捍：迅捷，凶猛。捍，通"悍"。少虑：头脑简单。3 乌桓：活动于今内蒙赤峰北、锡盟南的一支东胡部族。夫余：活动于今辽宁北、吉林西部一带的古部族。秽貉（huì mò）：活动于今朝鲜西北部一带的部族。朝鲜：活动于今朝鲜东部的一个部族。真番（pān）：汉武帝于公元前 108 年设置的郡，公元前 82 年废，治今朝鲜、韩国三八线以北一带。

译文

再说燕，也是勃海、碣石山之间的一个都市。它向南通往齐地、赵地，东北边和胡人搭界。上谷郡到辽东郡，土地辽远，民众稀少，经常遭受匈奴人侵扰，大体上和赵地、代地习俗相似，但民众生性凶悍，头脑简单，这里盛产鱼、盐、枣、栗。北边邻近乌桓、夫余，东边可以与秽貉、朝鲜、真番贸易获利。

洛阳东贾齐、鲁，南贾梁、楚。故泰山之阳则鲁，其阴则齐。[1]

齐带山海，膏壤千里，宜桑麻，人民多文彩布帛鱼盐。[2]临菑[3]亦海岱之间一都会也。其俗宽缓阔达，而足智，好议论，地重，难动摇[4]，怯于众斗，勇于持刺，故多劫人者，大国之风也。其中具五民[5]。

而邹、鲁滨洙、泗[6]，犹有周公遗风。俗好儒，备于礼，故其民龊龊[7]。颇有桑麻之业，无林泽之饶。地小人众，俭啬，畏罪远邪[8]。及其衰，好贾趋利，甚于周人。

注释

1 阳：南。阴：北。2 带山海：被山、海环绕着。文彩：华丽的丝绸。3 临菑：都邑名，在今山东淄博市东北。4 难动摇：不易离开乡土。5 五民：指士、农、工、商、贾。6 邹：春秋邹国，都今山东邹城市东南。洙、泗：两水名，均在今山东省境内。7 龊龊（chuò chuò）：拘谨貌。8 畏罪远邪：害怕犯罪，远离坏事。

译文

洛阳东边和齐地、鲁地做买卖，南边和梁地、楚地做买卖。泰山的南边就是鲁地，它的北边是齐地。

齐地被山海环绕着，沃野千里，适宜桑麻种植，民众多有华丽的丝绸布帛和鱼盐。临菑也是东海、泰山之间的一个都市。这里的习俗从容宽厚，豁达大方，而且人们很有智谋，喜好议论，看重土地，不轻易离开乡土，怯于战斗，勇于持刀暗杀，所以多有劫人财物的人，有大国的风尚。城里居住着士、农、工、商、贾各行各业的人。

而邹地、齐地靠近洙水、泗水，还有周公时代的遗风。喜好儒术，讲究完备的礼仪，所以这地区的民众显得拘谨。此地盛产桑、麻，没有山林川泽的利益。土地狭小，人口众多，俭啬，害怕犯罪，远离坏事。等到那里衰败以后，人们喜好经商，趋赴财利，比周人还严重。

夫自鸿沟以东，芒、砀以北，属巨野，此梁、宋也。[1]陶、睢阳[2]亦一都会也。昔尧作游成阳，舜渔于雷泽，汤止于亳。[3]其俗犹有先王遗风，重厚多君子，好稼穑，虽无山川之饶，能恶衣食，致其蓄藏。[4]

注释

1 鸿沟：古运河名。西起今河南荥阳北，引黄河水，东至开封，南行经淮阳至沈丘，最后入颍水。芒：芒山，在今河南永城市北。砀：砀山，在今河南永城市东北。属（zhǔ）：连接。巨野：即巨野泽，在今山东巨野县北，又名大野泽。2 睢阳：都邑名，在今河南商丘市睢阳区。3 作：起。成阳：县名，在今山东菏泽市东北。雷泽：古泽名，又名雷夏泽。在今山东菏泽市东北。亳（bó）：都邑名，即汉时之薄县，在今河南商丘市东南。4 重厚：庄重宽厚。恶衣食：即能省吃俭用。

译文

从鸿沟以东，芒山、砀山以北，连接到巨野，这是以前的梁地、宋地。定陶、睢阳也是这一带的都市。从前尧帝兴起于成阳，舜帝在雷泽打过渔，商汤建都在亳邑。这个地区的习俗还有先王的遗风，庄重宽厚，多有君子，喜好耕种，虽然没有物产富饶的山林川泽，但人们通过节衣缩食，以达到财富的积蓄。

越、楚则有三俗。夫自淮北沛、陈、汝南、南郡，此西楚也。[1] 其俗剽轻[2]，易发怒，地薄，寡于积聚。江陵故郢都，西通巫、巴，东有云梦之饶。[3] 陈在楚夏之交[4]，通鱼盐之货，其民多贾。徐、僮、取虑，则清刻，矜已诺。[5]

注释

1 沛：郡名，治所相县，在今安徽淮北市西北相山区。陈：原秦置郡名，汉改为淮阳国，都于陈县（今河南淮阳县）。汝南：郡名，治所上蔡，在今河南上蔡县西南。南郡：郡名，治所江陵，在今湖北江陵县。2 剽轻：强悍轻捷。3 巫：秦置县名，因处巫山而名，在今重庆市巫山县。巴：郡名，治所江州，在今重庆市嘉陵江北岸。云梦：即云梦泽。4 陈在楚夏之交：《史记正义》云："夏都阳城。言陈南则楚，西及北则夏，故云'楚夏之交'。"阳城在今河南登封市东南。5 徐：县名，在今江苏泗洪县南。僮：县名，在今安徽泗县东北。取虑：县名，在今安徽灵璧县东北。清刻：清严苛刻。矜：注重。

译文

越地、楚地有三种习俗。从淮水以北，沛郡、陈郡、汝南郡、南郡，这是西楚。这里的习俗强悍轻捷，易发脾气，土地贫瘠，民众很少积聚财物。江陵是过去的郢都，西边和巫县、巴郡相通，东边的云梦泽物产丰富。陈在楚地、夏地的交界处，流通着鱼盐货物，这里有很多人经商。徐县、僮县、取虑县的人清严苛刻，注重已经承诺的事。

彭城以东，东海、吴、广陵，此东楚也。[1]其俗类徐、僮。朐、缯[2]以北，俗则齐。浙江[3]南则越。夫吴自阖庐、春申、王濞三人招致天下之喜游子弟，东有海盐之饶，章山之铜，[4]三江、五湖之利，亦江东一都会也。

注释

1 彭城：秦置县名，汉初诸侯王楚国都于此，在今江苏徐州市。东海：郡名，治所郯县，在今山东郯城县西北。吴：县名，在今江苏苏州市。广陵：汉置诸侯王国名，都广陵，在今江苏扬州市北。2 朐（qú）：县名，在今江苏连云港市西南。缯：县名，在今山东兰陵县西北。3 浙江：古水名，即今钱塘江。4 阖庐：亦作“阖闾”，春秋末吴国国君，公元前514—前496年在位。春申：楚国贵族黄歇，战国四公子之一。王濞：即汉初吴王刘濞。章山：古山名，位于今浙江省安吉县西北。一说位于今江西南城县之南，似与文意有距离。

译文

彭城以东，东海、吴、广陵一带，这里是东楚。这个地区的习俗类似徐县、僮县。朐县、缯县以北的习俗接近齐地。浙江以南的习俗接近越地。当年的吴国阖庐、楚国的春申君和吴王刘濞三人招徕了各地的游士。因此，吴县东边盛产海盐，西边有章山的铜矿，还有三江、五湖的物利，这里也是江东的一个都市。

衡山、九江、江南、豫章、长沙[1]，是南楚也，其俗大类西楚。郢之后徙寿春[2]，亦一都会也。而合肥受南北潮，皮革、鲍、木输会也。[3]与闽中、干越[4]杂俗，故南楚好辞，巧说少信。江南卑[5]湿，丈夫早夭。多竹木。豫章出黄金，长沙出连、锡，然堇堇物之所有，取之不足以更费。[6]九疑、苍梧以南至儋耳者，与江南大同俗，而杨越多焉。[7]番禺亦其一都会也，珠玑、犀、玳瑁、果、布之凑。[8]

注释

1 衡山：汉初诸侯王国名，都今湖北黄冈市西北。九江：郡名，治所寿春，在今安徽寿县。江南：《史记正义》云："此言大江之南豫章、长沙二郡，南楚之地耳。"豫章：郡名，治所南昌，在今江西南昌市。长沙：汉初诸侯王国名，都临湘，在今湖南长沙市。2 郢之后徙寿春：公元前278年秦国攻破楚都郢（即江陵），楚顷襄王时为避秦国的攻击，迁都于陈（今之淮阳），考烈王时又迁都于寿春。3 合肥：县名，在今安徽合肥市。南北潮：指长江和淮河的水运之便。鲍：此指盐渍鱼。输会：聚集。4 闽中：秦置郡名，治所东冶，在今福建福州市。西汉时属会稽郡。干越：犹言吴越。因吴、越二国并出名剑（如吴之名剑"干将"），因以为名。5 卑：地势低。6 豫章出黄金：《汉书·地理志》豫章郡鄱阳县注："武阳乡右十余里有黄金采。"堇堇：仅仅，很少。更费：抵偿费用。7 九疑：即九疑山，又名苍梧山。苍梧：郡名，治所广信，在今广西梧州市。儋（dān）耳：汉武帝时所置郡名（公元前110—前82年），治所在儋耳，在今海南省儋州市西北。杨越多焉：多杂有南越的习俗。一说杨即扬州，越即南越。8 番（pān）禺：南海郡治所，即今广州市。凑：凑集，集散地。

译文

衡山、九江、江南、豫章、长沙一带，是南楚，这个地区的习俗大体上类似西楚。战国时楚国从都城郢迁徙到了寿春，寿春也是这一带的一个都市。而合肥是南北水运的中心，皮革、盐渍鱼、木材在这里聚集。南楚和闽中、吴越的习俗相混杂，所以那里的人喜好言辞，说话乖巧，少有信用。江南地势低又潮湿，男子往往早夭。这里盛产竹木。豫章出产黄金，长沙出产铅、锡，然而数量不多，其价值还不足以抵偿开发费用。九疑、苍梧往南直到儋耳，和江南习俗大体上相同，尤其受到南越的影响。番禺也是这个地区的一个都市，珠玑、犀角、玳瑁、果品、布匹都往这里集中。

颍川[1]、南阳，夏人之居也。夏人政尚[2]忠朴，犹有先王之遗风。颍川敦愿[3]。秦末世，迁不轨[4]之民于南阳。南阳西通武关、郧关[5]，东南受汉、江、淮。宛[6]亦一都会也。俗杂，好事，业多贾。[7]其任侠，交通[8]颍川，故至今谓之"夏人"。

注释

1 颍川：郡名，治所阳翟，在今河南禹州市。2 政尚：政治崇尚。3 敦愿：敦厚老实。4 不轨：不遵守法纪。5 武关：古关隘名，在今陕西丹凤县东南。郧（yún）关：即古郧国所在地，在今湖北十堰市郧阳区。6 宛（yuān）：县名，南阳郡治所，在今河南南阳市。7 此句中华本标点为"俗杂，好事业，多贾"。好事：喜好活动。8 交通：交往通达。

译文

颍川、南阳，是夏代人居住的地方。夏代人的政治崇尚忠信朴实，还有先王时代的遗风。颍川的习俗敦厚老实。秦的末世，把不遵法纪的民众迁徙到南阳。南阳西边通往武关、郧关，东南边靠近汉水、长江、淮河。宛县也是这一带的一个都市。习俗混杂，喜好活动，人们大多经商。这地方仗义行侠，和颍川相通，这一带的人直到今天还被称为“夏人”。

夫天下物所鲜所多，人民谣俗，山东食海盐，山西食盐卤，领南、沙北固往往出盐，大体如此矣。[1]

总之，楚、越之地，地广人希，饭稻羹鱼，或火耕而水耨，果隋蠃蛤，不待贾而足，地埶饶食，无饥馑之患，以故呰窳偷生，无积聚而多贫。[2] **是故江淮以南，无冻饿之人，亦无千金之家。沂**[3]**、泗水以北，宜五谷桑麻六畜，地小人众，数被水旱之害，民好畜藏，故秦、夏、梁、鲁好农而重民。三河、宛、陈亦然，加以商贾。齐、赵设智巧，仰机利。燕、代田畜而事蚕**[4]。

注释

1 盐卤：此指池盐。领南：即岭南。沙北：沙漠以北，指今蒙古高原北方广大地区。2 希：稀少。水耨（nòu）：利用灌水除草。果隋：即果蓏（luǒ），泛指瓜果。蠃（luó）：通“螺”。蛤：蛤蜊。呰窳（zǐ yǔ）：贪懒不肯动作，委靡不振。3 沂：水名，发源于今山东沂源县境。4 田畜：种田放牧。事蚕：养蚕。

译文

天下物产分布的多寡，决定了当地民众的风俗习惯，如山东地区吃的是海盐，山西地区吃的是池盐，岭南、沙漠以北地区也出产盐，大体上是这样。

总的来说，楚、越地区，土地广阔，人口稀少，食用鱼米，有的采取火耕和水耨的种植方法，瓜果、田螺、蛤蜊，不必购买就可满足需要，地理形势决定那里的人有丰富的食物，没有饥馑的忧患，因此，那里的习俗是懒惰委靡苟且偷生，家中没有积蓄而大多比较贫穷。因此长江、淮河以南，没有受冻受饿的人，也没蓄积千金之家。沂水、泗水以北，宜于种养五谷桑麻六畜，土地狭小，人口众多，时常遭受水旱灾害，民众就喜好蓄积储藏，所以秦地、夏地、梁地、鲁地是喜好农耕并重视民众。三河、宛、陈地也是这样，不过，这些地方还有商业。

齐地、赵地的人则智诈奸巧，依靠投机获利。燕地、代地的人种田、畜牧并从事养蚕。

由此观之，贤人深谋于廊庙，论议朝廷，守信死节隐居岩穴之士设为名高者安归乎？[1] 归于富厚也。是以廉吏久，久更富，廉贾归富[2]。富者，人之情性，所不学而俱欲者也。故壮士在军，攻城先登，陷阵却敌，斩将搴旗，前蒙矢石，[3] 不避汤火之难者，为重赏使也。其在闾巷少年，攻剽椎埋，劫人作奸，掘冢铸币，任侠并兼，借交报仇，篡逐幽隐，不避法禁，走死地如骛者，其实皆为财用耳。[4] 今夫赵女郑姬，设形容，揳鸣琴，揄长袂，蹑利屣，目挑心招，[5] 出不远千里，不择老少者，奔富厚也。游闲公子，饰冠剑，连车骑，亦为富贵容[6]也。弋射渔猎，犯晨夜，冒霜雪，驰坑谷，不避猛兽之害，为得味也。[7] 博戏驰逐，斗鸡走狗，作色相矜，必争胜者，重失负也。[8] 医方诸食技术之人，焦神极能，为重糈也。[9] 吏士舞文弄法，刻章伪书，不避刀锯之诛者，没于赂遗也。[10] 农工商贾畜长，固求富益货也。[11] 此有知尽能索耳，终不余力而让财矣。[12]

注释

1 廊庙：庙堂。亦指朝廷。死节：为节义而死。设为名高者：图谋抬高自己名义声望的。归：目的。2 廉贾归富：买卖公平的商人最终会致富。3 搴（qiān）：拔取。蒙：冒着。4 闾巷：里巷。攻剽：侵扰劫夺。椎埋：劫杀人而埋之。篡逐：夺取逐杀。幽隐：阴暗无人之处。骛（wù）：马奔驰。5 夫：那些。赵女郑姬：赵国和郑国的美女。设：施用。此指打扮、化妆。形容：形体容貌。揳（jiá）：弹奏。揄（yú）：挥动。袂（mèi）：衣袖。蹑（niè）：踩。利屣（xǐ）：舞鞋。目挑：用眼神挑逗。6 容：仪容，模样。7 弋（yì）射：射猎。弋，用带绳子的箭射。味：野味。8 博戏：赌博。驰逐：赛马一类游戏。走狗：纵狗行猎。作色：变换脸色。失负：败输。9 食技术之人：依靠技艺方术为生的人。焦神：耗尽精神。极能：极尽其能。糈（xǔ）：粮食。此意指报酬。10 刻章：私刻官印。伪书：伪造材料。没：沉溺，醉心。赂遗（wèi）：此泛指财物。11 畜长：牧主。益：增加。12 知：通“智”。索：求取。让：辞让。

译文

由此看起来，贤人们在庙堂上深谋远虑，在朝廷上大发议论，而坚守信义，为气节而死的隐士们追求声名，他们的根本目的是什么呢？归根结底还是为了得到富贵。因此廉洁的官吏做久了，就会富有，买卖公平的商人最终也会致富。求富是人的本性，人们不需要特意学习而都会产生这种欲望的。所以，壮士在军队中，攻城时要捷足先登，陷入战阵击退敌人，斩敌将拔敌旗，前进时冒着箭矢和垒石，不回避汤火一样困难的人，是被重赏所驱使的。那些在里巷中的年轻人，侵扰劫夺，杀人掩埋，抢人财做坏事，挖坟墓铸私钱，仗义为侠霸占钱财，借助交友报复私仇，夺取逐杀藏尸隐处，不顾及法律禁令，往死路上跑像马奔驰一样，他们实际上都是为了求得财用而已。如今那些赵、郑的美女，妆扮形体容貌，弹奏着琴瑟，挥动着长袖，挪动着舞鞋，不远千里去引诱挑逗，选择的对象也不管他是老是少，她们这样做也是为了富贵。游闲的公子哥儿，装饰起帽子佩剑，出门时前后车骑相连，亦是为了要显出富贵的模样。弋射飞鸟捕渔打猎，起早贪黑，身冒霜雪，奔驰在深山老林之中，不回避猛兽的祸害，是为了得到野味。赌博赛马，斗鸡走狗，争得面红耳赤，个个都想赢钱，必定要争得胜局，就是怕输钱呀。医生以及各种依靠技艺为生的人，耗尽精力，竭尽所能，是为了得到一份厚重的报酬。官吏文士舞弄法律条文，私刻官印，伪造文书，不回避刀锯诛杀，是因为他们醉心于已得的贿赂呀。农工商贾和畜牧主，本来就是为了钱财。这些人都是竭尽其智去求取，始终不遗余力而毫不辞让地去获取财富。

谚曰："百里不贩樵，千里不贩籴。[1]"居之一岁，种之以谷；十岁，树之以木；[2]百岁，来[3]之以德。德者，人物[4]之谓也。今有无秩禄之奉，爵邑之入，而乐与之比者，命曰"素封"。[5]封者食租税，岁率户二百[6]。千户之君则二十万，朝觐聘享[7]出其中。庶民农工商贾，率亦岁万息二千，百万之家则二十万，而更徭租赋出其中。[8]衣食之欲，恣所好美矣。故曰陆地牧马二百蹄，牛蹄角千，千足羊，泽中千足彘，水居千石鱼陂，山居千章之材。[9]安邑[10]千树枣；燕、秦千树栗；蜀、汉、江陵[11]千树橘；淮北、常山已南，河济之间千树萩；[12]陈、夏千亩漆；齐、鲁千亩桑麻；渭川[13]千亩竹；及名国万家之城，带郭千亩亩钟之田，若千亩卮茜，千畦姜韭：此其人皆与千户侯等。[14]然是富给之资也，不窥市井，不行异邑，坐而待收，身有处士之义而取给焉。[15]若至家贫亲老，妻子软弱，岁时无以祭祀进醵，饮食被服不足以自通，[16]如此不惭耻，则无所比矣。是以无财作力，少有斗智，既饶争时，此其大经也。[17]今治生不待危身[18]取给，则贤人勉焉。是故本富[19]为上，末富次之，奸富最下。无岩[20]处奇士之行，而长贫贱，好语仁

义，亦足羞也。

注释

1 贩：卖。樵：柴。籴：买入粮食，此处代指粮食。2 树：种植。木：树。3 来：招来。4 人物：既有人品，又有财物。5 秩禄：秩品俸禄。爵邑：爵位食邑。素封：《史记索隐》："谓无爵邑之入，禄秩之奉，则曰'素封'。素，空也。"《史记正义》："言不仕之人自有园田收养之给，其利比于封君，故曰'素封'也。"6 岁率户二百：一年中大约每户二百钱。7 朝觐：诸侯大臣朝拜天子。聘：访问，问候。享：祭祀鬼神、祖宗。8 万息二千：一万中可得利息二千。更徭：汉朝制定的轮流更替的兵役。9 二百蹄：一马四蹄，二百蹄即为五十匹马。牛蹄角千：一牛四蹄两角，即大约一百六七十头牛。彘（zhì）：猪。石（dàn，旧读 shí）：一百二十斤为一石。鱼陂（bēi）：鱼池。陂，池塘。章：大木材。材：可做辕木之落叶乔木。10 安邑：县名，河东郡治所，在今山西夏县西北。11 汉：汉水。江陵：县名，南郡治所，在今湖北江陵县。12 常山：郡名，治所元氏，在今河北元氏县西北。已：通"以"。河济：黄河、济水。萩：通"楸"。13 渭川：即渭河平原。14 名国：有名的都城。带郭：城郊地区。带，围绕。亩钟：每亩产量为一钟。钟，古代容量单位，一钟为六石四斗。若：以及。茜（qiàn）：多年生蔓草，根红色，可作染料。畦（qí）：《史记索隐》："韦昭云：'埒中畦犹陇也，谓五十亩也。'刘熙注《孟子》云：'今俗以二十五亩为小畦，五十亩为大畦。'王逸云：'畦犹区也。'"15 市井：市场，做买卖的地方。取给（jǐ）：取得财物和人力以供需用。16 妻子：老婆孩子。岁时：逢年过节。进：通"赆"，赠送路费或礼物。醵（jù）：大家凑钱饮酒聚餐。被服：衣被服饰。自通：自给。17 作力：出卖苦力。少：稍，略微。既饶争时：富有了就要逐时争利。经：原则，规律。18 待：需要。危身：冒着生命危险。19 本富：依靠搞农业而富。20 岩：深居山野之隐士。

译文

俗话说："不去一百里外卖柴，不去一千里外卖粮。"居住一年，就要种谷；居住十年，就要植树；能住上百年，就要有德性。德性，是说有人品，有财物。如今有些人没有秩品俸禄的供奉和爵位食邑的收入，却乐于同有这种供奉和收入的人相比，这种情况被称为"素封"。受封的人仰食于租税，每年大约每户二百钱。有千户的封君就有收入二十万，朝拜天子、诸侯间问候、祭祀祖先都出于其中。平民中的农工商贾，大约也是每年本金一万可得利息二千，有百万本金的人家就可收利息二十万，轮流更替的兵役、租赋都出于其中。衣食的享受，也可以充分满足。所以说在陆地能放牧五十匹马，一百六七十头牛，二百五十只羊，泽地上养上二百五十头猪，池塘中能养千石重的鱼，在山野上有一千棵成材的大树。在安邑有一千棵枣树；在燕地、秦地有一千棵栗树；在蜀地、汉水、江陵有一千棵橘树；在淮北、常山以南，及黄河、济水之间有一千株楸树；在陈、夏之地有一千亩的漆树；在齐地、鲁地有一千亩桑麻田；在渭川有一千亩竹林；在有一万户居民的有名的都城或其郊区拥有一千亩亩产一钟的田地，以及千亩卮子、茜兰，一千畦的生姜、韭菜：这些人们占有的财富都和千户侯是相等的。这是一种获得富足的资本，这些人不需要到市场上奔波，不用远行他乡，坐着等待收成就行了，既有处士之名，家中又供应充裕。至于有些人，家中贫穷，双亲已老，妻子儿女瘦弱，逢年节时拿不出钱祭祀祖先，连日常饮食衣被都不能自给，到了这种地步还不感到惭愧耻辱，那就没有什么可比拟的了。因此，没有钱财要靠出卖苦力，稍有钱财要靠和别人斗智，已经富有了就要争利逐时，这是事物的规律。如今经商不需要冒着生命危险，而生活却能因此而富起来，所以有才能的人都去经商。因此，从事农业而致富是上等，从事商业而致富次之，从事奸伪而致富是最下等的。没有隐居在山野的奇士的操行，而长期贫困低贱，还喜好说仁义，也真够可耻的。

凡编户之民，富相什则卑下之，伯则畏惮之，千则役，[1]万则仆，物之理也。夫用贫求富，农不如工，工不如商，刺绣文不如倚市门，此言末业贫者之资也。[2]通邑大都，酤一岁千酿，醯酱千瓨，浆千甔，屠牛羊彘千皮，贩谷粜千钟，薪稿千车，船长千丈，木千章，竹竿万个，其轺车百乘，牛车千两，[3]木器髹者千枚，铜器千钧，素木铁器若卮茜千石，马蹄躈千，牛千足，羊彘千双，僮手指千，筋角丹沙千斤，[4]其帛絮细布千钧，文采千匹，榻布皮革千石，漆千斗，糵曲盐豉千荅，鲐鮆千斤，鲰千石，鲍千钧，枣栗千石者三之，[5]狐貂裘千皮，羔羊裘千石，旃席千具，佗果菜千钟，子贷金钱千贯，节驵会，贪贾三之，廉贾五之，此亦比千乘之家，其大率也。[6]佗杂业不中什二，则非吾财也。

注释

1 富相什：财富相差十倍。伯：通“百”。役：供其役使。2 用：以。刺绣文：刺绣织文采，泛指各种女工。倚市门：当街做买卖。《辞源》将此释为“倚门卖笑”，旧时称妓女生涯。3 酤：卖酒。千酿：酿千瓮。醯（xī）：醋。瓨（hóng）：同“缸”，古代瓦制的长颈容器。浆：饮料。甔（dān）：古代一种容积较大的盛物瓦器。粜：卖出粮食。薪稿：柴草。稿，禾秆。船长千丈：所制之船总长一千丈。轺（yáo）车：小型轻便之车。两：同

“辆”。《史记新证》陈直按：“两汉轺车一乘直万，牛车每两直二千，见《居延汉简释文》卷三、四十八页。” 4 髤（xiū）：用漆涂。 钧：古代重量单位，三十斤为一钧。 素木：未上漆之木器。马蹄躈（qiào）千：即二百匹马。一马四蹄一躈（肛门）。千双：各一千。僮手指千：即奴婢百人。《史记新证》陈直按：“西汉初奴婢价值可考者，《居延汉简释文》卷三，四十八页，有两简文可见。小奴二人直三万，大婢一人二万，亦为约略之价。” 5 絮：此指丝棉。文采：有花纹色彩的丝织品。榻（tà）布：粗厚的布。蘖（niè）曲：酿酒的曲。豉（chǐ）：一种豆制品。荅：据清王引之考证，为“苔”之误，通“瓿”，一种能容一斗六升的瓦器。鲐（tái）：即河豚。鮆（jì）：刀鱼。鲰（zōu）：小鱼。千石者三之：即三千石。6 旃席：毡毯。具：张。佗：通“他”。子贷金：放债收利息的钱。贯：古铜钱计量单位，一千个为一贯。节：控制，掌握。驵会（zǎng kuài）：亦作“驵侩”，牲畜交易的经纪人。贪贾三之，廉贾五之：《史记集解》引《汉书音义》曰：“贪贾未当卖而卖，未可买而买，故得利少，而十得三。廉贾贵而卖，贱乃买，故十得五。” 大率：大概。

译文

凡是编入户籍的平民之间，财富相差十倍，一方就会对另一方表示卑下；相差百倍，一方就会对另一方表示畏惧；相差千倍，一方就要供另一方役使；相差万倍，一方就要成为另一方的奴仆，这是事物的常理。要说由穷变富，农耕的不如做工的，做工的不如经商的，刺绣纺织的不如当街做买卖的，这是说从事商业是穷人应该做的。在通邑大都市中，一年卖出一千瓮酒，醋酱一千缸，饮料一千甔，屠杀牛羊猪一千头，贩运粮食粜出一千钟，卖出柴草一千车，制造出船加起来有一千丈长，木材一千章，竹竿一万个，或者是售出小车一百乘，牛车一千辆，上过漆的木器一千件，铜器一千钧，未上漆的木器还有铁器以及卮茜一千石，二百匹马，二百五十头牛，羊猪两千只，奴婢一百人，筋角丹沙一千斤，或者帛絮细布一千钧，有花纹的彩色丝织品一千匹，粗厚的布、皮革一千石，漆一千斗，酿酒的曲、盐、豆豉一千瓿，河豚、刀鱼一千斤，小鱼一千石，盐渍鱼一千钧，枣栗三千石，狐貂裘皮一千张，羔羊裘皮一千石，毡毯一千张，其他果品蔬菜一千钟，放债收利息钱一千贯，掌握着牲畜交易的经纪人抽取十分之三或五分之一的佣金，这些收入也可以和千乘之家的财富相比，这是大概情况。经营其他杂业不能得到十分之二的利润，那就不是我要说的可以致富的行业。

请略道当世千里之中，贤人所以富者，令后世得以观择焉。

蜀卓氏之先，赵人也，用铁冶[1]富。秦破赵，迁卓氏。卓氏见虏略，独夫妻推辇，行诣迁处。[2]诸迁虏少有余财，争与吏，求近处，处葭萌。[3]唯卓氏曰："此地狭薄[4]。吾闻汶山之下，沃野，下有蹲鸱，至死不饥。[5]民工[6]于市，易贾。"乃求远迁。致之临邛，大喜，即铁山鼓铸，运筹策，倾滇蜀之民，富至僮千人。[7]田池射猎之乐，拟[8]于人君。

程郑，山东迁虏也，亦冶铸，贾椎髻之民[9]，富埒卓氏，俱居临邛。

注释

1 用：因。铁冶：冶铁。2 见：被。虏略：同"虏掠"，抢劫人和财物。辇（niǎn）：用人拉挽的车子。诣：到。3 少：稍。葭（jiā）萌：县名，在今四川广元市西南。4 狭薄：狭窄贫瘠。5 汶（mǐn）山：古山名，即今岷山。蹲鸱（chī）：即大芋。因其形状似鸱之蹲踞，故名。6 工：精通，善于。7 临邛：邑名，在今四川邛崃市。即：靠近。鼓铸：鼓风冶铸。倾：胜过，超越。8 拟：比拟，比。9 椎髻之民：泛指西南地区一带的部族，因其束发头顶，形状如椎，故称。

译文

请让我简略叙述当代千里范围内，有才干的人如何发财致富的，以使后世得以借鉴。

蜀地卓氏的祖先是赵国人，因为冶铁致富。秦国攻破赵国，令卓氏迁徙。卓氏被人抢劫了财物，夫妻二人只好推着辇车，行进到指定的集合地。被迁徙的人身上稍有点儿财物，争着送给押送的官吏，请求迁到较近的葭萌一带。只有卓氏说："这地方狭窄贫瘠。我听说汶山下面，是肥沃的旷野，地下长有大芋，可以用它充饥，不致饿死。听说那里的人会做买卖，那里容易经商。"于是他们要求迁徙到远的地方去。结果把他们迁到了临邛，卓氏特别高兴，就靠近铁矿山冶炼，运用谋略，财富很快超过滇蜀民众，家有僮仆千人。他们享受到的在田野川泽射猎的乐趣，可以与国君相比。

程郑，是从山东地区强制迁来的，也从事冶铁业，和西南一带部族民众做买卖，其富有的程度和卓氏差不多，他们都住在临邛。

宛孔氏之先，梁人也，用铁冶为业。秦伐魏，迁孔氏南阳。大鼓铸，规陂池，连车骑，游诸侯，因通商贾之利，有游闲公子之赐与名。[1]然其赢得过当，

愈于纤啬，家致富数千金，故南阳行贾尽法孔氏之雍容。[2]

鲁人俗俭啬，而曹邴氏尤甚，以铁冶起，富至巨万。然家自父兄子孙约，俯有拾，仰有取，贳贷行贾遍郡国。[3]邹、鲁以其故多去文学而趋利者，以曹邴氏也。

齐俗贱奴虏，而刀间独爱贵之。[4]桀黠奴，人之所患也，唯刀间收取，使之逐渔盐商贾之利，或连车骑，交守相，然愈益任之。[5]终得其力，起富数千万。故曰“宁爵毋刀”[6]，言其能使豪奴自饶而尽其力。

周人既纤，而师史尤甚，转毂[7]以百数，贾郡国，无所不至。洛阳街居在齐秦楚赵之中，贫人学事富家，相矜以久贾，数过邑不入门，设任此等，故师史能致七千万。[8]

注释

1 规：规划。陂池：池塘。有游闲公子之赐与名：《史记索隐》：“谓通赐与于游闲公子，得其名。”2 赢得过当：赚取和得到的超过其花出的。纤啬：吝啬节俭。法：效法。雍容：温和大方的样子。3 约：家约，规定。贳（shì）：赊，出贷。4 奴虏：奴仆。刀（dāo）间：人名。爱贵：喜欢并看重。5 桀黠（jié xiá）：凶恶狡诈。守相：郡太守国相。6 宁爵勿刀：《史记索隐》：“奴自相谓曰：‘宁免去求官爵邪？’曰：‘无刀。’无刀，相止之辞也，言不去，止为刀氏作奴也。”7 转毂：以车载物。8 街居：处在交通要道。设任：使用，任用。七千万：梁玉绳以为《汉书》作“十千万”，师古注甚明，讹“七”字。

译文

宛地孔氏的祖先，是梁国人，以冶铁为业。秦国攻打魏国，把孔氏迁徙到南阳。他大规模从事冶炼，规划出池塘进行鱼业养殖，车骑前后相连，到诸侯各国游说，乘机沟通商贾的财利，得到游闲公子的名声。然而他所赢得的超过了他花出去的，他比那些吝啬节俭的人要强得多，家中有数千黄金，所以南阳地区经商的人全都效法孔氏从容稳重而大方的风度。

鲁地习俗俭啬，而曹邴氏尤其俭啬，他也从事冶铁起家，财富上亿。然而他在家中给自己的父兄子孙规定，丢在地上的东西要弯腰捡拾起来，抬头看见有应该收取的就要收取，放债经商要遍及各郡各国。邹、鲁地区的人受曹邴氏的影响，多数人放弃儒学而去经商，只因曹邴氏做出了榜样。

齐地习俗轻贱奴仆，而刀间却爱护并看重他们。凶恶狡诈的奴仆，是人们所忧患的，只有刀间专爱收这样的人，利用他们去从事渔盐和商业经营，他的奴仆中有的人车骑相连，交结郡守国相，愈是这样刀间愈信任他们。结果他靠着奴仆们的力量发家致富，家财达千万。所以当地流传一句话说“宁愿不去做官，也要为刀间当奴仆”，说的就是他能让奴仆们获利并心甘情愿为他效力。

周地人很俭啬，而师史更加俭啬，他用几百辆车载着货物，到各个郡国去出售，无处不到。洛阳处在齐秦楚赵中间的交通要道上，穷人学着富人的样子，争着去经商，看谁可以长期经商不回家，因为任用了这一类的人，所以师史赚得家财七千万。

宣曲任氏之先，为督道仓吏。[1] 秦之败也，豪杰皆争取金玉，而任氏独窖仓粟。楚汉相距荥阳也，民不得耕种，米石至万，而豪杰金玉尽归任氏，任氏以此起富。富人争奢侈，而任氏折节[2]为俭，力田畜。田畜人争取贱贾[3]，任氏独取贵善。富者数世。然任公家约，非田畜所出弗衣食，公事不毕[4]则身不得饮酒食肉。以此为闾里率[5]，故富而主上重之。

注释

1 宣曲：古地名，在今何地不详。或以为官名，云在昆明池西（今西安市西）。督道：当为仓名，在今何地不详。2 折节：改变应有的习性和志向。3 贾：价。4 毕：完结。5 率：表率。

译文

宣曲地方任氏的祖先，当过督道的管仓库的官吏。秦朝失败了，豪杰们都争着购买金玉，只有任氏一个人买粮食储藏在仓库里。楚汉在荥阳相拒三年，民众不能够耕种，米一石涨到一万钱，于是豪杰们家中的金玉渐渐地都归到了任氏家中，任氏因此发家致富。富人们争着奢侈，任氏却折节而坚持节俭，努力种田畜牧。种田畜牧的人一般是购买价格便宜的物品，只有任氏去买价格贵却质量好的。他家中富了好几代。然而任公给家中规定，不是自家种田畜牧所生产的一律不用，事务没有办完不能够饮酒食肉。因此，他成了乡里的表率，他富有了还能受到皇上的器重。

塞之斥[1]也，唯桥姚已致马千匹，牛倍之，羊万头，粟以万钟计。吴楚七国兵起时，长安中列侯封君行从军旅，赍贷子钱[2]，子钱家以为侯邑国在关东，关东成败未决，莫肯与。唯无盐氏出捐千金贷，其息什之。[3]三月，吴楚平。一岁之中，则无盐氏之息什倍，用此富埒[4]关中。

关中富商大贾，大抵尽诸田，田啬、田兰。韦家栗氏，安陵、杜杜氏，亦巨万。[5]

注释

1 塞之斥：国家开拓边塞。斥，开拓，扩张。2 赍贷：借钱以供自身携带。子钱：高利贷。3 出捐：出弃，拿出。捐，弃。什之：十倍于所贷之款。4 埒：等同。5 韦家：似应为地名。安陵：县名，在今陕西咸阳市东北。杜杜氏：杜地姓杜之家。杜，即杜县，在今西安市东南。后因汉宣帝陵建于此，改名杜陵。

译文

边塞加以开发，只有桥姚已经繁育了一千匹马，两千头牛，一万头羊，生产的粮食要用万钟计算。吴楚七国叛乱发动的时候，长安城内的列侯封君要跟从军队出行，就借高利贷，放高利贷的人家认为这些人的食邑封国在函谷关以东，关东的成败还没有最后决定，没有谁肯把钱借给他们。只有无盐氏拿出一千斤黄金借贷，规定利息是本金的十倍。经过三个月，吴楚叛乱平定。一年的时间，无盐氏获得的利息就是本金的十倍，由于这样，他的财富可和关中的豪杰相比。

关中的富商大贾，大体上都是田氏，如田啬、田兰。韦家地方的栗氏，安陵、杜地的杜氏，家产也上亿。

此其章章[1]尤异者也。皆非有爵邑奉禄弄法犯奸而富，尽椎埋去就，与时俯仰，获其赢利，以末致财，用本守之，以武一切，用文持之，变化有概，故足术也。[2]若至力农畜，工虞商贾，为权利以成富，[3]大者倾郡，中者倾县，下者倾乡里者，不可胜数。

注释

1 章章：昭著，明显。2 椎埋：当作“推理”，推测事理。去就：决定事情之可否。俯仰：变化。以武一切：用强力（人力、物力，财力）争得一切。持：巩固。概：节制，原则。

足术：值得记述。术，通“述”。3 虞：山泽之副业。为权利以成富：依靠通权达变、因利乘便而致富。

译文

以上这些是声名显赫、非常出众的人。他们都不是靠爵位食邑官位俸禄而致富，也不是靠舞文弄法作奸犯科而致富，而是靠审时度势、利用时机而致富。他们富起来后，又购置田产从事农耕而将财富守住，用强力的手段争得一切，通过稳妥的经营办法加以巩固，其中的变化很有节制，所以是值得记述的。至于像那些依靠农耕畜牧、依靠开展山林湖泽或是依靠通权达变、因利乘便而致富的，大的压过一郡，中等的压过一县，小一等的压过乡里的，多得数也数不清。

夫纤啬筋力[1]，治生之正道也，而富者必用奇胜。田农，掘[2]业，而秦扬以盖一州。掘冢，奸事也，而田叔以起。[3]博戏[4]，恶业也，而桓发用富。行贾，丈夫贱行也，而雍乐成[5]以饶。贩脂，辱处也，而雍伯千金。[6]卖浆，小业也，而张氏千万。洒削，薄技也，而郅氏鼎食。[7]胃脯，简微耳，浊氏连骑。[8]马医，浅方，张里击钟。[9]此皆诚壹[10]之所致。

注释

1 筋力：吃苦耐劳。2 掘：《史记集解》：“古‘拙’字亦作‘掘’也。”拙，笨拙。3 掘冢：盗墓。以起：因此而发家。4 博戏：赌博。5 雍乐成：人名，姓雍名乐成。6 贩脂：贩卖胭脂。辱处：卑贱的行业。7 洒削：磨刀。《史记索隐》：“洒削，谓摩刀以水洒之。”鼎食：古代贵族列鼎而食。8 胃脯：有牛、羊等胃做成的肉干。简微：简单而微不足道。9 马医：兽医。浅方：浅薄的小方术。击钟：古时贵族鸣钟佐食。10 诚壹：诚心专一。

译文

出力干活、勤劳节俭，是治生计的正路，而能致富的人必定会用奇招取胜。农事耕田，是笨拙的职业，而秦扬却通过种田成为一州的首富。盗墓，是犯法的勾当，但田叔以此发了家。赌博，是种恶劣行当，而桓发以此变得富有。倒腾买卖，是男人的低贱行为，但雍乐成以此饶有财富。贩卖胭脂，是卑贱的行业，而雍伯以此获得千金家产。卖水浆，是小本生意，而张氏以此获得财富千万。磨刀，是轻薄技艺，而郅氏以此列鼎而食。出售肉干，是简单而微不足道的，张氏以此出门车骑相连。兽医，是浅薄的方术，张里以此鸣钟佐食。这些都是靠致力于一技而致富的。

由是观之，富无经业，则货无常主，能者辐凑，不肖者瓦解。[1] 千金之家比一都之君，巨万者乃与王者同乐。岂所谓“素封”者邪[2]？非也？[3]

注释

1 经业：常业。辐凑：聚集。瓦解：破败家产。2 邪：表疑问语气。3 郭嵩焘《史记札记》：“史公传《货殖》，自写其湮郁，而揽括天下大势，上下古今，星罗棋布，惟所指画。前后分立数传，要自一气灌输，是一篇整段文字，中间指数关中、巴、蜀、天水、北地、上郡列郡情形，为一大枢纽，亦见汉世承六国之遗，抚临郡国，相奖势利，尽天下皆然，而能者遂以致富，高掌远跖，睥睨千古。此自史公发摅生平一段胸臆，与他传体全别，班固讥之，故为不伦。”

译文

由此看来，致富没有固定的行业，财货也就没有固定的主人，能力高强的，财富会向他这里集中；没有能力的，有财富也会破产。拥有千金财富的人家可和一都之君相比，拥有上亿财富的就能和做王的人享受同样的欢乐。这不是所说的“素封”吗？难道不是吗？

太史公自序

导读

本篇是研究《史记》作者司马谈、司马迁父子的家世经历、学术思想与贡献、作史思想与动机及关于《史记》体例之立意的重要篇卷。凡是研习《史记》者，都应该结合司马迁《报任安书》，经常细读此篇，以明其宏旨。

司马迁对其家世甚感骄傲。其家先祖在远古时习于星占术，周代开始转而参与记史，近世有从事军事和经济活动的，这对司马迁思想的形成与《史记》的撰述有着潜移默化的影响。从司马迁个人的经历看，司马谈从小给予他以多方面有意识的锻炼和教育，遗嘱中以撰史为“孝”责的要求，成为了司马迁后来完成《史记》写作的某种动力。司马迁自己为李陵游说后的惨痛遭遇，对其思想的转变作用非常大，这可以说是形成《史记》具有“谤书”性质及悲壮美特征的重要因素，不能不为人们所注意。

本篇体现时代特色之一的有司马谈所撰的《论六家之要指》。这是关于我国先秦以来学术思想的第一次系统的总结。司马谈指出诸种学术思想，不管它们自觉不自觉，都具有为社会政治服务的同一功效。他第一次在历史上使用“家”的概念来评述诸子；而且能够注意把握学术的本质，来精确判定为阴阳、儒、墨、名、法、道德六家，并指明各家的主旨及其优劣短长；六家中推重道家，这是汉初以来现实政治成就在学术上的反映。《要指》奠定了我国此后学术评论和诸子文献分类的基础，对司马迁的《史记》撰述影响巨大。

《自序》表明司马迁有志继承孔子作《春秋》的事业，并以继《春秋》而作史为己之重任。在与壶遂讨论孔子为什么要作《春秋》时，司马迁从孔子所处的时代条件，从“六经”作用的相互比较，从君臣父子关系的大义，以及从礼与法的轻重等方面，阐述出“以礼说《春秋》”的光辉思想，与当时公羊学家重在以天命和阴阳五行相结合来说《春秋》，形成了尖锐的对立。明确这一点，对观察与了解体现在《史记》中的史学思想具有重要意义。这同样是表现《史记》具有时代特色的一个方面。

《自序》最后一部分内容是诸篇提要。这是将《史记》一百三十篇各撮其主旨，置于全书之末以昭示后人，以明诸篇撰述的本意。司马谈、司马迁诸多精辟的思想也蕴藏在这些提要之中，故提要对研读《史记》有提纲挈领的作用，不可忽视。《自序》本篇的提要，揭示了《史记》五种体裁创设的深意，较少引起学者们的注意，以致造成包括刘知幾在内的某种对《史记》体裁认识的曲解，所以应该予以重视。提要的方式给予后来撰写书目提要以启示，这在文献发展史上有其地位与价值。

《史记》撰述的断限，本篇说明：“卒述陶唐以来，至于麟止，自黄帝始。”此以《史记》比《春秋》，《春秋》止于获麟，故《史记》“至于麟止”。《史记索隐》引服虔云：“武帝至雍获白麟，而铸金作麟足形，故云‘麟止’。”据《汉书》，武帝因获白麟而改铸黄金为麟足马蹄之形，是在太始二年（前95）三月，然《史记》叙事最晚之年，已迄于征和三年（前90）李广利之兵众降匈奴。故所谓“至于麟止”，是一种大体上的比附性的说法，以表示《史记》之作为当世之《春秋》，实寓深意。

昔在颛顼，命南正重以司天，北正黎以司地。[1] 唐虞之际，绍重黎之后，使复典之，至于夏商，故重黎氏世序天地。[2] 其在周，程伯休甫[3] 其后也。当周宣王时，失其守而为司马氏。[4] 司马氏世典周史。惠襄之间，司马氏去周适晋。[5] 晋中军随会奔秦，而司马氏入少梁。[6]

注释

1 颛顼（zhuān xū）：传说中的五帝之一，号高阳氏。南正：传说中的官名，主管天文历法。重：人名，时任南正。北正：一说应为火正。传说中的官名，掌地理民事。黎：人名，时任北正。2 绍：继承。典：掌管。序：主管。3 程伯休甫：程，国名。程国在今咸阳市东北。休甫，人名，封为程国伯。4 周宣王：周的第十一代君王，名姬静，公元前827—前782年在位。守：职守。5 惠：周惠王姬阆，公元前676—前652年在位。襄：周襄王姬郑，公元前651—前619年在位。适：到。6 中军：中军将军，为上、中、下三军统帅。随会：亦称士会、范武子，晋国正卿。据《左传》，随会自晋奔秦，后乃奔魏，自魏还晋，故《汉书》则云"奔魏"。少梁：古邑名，本西周梁国，秦秋时秦灭之，改曰少梁，后更名夏阳。旧址在今陕西韩城市南芝川镇。

译文

从前，在颛顼帝的时代，任命重为南正，掌管天文，任命黎为北正，管理地理。唐尧、虞舜时期，任命重黎氏的后代继续掌管这两方面的事务，一直到夏、商代，所以重黎氏世代主管天文地理。在周朝，程伯休甫是他们的后代。到周宣王的时候，程伯林甫的后人才不管天文地理而去管军事了，于是他们就改姓司马。后来司马氏掌管记载周朝史事。周惠王、周襄王时期，司马氏离开周室去了晋国。晋国的中军统率随会逃奔到了秦国，而司马氏就进入了少梁邑。

自司马氏去周适晋，分散，或在卫，或在赵，或在秦。其在卫者，相中山[1]。在赵者，以传剑论显，蒯聩其后也。[2]在秦者名错，与张仪争论，于是惠王使错将伐蜀，遂拔，因而守之。[3]错孙靳，事武安君白起。[4]而少梁更名[5]曰夏阳。靳与武安君坑赵长平军，还而与之俱赐死杜邮，葬于华池。[6]靳孙昌，昌为秦主铁官[7]，当始皇之时。蒯聩玄孙卬为武信君将而徇朝歌。[8]诸侯之相王[9]，王卬于殷。汉之伐楚，卬归汉，以其地为河内郡。昌生无泽，无泽为汉市长[10]。无泽生喜，喜为五大夫，卒，皆葬高门。[11]喜生谈，谈为太史公[12]。

注释

1 相中山：在中山国为相。名喜。2 在赵者：《史记索隐》和《史记正义》皆认为"名凯"。剑论：剑术之论。蒯聩（kuǎi kuì）：人名。3 将：率兵。守之：在那里当郡守。4 靳：一作"蕲"。白起：秦名将，因功封为武安君。详见《白起王翦列传》。5 更名：改名称。6 坑赵长平军：公元前260年秦赵战于长平（今山西高平县西北），秦胜后坑杀赵降卒四十万。杜邮：又名杜邮亭，古地名，在今陕西咸阳市东北。华池：池名，在今陕西韩城市芝川镇西北。7 主铁官：主管冶铸铁器的官员。8 卬：《史记索隐》："晋谯国司马无忌作《司马氏系本》，云蒯聩生昭豫，昭豫生宪，宪生卬。"武信君：即秦末农民起义军首领武臣，自号武信君。徇（xùn）：带兵巡行占领。朝歌：古邑名，原殷都，在今河南淇县。9 相王：互相尊称为王。此指项羽分封十八王。10 市长：官名，职掌管理市场。汉代长安有四市，各设市长。11 五大夫：秦汉二十等爵的第九级。高门：即高门原，在今韩城市西南。12 太史公：汉有太史令，属太常，秩六百石。官府对太史令通称为太史公。

译文

在司马氏离开周室逃往晋国之时，这个家族的人员就分散了，有的去了卫国，有的去了赵国，有的去了秦国。他们中在卫国的一支，有人在中山国做相。在赵国的一支，有人由于传授剑术理论显名了，蒯聩是他的后代。在秦国的一支有人名叫司马错，和张仪进行争辩，于是秦惠王派司马错率兵去攻打蜀地，他攻占后就当了那里的郡守。司马错的孙子司马靳，侍奉过武安君白起。这个时候，秦国把少梁改名叫夏阳。司马靳和武安君共同活埋了赵国的四十万长平军，回国途中和武安君一道被赐剑，自杀于杜邮，安葬在华池。司马靳的孙子司马昌，是替秦国主管冶铸铁器的官员，当时正值秦始皇在位之时。蒯聩的玄孙司马卬替武信君武臣领兵去攻打朝歌。项羽分封十八王，把司马卬封做殷王。待刘邦攻打楚国，司马卬又归顺刘邦，他的封地被设置为河内郡。司马昌生了司马无泽，无泽当了长安四市中的一位市长。司马无泽生了司马喜，司马喜的爵位是五大夫，去世后，和父亲、祖父一样都安葬在高门原。司马喜生了司马谈，司马谈做了太史令。

太史公学天官于唐都，受《易》于杨何，习道论于黄子。[1] 太史公仕于建元、元封[2]之间，愍学者之不达其意而师悖[3]，乃论六家之要指曰[4]：

注释

1 太史公：此指司马谈。天官：天文星象之学。唐都：汉代天文学家，武帝时曾参与制订《太初历》。杨何：字叔元，汉代《易》学大儒。道论：道家学说。黄子：《史记集解》引徐广曰："《儒林传》曰黄生，好黄老之术。"2 建元：汉武帝年号，公元前140—前135年。元封：汉武帝年号，公元前110—前105年。3 愍（mǐn）：忧患，担心。师悖（bèi）：师法悖道，固执谬论。 4 六家：即下文论及的阴阳、儒、墨、名、法、道六个学派。要指：即要旨、宗旨。

译文

太史公向唐都学习了天文星象，向杨何学习了《易》学，向黄生学习了道家学说。太史公在汉武帝建元、元封期间任职，他忧虑学者们不能通晓各家学说的真旨而学来一套荒谬的东西，于是写了论六家之要指，文中写道：

《易大传》[1]："天下一致而百虑，同归而殊涂。[2]"夫阴阳、儒、墨、名、法、道德，此务为治者也，直所从言之异路，有省不省耳。[3]尝窃观阴阳之术，大祥而众忌讳[4]，使人拘而多所畏；然其序四时[5]之大顺，不可失也。儒者博而寡要[6]，劳而少功，是以其事难尽从；然其序君臣父子之礼，列夫妇长幼之别，不可易[7]也。墨者俭而难遵，是以其事不可遍循[8]；然其强本[9]节用，不可废也。法家严而少恩[10]；然其正君臣上下之分[11]，不可改矣。名家使人俭而善失真[12]；然其正名实[13]，不可不察也。道家使人精神专一，动合无形[14]，赡足万物。其为术也，因阴阳之大顺，采儒、墨之善，撮名、法之要，与时迁移，应物变化，立俗施事，无所不宜，指约而易操，事少而功多。[15]儒者则不然。以为人主天下之仪表[16]也，主倡而臣和，主先而臣随。如此则主劳而臣逸[17]。至于大道之要，去健羡，绌聪明，释此而任术。[18]夫神大用则竭，形大劳则敝。[19]形神骚动[20]，欲与天地长久，非所闻也。

注释

1《易大传》：谓《易·系辞》。2“天下一致”二句：原文为“天下同归而殊涂，一致而百虑。”归，归宿，结果。涂，通“途”。3务为治：追求的是进行治理。直：只，仅仅。所从：追随的，遵奉的。言：理论。4大祥：过分地讲究祥瑞灾异。众：多。5序：编排。四时：四季。6寡要：缺乏实际而切要的主张。7易：改换，替代。8遍循：全都照办。9强本：注重发展农业生产。10少恩：缺少恩义。11分：名分，职分。12俭：当作“检”，拘束。善：容易。13正名实：追求名称和实际相符合。14动合无形：行为要符合无形之道即规律。15因：根据。撮：采纳。指约：意旨简约。16仪表：楷模，表率。17逸：闲逸。18健羡：刚强和贪欲。绌：通“黜”，放弃。19神：精神，精力。形：身体，体力。20骚动：受到扰乱。

译文

《易大传》上说："天下人追求的目的一致，但具体谋略各种各样；做事的结果相同，但采取的方法各有差异。"阴阳家、儒家、墨家、名家、法家、道家，都致力于治理国家，只是他们所遵奉的学说主张有所不同，有的好一些，有的差一些。我曾经研究过阴阳家的道术，认为它过分地讲究祥瑞灾异，并有很多忌讳，使人受到束缚而不敢做事；然而它很注重按四时的顺序办事，这是不可忽视的。儒家学说广博而很少有切合实际的内容，实施起来很费力而功效少，因此它主张的事很难全都办到；但它讲究君臣上下的礼仪，区分出夫妇长幼的地位差别，这是不可更改的。墨家过分节俭，使人很难遵循，因此它主张的事不可全都照办；然而它强调注重发展农业生产和节约费用，这是不可废弃的。法家太严酷，缺少恩义；然而它主张规正君臣上下的名分，这是不可更改的。名家使人受到拘束而容易失掉本真；然而它主张名实相符，这是不可不认真考察的。道家让人精神专一，行动要符合无形之道，即规律，适应万物的变化。道家学说的特点，是根据阴阳四时总体顺序，采择儒家、墨家的长处，撮取名家、法家的精要，随着时间和事物的变化而变化，顺着风俗人情做事，如此则处处合乎人意，其主旨简约，容易操作，所做事少，建功却多。儒家却不是这样。它认为君主是天下人的楷模，君主倡始，臣民就要应和；君主先行，臣民就要后随。这样做，就会使君主辛劳，而臣民闲逸。至于道家，是要人们去掉刚强和贪欲，放弃小的聪明，放弃人为的一切而用自然规律来治理天下。精力过度耗费就会萎竭，体力过度劳累就要疲惫。身体和精神都受到扰乱，想让生命和天地一样长久，是不可能的。

夫阴阳，四时、八位、十二度、二十四节各有教令，[1]顺之者昌，逆之者不死则亡。未必然也，故曰"使人拘而多畏"。夫春生夏长，秋收冬藏，此天道之大经[2]也，弗顺则无以为天下纲纪，故曰"四时之大顺，不可失也"。

夫儒者以六蓺[3]为法。六蓺经传以千万数，累世不能通其学，当年不能究其礼，[4]故曰"博而寡要，劳而少功"。若夫列君臣父子之礼，序夫妇长幼之别，虽百家弗能易也。

注释

1 八位：八卦的方位。震卦东，离卦南，兑卦西，坎卦北，乾卦西北，坤卦西南，巽卦东南，艮卦东北。十二度：即十二次。我国古代为量度日、月、行星的位置和运动，把黄道带分成十二部分，称十二次，名称为星纪、玄枵、娵訾、降娄、大梁、实沈、鹑首、鹑火、鹑尾、寿星、大火、析木。二十四节：二十四节气，即立春、雨水、惊蛰、春分、清明、谷雨、立夏、小满、芒种、夏至、小暑、大暑、立秋、处暑、白露、秋分、寒露、霜降、立冬、小雪、大雪、冬至、小寒、大寒。教令：即各种关于"宜""忌"的规定、戒律。2 大经：重要法则。3 六蓺：即"六艺"，指儒家的《易》《礼》《书》《诗》《乐》《春秋》六部经典。蓺，同"艺"。4 经传：经典及注释或讲解经义的文字。当年：有生之年。

译文

阴阳家认为，四时、八位、十二次和二十四节气各有各的规定，顺应它的规定就会昌盛，违背它的规定不是死就是亡。实际未必是这样，所以说阴阳家"使人们受拘束而多畏惧"。至于认为春生夏长，秋收冬藏，这是自然的重要法则，不遵循它就无法制订天下的原则法规，所以说"要注重按四时的顺序办事，这是不可忽视的"。

儒家把六艺作为经典。六艺的原文和解释这些书的文字之多要用千万来计数，几辈子也不能通晓它的学说，毕生也不能究习它的礼仪，所以说儒家"学术广博而很少有切合实际的内容，很费力而功效少"。至于它所规定的君臣父子的礼仪，夫妇长幼的区别，这是哪家也不能否定更易的。

墨者亦尚尧舜道，言其德行曰："堂高三尺，土阶三等，茅茨不翦，采椽不刮。食土簋，啜土刑，粝粱之食，藜藿之羹。夏日葛衣，冬日鹿裘。"[1] 其送死，桐棺三寸[2]，举音不尽其哀。教丧礼，必以此为万民之率。使天下法若此，则尊卑无别也。夫世异时移，事业[3] 不必同，故曰"俭而难遵"。要曰强本节用，则人给家足之道也。此墨子之所长，虽百家弗能废也。

注释

1 "堂高三尺"十句：这十句引文并不见于《墨子》。《韩非子·五蠹》篇中有类似记载，但文字有出入，其文云："尧之王天下也，茅茨不翦，采椽不斫；粝粢之食，藜藿之羹；冬日麑裘，夏日葛衣。"堂：殿堂。土阶：夯土筑成的台阶。茅茨：用茅草、芦苇盖的屋顶。翦：修整。采椽：栎椽。土簋（guǐ）：古代陶制的盛食圆形器皿。啜（chuò）：饮，喝。土刑：亦作"土形""土铏"，陶制盛羹器皿。粝（lì）：粗粮。粱：《韩非子》作"粢（zī）"，亦即粗的谷物。藜：一年生草本植物，其嫩叶可食。藿：豆叶。葛衣：泛指粗陋之衣。葛，一种野生纤维植物，可用来织布。鹿裘：泛指粗笨之服。葛衣、鹿裘这里都是相对于丝帛和轻裘而言。2 桐棺三寸：《史记正义》云："以桐木为棺，厚三寸也。"桐木，一般的木料。此与儒家的以名贵木料为棺，厚六七寸相对照。举音：放声痛哭。3 事业：从事和追求的。

译文

墨家也崇尚尧舜的主张，宣讲他们的德行说："殿堂高三尺，夯土筑成的台阶三级，用茅草、芦苇盖的屋顶不加修整，用栎木做椽子不加刮削。用陶簋吃饭，用陶铏饮水，吃粗粮做的饭，喝藜藿做的汤。夏天穿葛布衣，冬天穿鹿皮裘。"他们为死者送葬，只用三寸厚的桐木棺材，放声恸哭也不能完全表达人们的哀情。传习丧葬礼仪，一定要用这些条件作为万民的标准。让天下人都这样做，那么尊卑就没有区别了。时代、社会变化着，人们从事和追求的不一定相同，所以说"墨家过分节俭使人难遵循"。它认为发展生产、减少开销，是使人富裕起来的好办法。这是墨家学说的长处，哪一家也不能否定。

法家不别亲疏，不殊[1]贵贱，一断于法，则亲亲尊尊之恩绝矣。可以行一时之计，而不可长用也，故曰"严而少恩"。若尊主卑臣，明分职[2]不得相逾越，虽百家弗能改也。

名家苛察缴绕，使人不得反其意，[3]专决于名而失人情，故曰"使人俭而善失真"。若夫控名责实，参伍不失，此不可不察也。[4]

注释

1 殊：不同，区别。2 分职：名分与职守。3 苛察：苛细考察。缴绕：烦琐，无原则地纠缠。4 控名责实：即循名责实。参（cān）伍：错综比较，加以验证。

译文

法家不分亲疏，不区别贵贱，一切都按照法律条文裁断，那么亲近亲人、尊敬长辈的美德就丧失了。法家这种主张是可以在一定时期里采用的政策，但它不可以长久地运用，所以说法家“严酷而缺少恩义”。至于像抬高君主、抑制臣子，明确各自的名分和职守而不能互相逾越的观点，是哪家也不能否定更易的。

名家过于重视细节，使人不能琢磨出事物的根本，一切取决于概念名称而失却了人之情理，所以说名家“使人受到拘束而容易丧失真情。”至于像循名求实、通过比较对证来使名称和实际相符的主张，也是不能不加以重视的。

道家无为，又曰无不为，[1] 其实易行，其辞难知。其术以虚无为本，以因循[2]为用。无成埶，无常形，故能究万物之情[3]。不为物先，不为物后，[4] 故能为万物主。有法无法，因时为业；[5] 有度无度，因物与合。[6] 故曰“圣人不朽，时变是守。[7] 虚者道之常也，因者君之纲”也。[8] 群臣并至，使各自明也。其实中其声者谓之端，实不中其声者谓之窾。[9] 窾言不听，奸乃不生，贤不肖自分，白黑乃形[10]。在所欲用耳，何事不成。乃合大道，混混冥冥，光耀天下，复反无名。[11] 凡人所生者神也，所托者形也。神大用则竭，形大劳则敝，形神离则死。死者不可复生，离者不可复反，故圣人重之。由是观之，神者生之本也，形者生之具[12]也。不先定其神形，而曰“我有以治天下”，何由哉？

注释

1 无为：指顺其自然而不加以人为（含有不必要的作为，甚或含有强作妄为）的意思。无为，乃是一种处事的态度和方法。陈鼓应《老子注译及评介》，“自然无为”是老子哲学最重要的一个概念。老子认为任何事物都应该顺任它自身的情状去发展，不必让外界的意志去制约它。事物本身就具有潜在性和可能性，不必由外附加的。因而老子提出“自然”观念，来说明不加一毫勉强作为的成分而任其自然伸展的状态。”无不为：是“无为”的效果，即是说，顺其自然便没有一件事做不好。2 因循：顺其自然。3 究：探求。情：情理。4 不为物先，不为物后：《史记集解》引韦昭曰：“因物为制。”5 有法无法，因时为业：《史记正义》云：“因时之物，或法为业。”意即道家亦有其法，但不以法为法，要顺应时势而成就其业。6 有度无度，因物与合：《史记正义》云：“因其万物之形成度与合也。”意即道家亦自有其度量和标准，但不以此为度，要根据万物各自的自身条件与其相吻合。7 圣人不朽，时变是守：《史记正义》云：“言圣人教迹不朽灭者，顺时变化。”8 虚：虚无。虚，不但是万物的根源，而且它所发挥出来的作用是永不穷竭的。道：在老子的观念中，“道”虽然没有固定的形体，但却是一个实在的存在体，它不仅在天地形成以前就存在，而且天地万物还是它所创生的。整个宇宙万物都随着“道”而永远在变在动，永不消失熄灭。常：规律。因：因循。9 实：实际。中（zhòng）：符合。声：名，名声。端：正，真实。窾（kuǎn）：空。10 形：显露。11 混混冥冥：原始蒙昧混沌状态。反：同“返”。12 具：依托，凭借。

译文

道家主张无为，也可以说无不为，这种主张实际上容易施行，但它的理论很难理解。它的学说以虚无作为万物的本源，以顺应自然作为实施的手段。万物没有固定不变的态势，没有经常存在的形式，所以能够探求万物存在的情理。做事不争先、不落后，所以能够成为万物的主宰。道家主张有法而不以法为法，要顺应时势成就事业；有度量和标准而不以它为度，要与万物自身的条件相吻合。所以说“圣人的事迹不朽灭的原因，就在于他们能把握形势和时间的变化。虚无是道的永恒规律，因循世事是君主治国的根本纲要”。把群臣召集在一处，使他们各自表现自我。名实相符的叫作真实，名实不符的叫作空洞。空洞的言论不听从，奸邪的事不会发生，贤能和不贤能自行分别，白的黑的就会显露出来。那时再择贤而用，有什么事不会成功？这样才会合于大道，显出蒙昧混沌的状态，光辉照耀天下，重又返回虚静无为的境界。大凡人所表现为生存状态的是精神，所寄托的是形体。精神过度耗费就会枯竭，形体过度劳累就会疲惫，形体与精神分离，人就会死亡。死了的人不可以再生，离去的形、神不可以再返回来结合在一起，所以圣人很看重这个问题。由此看来，精神是生命的根本，形体是生命的依托。不先安定自己的精神和形体，却说“我可以治理天下”，那你靠什么呢？

太史公既掌天官，不治民。有子曰迁。

迁生龙门，耕牧河山之阳。[1] 年十岁则诵古文[2]。二十而南游江、淮，上会稽，探禹穴，窥九疑，浮于沅、湘；[3] 北涉汶、泗，讲业齐、鲁之都，观孔子之遗风，乡射邹、峄；[4] 戹困鄱、薛、彭城，过梁、楚以归。[5] 于是迁仕为郎中，奉使西征巴、蜀以南，南略邛、笮、昆明，还报命。[6]

注释

1 龙门：亦叫禹门口，在今山西河津县西北，陕西韩城市东北。阳：南。2 古文：指用先秦篆文传抄的古书，如《尚书》《左传》《国语》等。3 会稽：指会稽山，在今浙江绍兴市东南。《史记集解》引张晏曰：“禹巡狩至会稽而崩，因葬焉。上有孔穴，民间云禹入此穴。”

九疑：即今九疑山。相传舜南巡，死后葬九疑。沅、湘：即沅江、湘江。4 汶、泗：即今流经山东省的汶水、泗水。齐、鲁之都：春秋时齐国和鲁国的都城临菑、曲阜。乡射：古代之射礼。邹：县名，在今山东邹城市东南。峄（yì）：峄山，在今山东邹城市南。5 厄困：处境艰难窘迫。鄱：又称“蕃”，县名，在今山东滕县。薛：县名，在今山东滕州南。彭城：县名，在今江苏徐州市。梁：诸侯王国名，都睢阳（在今河南商丘市南）。楚：诸侯王国名，都彭城。6 郎中：官名，皇帝的侍从，属郎中令（光禄勋）。略：治理，经略。邛、笮、昆明：均古部族名，在今四川、云南二省境内。

译文

司马谈担任太史令时，还掌管天文，但不管民事。他的儿子名叫司马迁。

司马迁出生在龙门，曾在黄河的北边和龙门山的南边过着耕种放牧的生活。他十岁时就开始诵读古文。二十岁开始往南去游历长江、淮河地区，登过会稽山，探寻过大禹曾进的洞穴，又到过九疑山，乘船通过沅江、湘江；往北到了汶水、泗水，还曾在齐国、鲁国旧都临菑、曲阜研习，领略了孔子的遗风，再到邹县、峄山演习乡射礼仪；在鄱县、薛县、彭城遇到了困境，路过梁地、楚地回到京城。返回不久，司马迁被任命为郎中，奉命出使巴、蜀以南地区，再往南经略邛、笮、昆明等部族，然后返回复命。

是岁天子始建汉家之封，而太史公留滞周南，不得与从事，故发愤且卒。[1]而子迁适使反[2]，见父于河洛之间。太史[3]公执迁手而泣曰：“余先周室之太史也。自上世尝显功名于虞夏，典[4]天官事。后世中衰，绝于予乎？汝复为太史，则续吾祖矣。今天子接千岁之统[5]，封泰山，而余不得从行，是命也夫，命也夫！余死，汝必为太史；为太史，无忘吾所欲论著矣。且夫孝始于事亲，中于事君，终于立身。[6]扬名于后世，以显父母，此孝之大者。夫天下称诵周公，言其能论歌文武之德，宣周邵之风，达太王、王季之思虑，爰及公刘，以尊后稷也。[7]幽厉之后，王道缺，礼乐衰，孔子修旧起废，论《诗》《书》，作《春秋》，则学者至今则之。[8]自获麟以来四百有余岁，而诸侯相兼，史记放绝。[9]今汉兴，海内一统，明主贤君忠臣死义之士，余为太史而弗论载，废天下之史文，余甚惧焉，汝其念哉！[10]”迁俯首流涕曰：“小子不敏，请悉论先人所次旧闻，弗敢阙。[11]”

注释

1 是岁：这年。指汉武帝元封元年（即公元前 110 年）。封：此指封禅大典，即帝王在泰山上封天（祭天），在泰山脚下梁父山上禅地（祭地）的祭祀活动。周南：同下文的“河洛之间”，在今洛阳一带。西周成王时，周公与召公分陕（陕县，在今河南三门峡市）而治，陕以东为周南，陕以西为召南。从事：参与封禅活动。发愤：忧愤发作。2 适使反：正巧出使返回。3 太史：亦作大（tài）史，西周至战国时为大臣之一，并兼管天文、历法、祭祀等。4 典：掌。5 千岁之统：已断绝千年的封禅大业。从西周成王登泰山封禅，到汉武帝时约九百余年。6 事亲：侍奉父母。立身：做人，树立自己的名声。7 文武：周文王、周武王。周邵：即周公，召公。太王：即周太王古公亶父。王季：即季历，文王父。爰及：乃至于，以及于。公刘：周族部落领袖，传为后稷曾孙。后稷：周族始祖，名弃，尧舜时的农官。8 幽厉：指周幽王、周厉王。则之：以此为准则。9 获麟：《春秋·哀公十四年》云：“春，西狩获麟。”时在公元前 481 年。四百有余岁：自获麟至元封元年，凡三百七十二年。史记：泛指史书。放绝：散失中断。10 死义：为大义而死。念：牢记。11 不敏：不聪明，笨拙。论：引述、编撰。次：顺序记事。阙：缺少，遗漏。

译文

这一年，天子第一次在泰山举行封禅大典，而司马谈却因病留在周南地区，不能前往参加大典活动，为此他深感遗憾，恼愤而将要死去。他的儿子司马迁正好出使返回，在黄河、洛水的相交地带见到了父亲。司马谈拉着司马迁的手哭泣着说：“咱家的祖先是周王室的太史。从上古之世起就扬名于世，掌管天文事务。后来中途衰落，难道要在我手里断绝吗？你若能被任命做太史，那就继承我们祖先的事业了。如今天子接续已断绝千年的封禅大业，登泰山封禅，而我不能跟着去，这是命吗？是命啊！我死了，估计你一定会做太史令；做了太史令，不要忘记我所想写的著作。再说孝道是从侍奉父母开始，接着是侍奉君王，最高层次是建立功名。扬名于后代，借以彰显父母，这是最大的孝道。天下人赞扬周公，是说他能歌颂周文王、武王的功德，使自己和邵公培育的风尚施于天下，知悉太王、王季的思虑以及公刘的功业，并尊崇后稷开创的业绩。周幽王、厉王以后，王道政治废缺，礼乐制度衰败，孔子研习旧时的文献，振兴被废弃的礼乐，讲论《诗》《书》，写作《春秋》，从而使学者们直到今日仍以他整理撰写的文献作为准则。从鲁哀公获麟以来已有四百多年，这中间诸侯们互相兼并，历史记载散失中断。如今汉朝兴起，海内形成统一局面，英明贤能的君主、忠贞的臣子以及为大义而死的士人的事迹颇多，我作为太史还没有来得及将其记下来，废弃了记载天下历史的传统，那是很可怕的，你要牢记在心呀！”司马迁低着头流着眼泪说：“我虽然笨拙，但一定会将您收集整理的资料编撰成书，决不会让它有一点儿缺失。”

卒三岁而迁为太史令，紬史记石室金匮之书。[1]五年而当太初元年，十一月甲子朔旦冬至，天历始改，建于明堂，诸神受纪。[2]

注释

1 太史令：官名，汉时隶太常，掌天文、历法、撰史。《史记索隐》引《博物志》：“太史令茂陵显武里大夫司马迁，年二十八，三年六月乙卯除，六百石。”据此推算，司马迁生于建元六年，即公元前 135 年。紬（chōu）：缀集。石室金匮：皆为朝廷收藏图书档案的处所。《史记新证》陈直按：“金匮有两种意义，属于书库者，如太史公金匮，及《金匮要略》是也；属于钱库者，如‘国宝金匮’是也。”2 太初元年：即公元前 104 年。太初，汉武帝年号。《史记集解》引李奇曰：“迁为太史后五年，适当于武帝太初元年，此时述《史记》。”《史记正义》：“迁年四十二岁。”据《正义》推算，司马迁生于汉景帝中元五年，即公元前 145 年。王国维经考证同意此说。甲子朔：甲子日这天正好是初一。旦：天明。天历：纪元和历法。明堂：古代帝王宣明政教的殿堂。诸神：指诸侯，诸侯为群神之主。受纪：谓接受新历法而遵循之。

译文

司马谈去世三年以后，司马迁当了太史令，他开始阅读朝廷石室、金匮中收藏的各类图书档案。他担任太史令五年后，正当太初元年，十一月甲子日初一天明是冬至时刻，纪元和历法开始更改，天子在明堂举行了颁用新历的仪式，各地诸侯开始遵循新历法。

太史公[1]曰：“先人[2]有言：‘自周公卒五百岁而有孔子。[3]孔子卒后至于今五百岁，有能绍明世，正《易传》，继《春秋》，本《诗》《书》《礼》《乐》之际？[4]’意在斯[5]乎！意在斯乎！小子何敢让[6]焉。”

注释

1 太史公：此指司马迁自身，下同。2 先人：指司马谈。3 周公：约生卒于公元前十一世纪。孔子：生于公元前551年9月28日，死于公元前479年。文中“五百岁”当为约数。4 绍：继承。本：不失本义。5 斯：此。6 让：辞让，推辞。

译文

太史公说：“先人曾经说过：‘周公去世后五百年而出现了孔子。孔子去世至今也已经五百年了，有谁能继承他的事业，正定《易传》，接续《春秋》，依据《诗》《书》《礼》《乐》各经的本义而写一部新的著作呢？’说不定这个人就在眼前吧！就在眼前吧！我怎么敢推辞呢？”

上大夫壶遂[1]曰：“昔孔子何为而作《春秋》哉？”太史公曰：“余闻董生[2]曰：‘周道衰废，孔子为鲁司寇，诸侯害之，大夫壅之。[3]孔子知言之不用，道之不行也，是非二百四十二年之中，以为天下仪表，贬天子，退诸侯，讨大夫，以达王事而已矣。[4]’子曰：‘我欲载之空言，不如见之于行事之深切著明也。[5]’夫《春秋》，上明三王之道，下辨人事之纪，别嫌疑，明是非，定犹豫，善善恶恶，贤贤贱不肖，存亡国，继绝世，补敝起废，王道之大者也。[6]《易》著天地阴阳四时五行[7]，故长于变；《礼》经纪[8]人伦，故长于行；《书》记先王之事，故长于政；《诗》记山川溪谷禽兽草木牝牡雌雄，故长于风；[9]《乐》乐所以立，故长于和；[10]《春秋》辩是非，故长于治人。是故《礼》以节人，《乐》以发和，《书》以道事，《诗》以达意，《易》以道化，《春秋》以道义。[11]拨乱世反之正[12]，莫近于《春秋》。《春秋》文成数万，其指数千。[13]万物之散聚皆在《春秋》。《春秋》之中，弑君三十六，亡国五十二，[14]诸侯奔走不得保其社稷者不可胜数。察其所以，皆失其本已。故《易》曰‘失之豪厘，差以千里’[15]。故曰‘臣弑君，子弑父，非一旦一夕之故也，其渐[16]久矣’。故有国者不可以不知《春秋》，前有谗而弗见，后有贼而不知；[17]为人臣者不可以不知《春秋》，守经事而不知其宜，遭变事而不知其权。[18]为人君父而不通于《春秋》之义者，必蒙首恶之名；为人臣子而不通于《春秋》之义者，必陷篡弑之诛，死罪之名。[19]其实皆以为善，为之不知其义，被之空言而不敢辞[20]。夫不通礼义之旨，至于君不君[21]，臣不臣，父不父，子不子。夫君不君则犯[22]，臣不臣则诛，父不父则无道，子不子则不孝。此四行者，天下之大过也。以天下之大过予之[23]，则受而弗敢辞。故《春秋》者，礼义之大宗[24]也。夫礼禁未然[25]之前，法施已然之后；法之所为用者易见，而礼之所为禁者难知。”

注释

1 上大夫：官名，秩二千石，汉代朝廷的高级顾问官。壶遂：西汉梁国人，时为詹事，天文学家，司马迁的好友，曾和司马迁一道制订太初历。2 董生：即董仲舒。3 司寇：西周所置官名，掌司法刑狱。害：忌恨。壅：阻挠，反对。4 是非：《史记索隐》："是非谓褒贬诸侯之得失也。" 二百四十二年：指《春秋》所记的历史时间（前 722 年至前 481 年）。仪表：准则。王事：王道，儒家的政治理想。5 "我欲载之" 句：《史记索隐》云："孔子之言见《春秋纬》，太史公引之以成说也。" 又云："孔子言我徒欲立空言，设褒贬，则不如附见于当时所因之事。人臣有僭侈篡逆，因就此笔削以褒贬，深切著明而书之，以为将来之诫者也。" 6 三王：指夏禹、商汤、周文王。人事：人情事理。纪：法式，原则。善善恶（wù）恶：褒扬好的事物，憎恶坏的事物。贤贤：尊崇贤能。贱不肖：鄙视不肖之人。补敝起废：补救衰败的，振兴荒废的。7 五行：指金、木、水、火、土五行相生相克的理论。8 经纪：条理，安排。9 牝牡：雌雄。风：风俗人情。10《乐》乐所以立：《乐》经是论述乐舞确立和存在的原因的。和：和谐。11 节：约束，规范。道化：阐明客观事物的变化。12 拨乱世反之正：平定乱世并使之返归正道。13 文：字。数万：《春秋》全文今实为一万六千五百余字。马端临以为"《春秋古经》虽《汉·艺文志》有之，然夫子所修之《春秋》，其本文世所不见，《汉》以来所编古经，俱自《三传》中取出，不特乖异，未可尽信。而三子以其意增损者有之，俱非《春秋》本文，指以为夫子所修之《春秋》可乎?" 梁玉绳以为马氏"所论甚确，然则《经》字之的数无从知之矣"。指：旨意。14 弑（shì）：古代称子杀父、臣杀君为弑。文中"弑君三十六，亡国五十二"，据梁玉绳《史记志疑》中考证，《春秋》经传记载弑君为三十七，亡国四十一。15 失之豪厘，差以千里：语出自《易纬·通卦验》。豪，通"毫"。16 渐：浸染。以上引文见《易·坤卦·文言》。17 谗：进谗言之人。贼：叛逆作乱之人。18 经事：日常事务，职责。宜：应当做的。权：权衡，变通。19 蒙：蒙受，遭遇。篡弑之诛：因犯篡位夺权杀君杀父之罪而被处以死刑。20 被之空言：受到舆论谴责。辞：辞绝，反驳。21 君不君：国君不像国君。下同此。22 犯：为臣下所冒犯。23 以天下之大过予之：把天下之大过的罪名加其头上。24 大宗：根本准则。25 未然：未成为事实之前。

译文

上大夫壶遂说："从前孔子为什么要撰写《春秋》呢?" 太史公说："我听董先生说：'周朝政治衰败废坏，孔子担任鲁国的司寇，诸侯们忌恨他，大夫们反对他。孔子知道自己的言论不会被采用，政治主张不能推行，就写了《春秋》，通过对春秋时二百四十二年的记事，对诸侯的得失进行褒贬，把它当作天下的准则，贬抑无道的天子，斥责为非的诸侯，声讨乱政的大夫，以表达自己王道政治的理想罢了。'孔子说：'我只记载下一些义理上的说教，就不如附之于当时已经发生的具体史事上那样深刻、显著、明确。'要说《春秋》，在上阐明了夏、商、周三王的治国之道，在下分辨出社会上的人情事理原则，使人消除怀疑，辨明是非，下定决心，它表彰好的，憎恶坏的，尊崇贤能的，鄙视不贤能的，它将那些即将灭亡的国家保存下来，将那些已断绝的世系再延续下去，补救衰败的，振兴荒废的，这是王道政治中最重要的方面。《易》记述天地阴阳四时五行，所以其长处在注重变化；《礼》安排人伦关系，所以其长处在指导行动；《书》记述先王的事迹，所以其长处在指导政治；《诗》记述山川溪谷禽兽草木牝牡雌雄，所以其长处在观察风俗；《乐》论述乐舞确立和存在的原因和条件，所以其长处在使人关系和睦；《春秋》辨明是非，所以其长处在治人。因此，《礼》是用来节制人行为的，《乐》是用来使人快乐和睦的，《书》是用来指导政事的，《诗》是用来表达人们情意的，《易》是用来阐述客观世界的变化道理的，《春秋》是用来说明义理原则的。平定乱世并让它返归正道，没有比学习《春秋》更重要。《春秋》只写了几万字，其中的旨意有数千条。万事的兴衰成败都综合记述在《春秋》之中。《春秋》所记事件中，弑君的有三十六起，亡国的有五十二个，诸侯奔逃而不能保全自己国家的不可胜数。考察出现这种情况的原因，都是因为失却了立政的根基。所以《易》中说'失之毫厘，差以千里'。因此说'臣下弑杀君主，儿子弑杀父亲，不是一朝一夕的缘故，其原因是长期累积起来的'。做国君的人不可以不了解《春秋》，要不前面有小人还觉察不出来，后面有了贼臣还不能识破；做臣子的人不可以不了解《春秋》，要不处理日常事务就不知道恰当标准，遭遇突发事件就不知道权衡变化。做为君主、父亲不通晓《春秋》义理的，必定会蒙受为首作恶的名声；做为大臣、儿子不通晓《春秋》义理的，必定会陷入因犯篡位夺权杀君杀父而被处以死刑的境地，获得犯有死罪的恶名。也许他们当时都认为自己在做善事，因为他们不了解其中的义理，遭遇到舆论谴责也不敢反驳。要是不通晓礼义的大旨，就会君不像君，臣不像臣，父不像父，子不像儿。如果君不像君，就会被臣下干犯；臣不像臣，就会被诛杀；父不像父，就会昏聩无道；儿不像儿子，就会不尽孝道。这四种行为，是天下的最大罪过。把天下的最大罪过加在他身上，他就要接受而不敢辩解。所以《春秋》是礼义的根本准则。礼是事先防预做坏事的，法律是事后惩罚做坏事的；法律所能发挥的作用显而易见，而礼所起的预先防范作用很难让人了解。"

壶遂曰："孔子之时，上无明君，下不得任用，故作《春秋》，垂空文以断礼义，当一王之法。[1] 今夫子上遇明天子，下得守职，万事既具，咸各序其宜，[2] 夫子所论，欲以何明？"

太史公曰："唯唯，否否，不然。[3] 余闻之先人曰：'伏羲[4] 至纯厚，作《易》八卦。尧舜之盛，《尚书》载之，礼乐作焉[5]。汤武[6] 之隆，诗人歌之。《春秋》采善贬恶，推三代之德，褒周室，非独刺讥而已也。[7]'汉兴以来，至明天子，获符瑞，封禅，改正朔，易服色，受命于穆清，泽流罔极，海外殊俗，重译款塞，[8] 请来献见者，不可胜道。臣下百官力诵圣德，犹不能宣尽其意。且士贤能而不用，有国者之耻；主上明圣而德不布闻[9]，有司之过也。且余尝掌其官，废明圣盛德不载，灭功臣世家贤大夫之业不述，堕[10] 先人所言，罪莫大焉。余所谓述故事，整齐其世传，非所谓作也，[11] 而君比之于《春秋》，谬矣。"

注释

1 垂：流传。当一王之法：成为圣王的经典。2 夫子：对对方的敬称，你。序：安排，编排。3 唯唯：自谦应酬之声。否否：表示不同意。4 伏羲：传说中人类的始祖。5 作：兴起。焉：兼词，于此。6 汤武：即商汤、周武王。7 推：光扬。刺讥：讽刺，喻示。8 符瑞：吉祥的征兆。正朔：历法。服色：服用器物的颜色。穆清：上天。罔：无。重（chóng）译：指几经翻译才能通话的国家或民族。款塞：叩塞门，即通使、交往。款，叩，敲。9 布闻：流布传扬。10 堕：毁坏，抛弃。11 整齐：整理并使之齐一。世传：家世，历代之传记。作：创作。

译文

壶遂说："孔子那个时候，在上没有英明国君，在下自己得不到任用，所以写作《春秋》，通过记述留传下来的史事来裁断礼义，使其成为圣王的法典。如今，在上有圣明天子，您自己又做了官，万事都已完备，各方面都安排得合其所宜，您写书是什么意图？"

太史公说："噢噢，不不，不是这样。我从先人那里听说：'伏羲氏最为纯厚，制作了《易》的八卦。尧舜时期的兴盛，《尚书》里面都记载了，音乐歌舞在那时兴起。汤武的隆盛，受到诗人们的歌颂。《春秋》采择善的，贬斥恶的，推崇夏商周三代的功德，称颂周王室，不只是进行讥刺呀。'汉家兴起以来，特别是在当今英明的天子在位，获得吉祥征兆，行封禅大礼，改变历法，更换器服的颜色，受命于上天，恩泽流布没有穷极，海外不同习俗的地区，通过多重翻译叩开关塞，请求前来进献拜见的，讲都讲不尽。臣下百官努力诵扬圣明恩德，还是不能完全表达他们的意思。况且士人贤能而不被任用，这是国君的耻辱；主上英明贤圣而他的功德没有流布传扬，这是主管官员的过错。况且我曾经担任太史令官职，把主上的英明贤圣及其盛大功德废弃而不加记载，把功臣世家贤大夫们的业绩抹杀而不加记述，抛弃了我先人所教导的，没有什么罪过比这更大了。我所说的是记述过往的故事，将世间流传的传记资料加以整理，并不是孔子那种独立创作，而您把它和《春秋》相比较，是荒谬的。”

于是论次其文。七年而太史公遭李陵之祸，幽于缧绁。[1] 乃喟然而叹曰：“是余之罪也夫！是余之罪也夫！身毁不用矣。”退而深惟[2]曰：“夫《诗》《书》隐约者，欲遂其志之思也。[3] 昔西伯拘羑里[4]，演《周易》；孔子厄陈蔡[5]，作《春秋》；屈原放逐，著《离骚》；左丘失明，厥有《国语》；[6] 孙子膑[7]脚，而论兵法；不韦迁蜀，世传《吕览》；[8] 韩非囚秦，《说难》《孤愤》[9]；《诗》三百篇，大抵贤圣发愤[10]之所为作也。此人皆意有所郁结[11]，不得通其道也，故述往事，思来者。”于是卒述陶唐以来，至于麟止，自黄帝始。[12]

注释

1 李陵之祸：汉武帝天汉二年（前 99），汉将李陵击匈奴力竭而降，司马迁因言李陵之事，得罪下狱，受宫刑。幽：囚禁。缧绁（léi xiè）：本指捆绑犯人的大绳，此指监狱。2 惟：思考。3 隐约：含意隐微而言辞简约。遂：实现。4 西伯：即周文王。羑（yǒu）里：古地名，在今河南汤阴县北。5 陈：春秋时的陈国，都今河南淮阳县。蔡：春秋时的蔡国，都今河南上蔡县。6 左丘：即左丘明，据传他双目失明。厥：乃，才。7 孙子：此指孙膑。膑：古代剔除膝盖骨的酷刑。8 不韦：即吕不韦。《吕览》：即《吕氏春秋》，因书中有“八览”而名。9《说难》《孤愤》：皆为《韩非子》中的篇名。10 发愤：抒发忧愤。11 意：思想，想法。郁结：思虑烦冤不得发舒。12 陶唐：指尧。麟：此指汉武帝元狩元年（前 122），据传此年获麟。司马迁作《史记》不止乎获麟，实乃仰希《春秋》止于获麟之意。

译文

于是太史公开始编排史料，写成文章。经过七年，他遭遇到李陵事件的祸患，被囚禁在监狱中。他很有感触地叹息说：“这是我的罪过吗？这是我的罪过吗？我的身体已被毁伤，我恐怕再也做不了什么事了。”他冷静下来思考，说：“《诗》《书》写得含义隐微而言辞简约，是著述者想实现他们的志向。从前西伯昌被拘囚在羑里，推演了《周易》；孔子在陈、蔡二国受到困厄，写出了《春秋》；屈原被放逐，撰著了《离骚》；左丘明双目失明，写就了《国语》；孙子被处以膑刑，就论列了兵法；吕不韦流放到蜀地，世上才会有《吕氏春秋》流传；韩非囚禁在秦国，才有了《说难》《孤愤》；《诗》三百篇，大体上都是贤圣们因为抒发忧愤写出来的。这些人都是有想法而得不到施展，所以通过写书来记述往事，以求被后人理解。”于是太史公记述了陶唐以来的事情，止笔于汉武帝获麟的那一年，起始于黄帝的事迹。

维昔黄帝，法天则地，四圣遵序，各成法度；[1] 唐尧逊位，虞舜不台；[2] 厥[3] 美帝功，万世载之。作《五帝本纪》第一。

维禹之功，九州攸同，光唐虞际，德流苗裔；[4] 夏桀淫骄，乃放鸣条。[5] 作《夏本纪》第二。

维契作商，爰及成汤；[6] 太甲居桐，德盛阿衡；[7] 武丁得说，乃称高宗；[8] 帝辛湛湎，诸侯不享。[9] 作《殷本纪》第三。

注释

1 维：句首语气词。下同。法天则地：效法天地。四圣：指颛顼，帝喾、尧、舜。2 逊位：让位。台（yí）：通“怡”。愉快。3 厥：其。4 攸：作用同“是”。苗裔：后代。5 夏桀：夏朝亡国之君，名履癸。放：放逐。鸣条：古地名，在今河南封丘县东。一说在今山西运城市安邑镇北。6 契（xiè）：商之始祖。作：兴。成汤：即商汤。7 太甲：汤的嫡长孙，商第五代国君。桐：古地名，在今河南商丘市虞城县东北。阿衡：官名，相当于后之宰相，伊尹为第一任阿衡。一说阿衡为伊尹名。8 武丁：商之第二十三代国君，后称为高宗。说：即傅说，武丁大臣。9 帝辛：即商纣王。 湛（chén）湎：沉迷酒色。湛，通“沉”。享：本指用食物供奉鬼神，此引申为朝贡纳谏。

译文

从前黄帝，依据天地的准则做事，颛顼、帝喾、尧、舜四位圣明帝王遵循治道，各自创立法度；唐尧要让位给虞舜，虞舜认为自己不堪重任而心中恐惧；这些帝王的美德丰功，万世流传。作《五帝本纪》第一。

大禹治水的丰功，九州同享安定，光耀在唐虞时期，功德流及后代子孙；夏桀淫乱骄纵，于是被流放到了鸣条。作《夏本纪》第二。

契使商朝兴起，直到成汤建立商朝；太甲迁居到桐地悔过，功德隆盛是因为有阿衡的辅佐；武丁得到了傅说，就被称颂为高宗；帝辛沉湎酒色，诸侯国不来朝贡。作《殷本纪》第三。

维弃作稷[1]，德盛西伯；武王牧野[2]，实抚天下；幽厉昏乱，既丧酆镐[3]；陵迟至赧，洛邑不祀。[4]作《周本纪》第四。

维秦之先，伯翳[5]佐禹；穆公思义，悼豪之旅；[6]以人为殉，诗歌《黄鸟》[7]；昭襄业帝[8]。作《秦本纪》第五。

始皇既立，并兼六国，销锋铸鐻，维偃干革，[9]尊号称帝，矜武任力；二世受运，子婴降虏。[10]作《始皇本纪》第六。

注释

1 弃：后稷之名。作稷：发明种谷。2 牧野：周武王在牧野之战中打败纣王。3 酆镐：周文王都酆，周武王都镐。4 陵迟：衰落。赧（nǎn）：周赧，东周末代国王。不祀：不能祭祀。5 伯翳（yì）：即伯益，秦始祖。6 穆公：即秦穆公。豪：即"崤"，崤山。秦曾与晋在崤交战，为晋所败。7《黄鸟》：《诗经·秦风》中的一篇，诗中对秦穆公死后以一百七十人殉葬深为不满。8 昭襄：即秦昭襄王。业帝：创立帝业。梁玉绳未得《史记》宏旨，故评为："史公以天子为《本纪》，诸侯为《世家》。三王事简，不别其代，义统于天子也。若秦庄襄已上，爵在诸侯，而编同《本纪》何哉？且秦天下所共恶也……乃分列二《纪》，与三王殊例，似乎不合，当并《始皇》作一篇为允。倘因事繁文重，则依《史通》《索隐》之说降为《秦世家》，拔始皇以承周赧，不善善乎？"9 销锋：熔化兵器。鐻（jù）：原指悬挂钟的架子，此泛指乐器。偃：停息。干革：干戈，战争。10 二世：秦二世胡亥。受运：享受国运。子婴：始皇孙，秦二世兄子，二世死后被赵高立为王。

译文

农耕由弃开始，周家功德隆盛时期在于西伯；武王牧野誓师灭商，安抚整个天下；幽王、厉王昏乱，也就丧失了丰、镐之地；到赧王时，雒邑的祭祀断绝。作《周本纪》第四。

秦国的祖先伯翳，辅佐大禹治水有功；穆公追思仁义，追悼崤山败亡的军旅；他死后用人殉葬，诗人作《黄鸟》之歌哀伤；昭襄王建立了帝业。作《秦本纪》第五。

始皇继位以后，兼并六国诸侯，销熔兵器铸成钟镰，以求永息战争，尊号称为皇帝，矜夸武功崇尚武力；二世篡夺帝位，子婴投降为虏。作《始皇本纪》第六。

秦失其道，豪桀并扰；项梁业之，子羽接之；[1] 杀庆[2]救赵，诸侯立之；诛婴背怀，天下非之。[3] 作《项羽本纪》第七。

子羽暴虐，汉[4]行功德；愤发蜀汉，还定三秦；[5] 诛籍[6]业帝，天下惟宁，改制易俗。作《高祖本纪》第八。

惠之早霣[7]，诸吕不台；崇强禄、产[8]，诸侯谋之；杀隐幽友，大臣洞疑，遂及宗祸。[9] 作《吕太后本纪》第九。

注释

1 桀：通“杰”。项梁：秦末农民起义军首领，项羽叔父。业之：建立功业。2 庆：指宋义。秦末农民起义军首领之一，因其号“庆子冠军”而名。3 婴：即子婴。怀：指楚怀王熊心，项羽立之为王。非：非难，指责。梁玉绳认为：“霸王者即当时诸侯，何以纪为。班彪讥迁进项羽，唐、宋以来如小司马补《史》及《史通》《后汉书》注，《容斋随笔》《续古今考》诸书言项羽不得列《本纪》，皆本班氏。惟《路史后纪》二谓高祖之王出于项籍，天下之势在籍。高祖固出其下，以《史记》纪籍为得编年之法，盖与欲作‘义帝本纪’者同妄矣。”梁氏此评不得《史记》要领，而“天下之势在籍”，正一语中的。4 汉：指汉王刘邦。5 愤发：发愤自强。三秦：关中。6 籍：即项羽，名籍。7 惠：汉惠帝刘盈。霣（yǔn）：通“殒”，死亡。8 崇强：抬高地位，加强势力。禄、产：即吕禄、吕产，吕后兄子。9 隐：指赵隐王刘如意。幽：幽禁。友：赵幽王刘友。洞疑：惶恐。洞，通“恫”。梁玉绳以为：“《史》以吕后作《纪》，全没惠帝及两少帝，附见牝朝，未免乖违。班《书》虽补孝惠而仍纪高后削少帝，无怪乎神玺在握，火德犹存，而居摄建年。不编平帝之末，孺子主祭，咸书《莽传》之中矣。后之《唐书》纪武氏，亦缘《史》误，而论者谓纪吕、武不没其实，合《春秋》之法，岂不异乎？”详见《史记志疑·太史公自序》。然梁氏之评论观点趋于保守。

译文

秦朝丧失王道，豪杰并起反叛；项梁建立反秦大业，项羽接续推进；杀了庆子冠军而援救赵国，诸侯共同拥立为霸王；诛杀子婴背弃怀王，天下都责难他。作《项羽本纪》第七。

项羽暴虐残酷，汉家建功立德；从巴蜀、汉中发愤而起，回师平定三秦地区；诛杀项籍建立帝业，天下安宁，从而改革制度变易风俗。作《高祖本纪》第八。

惠帝早逝，吕氏家族掌权不受百姓欢迎；尊崇加强吕禄、吕产势力，诸侯王图谋铲除他们；吕后杀死赵隐王幽禁刘友，造成大臣惶恐，以至于吕氏有灭宗之祸。作《吕太后本纪》第九。

汉既初兴，继嗣不明，迎王践祚，天下归心；[1] 蠲除肉刑，开通关梁，广恩博施，厥称太宗。[2] 作《孝文本纪》第十。

诸侯骄恣，吴首为乱，京师行诛，七国伏辜，天下翕然，大安殷富。[3] 作《孝景本纪》第十一。

汉兴五世，隆在建元，外攘夷狄，[4] 内修法度，封禅，改正朔，易服色。作《今上本纪》第十二。

注释

1 继嗣：继承人。迎王：迎立代王刘恒。践祚：继帝位。2 蠲（juān）：免除。关梁：关卡津梁，即水陆交通要道。太宗：汉文帝的庙号。3 吴：指吴王刘濞。伏辜：伏罪。翕（xī）然：安定的样子。大安：太平。4 建元：汉武帝的第一个年号。攘：排斥。

译文

汉朝建立不久，皇位继承人不明，迎立代王继承帝位，天下民心归服；免除肉刑，开通关梁，广泛施予恩德，因此被称为太宗。作《孝文本纪》第十。

诸侯王骄横纵恣，吴王刘濞倡首作乱，京师调兵进行诛罚，七国因此伏罪，天下安定，太平富裕。作《孝景本纪》第十一。

汉代兴起五代，隆盛时期在建元年间，因而对外抵御夷狄，对内修明法度，举行封禅大典，更改历法，变换车服颜色。作《今上本纪》第十二。

维三代尚矣，年纪不可考，盖取之谱牒旧闻，本于兹，[1] 于是略推，作《三代世表》第一。

幽厉之后，周室衰微，诸侯专政[2]，《春秋》有所不纪；而谱牒经略，五霸更

盛衰，[3]欲睹周世相先后之意，作《十二诸侯年表》第二。

春秋之后，陪臣秉政，强国相王；[4]以至于秦，卒并诸夏，灭封地，擅其号。[5]作《六国年表》第三。

秦既暴虐，楚人发难，项氏遂乱，汉[6]乃扶义征伐；八年之间，天下三嬗[7]，事繁变众，故详著《秦楚之际月表》第四。

汉兴已来，至于太初百年，诸侯废立分削，谱纪不明，有司靡踵，强弱之原云以世。[8]作《汉兴已来诸侯年表》第五。

注释

1 尚：久远。尚，通“上”，上古。年纪：年代的记载。谱牒：记载家族、宗族或氏族世系的书，一般的形式均为谱表之类。兹：此。2 专政：各自为政。3 经略：概要，简要。更：交替。4 陪臣：诸侯国大夫对天子自称陪臣。秉：持，执。相王：交相称王。5 诸夏：指中原六国。擅其号：独揽“皇”与“帝”两个名号。6 汉：汉王刘邦。7 三嬗：此指陈胜、项羽、刘邦先后号令天下。嬗，更替，变迁。8 已：通“以”。靡踵：没有接续。原：原因，情况。

译文

夏、商、周三代距今已经很远了，历史纪年不可以具体推考，大致取材于谱牒旧闻，以此作为依据，大略推论，作《三代世表》第一。

周幽王、厉王以后，周王室衰败，诸侯各自为政，《春秋》对有些内容不加记载；谱牒记述简略，体现出五霸更替盛衰的面貌，为了考察周代各诸侯国先后的关系，作《十二诸侯年表》第二。

春秋以后，陪臣掌管国政，强国交相称王；一直发展到秦朝，终于并吞了中原各国，废除了封地，尊称为皇帝。作《六国年表》第三。

秦朝推行暴政，楚人发动起义，项氏乘机作乱，汉王于是高举义旗从事征伐；八年中间，天下大势主掌人三次更递，事情繁杂变化众多，所以详细著录《秦楚之际月表》第四。

从汉朝建立到太初年间，已有百年，诸侯王废除置立封地分割削弱，列谱记载不明确，有关主管官员也无法接续，弄清诸侯强弱变化的原因。作《汉兴已来诸侯王年表》第五。

维高祖元功，辅臣股肱，剖符而爵，泽流苗裔，忘其昭穆，或杀身陨国。[1]作《高祖功臣侯者年表》第六。

惠景之间，维申功臣宗属爵邑，作《惠景间侯者年表》第七。[2]

北讨强胡，南诛劲越，征伐夷蛮，武功爰[3]列。作《建元以来侯者年表》第八。

诸侯既强，七国为从，子弟众多，无爵封邑，推恩行义，其埶销弱，德归京师。[4]作《王子侯者年表》第九。

国有贤相良将，民之师表也。维见汉兴以来将相名臣年表，贤者记其治，不贤者彰其事。[5]作《汉兴以来将相名臣年表》第十。

注释

1 元功：元勋，首功。股肱：得力助手。昭穆：古代宗法制度规定，宗庙和坟葬排位均有次序，始祖居中，以下父子递为昭穆，左为昭，右为穆。此处代指祖宗、祖先。陨国：亡国。2 惠景：汉惠帝、汉景帝。申：扩大。3 爰：于是，就。4 从：通“纵”。京师：朝廷。5 治：治政的业绩。彰：彰显。

译文

高祖时期的元勋，成为得力助手的辅佐大臣，剖分符节赐给爵位，恩泽流传至后代子孙，由于忘记了祖宗的功德遗训，有的招致了杀身亡国之祸。作《高祖功臣侯者年表》第六。

惠帝景帝期间，扩展了功臣宗属的封爵食邑，作《惠景间侯者年表》第七。

往北征讨强悍的胡人，往南诛伐强劲的越人，征讨诛伐蛮夷部落，因为武功受封的人于是增多。作《建元以来侯者年表》第八。

诸侯国过于强大，七国联合反叛，他们子弟众多，没有爵位封邑，行推恩令广施仁义，其后他们势力削弱，功德归于朝廷。作《王子侯者年表》第九。

贤相良将，是民众的表率。考察了汉兴以来将相名臣年表，是贤能的记述他们的治绩，不贤能的彰显他们的劣迹。作《汉兴以来将相名臣年表》第十。

维三代之礼，所损益各殊务，然要以近情性，通王道，故礼因人质为之节文，略协古今之变。[1]作《礼书》第一。

乐[2]者，所以移风易俗也。自《雅》《颂》声兴，则已好郑卫之音，郑卫之音

所从来久矣。[3] 人情之所感，远俗则怀[4]。比《乐书》以述来古[5]，作《乐书》第二。

注释

1 损益：减增。殊务：志趣不同。要：要领，关键。近性情：近乎世俗人情。质：质朴无华。节文：节制文采装饰。2 乐：音乐。3《雅》《颂》：《诗经》中的两部分。郑卫之音：《诗经》三大部分中《风》的一部分，一般均为地方乐歌，郑、卫两国的民间音乐很有特色，但儒家视其为淫乐而加以排斥。4 远俗则怀：《史记集解》引徐广曰："乐者所以感和人情。人情既感，则远方殊俗莫不怀柔向化也。"5 比：排列，编次。来古：自古以来。

译文

夏、商、周三代的礼仪各不相同，内容上所进行的增减体现出各自不同的志趣，然而关键在于运用礼仪要接近世俗人情，通达王道政治，所以礼仪总是根据人们的实际生活而予以规范，以顺应古今时势的变化。作《礼书》第一。

音乐，是用来移风易俗的手段。自从《雅》《颂》之声兴起，就已有人喜好郑卫地区的音乐，郑卫地区的音乐产生已经很久了。人情要是被感发，远方殊俗之人就会怀柔向化。编《乐书》以记述从古以来音乐的发展，作《乐书》第二。

非兵不强，非德不昌，黄帝、汤、武以兴，桀、纣、二世[1] 以崩，可不慎欤?《司马法》所从来尚矣，太公、孙、吴、王子能绍而明之，切近世，极人变。[2] 作《律书》第三。

律居阴而治阳，历居阳而治阴，律历更相治，间不容翲忽。[3] 五家之文怫异，维太初之元论。[4] 作《历书》第四。

注释

1 二世：秦二世。2《司马法》：即《司马穰苴兵法》，古代兵书。司马穰苴，名田穰苴，春秋时齐国大夫。详见《司马穰苴列传》。《汉书·艺文志》载《司马法》一百五十篇，今仅存五篇。尚：通"上"，上古，久远。太公：指姜太公。孙：孙武、孙膑。吴：吴起。王子：即王子成甫。春秋时齐国大夫，惠公时，曾攻杀入侵之长翟。切：切合，符合。极：极尽，透彻了解。3"律居阴而治阳"四句：古人解释宇宙生成和万物变化均用阴、阳二气来加以说明。律、历也是一阴一阳相辅为用的。一年的十二月与十二律相配合，律以候气使人预知气候的变化，即居阴治阳；历观察推测日月五星的运行使人知道季节的来临，即居阳治阴。律、历配合为用，使人掌握季节气候的变化没有丝毫的差错。律，乐律，有十二律，阳六为律，阴六为吕。历，以历法推算日月星辰运行及季节时令的方法。间：其间，中间。翲（miǎo）忽：丝毫差错。翲，通“秒”。秒、忽均为古代的长度单位，忽为一寸的万分之一，十忽为一秒。4 五家：《史记正义》：“五家谓黄帝、颛顼、夏、殷、周之历。”悖：通“悖”。维太初之元论：唯有太初元年论定的历法为是。

译文

没有军队国家不会强盛，没有恩德事业不会昌盛，黄帝、商汤、周武王因此而功业兴盛，夏桀、商纣、秦二世违背这个道理而国家败亡，因此，可以不慎重对待用兵吗？《司马法》的产生已经很久远了，姜太公、孙武、孙膑、吴起、王子成甫的兵法能够继承并进一步阐明，切合近代的形势，充分展示了他们的才能。作《律书》第三。

乐律居于阴位而治理阳极，历法居于阳位而治理阴极，乐律、历法更替着相互发生作用，其间不容许有丝毫差错。黄帝、颛顼、夏、殷、周五家历法各不相同，唯有太初元年论定的历法最为妥当。作《历书》第四。

星气之书，多杂禨祥，不经；[1] 推其文，考其应，不殊。[2] 比集论其行事，验于轨度以次，作《天官书》第五。[3]

受命而王，封禅之符罕用，用则万灵罔不禋祀[4]。追本[5]诸神名山大川礼，作《封禅书》第六。

注释

1 星气之书：论及星象、气数之书。禨（jī）祥：吉凶之预兆。经：常规。2 应：应验。不殊：没有差别。3 比集：汇集。验于轨度以次：依次按轨道躔（chán）度加以验证。轨度，指日、月运行的轨道躔度。4 万灵：万千神灵。罔：没有。禋（yīn）祀：享受祭祀。5 追本：追根溯源。

译文

说明星气的书籍，多数杂有凶吉预兆的言论，不合常规；推演其中的文字，考察它们的应验，没有差别。等到汇集专家来讨论有关星气的事，又按照日月运行的轨道躔度加以验证，作《天官书》第五。

接受天命而成为帝王，举行封禅大礼的符瑞之事很少举行，只要举行封禅大典，那么万千神灵无不享受祭祀。追溯并根据各种神灵和名山大川的祭祀礼仪，作《封禅书》第六。

维禹浚川，九州攸宁；[1] 爰及宣防[2]，决渎通沟。作《河渠书》第七。

维币之行，以通农商；其极则玩巧，并兼兹殖，争于机利，去本趋末。作《平准书》以观事变，第八。

注释

1 浚（jùn）：疏通。攸宁：得以安宁。攸，词缀。2 宣防：即宣防宫。元封二年（前 109）汉武帝亲临黄河瓠子口，指挥堵塞决口，成功后建宣防宫于堤上纪念。

译文

大禹疏浚河川，九州得以安宁；一直到天子亲临堵塞黄河瓠子口而建宣防宫，决通沟渎的事业更为发展。作《河渠书》第七。

钱币的发行，是为了使农商的交易畅通；发展到顶点就会玩弄诈巧，为赚钱而相互兼并的人越来越多，人们争相投机去获利，以致出现放弃农业而趋赴商业的弊病。作《平准书》第八来观察事势变化。

太伯避历，江蛮是适；[1] 文武攸兴，古公[2] 王迹。阖庐弑僚，宾服荆楚；[3] 夫差克齐，子胥鸱夷；[4] 信嚭[5] 亲越，吴国既灭。嘉伯之让[6]，作《吴世家》第一。

注释

1 太伯：即周太王长子泰伯。历：即季历，周太王幼子。江蛮：长江以南蛮夷之地。2 古公：指古公亶父。3 阖庐：一作阖闾。春秋末吴国国君，名光。僚：吴王僚，吴国国君。宾服：降服。荆楚：即楚国。4 夫差：春秋末吴国国君，阖闾之子。子胥：即伍子胥。鸱（chī）夷：皮制的口袋。吴王夫差令子胥自杀后，以鸱夷盛其尸投入江中。5 嚭（pǐ）：即吴国大臣伯嚭。6 嘉伯之让：赞美泰伯让位之美德。

译文

太伯为了让位给季历，逃到了江南蛮族区域；周文王、武王从此兴盛起来，发展了古公亶父的王业。阖闾弑杀了王僚，降服了楚国；夫差战胜了齐国，谋臣伍子胥自杀后被用革囊盛尸投入江中；信任伯嚭而亲近越国，吴国终于被灭。赞美泰伯让位的美德，作《吴世家》第一。

申、吕肖矣，尚父侧微，卒归西伯，文武是师[1]；功冠群公，缪权于幽[2]；番番黄发，爰飨营丘。[3]不背柯盟，桓公以昌，九合诸侯，霸功显彰。[4]田、阚争宠，姜姓解亡。[5]嘉父[6]之谋，作《齐太公世家》第二。

注释

1 申：姜姓古国。吕：姜姓古国。申、吕二国均在今河南南阳市附近。肖：衰微。尚父：姜太公吕尚。侧微：微贱。西伯：周文王。文武是师：周文王、武王以其为太师。2 缪权于幽：谓在暗中周密谋划。缪，绸缪。权，权变，权谋。3 番（pó）番：同“皤皤”，白发貌。黄发：《史记集解》：“言老人发白而更黄也。”飨：通“享”，享受，受封。营丘：都邑名，后为齐国临菑，在今山东淄博市临淄区西北临淄故城。4 柯盟：即齐鲁柯之盟。柯，邑名，在今山东东阿县西南。桓公：即齐桓公小白。九：泛指多次。5 田、阚争宠：指齐国两大夫田恒与阚止互相争权，最终田氏胜，田氏代专齐政，姜齐变为田齐。解：瓦解。6 父：即姜太公尚父。

译文

申国、吕国衰败了，姜尚父地位微贱，老来辅佐西伯昌，文王、武王拜他做了太师；功劳在群公之上，因为暗中帮助文、武王谋划灭商；年高发白的老人，于是被封于营丘。不肯背弃齐鲁的柯邑之盟，桓公因此而昌盛，多次会盟诸侯，霸功显扬。田恒和阚止互相争权，姜姓齐国瓦解灭亡。赞美姜尚父的谋略，作《齐太公世家》第二。

依之违之，周公绥之；[1]愤发文德[2]，天下和之；辅翼成王，诸侯宗周。[3]隐桓之际，是独何哉？[4]三桓[5]争强，鲁乃不昌。嘉旦《金滕》[6]，作《周公世家》第三。

注释

1 依：依从，归服。违：反对，叛逆。绥：安抚，安定。2 愤发文德：努力振兴文教礼乐之德。3 成王：即周成王姬诵。宗：尊奉。4 隐桓之际：鲁隐公、鲁桓公时期（前 722 年至前 694 年），在此期间国内混乱篡弑。是独何哉：鲁国独独是这样，为什么呢？5 三桓：春秋后期掌握鲁国权力的三家贵族，即孟孙氏、叔孙氏、季孙氏，均为鲁桓公三子的后代，故称。6 旦：周公旦。《金縢》：此指表明周公忠心的金縢之书。

译文

诸侯和部族对周室有的依从，有的违叛，周公都实行安抚；努力振兴文教礼乐之德，天下因此而和谐；辅佐成王，诸侯都尊奉周天子为天下宗主。隐公、桓公时期偏偏出现混乱，这又是因为什么呢？三桓互相争权，鲁国从此不昌。赞美周公旦的《金縢》策文，作《周公世家》第三。

武王克纣，天下未协[1]而崩。成王既幼，管蔡疑之，淮夷叛之，于是召公率德，[2]安集王室，以宁东土。燕哙之禅[3]，乃成祸乱。嘉《甘棠》之诗[4]，作《燕世家》第四。

注释

1 协：和谐安宁。2 管蔡：即武王的两个弟弟管叔、蔡叔。淮夷：当时分布于今淮河下游的部族。召（shào）公：即邵公。率德：率之以德，支持周公。3 燕哙之禅：指燕王哙禅位之事。4《甘棠》之诗：《甘棠》为《诗经·召南》篇名，赞美召公之美德。

译文

武王战胜了商纣，天下还没有安定，他就去世了。成王年纪还小，管叔、蔡叔怀疑周公的用意，淮夷因此发动叛乱，这时召公深明大义，支持周公，使得东土宁静。燕王哙让位给了大臣子之，于是形成了祸乱。赞美《甘棠》诗篇，作《燕世家》第四。

管蔡相武庚[1]，将宁旧商；及旦摄政，二叔[2]不飨；杀鲜放度[3]，周公为盟；大任[4]十子，周以宗强。嘉仲[5]悔过，作《管蔡世家》第五。

注释

1 相：辅佐。武庚：纣王子。武王灭商后仍封他为殷君。2 二叔：即管叔、蔡叔。3 鲜：即管叔，名鲜。度：即蔡叔，名度。4 大（tài）任十子：大，即“太”。《史记索隐》：“太任，文王妃。十子，伯邑考、武王、管、蔡、霍、鲁、卫、毛、聃、曹是也。”5 仲：指蔡叔之子蔡仲。

译文

管叔、蔡叔辅佐纣子武庚，借以安定商族遗民；等到周公旦代行朝政，二叔不服；杀死了管叔鲜，流放了蔡叔度，周公盟誓忠于成王；文王之妃生有十子，周家因而宗室强大。赞美蔡仲能够悔过，作《管蔡世家》第五。

王后不绝，舜禹是说；[1] 维德休明，苗裔蒙烈。[2] 百世享祀，爰周陈杞，楚实灭之。[3] 齐田既起，舜何人哉[4]？作《陈杞世家》第六。

注释

1 王后：此指古代帝王的后裔。说：通“悦”。2 休明：美好贤明。蒙烈：蒙受祖先的功业的恩泽，即沾了祖先的光。3 陈杞：周初封国，陈的开国君主传为舜后，杞的开国君主传为禹后。实：句中语气词。4 舜何人哉：舜是多么伟大的人啊。

译文

帝王的后裔不断绝，舜、禹因此感到高兴；只要功德美好贤明，后代就会蒙受功业的恩泽。百世享有祭祀，到了周朝封有陈国、杞国，楚国后来灭了它们。齐国田氏接续兴起，舜是多么伟大的人啊！作《陈杞世家》第六。

收殷余民，叔封始邑，申以商乱，《酒》《材》是告，及朔之生，卫顷不宁；[1] 南子恶蒯聩，子父易名。[2] 周德卑微，战国既强，卫以小弱，角[3] 独后亡。嘉彼《康诰》[4]，作《卫世家》第七。

注释

1 叔封始邑：康叔开始建立卫国。叔，康叔，武王弟。申：告诫。《酒》《材》是告：周公写成《酒诰》《梓材》告诫之辞来提醒康叔。《酒》即《酒诰》，《材》即《梓材》，同为

《尚书》中的两篇。朔：指卫惠公姬朔。顷：通“倾”，倾危。2 南子：指卫灵公夫人。恶（wù）：厌恶。蒯聩（kuì）：卫灵公之子，后为卫庄公。易名：名分颠倒。3 角：卫国末代之君姬角。4《康诰》：《尚书》中的一篇，是周公告诫康叔的另一篇文章。

译文

收集殷代余民，康叔开始建立国邑，申诫商因为乱德所以亡国，有《酒诰》《梓材》的出现，等到姬朔出生，卫国倾危不能安宁；南子厌恶蒯聩，父子的名分颠倒。周王室功德卑微，各诸侯国已经强大，卫国因为弱小，国君姬角反而后亡。欣赏《康诰》的劝诫，作《卫世家》第七。

嗟箕子[1]乎！嗟箕子乎！正言不用，乃反为奴。[2]武庚既死，周封微子[3]。襄公伤于泓，君子孰称。[4]景公谦德，荧惑退行。[5]剔成[6]暴虐，宋乃灭亡。嘉微子问太师[7]，作《宋世家》第八。

注释

1 嗟（jiē）：感叹词。箕子：商代贤臣，纣王叔父。2 正言不用，乃反为奴：此指纣王不听箕子正言相劝，箕子后佯狂为奴。3 微子：纣王庶兄，名启，武庚死后，周公封他于宋。4 襄公：即宋襄公，在泓之战中为楚所伤。泓：泓水，在今河南柘城县北。孰称：有谁称赞。5 景公：即宋景公头曼，公元前 516—前 451 年在位。荧惑退行：据载宋景公的谦德善行感动了上天，火星为此而退行了三度。荧惑，火星之古名。6 剔成：战国时宋国君，宋辟公之子。因史传不见其所谓“暴虐”之记载，疑为其子偃之误。7 微子问太师：微子数谏纣王不听，乃请教于太师。

译文

可叹啊，箕子！可叹啊，箕子！正言直谏不被采纳，就假装疯狂为奴。武庚死去以后，周王室封微子于宋。襄公在泓水作战受伤，君子有谁称赞。景公的谦德善行感动了上天，荧惑因此退行了三度。剔成残忍暴虐，宋国于是灭亡。赞美微子请教太师，作《宋世家》第八。

武王既崩，叔虞邑唐[1]。君子讥名，卒灭武公。[2]骊姬[3]之爱，乱者五世；重耳不得意[4]，乃能成霸。六卿专权，晋国以秏。[5]嘉文公锡珪鬯[6]，作《晋世家》

第九。

注释

1 叔虞邑唐：叔虞建都于唐。叔虞，周成王弟，晋之始祖，封于唐。唐，邑名，在今山西翼城县西。2 君子讥名：君子晋大夫师服讥刺晋穆侯给二子取名不当（太子为仇，少子为成师）。武公：即晋武公，成师之孙。3 骊姬：晋献公夫人。4 重耳：即晋文公。得意：得志。5 六卿：晋国的韩、赵、魏、智、范、中行六位卿大夫。秏：（hào）：同“耗”，尽，完。6 锡：通“赐”。珪鬯（chàng）：诸侯朝拜天子用于飨礼和祭祀的用品。珪，瑞玉。鬯，祭祀用的香酒。

译文

武王去世后，叔虞建国于唐邑。君子讥刺晋穆公给儿子取名不当，结果被武公灭掉。因为献公宠爱骊姬，国家混乱了五代；重耳不得志，最终成就霸业。六卿彼此专权，晋国的国力耗尽。赞美文公因功得到了天子珪鬯的赏赐，作《晋世家》第九。

重黎业之，吴回接之；[1] 殷之季世，粥子牒之。[2] 周用熊绎，熊渠是续。[3] 庄王之贤，乃复国陈；[4] 既赦郑伯，班师华元。[5] 怀王客死，兰咎屈原；[6] 好谀信谗，楚并于秦。嘉庄王之义，作《楚世家》第十。

注释

1 业：奠定基业。吴回：重黎之弟，楚之始祖。2 季世：末世。粥（yù）子：吴回的后代子孙鬻熊，鬻子。牒：有了谱系。3 熊绎：鬻子之曾孙，周成王时封于楚蛮。熊渠：熊绎玄孙，楚始称王。4 庄王：即楚庄王熊吕，公元前 613—前 591 年在位。复国陈：恢复了陈国。5 赦郑伯：楚庄王十六年（前 598），楚破郑，郑伯请罪，庄王赦免了郑。郑伯，即郑襄公，公元前 604—前 587 年在位。班师华元：楚庄王二十年（前 594），楚围宋五月，宋大夫华元出城诉说城中惨状，庄王信其言而班师回国。6 怀王客死：楚怀王熊槐客死于秦国。兰咎屈原：楚怀王幼子令尹子兰诬陷加害屈原。

译文

重黎奠定基业，吴回接续发展；殷代的末世，有简牒记载鬻熊是楚的始祖。周王室任用熊绎使他受封，熊渠接续而始称王。楚王贤明，因而恢复了陈国；赦免了郑伯，听说华元的言论而班师回国。怀王客死在秦国，令尹子兰又加害屈原；喜好谄谀听信谗言，楚国被秦国兼并。赞美庄王的道义，作《楚世家》第十。

少康之子，实宾南海，文身断发，鼋鱓与处，既守封、禺，奉禹之祀。[1]句践困彼，乃用种、蠡[2]。嘉句践夷蛮能修其德，灭强吴以尊周室，作《越王句践世家》第十一。

注释

1 少康：据《夏本纪》，为禹以后的第五个夏朝君主。宾（bìn）：通“摈”，排斥。文身：纹身。鼋（yuán）：大鳖。鱓（tuó）：同“鼍”，扬子鳄。封、禺：封山和禺山二山，在今浙江德清西南。2 种：指越国大臣文种。蠡：即范蠡。

译文

少康的儿子，被排斥置于南海，纹身断发，和鳖鳄同处，驻守封、禺二山以后，供奉着对大禹的祭祀。句践受到夫差的困辱，于是任用了文种、范蠡。赞美句践处在蛮夷之地能够修明功德，灭掉了强大的吴国并尊崇周王室，作《越王句践世家》第十一。

桓公之东，太史是庸。[1]及侵周禾，王人是议。[2]祭仲要[3]盟，郑久不昌。子产[4]之仁，绍世称贤。三晋侵伐，郑纳于韩。[5]嘉厉公纳惠王[6]，作《郑世家》第十二。

注释

1 桓公之东：指郑桓公东迁。太史：周太史伯。庸：通“用”，听信。2 侵周禾：郑庄公二十四年（前720）派兵侵周，割温地之麦，又取成周之禾，周郑交恶。王人：此指周之臣民。3 祭（zhài）仲：郑国卿大夫，曾立公子忽为郑昭公。后宋人助昭公弟突争位，胁迫祭仲立突。要（yāo）：胁迫。4 子产：即公孙侨，字子产，郑国大夫。5 三晋：即韩、赵、魏三家。纳：吞并。6 厉公纳惠王：公元前675年，周王室乱，周惠王出奔郑，郑厉公与虢公联合平周乱，周惠王得以复位。

译文

桓公东迁，听信了周太史的意见。等到他派兵侵周割麦取禾，受到周王臣民的非议。祭仲受胁迫结盟，郑国长久不昌盛。子产实施仁政，后世称他贤明。三晋来侵伐，郑被纳入韩国。赞美厉公能护送周惠王复位，作《郑世家》第十二。

维骥騄耳，乃章造父。[1] 赵夙事献，衰续厥绪。[2] 佐文尊王，卒为晋辅。襄子困辱，乃禽智伯。[3] 主父生缚，饿死探爵。[4] 王迁辟淫[5]，良将是斥。嘉鞅[6]讨周乱，作《赵世家》第十三。

注释

1 维骥騄耳，乃章造父：造父为周穆王献上骥、騄耳等八匹骏马，因而显名。骥，千里马。騄耳，亦作“绿耳”，骏马名。章，通“彰”，明显，著名。2 赵夙：造父第十二代孙。献：晋献公。衰（cuī）：赵衰，亦名赵成子。厥：其。绪：前人的事业。3 襄子：赵襄，赵衰六代孙，晋六卿之一。禽：通“擒”，下同。智伯：亦作知伯，晋六卿之一。4 主父：指赵武灵王雍，后传位于惠文王而自称“主父”。探爵：探雀，取雀充饥。爵，通“雀”。5 王迁：指赵幽王迁。辟淫：邪恶淫乱。6 鞅：赵鞅，赵简子。

译文

因为训练骥和騄耳等名马，造父得以出名。赵夙侍奉晋献公，赵衰继承了他的事业。赵衰佐助晋文公称王称霸，最终成为晋国的肱股之臣。襄子被智伯所辱，一举擒获了智伯。主父活着时被困，掏雀充饥以至饿死。王迁邪恶淫乱，排斥迫害良将。赞美赵鞅能讨平周乱，作《赵世家》第十三。

毕万爵魏[1]，卜人知之。及绛戮干，戎翟和之。[2] 文侯慕义，子夏师之。[3] 惠王[4]自矜，齐秦攻之。既疑信陵，诸侯罢之。[5] 卒亡大梁，王假厮之[6]。嘉武[7]佐晋文申霸道，作《魏世家》第十四。

注释

1 毕万爵魏：毕万奉事晋献公而被封于魏。2 绛：即魏绛、魏庄子，晋国大夫。戮：侮辱。干：杨干，晋悼公弟。戎翟：晋国周边部族。3 文侯：魏文侯魏斯。子夏：子贡弟子。4 惠王：即魏惠王、梁惠王。5 信陵：即战国四公子信陵君魏无忌。罢：疏远。6 王假：指魏王假。厮之：王假被俘当了养马卒。厮，养马的人。7 武：指魏武子。

译文

毕万的爵邑在魏地，卜人预知魏氏将兴起。及至魏绛羞辱杨干，负罪完成了与戎翟媾和的使命。文侯仰慕仁义，自拜子夏为师。惠王自我夸矜，遭受齐秦进攻。怀疑信陵君以后，遭到诸侯国疏远。终于丧失了国都大梁，王假被俘，沦为养马卒。赞美魏武辅佐晋文公创立了霸业，作《魏世家》第十四。

韩厥阴德，赵武攸兴。[1]绍绝立废，晋人宗[2]之。昭侯显列，申子庸之。[3]疑非[4]不信，秦人袭之。嘉厥[5]辅晋匡周天子之赋，作《韩世家》第十五。

注释

1 韩厥：韩献子，晋六卿之一。阴德：暗中做好事，指暗中保护赵氏孤儿。赵武：即赵氏孤儿，后复为晋大夫。2 宗：尊崇。3 昭侯：韩昭侯。申子：即申不害。庸：用，任用。4 非：指韩非子。5 厥：韩厥。

译文

韩厥暗行德义，赵武得以兴起。延续赵氏，把废弃的赵家扶起来，晋国人很尊崇他。昭侯在诸侯中地位显赫，他重用了申不害。怀疑韩非不予信任，遭到了秦国的袭击。赞美韩厥辅佐晋君扶助周王室，作《韩世家》第十五。

完子[1]避难，适齐为援，阴施五世，齐人歌之。成子得政，田和[2]为侯。王建动心，乃迁于共。[3]嘉威、宣[4]能拨浊世而独宗周，作《田敬仲完世家》第十六。

注释

1 完子：即田成子。2 田和：即齐宣公。3 王建：田齐末代君王田建。共：邑名，在今河南辉县。4 威：指齐威王田因齐。宣：齐宣王田辟强。

译文

完子逃避祸难，逃到齐国求援，连续五代暗中施恩于百姓，齐人作歌颂扬。

成子得以专政，田和时被列为诸侯。王建被投降派劝说降秦，被迁于共邑。赞扬威王、宣王能拨正浊世的混乱而拥护周王室，作《田敬仲完世家》第十六。

周室既衰，诸侯恣行。仲尼悼礼废乐崩，追修经术，以达王道，匡乱世反之于正，见其文辞，为天下制仪法，垂六蓺之统纪于后世。[1]作《孔子世家》第十七。

注释

1 见：显现。垂：流传。统纪：纲纪。《史记志疑》："史公叙孔子于《世家》，以表尊崇之义，盖谓有土者以国世其家，孔子以德世其家。小司马深然之。而王安石云：'仲尼之才，帝王可也，何特公侯哉！仲尼之道，世天下可也，何特世其家哉！处之《世家》，仲尼之道不从而大；置之《列传》，仲尼之道不从而小。而迁也自乱其例。'王厚斋录入《困学纪闻》，苏氏《古史》因改为列传。然宋晁补之《鸡肋集》辨其非，以为'宋乃殷后，至桀偃而绝，贤如正考父，圣如孔子，岂不可以继宋，则亦与有土之世家同'。慈溪姜氏宸英《湛园集》又谓'史公之意，以孔子尊周之功最大，尊周者诸侯之事，故附孔子于《世家》'。二公之论虽殊，而识胜苏、王远矣。"

译文

周王室衰落，诸侯国恣意妄行。仲尼哀伤礼废乐崩，因而研习古代典籍，以实现王道政治，匡扶乱世，恢复正道，他的思想体现在书里，目的是为天下创制一套仪范法规，将六艺中申述的纲纪流传到后世。作《孔子世家》第十七。

桀、纣失其道而汤、武作，周失其道而《春秋》作。秦失其政，而陈涉发迹，诸侯作难，风起云蒸，卒亡秦族。[1]天下之端，自涉发难。作《陈涉世家》第十八。

注释

1 陈涉：即陈胜，秦末农民起义军首领。发迹：立功扬名。云蒸：云涌。史公所识，论家未晓，故《史记志疑》："班彪讥《史》进涉，嗣后如小司马补《史》及《史通》《后汉书》注、《续古今考》《示儿编》诸书言涉起群盗，称王数月而死，无世可传，无家可宅，当降为《列传》。其说本于班氏，盖宜与项羽同传也。"

译文

桀、纣丧失王道，于是有汤、武兴起；周王室丧失王道，于是有《春秋》产生。秦朝丧失了德政，于是陈涉能立功扬名，诸侯们起来发难，势如风起云涌，终于灭了秦朝。天下的起义，始自陈涉发难。作《陈涉世家》第十八。

成皋之台，薄氏始基。[1] 诎意适代，厥崇诸窦。[2] 栗姬偩贵，王氏乃遂。[3] 陈后太骄，卒尊子夫。[4] 嘉夫德若斯[5]，作《外戚世家》第十九。

注释

1 成皋之台：指汉河南宫成皋台。成皋，邑名，在今河南荥阳市西北汜水镇西。薄氏始基：这是刘邦姬薄氏兴起之地。2 诎意：违背心意。适：到。代：代国。厥：语气助词。窦：此指汉文帝窦太后家族。3 栗姬：汉景帝姬。偩（fù）：依恃。王氏：景帝皇后。遂：顺利，通达。4 陈后：武帝皇后陈阿娇。子夫：武帝皇后卫子夫。5 夫：卫子夫。斯：此。

译文

河南宫中的成皋台，是薄氏兴起之地。违背王意遣往代国，窦氏家族受到尊崇。栗姬自恃贵宠而不逊，王氏于是实现了心愿。陈皇后过度骄横，卫子夫得以受宠。赞美卫子夫有这么美好的德行，作《外戚世家》第十九。

汉既谲谋，禽信于陈；[1] 越荆剽轻，乃封弟交为楚王，爰都彭城，以强淮泗，为汉宗藩。[2] 戊溺于邪，礼复绍之。[3] 嘉游[4] 辅祖，作《楚元王世家》第二十。

注释

1 谲（jué）谋：诈谋。信：即韩信。2 荆：楚。剽轻：强悍轻捷。交：指楚元王刘交。淮泗：淮河、泗水地区。宗藩：同宗藩屏。3 戊：楚王刘戊，刘交孙。礼：楚文王刘礼，刘交子。4 游：即楚元王刘交，字游。

译文

汉家已经设下诈谋，在陈邑擒获了韩信；越楚之地风俗强悍，于是封弟弟刘交做楚王，建都在彭城，来加强淮河、泗水一带的势力，使它成为汉家的藩屏。刘戊反叛致死，刘礼再次继承了王位。赞美刘游能辅佐高祖，作《楚元王世家》第二十。

维祖师旅，刘贾是与；[1]为布[2]所袭，丧其荆、吴。营陵激吕，乃王琅邪；[3]怵午[4]信齐，往而不归，遂西入关，遭立孝文，获复王燕。天下未集[5]，贾、泽以族，为汉藩辅。作《荆燕世家》第二十一。

注释

1 祖：汉高祖刘邦。刘贾：刘邦堂兄。与：参加。2 布：即英布，又名黥布。3 营陵：指营陵侯刘泽，刘邦远房亲属。激：使……感动。琅邪（yá）：秦置郡名，吕后时为封国，都今山东诸城。4 怵（chù）：诱惑。午：祝午，齐哀王刘襄的内史。5 集：通“辑”，安定。

译文

高祖起兵反秦时，刘贾就参与其中；被英布所袭击，丧失了他的荆、吴之地。营陵侯刘泽派人游说感动了吕后，于是被封为琅邪王；受到祝午诱惑相信齐国，前往而不得返回，设谋脱离往西进入关中，正碰上孝文帝被立为天子，于是刘泽被改封为燕王。天下还未安定，刘贾、刘泽都是刘邦的同族，成为汉王室的藩屏辅佐。作《荆燕世家》第二十一。

天下已平，亲属既寡；悼惠先壮，实镇东土。[1]哀王擅兴，发怒诸吕，驷钧暴戾，京师弗许。[2]厉之内淫，祸成主父。[3]嘉肥[4]股肱，作《齐悼惠王世家》第二十二。

注释

1 悼惠：即齐悼惠王刘肥。实：语气词。2 哀王：齐哀王刘襄。驷钧：齐哀王之舅父。暴戾：残暴凶恶。3 厉：指齐厉王刘次景。主父：即主父偃，时任齐相。4 肥：即刘肥。

译文

天下已经平定，高祖亲属比较少；悼惠最年长，受封镇抚东方国土。哀王擅自兴兵，是出于对吕氏家族的愤怒，母家驷钧暴虐凶狠，朝廷大臣不同意他登位为帝。厉王与其姊淫乱，被主父偃检举治罪。赞美刘肥成为朝廷的辅佐大臣，作

《齐悼惠王世家》第二十二。

楚人围我荥阳[1]，相守三年；萧何填抚山西，推计踵兵，[2]给粮食不绝，使百姓爱汉，不乐为楚。作《萧相国世家》第二十三。

注释

1 楚人：指项羽。荥阳：古县名，在今河南荥阳市东北。2 填：通“镇”。山西：崤山以西。推计：核算户口。踵兵：供给和补充军队。

译文

楚人在荥阳围困我方，相互对峙了三年；萧何镇守安抚崤山以西地区，不断为高祖核算户口补充兵员，运送粮食，使得百姓爱戴汉王，不乐意支持楚王。作《萧相国世家》第二十三。

与信[1]定魏，破赵拔齐，遂弱楚人。续何相国，不变不革，黎庶[2]攸宁。嘉参不伐功矜能[3]，作《曹相国世家》第二十四。

注释

1 信：淮阴侯韩信。2 黎庶：百姓。3 参：曹参。伐：夸耀。

译文

曹参与韩信一道平定魏地，攻破赵军拔取齐地，因而削弱了楚人的势力。接替萧何担任相国，不对规章制度加以变革，百姓因而安宁。赞美曹参不夸功不逞能，作《曹相国世家》第二十四。

运筹帷幄之中，制胜于无形，子房计谋其事，无知名，无勇功，图难于易，为大于细。[1]作《留侯世家》第二十五。

注释

1 运筹：运用筹谋，策划。帷幄（wò）：军中之帐幕。无形：指不为人们认识和掌握的奇谋妙计。子房：即张良，字子房，后封为留侯。图难于易，为大于细：从大处着眼，从小处入手。《老子》第六十三章："图难于其易，为大于其细。天下难事必作于易，天下大事必作于细。"

译文

在军中帐幕里出谋划策，用奇谋妙计而克敌致胜，子房谋划战胜攻取的大事，没有什么名声，没有什么战功，但能从大处着眼，从小处入手。作《留侯世家》第二十五。

六奇既用，诸侯宾从于汉；[1] 吕氏之事[2]，平为本谋，终安宗庙，定社稷。作《陈丞相世家》第二十六。

注释

1 六奇：指陈平多次为刘邦出的计策，如离间项羽君臣；夜出女子二千人在荥阳东门；蹑汉王足，立韩信为齐王；伪游云梦擒韩信；解平城之围；除吕安刘等。宾从：服从。2 吕氏之事：即铲除吕氏集团。

译文

多种奇妙计策的运用，使得诸侯服从汉家；平定吕氏集团之事，陈平是主要谋划人，终于使王室安定，使国家稳固。作《陈丞相世家》第二十六。

诸吕为从，谋弱京师，而勃反经合于权；[1] 吴楚之兵，亚夫驻于昌邑，以厄齐赵，而出委以梁。[2] 作《绛侯世家》第二十七。

注释

1 从：通"纵"，勾结。勃：即周勃，后封为绛侯。反经合于权：一反经常之道而合于权变。2 亚夫：周亚夫，周勃之子。昌邑：县名，在今山东巨野县南。出委以梁：指周亚夫没有理睬梁王的求救，而是出精兵绕其后方取胜。委，放弃。

译文

吕氏家族互相勾结，图谋削弱朝廷，而周勃处置得当；吴楚七国起兵反叛，亚夫驻兵于昌邑，以便控制齐、赵二国，却将梁国委弃不顾。作《绛侯世家》第二十七。

七国叛逆，蕃屏京师，唯梁为捍；[1] 偩爱矜功，几获于祸。[2] 嘉其能距[3] 吴楚，作《梁孝王世家》第二十八。

注释

1 蕃屏：像屏藩一样保卫了京师。蕃，通“藩”。捍（hàn）：抵御，保卫。2 偩（fù）：同“负”，依侍。几：几乎，差一点儿。3 距：通“拒”，抗拒。

译文

七国叛乱为逆，只有梁国在进行抗御，以保卫京师；自恃爱宠夸矜功劳，差点儿招致杀身之祸。赞美梁孝王能抵抗吴楚反叛，作《梁孝王世家》第二十八。

五宗既王，亲属洽和，诸侯大小为藩，爰得其宜，僭拟之事稍衰贬矣。[1] 作《五宗世家》第二十九。

注释

1 五宗：同母者为一宗。景弟子十四人，一为武帝，其余十三人为王，十三王为五母之子，故曰五宗。僭：僭越。拟：比同天子。稍：逐渐。衰贬：衰弱减少。

译文

五宗都已封王，亲属关系融洽和睦，大小诸侯都成为朝廷藩屏，各得其宜，僭越的事也很少发生了。作《五宗世家》第二十九。

三子之王，文辞可观。[1] 作《三王世家》第三十。

注释

1 三子之王：指汉武帝先封为王的三个儿子，即齐怀王闳、燕刺王旦、广陵厉王胥。

译文

武帝的三个儿子已先封为王，封王的策告文辞典雅，可供观赏。作《三王世家》第三十。

末世争利，维彼[1]奔义；让国饿死[2]，天下称之。作《伯夷列传》第一。

晏子俭矣，夷吾[3]则奢；齐桓以霸，景公以治。[4]作《管晏列传》第二。

注释

1 彼：指伯夷、叔齐。2 让国饿死：指伯夷、叔齐二人互相让位，最后因“不食周粟”饿死于首阳山下。3 夷吾：即管仲，名夷吾，字仲、敬仲。4 齐桓：齐桓公。景公：齐景公杵臼。

译文

末世争权夺利，伯夷、叔齐却坚守仁义；让出君位，因不食周粟饿死，天下人称颂他们。作《伯夷列传》第一。

晏子很节俭，管仲却奢侈；齐桓公凭借管仲的谋略而称霸，齐景公因有晏婴的辅佐而国治。作《管晏列传》第二。

李耳[1]无为自化，清净自正；韩非揣事情[2]，循埶理。作《老子韩非列传》第三。

自古王者而有《司马法》，穰苴能申明之。[3]作《司马穰苴列传》第四。

注释

1 李耳：即老子李聃。2 揣：琢磨，研究。事情：事物情理。《史记志疑》：“昔人以老、韩同《传》为不伦，《史通·编次篇》深訾之。小司马补《史》亦云不宜同《传》，宜令韩非居《商君传》末。然申、韩本于黄、老，史公之论，自不可易，并非强合。况《韩子》有《解老》《喻老》二篇，其《解老篇》创为训注体，实五千文《释诂》之祖，安知史公之意不又在斯乎？前贤妄规之也。”3《司马法》：即《司马兵法》，记古代行兵之法。穰苴（ráng jū）：司马穰苴，亦作田穰苴，春秋时齐国大夫，官司马。申明：阐述明确。

译文

李耳主张无为而治，使百姓自化于善，清静寡欲，使百姓自归于正；韩非主张根据事物的发展形势，遵循时势发展的规律。作《老子韩非列传》第三。

远古的帝王们就有了《司马兵法》，司马穰苴能将它阐述明白。作《司马穰苴列传》第四。

非信廉仁勇不能传兵论剑，与道同符，内可以治身，外可以应变，君子比德焉。[1]作《孙子吴起列传》第五。

维建遇谗，爰及子奢，尚既匡父，伍员奔吴。[2]作《伍子胥列传》第六。

孔氏述文，弟子兴业，咸为师傅，崇仁厉义。[3]作《仲尼弟子列传》第七。

注释

1 传兵：传授兵法。论剑：谈论剑术。比德：比量德行。2 建：即楚平王太子熊建。子奢：伍奢，一作伍子奢，伍子胥父亲。尚：伍尚，伍奢长子。伍员（yún）：伍子胥，伍奢次子。3 述文：传述文化礼教。厉：通"励"，勉励，鼓励。

译文

没有诚信、廉耻、仁爱、勇敢品质的人不能传授兵法，不能与人讲论剑术，因为只有拥有这些品质的人才能将兵法、剑术运用的合乎客观规律，这种用兵作战的道理对内可以修身，在外可以克敌制胜，君子可以据此推测军事家道德品行的高低。作《孙子吴起列传》第五。

楚平王太子建被谗言所害，祸患连及伍子奢，伍尚回国去救父，伍员奔逃到吴国。作《伍子胥列传》第六。

孔子著书讲学，弟子们事业兴旺，都成了师傅，尊崇仁德勉行道义。作《仲尼弟子列传》第七。

鞅去卫适秦，能明其术，强霸孝公，后世遵其法。[1]作《商君列传》第八。

天下患衡秦毋餍，而苏子能存诸侯，约从以抑贪强。[2]作《苏秦列传》第九。

六国既从亲，而张仪能明其说，复散解诸侯。[3]作《张仪列传》第十。

注释

1 鞅：即公孙鞅、商鞅。去：离开。孝公：秦孝公嬴渠梁。2 衡：通“横”。餍（yàn）：满足。苏子：即苏秦。从：通“纵”。3 从亲：合纵而亲近。复：一再地。散解：分化瓦解。

译文

商鞅离开卫国前往秦国，得以实施他的治国之术，使孝公成就霸业，后代遵循他制定的法度。作《商君列传》第八。

天下忧患实行连横之策的秦国贪得无厌，而苏秦能保存诸侯利益，相约合纵来抑制秦国东进。作《苏秦列传》第九。

六国合纵而亲善，但张仪推行他的连横主张，一再地使诸侯间的合纵瓦解。作《张仪列传》第十。

秦所以东攘雄诸侯，樗里、甘茂之策。[1]作《樗里甘茂列传》第十一。

苞河山，围大梁，使诸侯敛手而事秦者，魏冉之功。[2]作《穰侯列传》第十二。

南拔鄢郢，北摧长平，遂围邯郸，武安为率；[3]破荆灭赵，王翦[4]之计。作《白起王翦列传》第十三。

猎儒墨之遗文，明礼义之统纪，绝惠王利端，列往世兴衰。[5]作《孟子荀卿列传》第十四。

好客喜士，士归于薛[6]，为齐捍楚魏。作《孟尝君列传》第十五。

注释

1 攘：侵夺，扩张。樗（chū）里：即秦惠王之弟嬴疾，因居樗里而号“樗里子”。甘茂：秦惠王将领。2 苞：通“包”，席卷。河山：黄河流域及崤山一带。敛手：拱手。魏冉：秦国大臣。3 鄢郢：战国时楚国国都，在今湖北宜城县东南。长平：秦赵长平之战所在地，在今山西高平县西北。邯郸：赵国都城，在今河北邯郸市。武安：武安君白起。率：同“帅”。 4 王翦：秦国名将。5 猎：涉猎。利端：逐利之欲望。6 薛：战国齐贵族田文的封地，在今山东滕州南。田文，又称薛公，号孟尝君。

译文

秦国之所以能向东扩张称雄诸侯，是靠樗里子、甘茂的智谋。作《樗里甘茂列传》第十一。

席卷河山，围攻大梁，使得诸侯拱手而来侍奉秦国，是魏冉的功劳。作《穰侯列传》第十二。

南边攻拔了鄢郢城，北边摧垮了长平军，接着包围邯郸，都是武安侯做统帅；攻破楚国灭亡赵国，是靠王翦的谋略。作《白起王翦列传》第十三。

广泛涉猎儒家、墨家的著作，阐明礼义的纲纪，制止了梁惠王逐利的欲望，叙列往世的兴盛衰败。作《孟子荀卿列传》第十四。

喜好交接宾客、士人，士人聚集薛地，替齐国出力抵御楚国、魏国。作《孟尝君列传》第十五。

争冯亭以权，如楚以救邯郸之围，使其君复称于诸侯。[1] 作《平原君虞卿列传》第十六。

能以富贵下贫贱，贤能诎于不肖，唯信陵君为能行之。[2] 作《魏公子列传》第十七。

以身徇君，遂脱强秦，使驰说之士南乡走楚者，黄歇之义。[3] 作《春申君列传》第十八。

能忍訽于魏齐，而信威于强秦，推贤让位，二子有之。[4] 作《范雎蔡泽列传》第十九。

率行其谋，连五国兵，[5] 为弱燕报强齐之仇，雪其先君之耻。作《乐毅列传》第二十。

注释

1 冯亭：韩国上党郡守，曾建议将韩上党城邑十七座降赵。如：到。2 下贫贱：处于贫贱之人下。诎（qū）：屈，屈就。3 徇：通“殉”。驰说：游说。乡：通“向”。黄歇：即楚贵族春申君。4 訽（gòu）：同“诟”，耻辱。二子：指范雎（jū）、蔡泽。5 率：帅。五国：指赵、楚、韩、魏、燕五国。

译文

依据权变争得冯亭献出的上党土地，亲赴楚国求救来解除邯郸之围，使得他的国君重新立名于诸侯。作《平原君虞卿列传》第十六。

能以自身的富贵处于贫贱人之下，以自身的贤能屈就不贤能的人，只有信陵君能够做得到。作《魏公子列传》第十七。

以自身为国君殉死，于是使楚太子脱离了强秦拘留的祸难回国为君，让驰骋游说的士人往南投奔楚国，都是由于黄歇的忠义。作《春申君列传》第十九。

能够在魏齐面前忍受耻辱，却在强秦伸展了声威，推崇贤能让出相位，范雎、蔡泽有这样的品德。作《范雎蔡泽列传》第十九。

担任主帅，施展谋略，联合五国的军队，替弱小燕国报复了强大的齐国，洗雪了燕国先君的耻辱。作《乐毅列传》第二十。

能信意强秦，而屈体廉子，[1]用徇其君，俱重于诸侯。作《廉颇蔺相如列传》第二十一。

湣王既失临淄而奔莒，唯田单用即墨破走骑劫，遂存齐社稷。[2]作《田单列传》第二十二。

能设诡说解患于围城，轻爵禄，乐肆志。[3]作《鲁仲连邹阳列传》第二十三。

作辞以讽谏，连类以争义，《离骚》有之。[4]作《屈原贾生列传》第二十四。

结子楚亲，使诸侯之士斐然争入事秦。[5]作《吕不韦列传》第二十五。

注释

1 信：伸，伸张。屈体：使自身受屈。廉子：指战国赵名将廉颇。2 湣王：即齐湣王田地。莒：都邑名，在今山东莒县。田单：齐国将领，后任相国。即墨：邑名，在今山东平度县东南。骑劫：人名，燕国将领。3 诡说：巧妙智辩之说辞。肆志：纵情。4 作辞：创作辞赋。连类：用各种事物互相联系比喻。争义：显现自己的用意。5 子楚：即秦庄襄王，后改名为子楚。斐（fěi，旧读 fēi）然：犹翩然，轻快貌。

译文

能够在强秦面前伸张信义，又能屈服于廉颇而谦恭退让，都是因为忠诚于国君，因此二人都被诸侯所看重。作《廉颇蔺相如列传》第二十一。

湣王已经丧失临淄逃奔到了莒邑，仅靠田单依据即墨城打败赶走了骑劫，因而保存了齐国社稷。作《田单列传》第二十二。

能设下巧妙智辩的说词解除了被包围城市的患难，轻视爵位俸禄，乐意放纵自己的心志。作《鲁仲连邹阳列传》第二十三。

创作辞赋来进行讽刺谏诤，用各种事物互相联系比喻以表达自己的想法，《离骚》有这样的特点。作《屈原贾生列传》第二十四。

与子楚结交，使得诸侯国的士人纷纷西进来侍奉秦国。作《吕不韦列传》第二十五。

曹子匕首，鲁获其田，齐明其信；[1]豫让[2]义不为二心。作《刺客列传》第二十六。

能明其画，因时推秦，遂得意于海内，斯为谋首。[3]作《李斯列传》第二十七。

为秦开地益众，北靡匈奴，据河为塞，因山为固，建榆中。[4]作《蒙恬列传》第二十八。

填赵塞常山以广河内[5]，弱楚权，明汉王之信于天下。作《张耳陈余列传》第二十九。

收西河[6]、上党之兵，从至彭城；越[7]之侵掠梁地以苦项羽。作《魏豹彭越列传》第三十。

注释

1 曹子：即曹沫（huì），一说为曹刿（guì）。匕首：手持匕首。田：此指被齐侵占之地。2 豫让：春秋末晋人，有名的刺客。3 画：计谋，策略。推：推尊，发展。斯：即李斯。4 靡：倒下，畏服。榆中：地区名，约在今内蒙鄂尔多斯市东南部和陕西东北交界地区。5 填：通“镇”。下同。常山：秦置恒山郡，汉改为常山郡，治所东垣，在今河北石家庄市东。河内：秦置郡名，治所怀县，在今河南武陟县西南。6 西河：战国魏所置郡，治理今陕西韩城市到大荔县一带。7 越：即彭越，汉初诸侯王。

译文

曹刿亮出匕首，鲁国获得了已被侵占的土地，齐国表明它守信用；豫让守义，忠于其君而无二心。作《刺客列传》第二十六。

能够阐明自己的谋划，乘着时势推进秦国的统一大业，于是始皇得志于海内，论功劳李斯当数第一。作《李斯列传》第二十七。

替秦国开拓土地增加民众，北边威服了匈奴，依据黄河修筑要塞，凭借山岭加固边防，建置榆中。作《蒙恬列传》第二十八。

镇守赵国要塞常山来拓广河内，削弱西楚霸王的权势，在天下宣扬汉王的信义。作《张耳陈余列传》第二十九。

收集西河、上党的军队，随从刘邦进至彭城；彭越在梁地往来侵掠，以使项羽腹背受敌。作《魏豹彭越列传》第三十。

以淮南叛楚归汉，汉用得大司马殷，卒破子羽于垓下。[1]作《黥布列传》第三十一。

楚人迫我京索，而信拔魏赵，[2]定燕齐，使汉三分天下有其二，以灭项籍。作《淮阴侯列传》第三十二。

楚汉相距巩洛，而韩信为填颍川，卢绾绝籍粮饷。[3]作《韩信卢绾列传》第三十三。

诸侯畔项王，唯齐连子羽城阳，汉得以间遂入彭城。[4]作《田儋列传》第三十四。

攻城野战，获功归报，哙、商有力焉，非独鞭策，又与之脱难。[5]作《樊郦列传》第三十五。

注释

1 大司马殷：周殷，楚霸王项羽的大司马。子羽：项羽。2 京：县名，在今河南荥阳市东南。索：古地名，在今河南荥阳市。信：即淮阴侯韩信。3 距：通“拒”。巩：县名，秦置，在今河南巩义西南。洛：即洛阳，在今河南洛阳市东北。韩信：此指韩王信。颍川：秦置郡名，治所阳翟，在今河南禹州市。卢绾：汉初诸侯王。4 畔：通“叛”。连：牵制。城阳：古地名，在今山东菏泽市东北。间：空隙。5 哙：即樊哙，汉初将领。商：即郦商。鞭策：驱使，督促。

译文

黥布据有淮南封地而背叛楚国归服汉王，汉王通过他获得大司马周殷，终于在垓下打败项羽。作《黥布列传》第三十一。

楚人将我方困迫在京、索一带，而韩信攻拔了魏地、赵地，平定了燕地、齐地，使得汉家占有天下的三分之二，据以消灭了项籍。作《淮阴侯列传》第三十二。

楚汉在巩、洛之间互相抗拒，而韩王信替汉王镇守着颍川，卢绾断绝了项籍的粮饷。作《韩信卢绾列传》第三十三。

诸侯们背叛项王，只有齐国把项羽牵制在城阳，汉王得以乘机攻入彭城。作《田儋列传》第三十四。

攻夺城邑，激战旷野，获取军功，归报汉王，樊哙、郦商是出力最多的战将，不仅仅是听任汉王驱使，又与汉王一道摆脱危难。作《樊郦列传》第三十五。

汉既初定，文理未明，苍为主计，整齐度量，序律历。[1]作《张丞相列传》第三十六。

结言通使，约怀诸侯；[2]诸侯咸亲，归汉为藩辅。作《郦生陆贾列传》第三十七。

欲详知秦楚之事，唯周緤[3]，常从高祖，平定诸侯。作《傅靳蒯成列传》第三十八。

徙强族，都[4]关中，和约匈奴；明朝廷礼，次[5]宗庙仪法。作《刘敬叔孙通列传》第三十九。

能摧刚作柔，卒为列臣；[6]栾公不劫于埶而倍死[7]。作《季布栾布列传》第四十。

注释

1 文理：此指礼仪制度。苍：即张苍。序：编订。2 结言：通过游说、说辞结交。约怀：笼络，怀柔。3 周緤（xiè）：刘邦同乡人。随刘邦起义，侍从左右，后封蒯成侯。4 都：建都。5 次：编订。6 摧刚作柔：变刚强为柔顺。列臣：大臣的行列。7 栾公：即栾布。不劫于埶：不为威势所屈服。倍死：不避死。倍，通“背”。

译文

汉朝刚刚建立，礼仪制度还没有完备，张苍担任主计官，统一度量衡，编订了律历。作《张丞相列传》第三十六。

游说结交通使往来，笼络安抚诸侯；诸侯都来亲附，归顺汉朝成为屏藩辅臣。作《郦生陆贾列传》第三十七。

想要详细知道秦楚时期的史事，只有通过周緤，因为他常常随从高祖，并参加了平定诸侯的行动。作《傅靳蒯成列传》第三十八。

迁徙强族，建都关中，与匈奴相约和亲；申明朝廷礼仪，编订宗庙仪法。作《刘敬叔孙通列传》第三十九。

能够化刚强为柔顺，终于成为朝廷大臣；栾公不为威势所屈服而逃避死亡。作《季布栾布列传》第四十。

敢犯颜色，以达主义；[1]不顾其身，为国家树长画[2]。作《袁盎朝错[3]列传》第四十一。

守法不失大理，言古贤人，增主之明。作《张释之冯唐列传》第四十二。

敦厚慈孝，讷于言，敏于行，务在鞠躬，君子长者。[4]作《万石张叔列传》第四十三。

守节切直，义足以言廉，行足以厉贤，任重权不可以非理挠。[5]作《田叔列传》第四十四。

扁鹊言医，为方者宗，守数精明；[6]后世循序，弗能易也，而仓公[7]可谓近之矣。作《扁鹊仓公列传》第四十五。

注释

1 颜色：面容脸色。义：道义。2 长画：长远谋划。3 朝错：即“晁错”。4 讷（nè）：说话迟钝。鞠躬：谦虚谨慎。5 厉：“励”的本字。挠：屈服。6 方者：方术之人。守数：所持技艺。数，技艺。7 仓公：即淳于意，西汉著名医生。

译文

敢于触犯君颜，使君主达到道义；不顾自身安危，替国家建立长远谋划。作《袁盎朝错列传》第四十一。

维护法律而不违背根本事理，称述古代贤人，增长君主的明智。作《张释之冯唐列传》第四十二。

敦厚慈爱孝顺，不善于言谈，敏于行事，致力做到谦虚谨慎，值得称为君子长者。作《万石张叔列传》第四十三。

坚守节操恳切刚直，道义上很值得称为廉洁，行为上很值得勉励贤能，担任重要职务，不可以用非理之事使他屈服。作《田叔列传》第四十四。

扁鹊行医，成为方术之人的宗师，所持技艺精明；后代遵循他创始的方法，不能改易，而仓公的医术可谓接近扁鹊了。作《扁鹊仓公列传》第四十五。

维仲之省[1]，厥濞王吴，遭汉初定，以填抚江淮之间。作《吴王濞列传》第四十六。

吴楚为乱，宗属唯婴贤而喜士，士乡之，率师抗山东荥阳。[2]作《魏其武安列传》第四十七。

智足以应近世之变，宽足用[3]得人。作《韩长孺列传》第四十八。

勇于当敌，仁爱士卒，号令不烦，师徒乡之。[4]作《李将军列传》第四十九。

自三代以来，匈奴常为中国患害；欲知强弱之时，设备征讨，作《匈奴列传》第五十。[5]

注释

1 仲：指刘仲，刘邦兄，刘濞之父。省：贬削。2 婴：即窦婴，窦太后侄。乡：通"向"。下同。山东：崤山以东。3 足用：足以。4 当：抵挡。烦：繁多。5 中国：中原。设备：设置防备。

译文

刘仲被贬削王爵，使刘濞得以封为吴王，正碰上汉家刚刚平定天下，要依靠他镇守安抚江淮地区。作《吴王濞列传》第四十六。

吴楚七国发动了叛乱，皇室亲属中只有窦婴贤能且喜欢士人，士人都归附于他，所以让他统军在荥阳抵抗叛军。作《魏其武安侯列传》第四十七。

智谋足以应付近代的世变，宽厚足以深得人心。作《韩长孺列传》第四十八。

抵御敌人表现勇敢，对待士卒态度仁爱，行军号令简朴不烦，军队士兵归心于他。作《李将军列传》第四十九。

从夏商周三代以来，匈奴常常成为中原的患害；想了解或强或弱的时势，以及设置防备、出军征讨的情况，作《匈奴列传》第五十。

直曲塞，广河南，破祁连，通西国，靡北胡。[1]作《卫将军骠骑列传》第五十一。

大臣宗室以侈靡相高，唯弘用节衣食为百吏先。[2]作《平津侯列传》第五十二。

汉既平中国，而佗能集杨越以保南藩，纳贡职。[3]作《南越列传》第五十三。

吴之叛逆，瓯人斩濞，葆守封、禺为臣。[4]作《东越列传》第五十四。

燕丹散乱辽间，满收其亡民，厥聚海东，以集真藩，葆塞为外臣。[5]作《朝鲜列传》第五十五。

注释

1 直曲塞：拓直弯曲的边塞。广：扩。河南：内蒙古黄河以南河套地区。祁连：祁连山。文中指活动于此的匈奴。靡：使……披靡。2 相高：互相竞赛夸耀。弘：即公孙弘。3 佗：即南越赵佗（tuó）。杨越：即"扬越"，扬州所属越地。贡职：纳贡尽职。4 濞：吴王刘濞。葆：通"保"。封、禺：今浙江德清境内两座山名。5 燕丹：即燕太子丹。满：卫满，燕人，卢绾部将，后入据朝鲜为王。真藩：即真番，古地名，在今朝鲜开城一带。

译文

拓直弯曲的边塞，扩展黄河以南地区，打败活动于祁连山的匈奴，开通前往西域国家的道路，使得北方胡人溃散。作《卫将军骠骑列传》第五十一。

大臣和宗族都以奢侈浪费互相竞赛夸耀，只有公孙弘以节衣缩食成为百官表率。作《平津侯列传》第五十二。

汉朝廷已经平定了中原，而赵佗能够安辑杨越地区来保卫南方藩属地区，向朝廷纳贡尽职。作《南越列传》第五十三。

吴国发动叛乱，东瓯人斩杀了刘濞，坚守封山、禺山，向汉称臣。作《东越列传》第五十四。

燕太子丹部众败散在辽东地区，卫满收集这些逃亡之民，聚集在海东，用来安辑真藩等部，保卫边塞，成为汉朝的外臣。作《朝鲜列传》第五十五。

唐蒙使略通夜郎，而邛笮之君请为内臣受吏。[1]作《西南夷列传》第五十六。

《子虚》之事，《大人》赋说，靡丽多夸，然其指风谏，归于无为。[2]作《司马相如列传》第五十七。

黥布叛逆，子长国之，[3]以填江淮之南，安剽楚庶民。作《淮南衡山列传》第五十八。

奉法循理之吏，不伐功矜能，百姓无称，亦无过行。[4]作《循吏列传》第五十九。

正衣冠立于朝廷，而群臣莫敢言浮说，长孺矜焉；好荐人，称长者，壮有溉。[5]作《汲郑列传》第六十。

注释

1 唐蒙：西汉人，武帝时为中郎将。夜郎：古部族名，主要分布在今贵州一带。受吏：接受朝廷委派的官吏。2 子虚：即司马相如所作《子虚赋》。《大人》：亦为司马相如之赋作。夸：夸张。指：意旨。3 黥布：即英布。子长：高祖少子刘长。国之：以之为国。4 称：称誉。过行：过失行为。5 浮说：虚浮不实之说。长孺：即汲黯，字长孺。壮：当为"庄"，指郑当时，字庄。溉：《史记集解》引徐广曰："一作'慨'。"气节，气量。

译文

唐蒙奉使经略沟通夜郎，而邛、筰的君长请求成为汉朝的内臣，并接受朝廷派来的官吏。作《西南夷列传》第五十六。

《子虚赋》所及之事，《大人赋》叙说言辞，虽然都很华丽夸张，然而它的主旨是进行讽谏，劝谏君主无为而治。作《司马相如列传》第五十七。

黥布背叛汉廷，高祖少子刘长在黥布旧地立国，以镇守长江、淮河以南，安定强悍的楚地百姓。作《淮南衡山列传》第五十八。

奉行法律遵循事理的官吏，不夸功不逞能，百姓没有人称赞他们，他们也没有过错行为。作《循吏列传》第五十九。

端正自己的衣冠站立在朝堂之上，那么群臣就没有谁敢于说出虚浮不实的话来，汲长孺是位刚直庄重的大臣；喜好推荐人才，称道长者，郑庄慷慨有节操，作《汲郑列传》第六十。

自孔子卒，京师莫崇庠序，唯建元、元狩之间，文辞粲如也。[1]作《儒林列传》第六十一。

民倍本多巧，奸轨弄法，善人不能化，唯一切严削为能齐之。[2]作《酷吏列传》第六十二。

汉既通使大夏，而西极远蛮，引领内乡，欲观中国。[3]作《大宛列传》第六十三。

救人于厄，振人不赡，仁者有乎；[4] 不既信，不倍言，义者有取焉。[5] 作《游侠列传》第六十四。

夫事人君能说主耳目，和主颜色，而获亲近，非独色爱，能亦各有所长。[6] 作《佞幸列传》第六十五。

注释

1 庠序：泛指学校。建元：汉武帝年号，公元前 140—前 135 年。元狩：汉武帝年号，公元前 122—前 117 年。粲如：昌盛鲜明的样子。2 倍：通“背”。化：教化，感化。严削：严酷苛削。3 大夏：中亚古国，在今阿富汗北部。引领内乡：倾慕向往汉朝。引领，伸长脖子。乡，通“向”。4 厄：困厄。赡：富足。5 既：失。倍言：背弃诺言。6 说：通“悦”。色爱：女色之爱。

译文

自从孔子去世，京城里没有谁尊崇学校教育，只有建元、元狩年间，文教才有了起色，朝野上下文采斐然。作《儒林列传》第六十一。

民众背弃农业多生诈巧，作奸犯科玩弄法令，善人不能教化他们，只有一律严酷苛削地处理才能整齐化一，使他们按法令行事。作《酷吏列传》第六十二。

汉朝派张骞通大夏以后，西部极远的蛮夷国家，都向往汉朝，想来中国看看。作《大宛列传》第六十三。

解救人家的困厄，赈济人家的贫困，仁者有这样的美德；不失掉信任，不违背诺言，义者有可取之处。作《游侠列传》第六十四。

侍奉君主能使其耳目愉快，脸色和悦，从而获得君主的宠幸，这不光靠姿容颜色，还要有钻营的本事。作《佞幸列传》第六十五。

不流世俗，不争埶利，上下无所凝滞，[1] 人莫之害，以道之用。作《滑稽列传》第六十六。

齐、楚、秦、赵为日者[2]，各有俗所用。欲循[3] 观其大旨，作《日者列传》第六十七。

三王不同龟，四夷各异卜，然各以决吉凶。[4] 略窥其要，作《龟策列传》第六十八。

布衣匹夫之人，不害于政，不妨百姓，取与以时而息[5] 财富，智者有采焉。

作《货殖列传》第六十九。

注释

1 势利：权势利益。上下无所凝滞：上上下下没有矛盾。表明其善于周旋。2 日者：占候卜卦之人。3 循：《史记集解》引徐广曰："一作'总'。"4 龟：用龟甲占卜。四夷：周边各部族。5 息：增长。

译文

不与世俗同流合污，也不与人争权夺利，地位不高，但能与上下周旋，没有谁能加害他们，是因为他们运用的是"道"。作《滑稽列传》第六十六。

齐、楚、秦、赵从事占卜的人，他们因各地风俗的不同而各有自己的占卜之法。为弄清他们的情况，作《日者列传》第六十七。

夏、商、周三代君主占龟的方法不同，四方蛮夷部族卜筮的方法各异，然而都是利用占卜来决定吉凶。为粗略地窥测其中的大概情况，作《龟策列传》第六十八。

一个普通民众，不触犯法令，不妨碍百姓，靠预测市场行情做买卖而发财致富，智慧的人也可以从他们身上得到借鉴。作《货殖列传》第六十九。

维我汉继五帝末流，接三代绝业。[1] 周道废，秦拨去古文，焚灭《诗》《书》，故明堂石室金匮玉版图籍散乱。[2] 于是汉兴，萧何次律令，韩信申军法，张苍为章程，叔孙通定礼仪，则文学彬彬稍进，《诗》《书》往往间出矣。[3] 自曹参荐盖公言黄老，而贾生、晁错明申、商，[4] 公孙弘以儒显，百年之间，天下遗文古事靡不毕集太史公。太史公仍父子相续纂其职。曰："於戏[5]！余维先人尝掌斯事，显于唐虞，至于周，复典之，故司马氏世主天官。[6] 至于余乎，钦念[7]哉！钦念哉！"罔罗天下放失旧闻，王迹所兴，原始察终，见盛观衰，论考之行事，略推三代，录秦汉，上记轩辕，下至于兹，著十二本纪，既科条之矣。[8] 并时异世[9]，年差不明，作十表。礼乐损益，律历改易，兵权山川[10]鬼神，天人之际，承敝通变，作八书。二十八宿环北辰，三十辐共一毂，运行无穷，辅拂股肱之臣配焉，忠信行道，以奉主上，作三十世家。[11] 扶义俶傥，不令己失时，立功名于天下，作七十列传。[12] 凡百三十篇，五十二万六千五百字，为《太史公书》。序略，以拾遗补蓺，

成一家之言，厥协六经异传，整齐百家杂语，藏之名山，副在京师，俟后世圣人君子。[13] 第七十。

太史公曰：余述历黄帝以来至太初而讫，百三十篇。[14]

注释

1 末流：遗风，余绪。绝业：中断的大业。2 拨去：除去，废掉。古文：古代典籍。玉版：此指藏玉版之处。《史记集解》引如淳曰："刻玉版以为文字。"3 申：申明。文学彬彬：指举止文雅有学问之人。往往：到处。间出：断断续续出现。4 盖公：西汉胶西人，精通黄老道家之说。贾生：即贾谊。申：申不害。商：商鞅。5 於戏：呜呼。6 斯：此。典：掌管。7 钦念：郑重牢记。8 罔罗：收集。罔，同"网"。放失：散佚。轩辕：黄帝。科条：科分条例，列出大纲。9 并时异世：在相同的时代有着不同世代。10 兵权：用兵策略、权术。山川：山河形势。11 二十八宿（xiù）：我国古代的天文学家把周天之星分为二十八组，称二十八宿。北辰：即北极星。辐：辐条。毂：车轮中心之圆木。拂：通"弼"，辅佐。作三十世家：《史记志疑》："诸侯有国，大夫有家，古之制也……《史》似不得其序。若编著则邾、莒并春秋时次国，世系足考，其事迹较详于曹、杞，安得云滕、薛、驺以小弗论耶？又吴芮至忠，著于《令甲》，五代称王，侯封支庶，何独缺如乎？"12 俶傥（tì tǎng）：洒脱而卓越不凡。作七十列传：《史记志疑》："《列传》之失次及吴濞，淮南、衡山，张耳之当入《世家》……《困学纪闻》谓传伍员而不传包胥，非所以劝忠。《野客丛书》谓不立纪信传，疏于节义。是固然也。余谓夏、商以前，帝臣王佐虽代不乏人，而世遥事逸，故但据《诗》《书》所称一二大端载于《本纪》，即周初散宜、南宫、史佚之徒，厉、宣间芮良夫、召虎、仲山甫之流，亦同斯例。若春秋之际名德显暴者，尚有如鲁柳下惠、孟献子、卫甯俞、史鱼、晋士会、士燮，叔向、宋于罕，楚子文何为盖阙？此《古世》《通志》所以作补传也。汉时传邹阳而不传贾山、枚叔，传徐乐、严安而不传终军、东方朔，去取之义亦未晓。"13 序略：序述大略。补蓺：补六艺之缺。蓺，同"艺"。名山：指朝廷。副：副本。京师：京城自己家中。俟：等待。14 述历：历述。太初：汉武帝年号，公元前104—101年。讫：止。

译文

我汉朝继承五帝的遗风，接续三代中断了的大业。周朝末年王道废弛，秦朝废弃了古文，焚毁了《诗》《书》，所以造成明堂、石室、金匮、玉版等处图书典籍散失。这时候汉朝兴起，萧何修订律令，韩信申明军法，张苍创立规章，叔孙通制定礼仪，于是举止文雅的学问之士逐渐得到进用，《诗》《书》断断续续出现了。自从曹参举荐盖公讲论黄老之道，而贾谊、晁错阐明申不害、商鞅的法术，公孙弘因为运用儒学而显贵，一百年之间，天下已发现的文书档案典籍无不汇集到太史公这里。太史公父子两代相继在此任职。太史公说："哎呀！我的先人在虞舜时代曾经当过史官，很有名气，到周朝，又担任这一职务，所以司马氏是世代相承主持天文星历方面事务的。难道这会中止于我这一代吗？郑重牢记呀！郑重牢记呀！"网罗搜集天下散失的旧闻，对帝王事迹所兴发的过程，追源开始考察终结，见到盛处观察衰败，论述考察他们的事迹，简略推考三代，详细叙录秦汉，上记轩辕黄帝，下到当今社会，撰十二本纪，已经科分条例形成大纲。在相同的时代有着不同的世代，年代相差不易明了，作十表。礼乐增减，律历变更，兵法权谋，山川形胜，鬼神祭祀，天人之间的关系，承其衰败，通观变革，作八书。二十八宿环绕北辰，三十车辐共集一毂，运行没有穷尽，辅弼股肱的大臣，和星辰、辐毂一样相配，忠实诚信，共行大道，来侍奉皇上，作三十世家。仗义而行，倜傥不羁，不使自己失却时机，在天下扬名，作七十列传。总计一百三十篇，五十二万六千五百字，写成《太史公书》。序述大略，以拾遗补充六艺，成为一家之言，协合《六经》和对它的不同传释，将百家杂语的说法予以整齐，正本藏在朝廷，副本留在京城自己家中，留待后代的圣人君子观览。因此作了列传第七十《太史公自序》。

太史公说：我历述从黄帝以来直到武帝太初年间而止的史实，共一百三十篇。

史记

附录　年表序

表，是《史记》五体的重要组成部分，它与本纪、书一致，同样在《史记》中起着纲领性的作用。其叙列的形式是“表”，故其要在述事简明，经纬纵横，各因事势统观天下，成为一体之特征，充分展现出司马迁撰史的创造性，历来为世人所称颂。

表序，是《史记》的精华部分，其论说内容可以概述为如下五个方面：

第一，中心内容是叙述三代以后，对与国体一统相对而又相辅的另一方面的分封的发展变化及其各阶段的矛盾的突出特点加以说明，以见分封的社会影响及其重要的历史作用。

第二，《三代世表》以后，《十二诸侯年表》《六国年表》《汉兴以来诸侯王年表》在记载时间上前后贯通，紧密相联；且有《秦楚之际月表》穿插其中，将自周以后至汉武太初四年（前 101）的整个历史，区别而为周及其以前、春秋、战国、秦楚之际、汉代五个不同阶段的线索划分，非常清晰明确，事势一目了然。

第三，诸表序文阐发了对各历史阶段事势发展的总的认识，如《三代世表》之见夏、商、周之所自出及肯定《春秋》大一统，《十二诸侯年表》之见周室衰微而现五伯争雄，《六国年表》之见七国扰攘而秦兴起“世异变，成功大”，《秦楚之际月表》之见陈涉首义、项羽灭秦、刘邦建汉竟至“无土而王”，汉代以后诸表之见分封的变化及与中央的争权乃至“推恩分子弟国邑”而重新大一统，其议论之深邃，形成为对《史记》全书相关记载内容评述的指导原则及撰叙的思想基础。

第四，以《十二诸侯年表》所叙之《春秋》学术史并对诸种学术见解片面性地批评，及《高祖功臣侯者年表》所议“志古自镜”的一番言论，昭示后人编撰《史记》的自觉借鉴意识，与《太史公自序》之“述往事，思来者”前后呼应，浑然天成。

第五，诸篇之序，提挈全史，揭示要义，文字精确流畅，知司马迁“胸中固有一天下大势”（顾炎武语）的学术气概，及蕴藉深厚、纵横捭阖的大家手笔，撰述之洒脱优美，朗朗读来，令人叫绝，有使人百读而至于自然背诵之奇妙功效。读者可试自为之。

基于以上认识，我们在名文 10 篇之后附编诸表序（今《史记·汉兴以来将相名臣年表》无序）。诸表本与 10 篇名文在《史记》130 篇中是并列的，今仅录其序文，以见其独特的文学、史学、哲学功能，可为之叹唱，并备鉴赏。

三代世表第一

太史公曰：五帝、三代之记，尚矣。[1]自殷以前诸侯不可得而谱，周以来乃颇可著。[2]孔子因史文次《春秋》，纪元年，正时日月，盖其详哉。[3]至于序《尚书》，则略无年月；或颇有，然多阙，不可录。[4]故疑则传疑，盖其慎也。[5]

注释

1 五帝：《史记》之五帝，指黄帝、颛顼、帝喾、尧、舜。三代：夏、商、周。尚：久远。"尚矣"这一文词原出于《大戴礼》"黄帝尚矣"。2 谱：布列其事。 颇：略微。著：著录，叙录。3 次：编次、辑录。《春秋》：孔子所作我国第一部简略的编年体记事史书。主要根据鲁史编成。纪元年：《春秋》很重视确定国君的元年。正时日月：注意校正历史事件发生所在的春、夏、秋、冬四时和月、日。日月，当作"月日"。盖其详哉：比起以前的文献，《春秋》在记时上就算较为详细的了。这是历史记事的一大进步。4 序：编排次第。《尚书》：上古的文献汇编。记事简略，没有明确的事件发生时间即年月的记载。阙：通"缺"，缺少。5 司马迁对没有明确根据的史料，又于史事不能不记载时，遇到疑惑之处就记录下这疑惑的材料，自己不主观臆测或改正，这是他作史所采取的审慎态度。这为后来的治史者树立了好传统。

译文

太史公说：五帝、三代时候的记载，已经很久远了。包括殷朝和它以前的诸侯们的事迹不能够谱列出来，周朝以来才略微可以著述。孔子根据历史记载文字编次《春秋》，记录鲁国各个国君的元年，厘正四时和月日，大概算是详细的了。至于依次编排《尚书》，则简略而没有记载具体的年月；有时候略微有些年月，然而大多数都残缺，不能够根据它们进行叙录。所以我在记载历史事迹的时候，有疑惑的地方还是按照疑惑传述，因为这是要采取慎重的态度。

余读谍记[1]，黄帝以来皆有年数。稽其历谱谍终始五德之传，古文咸不同，乖异。[2]夫子之弗论次其年月，岂虚[3]哉！于是以《五帝系谍》《尚书》集世纪黄帝以来讫共和为《世表》。[4]

注释

1 谍记：指记世系和帝王谥号之书，《汉书·艺文志·历谱》有载，系传闻伪托之作，不可信，司马迁弃而不取。2 稽：考核，考证。历谱：历代之谱。终始五德之传：谓帝王更替，以金木水火土之五德传次相承，终而复始。传，同“转”。乖异：抵触，矛盾。3 虚：虚妄，疏失。司马迁赞扬孔子文献无征，阙而不载的态度。4《五帝系谍》：指《大戴礼》中的《五帝德》和《帝系》等篇。集世：集中其所录之世次。共和：公元前841年为由周公、召公两卿执掌周王室政权的“共和”之始年。《世表》：不明帝王在位年数而仅以世次表明事态发展的记事体裁之一。世，世系，世次。表，以表格形式排列记事。《史记索隐》：“应劭云：‘表者，录其事而见之。’案：《礼》有《表记》，而郑玄云‘表，明也’。谓事微而不著，须表明也，故言表也。”《史记正义》：“表者，明也。明言事仪。”

译文

我读到一些记载世系谥号的书籍，从黄帝以来的各代都有具体的年数。考察一些历代谱列世系谥号书中讲到的，用金木水火土五德传次相承终而复始来表示帝王更替的说法，古代的文字记载都和它们不相同，这些说法与常理是抵触的。孔夫子不论述编次古代事迹的具体年月，难道是疏失吗？于是我用《五帝系谍》《尚书》的文献材料并汇集各代的世系记录从黄帝以后直到共和时期，写成《三代世表》。

十二诸侯年表第二

太史公读《春秋历谱谍》，至周厉王，未尝不废书而叹也。[1] 曰：呜呼，师挚[2] 见之矣！纣为象箸而箕子唏。[3] 周道缺，诗人本之衽席，《关雎》作。[4] 仁义陵迟，《鹿鸣》刺焉。[5] 及至厉王，以恶闻其过，公卿惧诛而祸作，厉王遂奔于彘，[6] 乱自京师始，而共和行政焉。是后或力政，强乘弱，兴师不请天子。[7] 然挟王室之义，以讨伐为会盟主，政由五伯，诸侯恣行，淫侈不轨，贼臣篡子滋起矣。[8] 齐、晋、秦、楚，其在成周[9] 微甚，封或百里，或五十里。晋阻三河，齐负东海，楚介江淮，秦因雍州之固，四海迭兴，更为伯主，文武所褒大封，皆威而服焉[10]。

注释

1《春秋历谱谍》：有关记载春秋时期内容的帝王年历与氏族谱系的典籍、文献。废书：把书放在一旁，指离开书。2 师挚：鲁国的太师即乐官，名挚。他理乱正乐，为孔子所赞赏。3 象箸：象牙筷子。此以小见大，象征淫逸。箕子：商纣王的叔父，以封于箕而名，因谏纣王而被囚禁。唏：哀叹。4 缺：衰微。衽（rèn）席：床席，卧具。此喻夫妇之道。《关雎》：《诗经·周南》之首篇。司马迁据《鲁诗》为说，以为与《鹿鸣》同是讽刺之作。5 陵迟：衰落，衰败。《鹿鸣》：《诗经·小雅》之首篇，反映周时贵族宴会宾客的一般情况。今从内容上看，似无美或刺之意。刺：讥刺，指责。6 恶（wù）：讨厌。彘：邑名，在今山西霍县。7 力政：致力于战争攻伐。政，通“征”。乘：欺凌。8 挟（xié）：挟制。此处意为假借，冒充。五伯：即春秋五霸。《史记》一般指齐桓公、晋文公、秦穆公、楚庄王、越王句（gōu）践为五霸。篡子：篡夺权力的臣下。滋起：频繁地发生。9 成周：本指西周的东都雒邑。此代指西周盛世。10 阻、负、介、因：都是凭恃、依靠的意思。三河：指河东、河内、河南。雍州：古九州之一，指今陕、陇地区。迭：更替。大封：分封的大国。如鲁、卫、燕、蔡等。

译文

太史公读《春秋历谱谍》这部文献，到记述周厉王事迹的地方，未尝不是放下书本大加叹息的。说：哎呀，鲁国太师名叫挚的有很高明的见解啊！商纣王用象牙做了筷子就使得箕子哀叹。周家治国的大道废缺，作诗的人以床席间的情事借作比喻，《关雎》这一篇就产生了。道德仁义逐渐衰败，《鹿鸣》这一篇就写出来进行讥刺。到了厉王的时候，因为讨厌听到百姓议论自己的过错，出现了公卿害怕诛杀而起来包围王宫的祸乱，厉王就奔亡到了彘地，祸乱从京师开始发生，就产生了共和行政的局面。从这以后有的人就崇尚武力征伐，强国欺凌弱国，兴动军队不再请求天子的旨令。然而却挟持朝廷的名义，用讨伐的手段使自己成为诸侯们会盟的主宰，政治形势先后由五位诸侯首领控制，诸侯们恣意妄行，淫逸奢侈，行为不轨，贼乱和篡逆的臣下频繁地发生了。齐国、晋国、秦国、楚国，它们在成周的时候地位非常卑微，封地有的只有一百里，有的只有五十里。晋国倚仗着三河地区的形胜，齐国背靠着东海的优势，楚国依赖长江、淮河的隔阻，秦国借着有雍州地区的四方固塞，在天下相替兴起，更替成为霸主，文王、武王时候所褒奖的大封国，都因为害怕它们的威严而表示了臣服。

是以孔子明王道，干七十余君，莫能用，故西观周室，论史记旧闻，兴于鲁而次《春秋》，上记隐，下至哀之获麟，约其辞文，去其烦重，以制义法，王道备，人事浃。[1] 七十子之徒口受其传指，为有所刺讥褒讳挹损之文辞不可以书见也。[2] 鲁君子左丘明惧弟子人人异端，各安其意，失其真，故因孔子史记具论其语，成《左氏春秋》。[3] 铎椒为楚威王傅，为王不能尽观《春秋》，采取成败，卒四十章，为《铎氏微》[4]。赵孝成王时，其相虞卿上采《春秋》，下观近势，亦著八篇，为《虞氏春秋》[5]。吕不韦者，秦庄襄王相，亦上观尚古，删拾《春秋》，集六国时事，以为八览、六论、十二纪，为《吕氏春秋》[6]。及如荀卿、孟子、公孙固、韩非之徒，各往往捃摭《春秋》之文以著书，不可胜纪。[7] 汉相张苍历谱五德，上大夫董仲舒推《春秋》义，颇著文焉。[8]

注释

1 干：求。七十余君：此盖漫述，并非实指，言孔子周游历国之积极精神而已。史记：一般的历史记载书籍。兴于鲁：从鲁国的历史出发。约：简约。制：制定。意为寄寓。义法：义例法则。指褒贬笔法。人事：指人间世事的伦理关系。浃（jiā）：通彻。2 传指：解释经典的文字和宗旨。传，解释经义。指，通“旨”。褒讳：偏义复词，取忌讳义。挹（yì）：通“抑”，贬抑。见（xiàn）：出现。3 异端：对经传有违背其主旨的不同的解释。具：完备，详细。4《铎氏微》：《汉书·艺文志》云，《春秋》家有《铎氏微》三篇，楚太傅铎椒撰。微，传注名称之一。《史记索隐》以为因《春秋》的内容有微婉之词，故称“微”。颜师古以为“微谓释其微指”。此书今已亡。5《虞氏春秋》：《平原君虞卿列传》言虞卿：“不得意，乃著书。上采《春秋》，下观近世，曰《节义》《称号》《揣摩》《政谋》，凡八篇，以刺讥国家得失，世传之曰《虞氏春秋》。”表述与此处同。而《汉书·艺文志》云，儒家类有《虞氏春秋》十五篇，《春秋》家有《虞氏微传》二篇。6《吕氏春秋》：《吕不韦列传》记：“吕不韦乃使其客人人著所闻，集论以为八览、六论、十二纪，二十余万言。以为备天地万物古今之事，号曰《吕氏春秋》。”篇目同，然称为吕不韦所“集论”。《汉书·艺文志》收在杂家类，二十六篇，亦称为“吕不韦辑智略士作”。7 公孙固：《汉书·艺文志》云，儒家类有《公孙固》一篇，说是“十八章。齐闵王失国，问之，固因为陈古今成败也”。此书今已亡。捃摭（jùn zhí）：搜集，采取。8 张苍著《终始五德传》，事详《张丞相列传》。董仲舒作《春秋繁露》，事见《儒林列传》。

译文

因此孔子阐明王道政治，求取七十多位国君，没有谁能任用他，所以他往西方去考察周家王室，论列历史的记录和旧日的闻见，选用鲁国的史事作记事基础而序次编成《春秋》，记述上起隐公，下限到达哀公获得白麟的那一年，简约史籍中的辞藻文字，除去其中的烦杂重复，用来制定一种义理法则，使它包含的王道完备，表述的人事通彻。七十多位弟子们只能通过口传接受其中解释经义的深旨，这是因为有些讥刺、忌讳、批评、贬损的文辞不能够写在书面上显现出来。鲁国的君子左丘明害怕弟子们人人有异端态度，各人安习于自己的意见，失却孔子的原意，所以根据孔子的历史记述详细地论述它的语意，命为《左氏春秋》。铎椒做了楚威王的老师，因为威王不能够完全了解《春秋》的旨意，他就选取其中有关政治成败的内容，写出了四十章，命为《铎氏微》。赵孝成王的时候，他的辅相虞卿在上选取《春秋》记述的史事，在下观察近世的情势，也著述了八篇，命为《虞氏春秋》。吕不韦，是秦庄襄王的辅相，也是在观察上古的变化，删削拾取《春秋》的内容，集中六国时候的世事，因而撰述出八览、六论、十二纪这些篇章，命为《吕氏春秋》。以及像荀卿、孟子、公孙固、韩非等这一批人，各自常常是搜集《春秋》的文义内容来著书立说，多得都记不过来。汉代丞相张苍用历谱的形式写成《终始五德传》，上大夫董仲舒推阐《春秋》的隐义，著述了很多文篇。

太史公曰：儒者断其义，驰说者骋其辞，不务综其终始；历人取其年月，数家隆于神运，谱谍独记世谥，其辞略，欲一观诸要难。[1]于是谱十二诸侯，自共和讫孔子，表见《春秋》《国语》学者所讥盛衰大指著于篇，为成学治古文者要删焉。[2]

注释

1 断其义：指在阐发学说主张时常对历史事实断章取义。驰说者：纵横家。骋其辞：指只顾极力发挥口辩才能而于历史事实常是夸大或形成虚妄。历人：指研究历法的人。数家：指阴阳术数家。隆：特别关注，尊崇。神运：指以天人感应和五行学说对历史事实所作的神秘解释。诸要：指正确认识和记述历史的诸多重要因素。2《春秋》：指《春秋》及其传注，尤其是《左氏春秋》。《国语》：我国最早的一部国别史，以记载西周末年和春秋时期各国卿大夫有关政治言论为主，可与《左传》相参证，故有《春秋外传》之称。讥：探究。古文：指《春秋》《国语》等典籍。要删：删取其要。

译文

太史公说：儒家的学者断章取义，纵横驰说的学者骋辩他们的言辞，不致力于综合考察事情的终始；研究历法的人只注意集取世事的年月，阴阳术数家特别关注于神运，撰述谱谍的只单独记载世系谥号，他们写出的文辞都很简略，想总体地观察一下各方面的要领就非常难。于是我谱列十二个诸侯国的大事，从共和元年起到孔子去世（还包括以后的两年），用表的形式把研究《春秋》《国语》的学者们所探究的政治盛衰的要指著述在篇中，替那些想成就学问而研习古文的人删取其要。

六国年表第三

太史公读《秦记》，至犬戎败幽王，周东徙雒邑，秦襄公始封为诸侯，作西畤用事上帝，僭端见矣。[1]《礼》曰："天子祭天地，诸侯祭其域内名山大川。"[2]今秦杂戎翟之俗，先暴戾，后仁义，位在藩臣而胪于郊祀，君子惧焉。[3]及文公逾陇，攘夷狄，尊陈宝，营岐雍之间，而缪公修政，东竟至河，则与齐桓、晋文中国侯伯侔矣。[4]是后陪臣执政，大夫世禄，六卿擅晋权，[5]征伐会盟，威重于诸侯。及田常杀简公而相齐国，诸侯晏然弗讨，海内争于战功矣。[6]三国终之卒分晋，田和亦灭齐[7]而有之，六国之盛自此始。务在强兵并敌，谋诈用而从衡短长之说起。[8]矫称蜂出，誓盟不信，虽置质剖符犹不能约束也。[9]秦始小国僻远，诸夏宾之，比于戎翟，至献公之后常雄诸侯。[10]论秦之德义不如鲁卫之暴戾者，量秦之兵不如三晋之强也，然卒并天下，非必险固便、形埶利也，盖若天[11]所助焉。

注释

1《秦记》：简略记载秦国历史的一部史书。《史记索隐》："即秦国之史记也。故下云'秦烧《诗》《书》，诸侯史记尤甚。独有《秦记》，又不载日月'是也。"周东徙雒邑：周幽王为犬戎所杀，子平王将都城往东迁到雒邑之王城。雒邑，武王灭殷后，周公在此修筑了王城和成周城，在此停放着传国九鼎。秦襄公：公元前777年至前766年在位。因护送平王东迁而封为诸侯。《十二诸侯年表》公元前771年栏记“始列为诸侯”，即是。西畤（zhì）：秦襄公在西垂所筑祭祀白帝的神祠。峙，神灵之所止也。僭：超越本分。端：端倪，苗头。2《礼》：指《礼记·曲礼下》，原文为：“天子祭天地，祭四方，祭山川……诸侯方祀，祭山川。”3杂：糅合，吸收。先：指推重，崇尚。后：指轻视，贬屈。胪（lú）于郊祀：陈设着天子郊祀的礼仪。胪，陈列。《史记索隐》：“胪字训陈也，出《尔雅》文。以言秦是诸侯而陈天子郊祀，实僭也，犹季氏旅于泰山然。”4文公：公元前765年至前716年在位，是秦紧接着襄公的一个发展时期。逾：越过。陇：陇山，在今陕西陇县与甘肃天水之间的陕西、甘肃交界地带。攘（rǎng）：排斥，驱退。陈宝：在陈仓（今陕西宝鸡东）北坡获得异石，因此筑祠祭祀，宣称秦当为帝王以示崇敬，谓之陈宝。岐：山名，在今陕西岐山县东北。雍：山名，在今陕西凤翔县南。缪公：公元前659年至前621年在位。这个时期是秦国发展的重要时期，秦国已经称霸西戎。竟：通“境”。中国：指中原各国。侯伯：古代五等爵位。《礼记·王制》：“王者之制禄爵，公、侯、伯、子、男，凡五等。”此指霸主。侔（móu）：齐等。5陪臣：重（chóng）臣。诸侯之大夫，对天子自称陪臣。六卿：晋原有的六家大族，范、中行、智、赵、韩、魏。后范、中行、智三家相继被灭，仅余韩、赵、魏，而形成如下所言之“三家分晋”。三家又合称“三晋”，如下文。擅：专断，独揽。6田常杀简公：《十二诸侯年表》公元前481年栏记“田常杀简公，立其弟骜，为平公，常相之，专国权”是也。后一栏记“齐自是称田氏”。晏然：平静，安逸。7田和亦灭齐：本表公元前386年栏记“田常曾孙田和始列为诸侯。迁康公海上，食一城”；公元前379年栏记“康公卒，田氏遂并齐而有之。太公望之后绝祀”是也。8务：致力于。从衡：即纵横家。衡，通“横”。其所事为长短之说，谓支持自己的意见为长，赞成别人的意见为短，故多载纵横家言论之《战国策》亦称“短长书”。9矫：假托，盗用。蜂出：群蜂并出，比喻众多。质：将人或物作抵押以取得别国的信任。符：古代作为凭信，剖分左右，各执其一，可备勘验的一种工具。10诸夏：指中原各国。宾：通“摈”，遗弃，排斥。献公：公元前384年至前362年在位。之后其子为孝公。献、孝为秦发展的关键时期。雄：称雄，称霸。11天：依上文之论述，此“天”当指“时势”而言。《史记》中之“天”，其义有三：一指自然之天，如日月五星之类；一指有意志的人格神，常表述为天意、天命；一指时势发展的总的趋向，即今人们所谓的事物潜在的客观规律。这里所说的“天”，是第三层意思的典型表现。

译文

太史公阅读《秦记》这部文献，读到其中记述犬戎部族打败周幽王，周家的京都往东迁徙到雒邑，秦襄公因为护送周平王东迁开始被封为诸侯，他因此建筑西畤用来祭祀上帝等内容的时候，就发觉秦国僭越的端倪已经显现出来了。《礼》规定说：“天子可以祭祀天地之神，诸侯只能够祭祀他们土地领域内名山大川的神灵。”现在秦国还杂糅着戎翟民族的习俗，尊崇暴戾的武力手段，贬黜仁义等道德教化，处在天子藩臣的地位却在祭祀礼仪的陈设上等同于天子的郊祀，有道德的君子们感到害怕呀。等到秦文公跨越陇山，抗御着夷狄部族的侵犯，尊奉陈宝，在岐雍之间的地区进行营建，又到秦缪公的时候修明政治，将东部边境发展到黄河西岸，就和中原的齐桓公、晋文公这样的诸侯首领的地位和影响都相齐同了。从这以后各个诸侯国家的臣子掌握了政权，大夫世世代代享受爵禄，范、中行、智、韩、赵、魏六卿专断了晋国的权力，在征伐和会盟等行为和交往中，他们的威势已经比诸侯还要重。等到田常杀了简公，以相的身份独断于齐国，对这样的背逆行为各个诸侯国都表现平静而没有人来出面讨伐，天下就已经在战功方面争强斗胜了。韩、赵、魏三国终于完全瓜分了晋国，田和也灭亡了姜姓齐国并专有了它，魏、韩、赵、楚、燕、齐（田齐）六国的兴盛从这个时候就开始了。各国都致力于加强军队兼并敌人，谋诈的主张被采用而纵横家有关短长的学说由此兴起。矫称君命的状况大量出现，誓词盟约彼此之间也不相信，虽然是设置了质子（或质臣）、剖分了符节还是不能约束谁的行动。秦国开始的时候只是一个小国，僻处西方遥远的地带，各个中原诸侯国家都摈弃它，把它看作戎翟一类的部族，到了秦献公以后它常常在诸侯国家中间称雄。就秦国的德义程度而论，它还不如鲁国、卫国的暴戾措施；衡量一下秦国的兵力，它也不如韩、赵、魏三国加起来那样强大，然而秦国最终并吞了天下，其原因不一定就是险固的地理位置方便和形势条件对它有利，大概是上天对它有所帮助哩。

或曰“东方物所始生，西方物之成孰”。[1]夫作事者必于东南，收功实者常于西北。[2]故禹兴于西羌，汤起于亳，周之王也以丰、镐伐殷，秦之帝用雍州兴，汉之兴自蜀汉。[3]

注释

1 或曰：此指五行家学说言论。武帝时的主导思想是天人感应与阴阳五行学说结合的公羊学，这里论争的对象意在《春秋》公羊学。孰：同“熟”。2 五行学说以木火金水土与东南西北中、春夏秋冬闰相配，则东南为春夏，耕作生长期；西北为秋冬，收获储藏期。此句是一种机械的比附。3 禹兴于西羌：《史记正义·夏本纪》引《帝王纪》言禹“本西夷人也”；又引扬雄《蜀王本纪》云“禹本汶山郡广柔县人也，生于石纽”。汶山郡治汶江，在今四川茂汶羌族自治县北，广柔县在此郡治西南，古氐、羌族所居。汤起于亳（bó）：《史记集解》引徐广曰：“京兆杜县有亳亭。”地在今陕西西安市东南。《殷本纪》言殷契“封于商”。《史记集解》引皇甫谧曰：“今上洛商是也。”上洛，即今陕西商州市，亦属关中。丰：周文王伐崇侯虎后自岐迁此。镐（hào）：周武王所都。丰、镐均在今陕西西安市长安区境。蜀汉：刘邦初由项羽封为汉王，据巴蜀、汉中地带。

译文

有人说“东方是预示着万物开始生长，西方是标志着万物最后成熟”。兴起事业的人一定会出现在东南方，收到事业实际功利的人常常是出现在西北方。所以夏禹兴起于西羌，商汤起事于亳地，周家称王天下是由于用丰、镐做基地讨伐殷朝，秦国称帝是因为从雍州兴事，汉家是从蜀汉兴起。

秦既得意，烧天下《诗》《书》，诸侯史记尤甚，为其有所刺讥也。[1]《诗》《书》所以复见者，多藏人家[2]，而史记独藏周室，以故灭。惜哉，惜哉！独有《秦记》，又不载日月，其文略不具[3]。然战国之权变亦有可颇采者，何必上古。秦取天下多暴，然世异变，成功大。[4]传曰“法后王[5]”，何也？以其近己而俗变相类，议卑而易行也。学者牵于所闻，见秦在帝位日浅，不察其终始，因举而笑之，不敢道，此与以耳食无异。[6]悲夫！

注释

1 得意：即遂志，指如愿统一天下。诸侯史记：战国时各国均有本国的史事记载文献。2 人家：指平常人家。3 具：完备。4 世异变，成功大：此语显示司马迁积极评价秦国功绩的卓识。《史记索隐》：“以言人君制法，当随时代之异而变易其政，则其成功大。”5 法后王：此语原出《荀子·儒效》“法后王，一制度”。何谓“后王”，刘师培以为“荀子所言后王，均指守成之主言，非指文武言也”。梁启雄《荀子简释·非相》中以为“后王，未详；似是指总汇‘百王’‘圣王政教’之迹的‘君师’，是一位理想的、‘德才兼备’的、有位或无位的圣人，王或素王。或者就是《解蔽》《劝学》中的‘其人’。”司马迁是借荀子之语以“后王”特指秦。《史记正义》：“后王，近代之王。法与己连接世俗之变及相类也，故议卑浅而易识行耳。”6 牵：局限，拘泥。举：全，皆。道：称道，赞同。耳食：用耳朵吃饭而不能辨识滋味。意谓误信传闻，不切实际。《史记索隐》：“言俗学浅识，举而笑秦，此犹耳食不能知味也。”

译文

秦已经称心如意，烧掉天下的《诗》《书》，诸侯各国的历史记载烧得更加严重，这是因为它们对秦国有些讥刺的缘故。《诗》《书》能够重新见到的原因，是它们大多收藏在平常人家，而历史记载是唯独收藏在周家朝廷，所以被毁灭。可惜呀，可惜呀！只单独有《秦记》，又没有记载日月，它的文辞简略不完备。然而战国时代的权谋变化也有可以大加采录的，为什么一定需要上古的文献？秦取得天下的手段是多用暴力，然而社会随着时代变迁而发生了政治上的异常变化，那末它事业取得的成功也就特别大。书传上说“要效法后代的王者”，这是为什么呢？因为他们的时代接近自己而且习俗的变化相类似，议论卑浅并且易于认识施行的缘故。儒家的学者们受到自己闻见的局限，看到秦在建立朝廷方面的时日非常浅短，不认真考察它发展的始终，因而拿出它的所有方面都来加以嘲笑，不敢于称道，这和那些耳食者没有两样。真可悲呀！

余于是因《秦记》，踵《春秋》之后，起周元王，表六国时事，讫二世，凡二百七十年，著诸所闻兴坏之端。[1] 后有君子，以览观焉。

注释

1 踵：接续。《春秋》：此指《十二诸侯年表》，因它主要表现了《春秋》的内容，故称。《史记索隐》言此为《左氏春秋》。周元王：名姬仁，公元前 476 年至前 469 年在位。讫二世：指《六国年表》下限止于秦二世之亡的公元前 207 年，实际只有二百六十九年，此举成数而言。端：端绪，原由。

译文

我于是根据《秦记》，接续在《春秋》后面，起自周元王元年，表列六国时代的史事，直到秦二世三年，总共二百七十年，著述各方面所知道的政治兴坏的端绪。以后有君子，可以用来浏览观察。

秦楚之际月表第四

太史公读秦楚之际[1]，曰：初作难，发于陈涉；虐戾灭秦，自项氏；拨乱诛暴，平定海内，卒践帝祚，成于汉家。[2]五年之间，号令三嬗，自生民以来，未始有受命若斯之亟也。[3]

注释

1 读秦楚之际：此指查阅到秦楚之际有关的文献资料。2 初作难：指最先发动起义。虐戾灭秦：明确指出项羽是采用了残暴的手段灭亡秦朝的。虐戾，残暴，凶狠。指项羽坑秦降兵、杀子婴、烧咸阳等举动。践：登。帝祚：帝位。祚，福。3 五年之间：指公元前 207 年至 202 年。秦楚之际，由陈涉称王（前 209 年）起计，应是八年。嬗：更替，更换。亟（jí）：急，快。

译文

太史公阅读秦、楚之间的历史文献的时候，说：最初作难，是由陈涉所发动；用虐戾的手段灭亡秦朝，是出自项氏；拨除纷乱诛杀残暴，平定了天下，最后登上帝王尊位，是由汉家完成的。五年（应是八年）的时间内，发号施令的人更换了三次，自从有生民以来，不曾有过接受帝王之命而变化得像这样急剧的。

昔虞、夏之兴，积善累功数十年，德洽百姓，摄行政事，[1]考之于天，然后在位。汤、武之王，乃由契、后稷修仁行义十余世，不期而会孟津八百诸侯，犹以为未可，其后乃放弑。[2]秦起襄公，章于文、缪、献、孝之后，稍以蚕食六国，百有余载，至始皇乃能并冠带之伦。[3]以德若彼，用力如此，盖一统若斯之难也”。[4]

注释

1 虞、夏之兴：据《五帝本纪》，尧举用舜二十年，又让代行天子事八年，凡试用二十八年才践帝位；禹预先被舜荐举，试用十七年，又经过三年丧期，凡二十三年才践天子位。舜、禹均被考察“数十年”。洽：润泽。摄：代理。2 汤、武之王：殷由契经昭明、相土、昌若、曹圉、冥、振、微、报乙、报丙、报丁、主壬、主癸至成汤，凡十四世；周由后稷经不窋、鞠、公刘、庆节、皇仆、差弗、毁隃、公非、高圉、亚圉、公叔祖类、古公亶父、季历、昌（文王）至发（武王），凡十六世。殷、周均为“修仁行义十余世”。孟津：黄河古渡口，在今河南孟州市西南。传说中武王会盟诸侯处，故又名盟津。放弑：指汤放桀，武王伐纣事。3 章：显扬。此指势力的重大发展。稍：逐渐。冠带之伦：指东方六国的礼仪之邦，与披发左衽的夷狄民族相对而言。冠，帽子。带，腰带。系官吏与士大夫的装束。伦，类，辈。4 若彼：指像虞、夏、汤、武那样。如此：指像秦国这样。

译文

从前虞、夏时代的兴起，积累善德和功劳要经过几十年，德行洽和了百官贵族，代理政治事务，受到上天意志的考察，这样以后才能登临王位。商汤、周武王能够称王天下，是由于从他们的先祖契、后稷开始修行仁义经过了十多代，到了周武王的时候不需要约定时期而自然会聚到孟津来的就有八百个诸侯，即使德行的影响到了这种程度，周武王还认为不可以讨伐商纣王，最后才收到了流放和诛杀的效果。秦国兴起在襄公受封的时候，文公、缪公的时候势力已经强大彰显，献公、孝公的时代以后，逐渐开始蚕食六国，经过一百多年，到了始皇的时候才能够兼并讲究冠带礼仪一类的东方国家。凭借德行兴起像虞、夏、汤、武那样，依靠武力兴起像秦国这样，大概完成统一事业是很艰难的。

秦既称帝，患兵革不休，以有诸侯也，于是无尺土之封，堕坏名城，销锋镝，锄豪桀，维万世之安。[1] 然王迹之兴，起于闾巷，合从讨伐，轶于三代，乡秦之禁，适足以资贤者为驱除难耳。[2] 故愤发其所为天下雄，安在无土不王[3]？此乃传之所谓大圣[4]乎？岂非天哉，岂非天哉[5]！非大圣孰能当此受命而帝者乎”[4]？

注释

1 无尺土之封：指秦废血缘、世袭、分封之制而推行郡县，为历史上一大变革。堕（huī）：通“隳”，毁坏。销锋镝（dí）：销毁兵器。销，镕化。锋，刀口。镝，箭头。锄豪桀：铲除豪强势力。桀，通“杰”。维：希望。2 闾巷：闾阎街巷，指民间。陈涉、项羽、刘邦，均起于民间。轶（yì）：本义为后车超越前车，引申为超越。乡：通“向”，从前，过去。适：正好。贤者：指刘邦。3 无土不王：土指封地。汉代兴起，正是中国由“无土不王”走向“无土亦王”的历史变化期。4 大圣：指刘邦。《史记索隐》：“言高祖起布衣，卒传之天位，实所谓大圣。”5 岂非天哉：此句究其实并非宣传刘邦为得天命而成天子。综合全篇而言，正是分析了秦楚之际的变化，秦朝之所为正替刘邦扫除了称帝的障碍，刘邦得其利，拣了个便宜才登天子之位的。“天”，仍是指事势。“非大圣孰能”云云，微寓讥刺之意，决无绝对颂扬天命之旨。

译文

秦已经称帝号，忧患战争之所以不断，是因为有了诸侯封国，于是没有施行分封之制，还毁坏了一些有名的城池，销毁锋镝等武器，锄除了地方豪强，采取这些措施希望维护万世的安全。然而帝王形迹的兴起，却是从一般民众的闾巷间发动的，联合起来进行讨伐的军事行动规模，超过了三代，从前秦朝的禁令，恰好能够帮助刘邦这位贤者驱除了成功道路上的困难。所以愤发他的作为就成了天下的雄强，哪里还在乎过去那样没有封土就不能称王天下呢？这就是书传中所说的大圣人吗？难道不是天意吗？难道不是天意吗？不是大圣人谁能够承当这种接受天命而成为帝王的现实呢？

汉兴以来诸侯王年表第五

太史公曰：殷以前尚矣。周封五等：公、侯、伯、子、男。然封伯禽、康叔于鲁、卫，地各四百里，亲亲之义，褒有德也；太公于齐，兼五侯地，尊勤劳也。[1]武王、成、康所封数百，而同姓五十五，[2]地上不过百里，下三十里，以辅卫王室。管、蔡、康叔、曹、郑，或过或损。[3]厉、幽之后，王室缺，侯伯强国兴焉，天子微，弗能正[4]。非德不纯[5]，形势弱也。

注释

1 伯禽：周公之子。武王封周公旦于曲阜，是为鲁公；周公因留佐武王，不能就国，而使其子伯禽代就封于鲁，为鲁公。康叔：武王同母少弟姬封。成王时，周公平定纣与武庚禄父作乱后，以河、淇间故商墟封康叔为卫君。太公：太公望吕尚，本姓姜，从其先祖之封姓，故称吕尚。因与周公共同辅佐武王建周有功而被封于齐，故亦称齐太公。2 所封数百：下篇《高祖功臣侯者年表》及《汉书诸侯王表》均言周封八百，然不可详。同姓五十五：《左传·昭公二十八年》载，成对魏子言周初封兄弟之国十五，姬姓之国四十。盖同姓五十五为合兄弟之国与姬姓之国而言。又《左传·僖公二十四年》载，周公封建亲戚，其中文王之子有管、蔡、郕、霍、鲁、卫、毛、聃、郜、雍、曹、滕、毕、原、酆、郇，此盖武王兄弟之国，其数乃约略言之。3 管：武王弟叔鲜封地，地在今河南郑州市。蔡：武王弟叔度封地，地在今河南上蔡县西南。曹：武王弟叔振铎封地，地在今山东菏泽市定陶区西南。郑：周宣王弟桓公友封地，地在今陕西渭南市华州区东北。4 正：匡正。一说作"征"，征伐。5 纯：纯一。《史记索隐》："纯，善也，亦云纯一。"

译文

太史公说：殷代和它以前已经很久远了。周代分封诸侯分成五种等级：公、侯、伯、子、男。然而分封伯禽、康叔在鲁、卫，他们得到的封地各有四百里，这是表示了爱护自己亲属的意思，更是为了褒奖有德行的人物；太公被封在齐地，包括有五个侯国那么大的土地，这是为了尊崇勤劳王室的人物。武王、成王、康王所封的诸侯有几百个，其中同是姬姓的有五十五个，他们的封地最多的不超过一百里，最少的只有三十里，这样做是要用他们辅助护卫朝廷。管叔、蔡叔、康叔、曹叔、郑伯，他们的封地有的超过了一百里，有的又少于三十里。厉王、幽王以后，周家王室亏缺，接受分封的诸侯中间的强国兴盛起来了，天子力量微薄，不能匡正他们的僭越行为。不是周天子的德行不纯一，而是因为形势衰弱了。

汉兴，序二等[1]。高祖末年，非刘氏而王者，若无功上所不置而侯者，天下共诛之。高祖子弟同姓为王者九国，唯独长沙异姓，而功臣侯者百有余人。[2]自雁门、太原以东至辽阳，为燕、代国；[3]常山以南，大行左转，度河、济，阿、甄以东薄海，为齐、赵国；[4]自陈以西，南至九疑，东带江、淮、谷、泗，薄会稽，为梁、楚、吴、淮南、长沙国：皆外接于胡越。[5]而内地北距山[6]以东尽诸侯地，大者或五六郡，连城数十，置百官宫观，僭于天子。汉独有三河、东郡、颍川、南阳，自江陵以西至蜀，北自云中至陇西，与内史凡十五郡，而公主列侯颇食邑其中。[7]何者？天下初定，骨肉同姓少，故广强庶孽[8]，以镇抚四海，用承卫天子也。

注释

1 序：序列，即封爵的类别系列。二等：指王、侯两个等级。2 同姓为王者九国：刘邦灭异姓王后所封同姓九王，即子刘肥为齐王，弟刘交为楚王，侄刘濞为吴王，子刘长为淮南王，子刘建为燕王，子刘如意为赵王，子刘恢为梁王，子刘恒为代王，子刘友为淮阳王。长沙异姓：吴芮封长沙王，因他国小忠诚又界于南越，故得以单独保存而未被诛灭。功臣侯者百有余人：下篇载高祖功臣封侯者143人。3雁门：郡名，治所善无，在今山西右玉东南。辖今山西北部朔州市至大同市以北一带地区。太原：郡名，治所晋阳，在今山西太原市西南。辖今山西中部靠东一带地区。辽阳：县名，在今辽宁沈阳市西南。燕：封国名，都蓟，在今北京市西南。代：封国名，初都代县，在今河北蔚县东北。4常山：即恒山，在今河北石家庄市东北。大行：即太行山，在今山西河北交界线上。河：指黄河。济：指济水。阿：指东阿，在今山东东阿县西南。时在黄河以东，今在黄河西岸。甄(juàn)：即汉置鄄城县。在今山东鄄城县北。齐：封国名，都临菑，在今山东淄博市东北。赵：封国名，都邯郸，在今河北邯郸市。5陈：县名，在今河南淮阳县。时为淮阳国都所在地。江：指长江。淮：指淮河。谷：指谷水。流入泗水。泗：指泗水。流入淮河。薄：临近，连接。会稽：山名，在今浙江绍兴市东南。梁：封国名，都睢阳，在今河南商丘市东南。楚：封国名，都彭城，在今江苏徐州市。淮南：封国名，都寿春，在今安徽寿县。长沙：封国名，都临湘，在今湖南长沙市。胡越：胡一般泛指北方或西北方的游牧民族，有时专指匈奴；越指“百越”或“百粤”，此即南越、东越。燕、代边胡，长沙接南越，吴接东越。6内地北距山：《史记志疑》引方氏《补正》曰：“北当作‘比’，其外接胡、越，而内地比次距山以东也，与下‘汉郡八九十，形错诸侯间，犬牙相临’对。”距，至。7三河：指河内、河东、河南三郡，河内郡治怀县，在今河南武陟县西南；河东郡治安邑，在今山西夏县西北；河南郡治雒阳，在今河南洛阳市东北。东郡：郡名，治所濮阳，在今河南濮阳市西南。颍川：郡名，治所阳翟，在今河南禹州市。南阳：郡名，治所宛县，在今河南南阳市。江陵：南郡治所，在今湖北江陵县。蜀：郡名，治所成都，在今四川成都市。云中：郡名，治所云中，在今内蒙古自治区呼和浩特市西南。陇西：郡名，治所狄道，在今甘肃临洮县。内史：即京兆尹，治所在长安。十五郡：即河东、河南、河内、东郡、颍川、南阳、南郡、汉中、巴郡、蜀郡、陇西、北地、上郡、云中、内史等。汉初六十二郡，诸侯占地达四十七郡。8庶孽：指宗室子弟。

译文

汉家兴起，分封功臣的序列是两个等级。高祖的晚年规定，不是刘氏而称王的，假若没有功劳又不是天子所封而称侯的，天下的人应该共同去诛伐他。高祖的子弟同是刘姓成为诸侯王的有九个封国，唯独长沙王是异姓封国，而有功之臣被封为侯这一等级的有一百多人。从雁门、太原以东直到辽阳，是燕、代国的封地；常山以南，太行山向左边转去，渡过黄河、济水，东阿、甄城以东一直迫近大海，是齐、赵国的封地；从陈以西，南到九疑山，东边带过长江、淮河、谷水、泗水，迫近会稽，是梁、楚、吴、淮南、长沙国的封地：它们封国的边境界都是外面和匈奴、越族相连接。而内地比及崤山以东全部都是诸侯国的封地，大的封国有的占有五六个郡，兼有的城池达几十座，设置百官建立宫观，所用礼仪僭越到了天子的规格。汉朝仅直接占有三河、东郡、颍川、南阳，从江陵以西到蜀地，北边从云中起到陇西，和内史，总共才十五个郡，而且公主和列侯有颇多的食邑在这当中。为什么会出现这样的情况呢？天下刚刚平定，至亲骨肉的同姓非常少，所以广泛地增强宗室子弟的力量，用他们来镇定抚慰天下，以便秉承天子的命令并捍卫天子的权位尊严。

汉定百年之间，亲属益疏，诸侯或骄奢，忕邪臣计谋为淫乱，[1] 大者叛逆，小者不轨于法，以危其命，殒身亡国。天子观于上古，然后加惠，使诸侯得推恩分子弟国邑，故齐分为七，赵分为六，梁分为五，淮南分三，[2] 及天子支庶子为王，王子支庶为侯，百有余焉。吴楚时，前后诸侯或以適削地，是以燕、代无北边郡，吴、淮南、长沙无南边郡，齐、赵、梁、楚支郡名山陂海咸纳于汉。[3] 诸侯稍微，大国不过十余城，小侯不过数十里，上足以奉贡职，下足以供养祭祀，以蕃辅京师。而汉郡八九十，形错诸侯间，犬牙相临，秉其阸塞地利，[4] 强本干，弱枝叶之势，尊卑明而万事各得其所矣。

臣迁谨记高祖以来至太初[5] 诸侯，谱其下益损之时，令后世得览。形势虽强，要之以仁义为本。

注释

1 百年之间：汉建国于公元前 206 年，刘邦即位于五年正月，即公元前 202 年，此表截止于武帝太初四年，即公元前 101 年，前后百年有余。忕（shì）：习惯，惯于。2 推恩分子弟国邑：元朔二年，公元前 127 年，武帝用主父偃的建议而下推恩之令，在继承王位的嫡长子之外，分割王国土地给其他子弟，使之成为列侯而归汉郡统辖，由此诸侯王势力日益缩小，不足以威胁中央。齐分为七：即城阳、济北、济南、菑川、胶西、胶东，与齐为七国。赵分为六：即河间、广川、中山、常山、清河，与赵为六国。梁分为五：即济阴、济川、济东、山阳，与梁为五。淮南分三：即卢江、衡山，与淮南为三。3 吴楚时：指吴、楚、赵、胶西、胶东、菑川、济南七国叛乱之时。吴，封国名，都吴，在今江苏苏州市。適：通"谪"，贬谪。无北、南边郡：叛乱平定后，边郡被收归中央，南、北诸侯国由此无边郡。《史记集解》引如淳曰："长沙之南更置郡，燕、代以北更置缘边郡，其所有饶利兵马器械，三国皆失之也。”支郡：诸侯王自置之郡。4 形错诸侯间：武帝行推恩令后，郡国总计一百零三，汉郡八十三，王国二十，汉郡交错于王国之间。《史记索隐》：“错谓交错。相衔如犬牙，故云犬牙相制，言犬牙参差也。”秉：把持，控制。阸（ài）：同“阨”，狭隘，险要。5 太初：汉武帝的年号，为公元前 104 年至公元前 101 年。

译文

汉家安定百年以来，原来自己的亲属更加疏远了，诸侯们有的骄纵奢侈，习惯于邪恶之臣的计谋，情况严重的出现背叛，轻微的行为也脱离了法律规范，因此危害了他们的命运，造成自身死亡且封国被废。天子基于观察上古的教训，然后施加德惠，让诸侯们能够推行恩义，把国土普遍地分给他们的子弟，所以齐国分成了城阳、济北、济南、菑川、胶西、胶东等七个小封地，赵国分成了河间、广川、中山、常山、清河等六个小封地，梁国分成了济阴、济川、济东、山阳等五个小封地，淮南国分成了庐江、衡山等三个小封地，以及天子的支庶子封作王，王子的支庶又封作侯，加起来有一百多个呢。吴、楚等七国反叛的时候，先后有诸侯因为有罪过被分削了土地，所以燕国、代国就没有了北界边境上的郡，吴国、淮南国、长沙国就没有了南界边境上的郡，齐国、赵国、梁国、楚国自己设置的支郡和名山陂海全都被纳入了汉家朝廷。诸侯们的势力逐渐微弱了，大封国占有的城池不超过十几个，小封侯的土地不超过几十里，对上来说就足以奉行其贡献朝品的职责，对下来说也足以供奉自家的祭祀，因而能够藩卫辅助天子。而汉家朝廷握有的郡达到八九十个，它们形制错落在诸侯国封地之间，犬牙交错，互相依临，把持着天下的险固要塞地饶之利，强固朝廷本干，削弱诸侯枝叶的形势已经出现，地位的尊卑明确了，各种事物的处置也就各得其所了。

臣下司马迁谨敬记述高祖以来到武帝太初年间的所有诸侯，在他们的名下谱列增益减损时候的有关内容，以便后世的人能够观览。整个朝廷的势力即使很强大，还是要用仁义作为建立政治的根本。

高祖功臣侯者年表第六

太史公曰：古者人臣功有五品，以德立宗庙定社稷曰勋，以言曰劳，用力曰功，明其等曰伐，积日曰阅。[1] 封爵之誓曰："使河如带，泰山若厉。国以永宁，爰及苗裔。"[2] 始未尝不欲固其根本，而枝叶稍陵夷衰微也。[3] 余读高祖侯功臣，察其首封，所以失之者，曰：异哉所闻！[4]《书》曰"协和万国"，迁于夏、商，或数千岁。[5] 盖周封八百，幽、厉之后，见于《春秋》。《尚书》有唐虞之侯伯，历三代千有余载，自全以蕃卫天子，岂非笃于仁义，奉上法哉？[6] 汉兴，功臣受封者百有余人[7]。天下初定，故大城名都散亡，户口可得而数者十二三[8]，是以大侯不过万家，小者五六百户。后数世，民咸归乡里，户益息，萧、曹、绛、灌之属或至四万，小侯自倍，富厚如之。[9] 子孙骄溢，忘其先，淫嬖。[10] 至太初百年之间，见侯五，余皆坐法陨命亡国，秏矣。[11] 罔亦少密焉，然皆身无兢兢于当世之禁云。[12]

居今之世，志古之道，所以自镜也，未必尽同。[13] 帝王者各殊礼而异务，要以成功为统纪，岂可绲乎？[14] 观所以得尊宠及所以废辱，亦当世得失之林也，何必旧闻？[15] 于是谨其终始，表见其文，颇有所不尽本末；著其明，疑者阙之。[16] 后有君子，欲推而列之，得以览焉。

注释

1 品：品类，等级。勋、劳、功、伐、阅，是五个等级。宗庙：指帝王基业。社稷：代指国家。伐：亦作"阀"，功绩。阅：资历。2 封爵之誓：《史记志疑》："《困学纪闻》十二引《楚汉春秋》云高祖封侯，赐丹书铁券曰：'使黄河如带，太山如砺。汉有宗庙，尔无绝世。'下二语迥异，陆贾在高帝时亲见，必得其真，《史》《汉》所载，盖吕后更之。"所以，这条誓词是经过吕后修改的，她去掉了"汉有宗庙"的关键语句。带：衣带。厉："砺"的本字，砺石。3 根本：指受封侯国的基础。枝叶：指袭爵的子孙。陵夷：颓败。4 高祖侯功臣：指记录刘邦给功臣封侯的簿籍。首封：第一次分封，最先分封。失：失算。5 协和万国：《尚书·尧典》原文作"协和万邦"，因避刘邦讳，改"邦"为"国"。意为使各诸侯国协调和顺。万国，指众氏族。数千岁：指尧时的诸侯国经过夏商两朝，有的存在有几千年。是说延续时间之长。6 蕃卫：屏障捍卫。蕃，通"藩"，篱笆。笃：忠诚，笃重。7 百有余人：《史记索隐》："下文高祖功臣百三十七人；兼外戚及王子，凡一百四十三人。" 8 十二三：是说十分中只存在二三分。9 息：繁育，增长。萧、曹、绛、灌：指萧何、曹参、周勃、灌婴。自倍：比初封时的户数增加了一倍。10 溢：满、越。淫嬖：邪恶放荡。11 见侯五：《史记正义》："谓平阳侯曹宗、曲周侯郦终根、阳阿侯齐仁、戴侯祕蒙、穀陵侯冯偃也。"然查表，应有江邹侯靳石，而穀陵侯冯偃，建元四年袭封，何时国除，《史》《汉》均失载。又，《史记志疑》以为"五"或当作"六"。秏：同"耗"，尽，无。12 罔：同"网"，法网。少：稍微，略为。密：严苛。禁：禁令。13 志：记。自镜：自我借鉴。14 统纪：准则，纲领。绲（gǔn）：约束。15 亦当代得失之林也：《史记索隐》："言观今人臣所以得尊宠者必由忠厚，被废辱者亦由骄淫，是言见在兴废亦当代得失之林也。" 旧闻：指上文提及的夏、商、周时诸侯长存的事例。16 谨：谨敬，严肃。疑者阙之：史事疑惑时就缺载，不主观臆补。与"疑者传疑"皆为求实的正确态度。

译文

太史公说：古时候给君主的臣下论功分五种品类，用德行辅佐建立宗庙安定社稷的叫作勋，用思想言论辅佐的叫作劳，用武力攻战辅佐的叫作功，能够帮助明确礼仪规范等级的叫作伐，长年累月忠诚尽心的叫作阅。封爵时候的誓词说："即使黄河细得像衣带，泰山小得像砺石。只要国家永远安宁，福泽就会施予你的后代。"开始的时候没有不是想利用封侯来强固根本的，但以后这些枝叶也就逐渐衰颓微弱了。

我读到高祖封侯功臣的档案，考察他们当初被封侯及后来失掉封国的原因，我发觉：实际情况和我过去听到的完全不同呀！《尚书》上说"要使所有的邦国都和协"，延续到夏代、商代，有的侯国已经有几千年的历史了。大概周代所封的八百个侯国，幽王、厉王以后，在《春秋》中还可以见到。《尚书》中记载有唐、虞时代的侯伯，经历三代有一千多年，一直保全着并能藩辅护卫天子，难道不是它们在仁义方面非常笃实，奉守天子的法制规范吗？汉代兴起，功臣受到封侯的有一百多人。天下刚刚平定，大城名都由于战乱，人众流散逃亡，户口能够计数的只有从前的十分之二三，因此大的封侯也不过有一万家，小的封侯就只有五六百户。后来经过几代的休养生息，民众都回归到了乡里，户口也更加繁息，像萧何、曹参、绛侯周勃、灌婴这一类侯家有的达到了四万户，小的侯家也比初封时的户数增加了一倍，富足丰厚的程度也像这样。子孙们于是骄纵越轨了，忘记了他们先代的创业艰难，淫逸邪嬖。直到武帝太初时候为止一百年间受封的，现在只有五个侯家还存在，其余的都因为犯法而丧失了生命并亡掉了封地，完全耗尽了。天子的法网也是稍微严密了些，然而都是自身没有小心谨慎地对待当时的国家禁令呀。

在当今的时代，记载古代的道义，是想作为一种借鉴的手段来考察当代的存亡，但是情况未必完全相同。做帝王的人各自采取不同的礼制来实现不同的任务，总之是要拿事业的成功作纲纪，难道可以用一种政策模式进行约束吗？观察当今的人臣为什么有些人受到尊敬宠爱和又有些人受到废弃屈辱，也可以看到当代社会政治上成功失败的大量事例，何必一定去寻找古时的事例？于是我谨敬地叙述事情的始终，表列他们的事迹文字，有些事不能完全了解它的本末；事实明确的就都著述下来，有疑惑的就让他空缺。以后有君子，想推展开来加以罗列，就可以凭借这个表进行观览了。

惠景间侯者年表第七

太史公读列封至便侯[1]，曰：有以也夫！长沙王者，著令甲，称其忠焉。[2]昔高祖定天下，功臣非同姓疆土而王者八国[3]。至孝惠时，唯独长沙全，禅五世，以无嗣绝，竟无过，为藩守职，信矣。[4]故其泽流枝庶，毋功而侯者数人。[5]及孝惠讫孝景间五十载，追修高祖时遗功臣，及从代来，吴楚之劳，诸侯子弟若肺腑，外国归义，封者九十有余。[6]咸表始终，当世仁义成功之著者也。

注释

1 列封：封列侯的有关簿籍。便（biān）侯：长沙王吴芮之子吴浅封为便侯。便，县名，在今湖南永兴县。2 以：原因，缘由。长沙王：吴芮。其封王是在“封爵之誓”以前。令甲：汉时决事的律令，按先后集为三百余篇，分为甲、乙、丙之类，则令甲为集编的第一集。3 疆：划分界限。八国：指异姓八王，即吴芮、英布、张耳、臧荼、韩王信、彭越、卢绾、韩信。4 禅：传。五世：据《汉兴以来诸侯王年表》，长沙王吴芮，子成王吴臣，哀王吴回，恭王吴右，靖王吴著，共五代。文帝后元七年（前 157）吴著死无后，国除，故下文称“以无嗣绝”。竟：始终。信：信实。5 枝庶：旁支庶孽。数人：《史记索隐》：“此表芮子浅封便侯，传至玄孙；又封成王臣之子为沅陵侯，亦至曾孙。”6 五十载：自惠帝元年（前 194）至孝景后元三年（前 141），共 54 年。从代来：文帝原为代王，即帝位后，从代随从而来的功臣，均封侯。吴楚之劳：指景帝时平定吴楚七国之乱的有功之臣。肺腑：《史记会注考证》："肺腑，盖汉代语。《诗》《书》《左》《国》未见。肺，肺肝之肺。腑，脏腑之腑。凌稚隆云'如同骨肉也者'，得之。但骨肉以称同姓，而肺腑则并称外戚，亦不相混。或转肺为秭，转腑为附，释之以木札树皮，迂甚！"若：及之辞。归义：指匈奴内附。

译文

太史公读列侯的封册档案到封便侯吴浅的地方，说：是有原因的呀！长沙王吴芮，属于异姓却封了王所以特别著于令甲，称赞他非常忠诚呀。从前高祖平定天下，有功之臣不是刘姓划分出土地界限而称作王的有八个国家。到了孝惠皇帝的时候，唯独长沙王还保全着，连续传递了五代，最后是因为没有后代才断绝王位，自始至终没有什么罪过，作为藩臣奉守职责，是很信实的呀。所以他的恩泽流及到旁支庶孽，使他们没有任何功劳而被封为侯的就有几个人。从孝惠皇帝直到孝景皇帝期间的五十年，追赏高祖时代遗留下来的功臣，以及跟从文帝从代地来到京师的，平定吴、楚七国叛乱时有功劳的，诸侯王的子弟和外家戚属，出于道义从外国来归附汉家朝廷的，受封的侯者有九十多人。都列表记述他们事情的始终，叙录的是些当今时代具有仁义且功业显著的人物。

建元以来侯者年表第八[1]

太史公曰：匈奴绝和亲，攻当路塞；闽越擅伐，东瓯请降。[2]二夷交侵，当盛汉之隆，以此知功臣受封侔于祖考矣。[3]何者？自《诗》《书》称三代"戎狄是膺，荆荼是徵"，齐桓越燕伐山戎，武灵王以区区赵服单于，秦缪用百里霸西戎，吴楚之君以诸侯役百越。[4]况乃以中国一统，明天子在上，兼文武，席卷四海，内辑亿万之众，岂以晏然不为边境征伐哉！[5]自是后，遂出师北讨强胡，南诛劲越，将卒以次封矣。[6]

注释

1《史记索隐》："七十二国，太史公之旧；余四十五国，褚先生补也。"2 绝和亲：汉初与匈奴实行和亲政策，然文、景时匈奴仍不断侵犯，武帝以汉兴后积累的国力，对匈奴大举用兵，以保卫中原，扩充疆土。事详《匈奴列传》。当路塞：直当交通要道上的关塞。闽越：居住在今浙江、福建交界地区的一支越族。擅伐：擅自出兵讨伐。指其举动违背汉朝中央朝廷的意愿。东瓯：居住在今浙江东南沿海一带的一支越族。请降：指建元三年（前 138）闽越进攻东瓯，汉廷派兵往救，时东瓯请求内徙，而将他们安置在江淮间事。3 二夷：此指匈奴与闽越。侔：齐等，相当。祖考：祖指大父，考指父亲。4 戎狄是膺（yīng），荆荼是徵（chéng）：语见《诗经·鲁颂·閟宫》。戎，指西戎。狄，指北狄。膺，击。荆，楚的别名。荼，同"舒"，楚的属国。徵，通"惩"，惩，惩戒，惩罚。山戎：居住在今河北东北部一带的部族，或称北戎。单（chán）于：匈奴最高首领的称号。百里：指百里奚。曾辅佐秦穆公称霸。西戎：西方戎族。百越：秦汉以前即已广泛分布在长江中下游以南的越族，因其部落众多，故称百越或百粤。5 辑：和协，安集。晏然：安适，平静。6 胡：指匈奴。诛：讨伐。将卒：将帅。卒，当作"率"，通"帅"。

译文

太史公说：匈奴断绝和亲往来，进攻在要道上的关塞；闽越擅自进攻东瓯，东瓯向汉家朝廷请求降服。匈奴、闽越两支外族交互侵犯，在这个正当强盛的汉家兴隆的时候，因此就可以知道立有战功的臣子受到封侯的情况是会和父祖辈的做法相当的。为什么呢？自从《诗》《书》称述三代"抗击戎狄的侵犯，惩治荆荼的背叛"，齐桓公越过燕国去讨伐山戎部族，武灵王依靠小小赵国的力量去征服匈奴单于，秦穆公任用百里奚称霸西戎，吴、楚的国君用诸侯的身份役服百越。更何况还是凭借中原各国已经完全统一，英明的天子在上面决策发令，兼有文武各方面的人才和力量，声威席卷了整个天下，在内又安集了亿万的民众等等的优势条件，难道能够平静无事不去进行边境地区的征伐吗？从这以后，就出动军队北面攻讨强大的匈奴，南面攻伐劲悍的越族，将帅们依着立功的次序就都封侯了。

建元已来王子侯者年表第九

制诏御史[1]：“诸侯王或欲推私恩分子弟邑者，令各条上，朕且临定其号名。[2]”

太史公曰：盛哉，天子之德！一人有庆，天下赖之。[3]”

注释

1 制诏：以制书诏告御史。制，制诰，制书。《秦始皇本纪》：“命为‘制’，令为‘诏’。”此诏用为动词，意为告令。御史：御史大夫之省称。皇帝的诏令由御史大夫转知丞相、九卿执行。2 推私恩：将自己的恩德推广及于他人。恩，恩德，恩惠。临定：亲自确定。3 一人有庆，天下赖之：语出自《尚书·吕刑》：“一人有庆，兆民赖之。”一人，指天子。庆，善。赖，利，谓天下亦得其利。

译文

天子发布命令诏告御史：“在诸侯王中间有想推展个人的恩德分给所有的子弟封土的，让他们把各自的想法写出来呈上，我将亲自给这些封土确定名号。”

太史公说：广阔兴盛呀，天子的德泽！一个人有善行，天下的人都获得了利益。”